Edition
Linguistik

Beiträge zu Sprache & Sprachen 3

Vorträge der 6. Münchner Linguistik-Tage

Karin Pittner
& Robert J. Pittner (Hg.)

2001
LINCOM EUROPA

Published by LINCOM EUROPA 2001.

All correspondence concerning *Edition Linguistik*
should be addressed to:

LINCOM EUROPA
Freibadstr. 3
D-81543 Muenchen

LINCOM.EUROPA@t-online.de
http://home.t-online.de/home/LINCOM.EUROPA

All rights reserved, including the rights of translation into any foreign language.
No part of this book may be reproduced in any way without the permission of
the publisher.

Printed in E.C.

Die Deutsche Bibliothek - CIP Cataloguing-in-Publication-Data

A catalogue record for this publication is available from Die
Deutsche Bibliothek (http://www.ddb.de)

Printed on chlorine-free paper

Inhalt

Die Rolle der Universalgrammatik im Zweitspracherwerb 5
von Peter Kunsmann

Ziele und Inhalte der universitären Fremdsprachenausbildung 17
von Anatoli Berditchevski

MODERNER Grammatikunterricht an einer Universität. Ein Erfahrungsbericht 23
von Astrid Hönigsperger

Neuere Wege des Fremdsprachenunterrichts: IMMERSION in Kanada und ENGLISCH ALS ARBEITSSPRACHE in Österreich 35
von Karin Johanna Grigar

Aussprachefehler von Türken im Unterricht DaF 43
von Gregor Chudoba

Kontrastive Phonologie / Phonetik am Beispiel Dänisch-Deutsch 51
von Peter Colliander

Einige Erkenntnisse und Erfahrungen vom Lehren und Lernen der deutschen Sprache in der Slowakei vom Gesichtspunkt der kontrastiven Phonetik / Phonologie aus 59
von Ivan Očenáš

Zur Anwendung einer prosodisch basierten Theorie (Fokus-Hintergrund-Gliederung) im Fremdsprachenunterricht (am Beispiel des Deutschen und Russischen) 69
von Svetlana Poljakova

Konversationsunterricht: eine kommunikative Einbahnstraße? 79
von Anita Fetzer

DaF in Belgien: Unterrichtssprache und Authentizität im Klassenzimmer (Eine Fallstudie) 89
von Katja Lochtman

Axiom und Tabu. Glossierende Einführung in die Ethnomethodologie anhand der Suspendierung von Stereotypen vs. Clichés der kognitiven Domäne Geschlecht (gender/sex) 99
von Heike Susanne Bödeker

Zur soziolinguistischen Situation in der gemischtsprachigen Gemeinde Diex / Djekše in Kärnten. Ein historischer Streifzug 109
von Herta Maurer-Lausegger

Indonesische Wissenschaftstexte: Greifen die Kriterien von Kaplan und Clyne? 125
von Kirsten W. Endres

Eine pragmatische Analyse und Typologie von Mißverständnissen 141
von Wolfgang Falkner

Kontextualisierung im nicht-präferierten Format 153
    von Anita Fetzer

"Ça se discute" - Konversationsanalytische Bemerkungen zu einer Fernsehsendung .. 161
    von Astrid Hönigsperger

Thematische Steuerung als Form verbaler Gewalt in politischen Fernseh-
diskussionen 177
    von Martin Luginbühl

Wortbildungskonstruktionen als kohäsive Mittel im Text 187
    von Stojan Brăcič

Zu Ethnostereotypen in deutschen Wendungen 193
    von Katrin Löffler und Jochen Sternkopf

Zur Spezifik von Textbeispielen in phraseologischen Sammlungen 203
    von Jochen Sternkopf

Zum lateinischen Entenwort 217
    von Jens Pühn

Anglizismen im wirtschaftsbezogenen Sprachgebrauch 223
    von Oksana Kovtun

Deutsch - eine sterbende Sprache? 229
    von Karin Pittner

Hausa and its nearest relatives? Some lexical correspondences and an unexpected form-
meaning correspondence 239
    von Andrew Haruna

X-Bar Behandlung der initialen Konsonantenanhäufungen 255
    von Ioanna Kappa

Spezifische Konstruktionen mit pronominalen Klitika im Balkanslavischen 263
    von Ivanka P. Schick

Ikonismus und Kontraikonismus in den aspektuellen Paradigmen des russischen
Verbs 285
    von Wladimir D. Klimonow

Rhythmus und Subjekt bei Henri Meschonnic 299
    von Hans Lösener

Adressenliste der AutorInnen von "Beiträge zu Sprache & Sprachen 3"

Karin Pittner, Steeler Str. 168, D-45884 Gelsenkirchen

Robert J. Pittner, Steeler Str. 168, D-45884 Gelsenkirchen

Peter Kunsmann, Königin-Luise-Str. 91, 14195 Berlin

Astrid Hönigsperger, Weinitschkigasse 30, A-2230 Gänserndorf, Österreich

Peter Colliander, Dalsvinget 9, DK-2900 Hellerup, Dänemark

Katja Lochtman, J.B. Denayerstr. 3, B-10560 Hoeilaart, Belgien

Heike Bödeker, Steinstr. 13a, 51143 Köln

Jens Pühn, Leonard-Nelson-Str. 32, 37073 Göttingen

Prof. Dr. Anatoli Berditchevski, Fachhochschule für Internationale Wirtschaftsbeziehungen, Haydn-Gasse 1, A-7000 Eisenstadt, Österreich

Karin Grigar, Schönbrunnerstr. 178/2/2, A-1120 Wien, Österreich

Gregor L. Chudoba, Saumgasse 62, A-8010 Graz, Österreich

PaedDr. Ivan Očenáš, Robotnícka 13, SK-974 01 Banská Bystrica, Slowakei

Svetlana Poljakova, Wilhelmshavener Str. 2, 65933 Frankfurt a.M.

Anita Fetzer, Elbestr. 135, 70376 Stuttgart

Herta Maurer-Lausegger, Institut für Slawistik, Universitätsstr. 65-67, A-9020 Klagenfurt, Österreich

Kirsten Endres, Hunostr. 35, 94036 Passau

Wolfgang Falkner, Görresstr. 44, 80797 München

Martin Luginbühl, Büchnerstr. 22, CH-8006 Zürich, Schweiz

Stojan Bratič, Univerza Filozofska Fakulteta, Germanistika, Aškerceva 2, SLO-61000 Ljubljana, Slowenien

Katrin Löffler, Emil-Fuchs-Str. 5-7, 04105 Leipzig

Jochen Sternkopf, Ernst-Moritz-Arndt-Str. 10 B, 04425 Taucha

Oksana Kovtun, Universität Dortmund, Fachbereich 15, Institut für Deutsche Sprache u. Literatur, 44221 Dortmund

Dr. Andrew Haruna, Humboldt-Univresität, Seminar für Afrikawissenschaften, Unter den Linden 6, 10099 Berlin

Ioanna Kappa, Laniti Str. 19, GR-113 63 Athen, Griechenland

Ivanka P. Schick, Gürtelstr. 29, 10409 Berlin

Dr. Wladimir Klimonow, Fischerinsel 4 / 06.07, 10179 Berlin

Hans Lösener, Masurenweg 8, 89542 Herbrechtingen

gedruckt mit Mitteln

der Gesellschaft für Sprache & Sprachen (GESUS) e.V.

Die Rolle der Universalgrammatik im Zweitspracherwerb

Peter Kunsmann, Berlin

0. Einleitung

Chomskys (1970) Aussagen zum Zweitspracherwerb und Fremdsprachenunterricht sind, wie Newmeyer (1983) darstellt, in der angewandten Linguistik oft mißverständlich aufgenommen worden. Aber gerade deshalb hat die Zweitspracherwerbsforschung in den 70er und 80er Jahren, die in nicht unerheblichen Maße durch die Arbeiten von Corder (1981) beeinflußt wurde, ihre Eigenständigkeit als linguistische Disziplin bestätigt. Seit geraumer Zeit ist auf der Grundlage dieser Eigenständigkeit eine verstärkte Inanspruchnahme theoretisch-linguistischer Forschungsergebnisse zu erkennen. V.a. die Universalgrammatik (UG) im Rahmen der Rektions- und Bindungstheorie (Chomsky 1981) mit der Konkretisierung sprachspezifischer Prinzipien und deren parameterisierten Ausprägungen bietet dabei die Möglichkeit, das Verhältnis zwischen Erst- und Zweitspracherwerb zu klären. Gleichzeitig werden in diesem Rahmen Rückschlüsse auf die Repräsentationen sprachlicher Phänomene im menschlichen Geist ermöglicht. So führen entsprechende Untersuchungen zu einer Diskussion des bereits von Selinker (1972) aufgestellten Anspruchs der Trennung von LATENTEN SPRACHSTRUKTUREN für den Erstspracherwerb und LATENTEN PSYCHOLOGISCHEN STRUKTUREN für den Zweitspracherwerb. Folgerichtig wird die Frage gestellt: Wird die zweite Sprache wie die erste erworben, oder sind andere mentale Prozesse für den Zweitspracherwerb verantwortlich? Anders ausgedrückt, ist zu fragen, ob beim Zweitspracherwerb der Zugang zur Universalgrammatik gegeben oder ob er auszuschließen ist. Diese Frage soll in meinem Beitrag dargestellt und anhand von Beispielen erörtert werden.

1. Argumente für eine Universalgrammatik im Erstspracherwerb

In der Forschung wird heutzutage kaum noch bestritten, daß das Kind einen wie auch immer gearteten Mechanismus Language Acquisition Device (LAD) für den erfolgreichen Erwerb seiner Muttersprache besitzt. Diese Einstellung basiert auf Beobachtungen, die in der Literatur als LOGISCHES PROBLEM oder LERNBARKEITSPROBLEM beschrieben werden und von Chomsky (1986:xxvii) als Platos Dilemma bezeichnet wurden.

Was ermöglicht es dem Kind, das Mißverhältnis zwischen den Inputdaten und der zu erwerbenden grammatikalischen Kompetenz aufzulösen? Die Inputdaten sind durch drei Aspekte gekennzeichnet. Zum einen besteht eine Unterdeterminiertheit mit Bezug auf die zu erwerbende Grammatik. Demzufolge sind die grammatischen Strukturen natürlicher Sprachen reichhaltiger und komplexer als die Sätze, denen ein Kind ausgesetzt ist. Zum anderen zeigt die Sprache der Umgebung Brüche in der Datenpräsentation. Woher soll das Kind wissen, welche der Aussagen, die es hört, grammatikalisch korrekt sind und welche nicht? Drittens gibt es das Problem der NEGATIVEN EVIDENZ. Einerseits korrigieren Eltern kaum fehlerhafte Aussagen ihrer Kinder, andererseits sind Korrekturen, so sie erfolgen, meist vage und willkürlich. Zudem ist das Kind für diese Korrekturen oft nicht empfänglich. Das bekannte Beispiel des Erwerbs der Subjekt-Hilfsverb-Umkehrung von Brown (1973) zeigt dies deutlich:

Mutter: *Where shall I put them?*
Kind: *Where I shall put them.*

Auch nach eindringlichen Aufforderungen äußert das Kind nicht die korrekte Form der Satzstellung im Fragesatz. Bei einem von mir beobachteten Kind (Kunsmann 1996) ist die verneinte Form von *wati* - 'Wasser' *watiti*, eine Verdopppelung der zweiten Silbe. Dies wird jedoch in der Umgebung nicht als Verneinung wahrgenommen, sondern lediglich als eine Alternative zur Aufforderung, dem Kind Wasser zu geben. Das Resultat ist ähnlich der Beobachtung von Brown ein entsprechendes Frustrationsverhalten des Kindes. Für das Kind erschließt sich somit weder aus dem verbalen noch aus dem nicht-verbalen Input, welche Äußerungen korrekt sind und welche nicht. Eine Erklärung dafür, daß das Kind schließlich dennoch die Sprache in ihrer Komplexität erlernt, wird durch die UG geleistet.

2. Die Universalgrammatik im Zweitspracherwerb

Ähnlich wie beim Erstspracherwerb ist die Frage nach dem Zugang zur UG auch beim Erwerb einer zweiten Sprache (L2) zu stellen. Die Rolle der UG ist jedoch nicht im selben Maße zwingend wie beim Erstspracherwerb. Sicherlich erfahren Lerner einer zweiten Sprache mehr negative Evidenz, und die Datenpräsentation läßt sich vom Lerner gleichfalls klarer interpretieren als im Erstspracherwerb. Dennoch bleibt das Problem der Unterdeterminiertheit bestehen. Der Lerner ist auch beim Zweitspracherwerb lediglich einem kleinen Ausschnitt der in der Zielsprache zu erwerbenden Sprachstrukturen ausgesetzt. Somit ist die eingangs durch Selinker begründete Frage nach der Art des Zugangs zur UG berechtigt. Hinzu kommt, daß Selinker und andere annehmen, daß etwa fünf Prozent aller Lerner einer zweiten Sprache diese wie Muttersprachler erwerben.

Zu den Befürwortern einer UG für den Erst- und Zweitspracherwerb gehören White, Flynn und Cook, zu den Befürwortern einer UG lediglich für den Erstspracherwerb gehören Clahsen und Schachter, während Bley-Vroman, Larsen-Freeman, Long und Klein den Spracherwerb mit allgemeinen kognitiven Mechanismen erklären. Empirische Studien sind notwendig, um diese Positionen zu überprüfen. Nach White (1989) kann man aus den drei in der Literatur vertretenen Positionen fünf verschiedene Alternativen ableiten.

(1) Der Zugang zur UG beim Zweitspracherwerb ist identisch mit dem beim Erstspracherwerb. Das heißt, daß alle Prinzipien und Parameter dem L2-Lerner zur Verfügung stehen und beobachtbare Unterschiede außerhalb der UG erklärt werden können. Diese Position wird u.a. von Flynn (1993) bekräftigt.

(2) Der Zugang zur UG beim Zweitspracherwerb ist verschlossen. Insbesondere Bley-Vroman (1989) begründet diese Annahme u.a. mit folgenden Beobachtungen. Zum einen wird muttersprachliche Kompetenz selten von Fremdsprachenlernern erreicht. Zum anderen haben Fremdsprachenlerner nur vage Intuitionen über grammatische Strukturen der Zielsprache. Des weiteren werden grammatisch falsche Äußerungen der Fremdsprachenlerner von ihrer Umgebung häufiger korrigiert. Schließlich gibt es, anders als im Erstspracherwerb, affektive Faktoren, die für den Zweitspracherwerb eine Rolle spielen.

(3) Es gibt keinen Zugang zur UG. Die Lerner machen lediglich von solchen UG-Aspekten Gebrauch, die sie in ihrer Muttersprache (L1) vorfinden. Prinzipien oder Parameter, die Teil der Zielsprache sind, jedoch nicht in L1 vorkommen, können vom Lerner entsprechend dieser Hypothese nicht erworben werden.

(4) Der Zugang zur UG erfolgt über L1. Dies würde bedeuten, daß die Lerner die Parameterisierung der L1 zunächst als Null-Hypothese für den Erwerb eines spezifischen Prinzips der UG nach L2 transferieren, später jedoch über den Zugang zur UG diese Parameter auf die Zielsprache hin besetzen.

(5) Der Zugang zur UG ist beim Zweitspracherwerb zwar gegeben. Jedoch erschweren andere mentale Vorgänge (z.B. kognitive und affektive) die Anwendung von UG in derselben Weise wie im Erstspracherwerb.

Welche dieser fünf Alternativen als die adäquateste Erklärung anzusehen ist, ist eine Frage empirischer Untersuchungen. Diese Untersuchungen werden seit einiger Zeit durchgeführt, lassen jedoch noch keine klaren Schlüsse zu. Dies gilt besonders für die Positionen (3) - (5), während die beiden extremen Positionen auf der Basis nahezu aller Untersuchungen ausgeschlossen werden. In meinen weiteren Ausführungen werde ich auf der Grundlage von drei Prinzipien bzw. Parametern der UG eine Bewertung der unterschiedlichen Positionen versuchen. Diese befassen sich mit der Frage der Kasuszuweisung, den Pro-drop-Parameter und das Prinzip der Subjazenz.

3. Zur Kerngrammatik und Markiertheit

Da die UG eine Repräsentation der mentalen Strukturen des menschlichen Geistes darstellt, die für den Spracherwerb ausschlaggebend sind, ist es für das Verständnis der darzustellenden Untersuchungen wichtig, die relevanten Strukturen zu erläutern. Dies soll mit Hinblick auf die Begriffe KERNGRAMMATIK im Gegensatz zu PERIPHERIE einerseits und MARKIERTHEIT andererseits erfolgen.

Als KERNGRAMMATIK wird eine Grammatik bezeichnet, die unmittelbar aus den Strukturen der UG abgeleitet werden kann. Beim Spracherwerb einer natürlichen Sprache bedeutet dies, daß in der Kerngrammatik dieser Sprache die Parameter in einer bestimmten Weise fixiert sind. So weisen im Deutschen die Kategorien Verb, Nomen, Adjektiv und Präposition objektiven Kasus zu. Im Gegensatz zum Kern ist die PERIPHERIE einer Grammatik durch Oberflächenphänomene und einzelsprachspezifische, willkürliche Regeln gekennzeichnet. Diese Regeln werden ohne Hilfe der UG erworben. Bei den frühen Studien zu natürlichen Erwerbssequenzen, insbesondere solche, die sich auf den Erwerb von Morphemen (vgl. Brown (1973), Dulay und Burt (1974)), das heißt auf periphäre Phänomene beziehen, sind die Ergebnisse entsprechend wenig aussagekräftig. Insbesondere Wode (1978) weist auf diesen Umstand hin. Die Peripherie einer Sprache wird daher eher durch Lernprozesse erworben, während der Kern durch die UG erworben wird.

Das Phänomen der MARKIERTHEIT findet sich in allen Bereichen der Sprache. Der Plural einer Sprache ist im Gegensatz zum Singular markiert; die weibliche Form einer sprachlichen Kategorie ist in den meisten Sprachen im Gegensatz zur männlichen markiert; koordinierte Ausdrücke sind im Englischen dadurch markiert, daß solche mit einer geringeren Silbenzahl vor denen mit einer größeren stehen (z.B. *shipping and receiving*); Sprachen, die markierte Formen haben (z.B. nasaler oder stimmloser Vokal (V)) müssen auch die unmarkierte Form [V]) aufweisen. Markiertheit meint somit auch immer Komplexität oder Quantität. Bezüglich der UG sollte demnach die Kerngrammatik mit ihrer geringen Anzahl von Prinzipien unmarkiert sein und die Peripherie als Ausdruck der Variabilität einer Sprache markiert. Für eine Reihe, insbesondere typologischer Sprachbeschreibungen ist dies von Bedeutung. In der UG stellt sich die Frage nach der Markiertheit in ganz besonderer Weise mit Bezug auf die Parameterisierung der Prinzipien. Prinzipien in der Kerngrammatik sind mit dem unmarkierten Parameter besetzt. So verwendet das Kind beim Erwerb seiner ersten Sprache die unmarkierte Position eines Prinzips. Bedingt durch den verbalen und nicht-verbalen Input und für den Fall, daß in dieser Sprache die markierte Form Teil der Grammatik ist, wechselt das Kind dann in einer weiteren Stufe des Spracherwerbs zur markierten Form des Parameters. Die Strategie des Kindes ist es somit, den unmarkierten Weg als Ausgangsposition zu gehen. Der Anspruch eines Zugangs zur UG im Zweitspracherwerb läßt sich demnach bekräftigen, wenn der Lerner einer L2 ebenso verfährt. Muttersprachler einer entsprechend der UG hochmarkierten Sprache würden eine L2 für den Fall um so leichter erlernen, daß diese wenig markiert ist. Deutsche Lerner des Englischen haben deshalb auch weniger Mühe beim Erwerb der Morphologie als bei der Syntax und umgekehrt.

4. Kasuszuweisung

Die oben erwähnte Rektions- und Bindungstheorie verlangt, daß jede Nominalphrase (NP) einen Kasus zugewiesen bekommt. Dieser Anspruch ist über den Kasusfilter beschrieben.

KASUSFILTER: *NP, wenn dieser NP kein Kasus zugewiesen wurde.

Der ungrammatische Satz *John washed thoroughly the car wird dadurch erklärt, daß der NP the car kein Kasus zugewiesen wurde. Der Kasusfilter würde diesen Satz somit als unzulässig markieren.

In der UG wird Kasuszuweisung nunmehr in zweifacher Weise parameterisiert. Zum einen gibt es Kategorien, die Kasus zuweisen, und zum anderen wird Kasus in eine bestimmte Richtung zugewiesen. Die Sätze (1) bis (8) (nach Fanselow und Felix (1987)) zeigen diesen Sachverhalt für das Deutsche und Englische auf.

(1) *Fritz ist seinem Chef ergeben.*
(2) *Fritz ist sich seines Erfolges bewußt.*
(3) *Fritz ist seiner Frau treu.*
(4) *Die Ablehnung meines Antrags macht mich wütend.*
(5) *Dole is honest to the bone.*
(6) **Dole is honest the bone.*
(7) *The destruction of the city makes no sense at all.*
(8) **The destruction the city makes no sense at all.*

Während im Deutschen Kasus nach links zugewiesen wird und sowohl Verb (V) und Präposition (P) als auch Nomen (N) und Adjektiv (A) Kasus zuweisen können, wird im Englischen Kasus nach rechts zugewiesen, und lediglich P und V sind Kasuszuweiser. Es ist nunmehr ein empirisch zu überprüfender Sachverhalt, ob beim Erwerb der einen oder anderen Sprache über die Kasuszuweisung die Frage des Zugangs zur UG geklärt werden kann. Ich komme auf dieses Problem weiter unten zurück.

5. PRO-DROP-Parameter

(9) *It is raining.*
(10) *There are books on the table.*
(11) ___ *salieron a las ocho.*

(12) *___ ging um acht.
(13) *___ left at eight.

Es gibt Sprachen, die die Subjektposition eines Satzes füllen müssen (vgl. für Englisch, (9) und (10)), und solche, in denen die Subjektposition nicht gefüllt sein muß (z. B. Spanisch, vgl. (11)). Im Deutschen und Englischen sind Sätze wie (12) und (13) ungrammatisch. Dieses Prinzip der UG, das heißt, der Zulässigkeit einer leeren Subjektposition ist von Bedeutung, da es eines der Argumente für die Annahme einer UG im Erstspracherwerb ist. Wir hatten gesehen, daß für das Mißverhältnis zwischen Input und erworbener Grammatik eine Erklärung über UG gefunden werden kann. Diese Position wird durch den Kombinationseffekt (CLUSTERING PHENOMENON) gestärkt. Das Prinzip der LEEREN KATEGORIEN zeichnet nicht nur für den PRO-DROP-Parameter verantwortlich, sondern betrifft gleichzeitig die Zulässigkeit von THAT-TRACE-SEQUENZEN (14-16) und SUBJEKT-VERB INVERSIONEN (17-19) in Aussagesätzen.

(14) Spanisch: *Quien$_i$ dijiste que t$_i$ vino*
(15) Deutsch: *Wer$_i$ hast du gesagt daß t$_i$ kam
(16) Englisch: *Who$_i$ did you say that t$_i$ came
(17) Spanisch: *Vino Juan*
(18) Deutsch: *Kam Hans
(19) Englisch: *Came John

Verschiedene Untersuchungen zeigen, daß die Annahme eines Zugangs zur UG auch im Zweitspracherwerb ernst zu nehmen ist. So ergab eine Untersuchung von White (1985a), bei der spanische Muttersprachler Englisch erwarben, daß Anfänger den Parameterwert des Spanischen [+pro-drop] auf das Englische übertrugen, während Fortgeschrittene keine LEEREN Subjektpositionen aufwiesen, somit den Parameterwert neu gesetzt hatten. Eine weitere Studie (Liceras 1989) ergab, daß Franco-Kanadier beim Erwerb des Englischen keine Probleme mit der Null-Subjekt-Struktur hatten. Dies ist auch zu erwarten, da das Französische eine [-pro-drop]-Sprache ist. Schließlich fand Hilles (1986) in einer Studie spanischer Muttersprachler und Englisch als L2 Whites Ergebnisse bestätigt. Darüber hinaus stellte sie fest, daß das RESETTING (die Neubesetzung) des Parameters zeitgleich mit dem Erwerb der pleonastischen Formen *it* und *there* einherging. Ähnliche Beobachtungen wurden von McNeill und McNeill für den Erstspracherwerb der Negation im Japanischen gemacht. Auch hier ließen die Ergebnisse der Untersuchung wegen des zeitgleichen Erwerbs auf einen Kombinationseffekt schließen.

Insgesamt zeigen die Ergebnisse zum Kombinationseffekt beim PRO-DROP-Parameter jedoch die Tendenz, daß die einzelnen Parameter getrennt erworben werden, der Zugang zur UG hier also nicht gegeben ist. Es zeigt sich andererseits, daß Sprachen mit [-pro-drop] von Muttersprachlern mit [+pro-drop] leichter erworben werden als umgekehrt. Letzteres wird daher allgemein als Evidenz dafür gewertet, daß in der UG [+pro-drop] die unmarkierte Form ist.

6. Subjazenz

Das Prinzip der Subjazenz ist für den Zugang zur UG im Zweitspracherwerb als weiterer wichtiger Prüfstein verwendet worden. Da es sich hier um ein Prinzip handelt, das die Bewegungsregeln einer Grammatik einschränkt, besteht die Möglichkeit der Überprüfung der UG, wenn sich in einer L1-Sprache keine Bewegungsregeln finden, somit bei diesen Muttersprachlern das Prinzip nicht zum Zuge kommt. Bei dem Erwerb einer L2 mit Bewegungsregeln dürften diese Muttersprachler z.B. keine Schwierigkeiten haben, wenn die Lerner Zugang zur UG hätten. Sätze (20) bis (24) veranschaulichen dieses Prinzip.

(20) [*Did* [$_{IP}$ *Susan visit* [$_{NP}$ *the store* [*that had shoes in stock?*]]]]
(21) *[*What$_i$ *did* [$_{IP}$ *Susan visit* [$_{NP}$ *the store* [*that had* t$_i$ *in stock?*]]]]
(22) [____ [$_{IP}$ *tu as vu* [$_{NP}$ *vingt personnes?*]]]
(23) [*Combien$_i$* [$_{IP}$ *as tu vu* [$_{NP}$ t$_i$ *de personnes?*]]]
(24) *[*How many$_i$ [$_{IP}$ *did you see* [$_{NP}$ t$_i$ *people?*]]]

Im Englischen dürfen Konstituenten nicht über mehr als einen Grenzknoten bewegt werden. Die Fragepronomen in Satz (21) und (24) sind jeweils über zwei dieser Grenzknoten bewegt worden. Die Sätze sind daher nicht akzeptabel. Im Gegensatz dazu steht das Französische. Satz (23) ist korrekt, obwohl hier das Fragepronomen - wie (22) zeigt - über zwei Grenzknoten bewegt wurde. Offensichtlich liegt bezüglich des Englischen und Französischen eine unterschiedliche Parameterisierung des Prinzips der Subjazenz vor.

Bley-Vroman, Felix und Ioup (1988) überprüften das Prinzip der Subjazenz bei Koreanern, die Englisch als L2 erwarben. Da das Koreanische keine Bewegungsregeln benutzt, können wir annehmen, daß koreanische Muttersprachler das Prinzip der Subjazenz nicht über ihre L1 erkennen. Als Ergebnis der Untersuchung stellten Bley-Vroman et al. fest, daß die Erfolgsrate der englischen Muttersprachler bei 92% und bei den Koreanern bei 75% lag. Obwohl Bley-Vroman et al. für den Zugang zur UG kritisch bemerken, die Koreaner hätten nicht so gut abgeschnitten wie die Kontrollgruppe, liegt deren Ergebnis jedoch erheblich über dem Zufallspunkt von 50%. Man kann also annehmen, daß das Subjazenzprinzip erkannt wurde.

In einer grammatikalischen Bewertungsstudie von französischen und spanischen Muttersprachlern mit Englisch als L2 untersuchte White (1985b) die Parameterisierung des Prinzips der Subjazenz. Sowohl für das Französische als auch für das Spanische gilt, daß lediglich die NP als Grenzknoten die Bewegung von Konstituenten einschränkt. White nimmt an, daß die in diesen beiden Sprachen bestehende Parameterisierung markiert ist, während das Englische die unmarkierte Form aufweist. Man würde daher erwarten, daß französische und spanische Muttersprachler nicht ihren L1-Wert beim Erwerb des Englischen einsetzen, sondern entsprechend der UG die unmarkierten Werte der L2 (NP und IP). Etwa ein

Drittel von Whites Versuchspersonen übertrugen dennoch ihren L1-Wert. Daraus schließt sie, daß für diese Lerner der Zugang zur UG verschlossen sei. Aus der Tatsache, daß andererseits zwei Drittel der Probanden den Parameterwert nicht transferierten und daß 59% konsequent positive bzw. negative Bewertungen vornahmen, schließt White zusätzlich, daß die Contra-UG-Hypothese in dieser Studie gleichermaßen nicht gestützt werde.

7. Bewertung der Untersuchungen

Fassen wir die Tendenz der verschiedenen Untersuchungen zusammen, so ergibt sich mit Bezug auf die Rolle der UG im Zweitspracherwerb kein einheitliches Bild. Eine Reihe von Wissenschaftlern hat in verschiedenen Studien unterschiedliche Ergebnisse erzielt. Da die UG jedoch im Erstspracherwerb greift, ist es beim augenblicklichen Stand der Forschung wichtig, einige Schwachstellen in den Untersuchungen bei der Überprüfung der UG herauszustellen.

Zunächst ist festzustellen, daß die Kritik an der UG nicht gleichermaßen mit einer ähnlich stark strukturierten Alternativtheorie verbunden ist. Dies gilt z.B. für den kognitiven Ansatz, der von McLaughlin (1987) und Larsen-Freeman und Long (1991) vertreten wird. Ein weiterer Punkt betrifft die Frage der Markiertheit und den damit zusammenhängenden Begriff der Komplexität. Bei der Festlegung des markierten Wertes für den [pro-drop]-Parameter haben wir bereits Probleme feststellen können. Hyams (1986), Liceras (1989) und Phinney (1987) nehmen eine Markiertheit für das Deutsche und Englische an, während White (1987) dem Spanischen den Vorzug gibt. Das gleiche Problem zeigt sich beim Subjazenzprinzip und der Kasuszuweisung. Sollen wir annehmen, daß Sprachen mit *einem* Grenzknoten bzw. *einem* Kasuszuweiser einfacher sind als Sprachen, in denen die Gesamtheit aller möglichen Grenzknoten bzw. Kasuszuweiser genutzt wird? Ist mit anderen Worten bezüglich der Kasuszuweisung das Englische mit nur zwei Kasuszuweisern oder das Deutsche mit vier Kasuszuweisern unmarkiert? Dies sind Fragen, die empirisch zunächst für den Erstspracherwerb geklärt werden müssen, bevor sie als Ausschlußkriterien für die fünf in Abschnitt (2) benannten Hypothesen eingesetzt werden.

Auch bei der Gleichsetzung von Markiertheit und Komplexität ergeben sich Schwierigkeiten, die durch eine Beschreibung der Lernergrammatik bedingt sind, die aus der Sicht der Zielsprachengrammatik erfolgt. Die ersten Stadien einer Kindersprache oder einer INTERLANGUAGE mögen wenig mit den Formen und der Struktur der Zielsprache gemein haben. Des weiteren finden wir zwar im Spracherwerb immer wieder Beispiele für die Annahme eines Komplexitätsindexes. So spricht z.B. Cook (1985) von einer sog. CHANNEL CAPACITY (Verzögerungsfähigkeit) beim Spracherwerb. Das heißt, daß ein Lerner Prinzipien der UG, die sich bei komplexeren Satzstrukturen zeigen, erst einsetzt, wenn die entsprechend komplexe Struktur der Äußerung dies erforderlich macht. Andererseits können die Strukturen, die z.B. ein Kind im frühen Stadium erwirbt komplexer sein als die der Zielsprache für das entsprechende sprachliche Phänomen. Bei der Verneinung von *wati* als *watiti* (Kunsmann 1996) haben wir dies bereits gesehen.

Des weiteren muß darauf hingewiesen werden, daß sog. substantielle Universalien einer UG, wie z.B. die NEGATION, von einer ihr zugrunde liegenden Universalie abzuleiten sind. Dies ist dann bei der Negation der Fall, wenn man sie von einer Universalie OPPOSITION herleiten kann. In ähnlicher Weise gibt es Anzeichen dafür, daß das Prinzip der Subjazenz kein universelles Prinzip darstellt, sondern vom Prinzip der Adjazenz abgeleitet ist (vgl. 25 -28).

(25) *John finished his dinner in a hurry.*
(26) **John finished in a hurry his dinner.*
(27) *Ich bin sauer, weil Fritz das Buch an seinen Freund weitergab.*
(28) *Ich bin sauer, weil Fritz an seinen Freund das Buch weitergab.*

Beide Prinzipien lassen sich möglicherweise als sequentielle Reflexe einer universellen Strategie erklären. Diese Strategie basiert auf der Annahme eines ökonomischen Verhaltens der Lerner, nämlich: BEWEGE EINE KONSTITUENTE MÖGLICHST NICHT VON IHREM PLATZ, UND WENN NICHT ANDERS MÖGLICH, BEWEGE SIE NICHT ZU WEIT VOM AUSGANGSORT. Die Existenz solch einer Strategie würde beim Prinzip der Subjazenz eine Annahme stützen, daß z.B. das Englische im Gegensatz zum Französischen unmarkiert ist, da die Bewegungsmöglichkeiten stärker eingeschränkt sind.

Im Spracherwerb gibt es unzählige Beispiele, die eine Differenzierung grundlegender Phänomene dieser Art beschreiben. So ist für ein Kind z.B. der Zeitbegriff zunächst auf *jetzt* und *nicht-jetzt* beschränkt. (Im Hindi gibt es z.B. nur ein Wort *kal* für 'morgen' und 'gestern'.) Bei einer von mir beobachteten Äußerung eines 12 - 13 Monate alten Kindes ergab sich folgende Differenzierung des Wortschatzes:

12 Monate: *da da dai* Glosse: 'etwas soll geschehen'
13 Monate: *da da dam*   'etwas soll geschehen, während ich esse'

Für das Fehlen eindeutiger Ergebnisse bei den Interpretationen der vorgestellten Studien sollte schließlich in Betracht gezogen werden, daß verschiedene Lerner unterschiedlichen Gebrauch von den angesprochenen Alternativen machen. Es gibt beim Spracherwerb, wie bei der Entwicklung anderer kognitiver Fähigkeiten, Erwerbsstrategien, die einander ergänzen. Dies wird deutlich, wenn wir Selinkers Aussage akzeptieren, daß etwa 5% der L2-Lerner Zugang zur UG haben, während dies für die anderen 95% nicht der Fall ist.

Der von Selinker erhobene Anspruch des ALLES-ODER-NICHTS ist schwerlich belegbar. Der menschliche Geist ist äußerst komplex und begründet große individuelle Variabilität. Dies gilt insbesondere für die menschliche Sprache. Daher sollte man für die 95% der Lerner von einem graduellen Teilzugang zur UG sprechen. Das heißt, die Frage, welche der fünf angesprochenen Alternativen den größten Erklärungswert hat, ist falsch gestellt. Die Frage müßte lauten: Welche individuellen sozialen, psychologischen und biologischen Faktoren bestimmen für die einzelnen Lerner die Art des Zugangs zur UG?

Literatur

Bley-Vroman, R. (1989): What is the Logical Problem of Foreign Language Learning? In: Schachter, J. and S. Gass (Hg.): *Linguistic Perspectives on Second Language Acquisition*. Cambridge, 41-68

Bley-Vroman, R., S. Felix und G. Ioup (1988): The Acessibility of Universal Grammar in Adult Language Learning. In: *Second Language Research* 4, 1-32

Brown, R. (1973): *A First Language*. Cambridge, MA

Chomsky, N. (1970): Linguistic Theory. In: Lester, M. (Hg): *Readings in Applied Transformational Grammar*. New York, 36-45

Chomsky, N. (1981): *Lectures on Government and Binding*. Dordrecht

Chomsky, N. (1986): *Knowledge of Language: It's Nature, Origin, and Use*. New York

Clahsen, H. (1988): Parameterized Grammatical Theory and Language Acquisition: A Study of the Verb Placement and Inflection by Children and Adults. In: Flynn, S. und W. O'Neil (Hg): *Linguistic Theory in Second Language Acquisition*. Dordrecht, 47-75

Comrie, B. und E. Keenan (1978): Noun Phrase Accessibility Revisited. In: *Language* 55, 649-664

Cook, V. (1985): *Chomsky's Universal Grammar*. Oxford

Corder, S. P. (1981): *Interlanguage and Error Analysis*. Oxford

Dulay, H. und M. Burt (1974): Natural Sequences in Child Second Language Acquisition. In: *Language Learning* 24, 37-53

Dulay, H., M. Burt und S. Krashen (1982): *Language Two*. Oxford

Fanselow, G. und S. Felix (1987): *Sprachtheorie 2. Die Rektions- und Bindungstheorie*. Tübingen

Flynn, S. (1993): *A Parameter-Setting Approach to Second Language Acquisition* (Manuskript). Milwaukee

Fodor, J. (1982): *The Modularity of Mind*. Cambridge, MA

Grimm, H. (1977): *Psychologie der Sprachentwicklung*. Bd. I. Stuttgart

Hilles, S. (1986): Interlanguage and the Pro-Drop Parameter. In: *Second Language Research* 2, 33-52

Hyams, N. (1986): *Language Acquisition and the Theory of Parameters*. Dordrecht.

Klein, W. (1990): A Theory of Language Acquisition is not so Easy. In: *Studies in Second Language Acquisition* 12, 219-31

Kunsmann, P. (1996): Universalien im Erstspracherwerb, dargestellt am Beispiel der Negation. In: ders. (Hg.): *Linguistische Akzente 93*. Hamburg, 62-81
Larsen-Freeman, D. und H. Long (1991): *An Introduction to Second Language Research*. London
Liceras, J. (1989): On Some Properties of the "Pro-Drop" Parameter. In: Gass, S. und J. Schachter (Hg.): *Linguistic Perspectives on Second Language Acquisition*. Cambridge, 109-33
McLaughlin, B. (1987): *Theories of Second Language Acquisition*. London
McNeill, D. und N. McNeill (1968): What Does a Child Mean when it Says "No"? In Zale, E. (Hg.): *Proceedings of the Conference on Language and Language Behavior*. New York
Newmeyer, F. (1983): *Grammatical Theory. Its Limits and its Possibilities*. Chicago
Phinney, M. (1987): The Pro-drop Parameter in Second Language Acquisition. In: Roeper, T. und E. Williams (Hg.): *Parameter Setting*. Dordrecht, 221-238
Schachter, J. (1989) Testing a Proposed Universal. In: Gass, S. und J. Schachter (Hg.) *Linguistic Perspectives on Second Language Acquisition*. Cambridge, 73-88
Selinker, L. (1972): Interlanguage. In: *International Review of Applied Linguistics in Language Teaching* 10, 209-31
White, L. (1985a): The "Pro-drop" Parameter in Adult Second Language Acquisition. In: *Language Learning* 35/1, 47-61
White, L. (1985b): The Acquisition of Parameterized Grammars: Subjacency in Second Language Acquisition. In: *Second Language Research* 1, 1-17
White, L. (1987): Markedness and Second Language Acquisition: the Question of Transfer. In: *Studies in Second Language Acquisition* 9, 261-86
White, L. (1988): Universal Grammar and Language Transfer. In: Pankhurst, J., M. Sharwood und P. van Buren (Hg.): *Learnability and Second Languages*. Dordrecht, 36-60
White, L. (1989): *Universal Grammar and Second Language Acquisition*. Amsterdam
Wode, H. (1978): Development Sequences in Naturalistic L2 Acquisition. In: Hatch, E. (Hg.): *Second Language Acquisition*. Rowley, MA, 101-117

Ziele und Inhalte der universitären Fremdsprachenausbildung

Anatoli Berditchevski, Graz

In zahlreichen Diskussionen und Vorschlägen zur Universitätsreform in Europa wird unterstrichen, daß ein erster Schritt dabei wäre, die Qualifikationen, die von den Absolventen erwartet werden, festzulegen und die Aufgaben der Studien zu definieren, um in der weiteren Folge eine Umsetzung dessen zu ermöglichen. Die Studien selbst dürfen dabei keine Ansammlung von mehr oder weniger sinnvollem Faktenwissen sein, sondern müssen die obengenannten Fähigkeiten durch Training an Fallbeispielen - die exakt gleichen Aufgaben, die die Absolventen später an ihrem Arbeitsplatz zu lösen haben - vermitteln. Von diesen Feststellungen geht auch das Modell des Europarates bei der Definierung der Lehrziele für Fremdsprachenausbildung aus: Analyse Lernerbedürfnisse - Lehrzieldefinierung - Lernwege zur ökonomischen Erreichung der Ziele (Ek 1975).

Derzeit wird an den europäischen Universitäten Fremdsprachenunterricht an folgende vier verschiedene, nach ihren Studiengängen und Berufszielen recht unterschiedliche Gruppen vermittelt:

- Studenten mit einem Schwerpunkt in der Sprach- und Literaturwissenschaft in Verbindung mit dem Erlernen mindestens einer zweiten und / oder dritten Fremdsprache (**Diplomstudenten - Philologen**, für welche die Sprache als Forschungsobjekt auftritt);

- Studenten mit dem Berufsziel, Fremdsprachenlehrer zu werden in Verbindung mit einem anderen Schulfach (**Lehramtsstudenten**, für welche die Sprache den zukünftigen Unterrichtsgegenstand bildet);

- Studenten mit dem Berufsziel, Dolmetscher (Übersetzer) mindestens in zwei Fremdsprachen zu werden (**Diplomdolmetscher**, für die die Sprache als Ausgangs- und Zielsprache auftritt);

- Studenten verschiedener nichtphilologischer Fächer, die in der Kombination ihres Hauptfaches mit fremdsprachlicher kommunikativer und Kulturkompetenz einen Vorteil für ihren Beruf sehen (**Nichtphilologen**, für die die Sprache als Instrument zur Vermittlung oder Gewinnung fachspezifischer Inhalte oder Informationen auftritt).

Es liegt auf der Hand, daß **diese Gruppen einer recht unterschiedlichen fremdsprachigen Kompetenz bedürfen.**

Am Institut für Slawistik der Karl-Franzens-Universität Graz wird zur Zeit ein Projekt "Universitäre Fremdsprachenausbildung" entwickelt. Das Anliegen des

Projekts besteht in der Entwicklung des Berufsbildes (Berufsmodells) für jede von den genannten Gruppen der Spezialisten, das auf den Erkenntnissen der Linguistik, der angewandten Sprachwissenschaft, der Fremdsprachendidaktik, der Sprachlehr- und Sprachlernforschung der letzten Jahre sowie auf der Zielsetzung der universitären Ausbildung in Österreich und Europa basiert.

Die Entwicklung des Berufsbildes hat sich an den Anforderungen zu orientieren, die für die zukünftigen Berufe profilbestimmend sind, und sich auf das oben skizzierte System des Fremdsprachenunterrichts zu stützen. Deshalb wären für den Prozeß der Entwicklung des Berufsbildes folgende Schritte notwendig:

1. Schritt: Prognostizierung der zukünftigen Tätigkeiten der Universitätsabsolventen: Benennung der **Kommunikationssphären**, in denen diese Tätigkeiten verlaufen würden - Analyse realer Fachkommunikation in der Fremdsprache: Ermittlung der Lehrziele durch Arbeitsplatzanalyse, Expertenbefragung, Gruppendiskussion und international vergleichende Forschung. Das Modell des Europarates geht von der Analyse der Lernerbedürfnisse aus, ordnet diese in Kategorien mit ähnlichen Bedürfnissen ein, definiert die Lehrziele für diese Kategorie und plant schließlich Lernwege, die es erlauben sollten, die Ziele optimal zu erreichen.

2. Schritt: Explizierung der Lehrziele:
- Erschließung und Klassifizierung der typischen **kommunikativen Situationen**, mit denen sie in ihrer Tätigkeit konfrontiert und in denen sie sprachlich handeln werden unter Einschluß der Kommunikationspartner als Träger von sozialen Rollen, der Kommunikationsaufgaben und der Kommunikationsgegenstände (Themen), über die in den Situationen gesprochen wird, und des Ortes, an dem die Kommunikation stattfindet (Makro - und Mikrosituationen);
- sozial-psychologische und sprachliche **Analyse** dieser Situationen - es wäre zu bestimmen, was sprachhandelnde Personen in diesen Situationen tun: ob sie zuhören, sprechen, lesen oder schreiben.

Zur Zielexplizierung gehört auch die Angabe des Grades, bis zu dem das Ziel beherrscht werden soll sowie die Gewichtung der Zielfertigkeiten - das Verhältnis für Sprechen, Hören, Lesen, Schreiben, Übersetzen.

3. Schritt: Formulierung der globalen Ausbildungsziele als Entwicklung der interkulturellen Handlungsfähigkeit in der Fremdsprache und der Ziele jeder Etappe als Fertigkeiten (der textproduzierenden und -rezipierenden Tätigkeit): im Sprechen, Hören, Lesen, Schreiben, Übersetzen und Lehrfertigkeiten für jeden Studienabschnitt.

Als Komponenten dieser Fertigkeiten treten **linguistische** (Lexik, Grammatik, Phonetik, Textsorten, Sprach- und Literaturwissenschaft), **Tätigkeits-** (Sprechen, Hören, Lesen, Schreiben, Übersetzen, Lern- und Wissenschaftstechniken), **kommunikative** [Themen (auch landes- und kulturkundliche) und Situationen] und **fachdidaktische** (Sprachfähigkeiten eines Fremdsprachenlehrers) **Kompetenzen** auf, die auf der inhaltlichen Ebene als **Minima** dargestellt werden.

4. Schritt: Auswahl der Mittel zur Erreichung der ausgesonderten Ziele: Entwicklung der **Lehrmaterialien** für die Durchführung des Lehrprozesses und Bestimmung der optimalen **Methoden und Formen** zur Realisierung der gesetzten Ziele im Verlauf des Lehrprozesses an der Universität.

Wie bekannt vollzieht sich jede Kommunikation in bestimmten Kommunikationssphären - einer bestimmten Mehrheit von einartigen Kommunikationssituationen, die durch den Inhalts- und Beziehungsaspekt gekennzeichnet sind, d.h. das Verhalten während der Kommunikation basiert auf den Einschätzungen der sozialen Rollen, die jeder Berufstätige als Individuum im Rahmen seines Wirkungs- und Geschehensbereiches auszufüllen hat, auf der Einschätzung der jeweiligen Situation, auf den Interessen und Motivationen in bezug auf die Stellung zur Umwelt und zur Gesellschaft, auf den spezifischen zu behandelnden Themen und auf seiner Persönlichkeit selbst.

Man kann darauf basierend folgende Kommunikationssphären aussondern:

- **sozio-kulturelle Kommunikationssphäre** für die Bewältigung der alltäglichen und kulturellen Bedürfnisse;
- **Berufssphäre** für die Bewältigung der professionellen Bedürfnisse.

Jede von diesen Kommunikationssphären wird von bestimmten, für diese Kommunikationssphäre typischen Sprach- (lexikalisch-grammatikalischen), Sprachtätigkeits- (Sprechen, Hören, Schreiben, Lesen) und Kommunikationsmitteln (Texten, Kommunikationsaufgaben) bedient, die im Unterrichtsprozeß als Inhalte (Kenntnisse, Fertigkeiten und Fähigkeiten) auftreten.

Darauf basierend könnte man Modelle der fremdsprachlichen Kompetenz (Berufsbilder) für jede Gruppe der Studierenden aussondern, was den ganzen Unterrichtsprozeß an der Universität und die Ausbildung der Spezialisten auf dem Fremdsprachengebiet in Europa optimieren und intensivieren würde.

Empirisch könnet man folgende Kommunikationssphären für die genannten Gruppen aussondern:

Sozio-kulturelle Sphäre - für alle Gruppen in zwei Hauptsituationen: Besuch des Ziellandes und Empfang der Gäste aus dem Zielland in Österreich.

Berufssphäre:

a. Diplomstudenten (Philologen)
   Wie schon gesagt, hat sich das Berufsbild im Laufe der letzten Jahre geändert.

Zu den angestrebten Tätigkeiten der Diplomabsolventen gehören:
- Universitäre Laufbahn (wissenschaftliche Arbeit),
- Verlagswesen,
- Medien,
- Exportgeschäft (Wirtschaft),
- Touristik,
- Internationale Organisationen.

In solchen Bereichen benötigt man Fremdsprachenkenntnisse auf sehr hohem Niveau.

b. Lehramtsstudenten
- Durchführung des Unterrichts an den AHS und HAK;
- Außerunterrichtliche Arbeit mit den Schülern (Zirkel, Schüleraustausch, Exkursionen usw.)
- Eigene Weiterbildung sowohl im Selbststudium als auch in verschiedenen Seminaren.

c. Dolmetscher / Übersetzer
Schriftliche und mündliche Sprachmittlertätigkeit in verschiedenen Bereichen der Volkswirtschaft und Wissenschaft:
- Hin- und Herübersetzen von Texten mit verschiedenen funktionalen Stilen (Wissenschaft, Publizistik, öffentlicher Verkehr, schöngeistige Literatur);
- Simultan- und Konsekutiv- Hin- und Herdolmetschen in verschiedenen Kommunikationssituationen (Reden, Diskussionen, Verhandlungen, Gespräche, Exkursionen, Filme usw.).

d. Nichtphilologen
- Beteiligung an internationalen Konferenzen, Arbeitsgruppen, Workshops, Seminaren und Verhandlungen (im In- und Ausland);
- Fachvorträge und Referate an ausländischen Institutionen;
- Arbeit mit ausländischen Delegationen;
- Individuelle berufliche Kontakte mit Ausländern;
- Gebrauch der Fremdsprache als Arbeits- und Kontaktsprache mit den Angehörigen ausländischer Firmen (Geschäftsleute, Ingenieure, Auszubildende oder Trainees) und internationaler Organisationen;
- Lektüre von Fachliteratur und Zeitungen in der Fremdsprache.

Die Ausbildungsziele einer universitären Fremdsprachenausbildung müssen sich also auf den Erwerb einer komplexen wohldefinierten fremdsprachlichen Kompetenz beschränken, die unter bildungspolitischen Gesichtspunkten gefordert und unter den gegebenen Umständen erreichbar ist. Anders ausgedrückt: **Die universitäre Fremdsprachenausbildung muß deutlich berufsbezogen sein.**

Organisatorisch könnte das folgendermaßen aussehen:

- 1. Studienabschnitt - grundlegender Sprachkurs mit gleichen Ausbildungszielen für alle Fremdsprachenfachrichtungen: Entwicklung der fremdsprachigen Kompetenz (interkulturelle Handlungsfähigkeit) in der sozial-kulturellen Sphäre.
- 2. Studienabschnitt - berufsbezogener Kurs mit getrennt formulierten Ausbildungszielen für jede Gruppe der Studenten: Entwicklung der fremdsprachlichen Kompetenz (interkulturelle Handlungsfähigkeit) in der Berufssphäre.

Literatur

Ek, Jan van (1975): *Systems Development in Adult Language Learning*. Strasbourg

MODERNER Grammatikunterricht an einer Universität. Ein Erfahrungsbericht

Astrid Hönigsperger, Wien

1. Vorbemerkungen

In meinem Beitrag soll es um den Grammatikunterricht im Fach Französisch an einer Universität - konkret an der Wirtschaftsuniversität Wien - gehen, wobei ich v.a. meine Erfahrungen, die ich im Laufe meiner achtjährigen Lehrtätigkeit in verschiedenen (Französisch-)Vorlesungen und Proseminaren, die auch zu einem bedeutenden Teil GRAMMATIK[1] zum Inhalt hatten, thematisieren möchte.

Die Zeit für die Sprachausbildung, die im Studienplan vorgesehen ist, ist eher knapp bemessen bzw. die zu erreichende Kompetenz ist im Verhältnis zur Zeit, die man zur Verfügung hat, verhältnismäßig hoch. Es stellt sich daher die Frage, wie MODERN und zeitaufwendig - zum Unterschied vom scheinbar zeitsparenden Frontalunterricht - Grammatikunterricht in diesem Rahmen überhaupt sein kann.

Außerdem möchte ich noch berichten, welche Art des Grammatikunterrichts von den Studierenden meiner Erfahrung nach bevorzugt wird.

2. Der Stellenwert der Grammatik im Studienplan

An der Wirtschaftsuniversität Wien gibt es einen 32 Seiten umfassenden Studienplan,[2] der den Titel "Bildungsziele zum Studienplan für die Studienrichtung Handelswissenschaft" trägt. Er stammt aus dem Jahr 1994 und gilt selbstverständlich auch für andere Studienrichtungen. Interessanterweise (oder auch LEIDER) ist nur auf einer halben Seite die Rede von der Fremdsprachenausbildung. Diese betrifft die Sprachen Englisch, Französisch, Italienisch, Spanisch, Japanisch, Russisch und Tschechisch:

> Die Ziele der Sprachausbildung an der Wirtschaftsuniversität sind für alle als Diplomprüfungsfach wählbaren Sprachen weitgehend ident,[3] wenn auch in den einzelnen Sprachen aufgrund der unterschiedlichen Eingangsvoraussetzungen der fachsprachliche Aspekt und das wirtschaftliche Hintergrundwissen unterschiedlich stark betont werden. Diese Ziele beinhalten zunächst die Sicherstellung eines angemessenen Niveaus an allgemeinen Sprachkenntnissen hinsichtlich aller vier sprachlichen Grundkompetenzen (Hör- und Leseverständnis, mündlicher und schriftlicher Ausdruck. Auf dieser allgemeinen Sprachkompetenz baut die Einführung in die Fachsprache der Wirtschaft auf, die den eigentlichen Mittelpunkt der im Studienplan vorgesehenen Lehrveranstaltungen darstellt. In diesen sollen fachspezifische Kommunikationsformen eingeübt, grundlegende wirtschaftliche Kenntnisse vermittelt und das unabdingbare sozio- und interkulturelle Hintergrundwissen erworben werden. Es soll auf diese Weise sichergestellt werden, daß

ein Absolvent der Wirtschaftsuniversität in der Lage ist, sich in weitere berufsspezifische sprachliche Aufgaben einzuarbeiten (Studienplan WU, 3f.).

3. Die praktische Durchführung der im Studienplan gesetzten Ziele

Ein informelles, siebzehn Seiten umfassendes Arbeitspapier[4] für den Französischunterricht am Institut für Romanische Sprachen an der Wirtschaftsuniversität ist - im Gegensatz zu den Ausführungen in den eben beschriebenen BILDUNGSZIELEN ZUM STUDIENPLAN - sehr ausführlich und detailliert. Es handelt sich dabei um eine am Institut von den Lehrenden gemeinsam erarbeitete Zusammenfassung von Lehrinhalten, die denselben als Leitlinie dienen kann und soll, um eine annähernde Gleichwertigkeit der Lehrveranstaltungen zu gewährleisten. Keinesfalls handelt es sich aber um eine Verpflichtung bzw. um eine Einschränkung der Lehrfreiheit der Lehrenden.

Das vom Studenten geforderte Eingangsniveau soll dem eines Maturanten mit vierjähriger Sprachausbildung entsprechen, d.h. grundlegende Grammatik- und Vokabularkenntnisse, gute mündliche und schriftliche, aktive und passive Sprachbeherrschung werden gefordert.

Als Bildungsziel wird formuliert, daß der Student das allgemeine und das Wirtschaftsfranzösisch in Wort und Schrift beherrschen soll. Was die allgemeine und berufsspezifische Sprachkompetenz angeht, so soll der Student sich unterhalten, argumentieren, verhandeln und resümieren können. Was das Schriftliche betrifft, so soll er schriftliche Ausdrucksvarianten in Wirtschaftstexten sowohl verstehen als auch produzieren können und die Handelskorrespondenz beherrschen. In einer kommunikativen Situation soll er adäquate, d.h. situationsangepaßte, sprachliche Äußerungen verwenden können, und auch seine landeskundliche Kompetenz soll die verschiedensten Aspekte (Wirtschaft, Politik, Soziales und Kulturelles) umfassen.

Am Institut für Romanische Sprachen kann der Student je nach seinem Studienfach zwei verschiedene Niveaus von Sprachkompetenz erreichen: für den zukünftigen Betriebswirt ist nach dem 1. Studienabschnitt eine Prüfung ("1. Diplomprüfung") vorgesehen, mit der er seine Sprachausbildung in Französisch beendet. Für Handelswissenschaftsstudenten geht es nach dieser Prüfung mit dem 2. Studienabschnitt weiter.

Die in beiden Studienabschnitten zu absolvierenden (Pflicht-)Lehrveranstaltungen und Prüfungen, die in französischer Sprache abgehalten werden und bei denen die Sprachbeherrschung daher einen Teil der Gesamtnote[5] ausmacht, sind die folgenden:[6]

Proseminar 1 + Grammatikvorlesung
Proseminar 2 + Wirtschaftskorrespondenz und Berufskommunikation

1. Diplomprüfung (mündlich)
Proseminar 3
Seminar
2 Vorlesungen der Professoren: 1. Wirtschaftssprache, 2. Wirtschaftstexte
Französische Landeskunde
Frankophonie
2. Diplomprüfung (schriftlich und mündlich)

Die Zielvorgaben der gemeinsam mit dem Proseminar 1 zu absolvierenden Grammatikvorlesung möchte ich im Detail anführen, da diese Lehrveranstaltung für einen Teil der Studierenden eine unterschätzte oder nicht ernst (genug) genommene Hürde darstellt; folglich entstand bald das GERÜCHT, Grammatik an sich sei etwas Schwieriges, Unangenehmes oder für einige sogar etwas nicht Bewältigbares:[7]

Cours de grammaire:

[...] Il permet aux étudiants ayant déjà un certain savoir structuré du français de mieux comprendre le fonctionnement de la langue étrangère, de développer, par le biais de l'analyse grammaticale et de l'exercice, la maîtrise de l'expression et d'appliquer correctement les structures linguistiques dans la vie active à l'oral et à l'écrit. [...] Le programme comprend une présentation systématique de la grammaire du français et un traitement aussi complet que possible des points grammaticaux reconnus comme générateurs d'erreurs. Aussi l'accent est-il mis sur le verbe (morphosyntaxe: formes et emploi des temps et des modes, voix...) et sur d'autres points problématiques [...]. Le cours de grammaire adopte une démarche déscriptive, explicative et contrastive afin d'élucider les difficultés inhérentes à la langue française. La présentation théorique est toujours précédée ou complétée par une phase d'exploitation grammaticale.

Implizit wird allgemeine sprachliche Kompetenz in allen Lehrveranstaltungen gefordert, explizit wird diese allerdings nur in einigen Lehrveranstaltungen als Bildungsziel formuliert. V.a. im 2. Studienabschnitt bezieht sich der Ausdruck *sprachliche Kompetenz* als Prüfungs- und auch als Unterrichtsgegenstand fast nur noch auf wirtschaftssprachliche Kompetenz.

4. MODERNER versus TRADITIONELLER (Grammatik-)Unterricht

Im folgenden Abschnitt sollen die Begriffe MODERN und TRADITIONELL in bezug auf den Grammatikunterricht im vorgegebenen Rahmen einander gegenübergestellt werden. Zuerst die Klärung des vorgegebenen Rahmens: Meine Aussagen beziehen sich auf Erfahrungen, die ich in mehreren Vorbereitungsproseminaren[8] machen konnte; es versteht sich von selbst, daß die - wenn auch, auf die Grammatik bezogen, teilweise sehr rudimentären - Vorkenntnisse der Studierenden bei der Erarbeitung eine gewisse Hilfe darstellen. Sie verfügen außerdem über einen größeren Wortschatz in der Fremdsprache als tatsächliche Anfänger, was die Aufbereitung des zu erarbeitenden (oder zu erlernenden) Stoffes natürlich wesentlich beeinflußt.

Unter traditionellem Grammatikunterricht verstehe ich in diesem Rahmen eine solche Form der LEHRSTOFFDARBIETUNG, bei der der Studierende selbst weitgehend passiv bleibt, während der Lehrende die sog. GRAMMATIKREGELN erklärt, sei es mit Hilfe eines Buches oder auch anhand von Beispielsätzen.

Für eine solche Art des Grammatikunterrichts in einem Vorbereitungsproseminar spricht m.E. nur ein einziger Faktor, nämlich die Zeit. Da es sich bei einem Vorbereitungsproseminar um eine 2-stündige Lehrveranstaltung handelt, in der sehr viele Fähigkeiten der Studierenden geübt oder REAKTIVIERT werden sollen, ist die Zeit mit ca. zwölfmal 2 Stunden oder, genauer gesagt, mit ca. zwölfmal 90 Minuten sehr knapp. Besonders am Anfang kann es daher der Fall sein, daß ein Lehrbeauftragter, der eine für ihn neuartige Lehrveranstaltung übernimmt, in seiner Unterrichtsplanung eher auf eine Methode zurückgreift, bei der sich die Zeit genauer abschätzen läßt.[9]

Dagegen sprechen mehrere Gründe: Einerseits läßt diese Art der Präsentation die Zuhörer unverhältnismäßig rasch ermüden, da der Monolog des Vortragenden studentische Aktivitäten, außer die des Zuhörens, weitgehend ausschließt.[10] Ein Abgleiten der Gedanken bzw. ein Verlust an Aufmerksamkeit seitens der Studierenden ist dann sehr häufig nicht zu übersehen. Die Übungen, die in den meisten Fällen anschließend an diese Art der Präsentation vom Lehrenden zur Lernstoffkontrolle vorgesehen sind, bringen dann nur wenig Erfolg, und die vorher scheinbar gut kalkulierbare Zeiteinteilung erweist sich als falsch.

Außerdem ist die Präsentation von isolierten Sätzen in einigen Fällen nicht sehr günstig, da der sprachliche und der außersprachliche (oder situative) Kontext fehlen. Der studentischen Interpretationsfreudigkeit, die an dieser Stelle weniger erwünscht ist als bei anderen Übungen, wird so Tür und Tor geöffnet, was den Inhalt fälschlicherweise als unpräzise und diffus erscheinen läßt.[11]

Ein dritter Hauptgrund, der gegen diese Art der Grammatikpräsentation spricht, wäre der, daß andere Fähigkeiten der Studierenden[12] in dieser Zeit nicht trainiert werden.

Moderner Grammatikunterricht, wie er hier verstanden werden soll, bezieht den Lernenden wesentlich stärker in die Erarbeitung des Stoffgebietes mit ein, wobei verschiedene Aktivitäten einander abwechseln, so daß erstens keine Langeweile aufkommen kann und zweitens diese Aktivitäten in der Fremdsprache wesentlich häufiger als beim traditionellen Frontalunterricht angesprochen und trainiert werden können.

5. Die Umsetzung des Konzepts vom NICHT-FRONTALEN Grammatikunterricht

5.1. Das Thema der Unterrichtseinheit

Das Thema der von mir im Detail zu besprechenden Unterrichtseinheit (von 90 Minuten) ist LES TEMPS DU PASSE, soweit sie im Vorbereitungsproseminar zu behandeln sind, d.h. also L'IMPARFAIT, LE PASSE COMPOSE, LE PLUS-QUE-PARFAIT. Andere Formen, wie z.B. das PASSE SIMPLE, sollen in dieser Lehrveranstaltung nur passiv gekonnt, also verstanden, werden; sie werden folglich nur bei ihrem Auftauchen erklärt, ihre Formen werden aber nicht aktiv geübt.[13]

5.2. Die Durchführung

Zu Beginn der Unterrichtseinheit wurde den Studierenden ein Hörtext in Form eines informellen Gespräches dargeboten, wobei sie nur aufgefordert wurden, aufzupassen, worum es inhaltlich gehe. Sie wurden weder aufgefordert, besonders auf irgendwelche grammatischen Formen zu achten, noch wurde das eigentliche Lehrziel, nämlich die Wiederholung der Vergangenheitstempora, vom Lehrenden vorweggenommen.[14] Die Aufmerksamkeit der Studierenden sollte nicht weg vom Hörverständnis und vom globalen Inhaltsverständnis zum akustischen Herauspicken von (vielleicht dann bedeutungslosen) Verbalmorphemen geleitet werden.

Bei dem Text handelte es sich um ein selbst verfaßtes, mit Hilfe französischer Native Speaker[15] aufgenommenes Gespräch mit den folgenden Merkmalen:

1. informelles Gespräch,
2. drei Gesprächsteilnehmer (2 Frauen,[16] 1 Mann),
3. Länge: ca. 4 Minuten,
4. Inhalt: das Wochenende (*Qu'est-ce que tu as fait pendant le week-end?*),
5. Sprache: nicht markiertes Standardfranzösisch,
6. Vokabular: größtenteils bekannt, einige neue Wörter (FREIZEITBESCHÄFTIGUNGEN) werden eingeführt.

Bevor es nun an die gemeinsame Erarbeitung des neuen Grammatikinhaltes geht, wurde

1. der Text vorgespielt,
2. eine Frage zum Globalverständnis gestellt (*De quoi s'agit-il dans se texte?*),
3. der Text ein zweites Mal gehört,
4. das Detailverständnis erarbeitet (und, wenn notwendig, neues Vokabular erklärt),
5. [Text zum dritten Mal gehört],[17]

6. Explizite Fragen zur erzählten Zeit (*Quand est-ce qu'il a rencontré ses copains?*, *La fête était quand?* etc.) gestellt.

Erst im Anschluß daran wurde die Wiederholung der Vergangenheitstempora als solche explizit gemacht; die Studierenden erhielten dazu auszugsweise einige transkribierte Sätze aus dem Text. Sie wurden aufgefordert, einzelne, im Gespräch vorkommende, grammatikalische Formen zu erkennen und zu erklären. Diese Erklärungen wurden vom Lehrenden **mündlich** Schritt für Schritt zusammengefaßt, gegebenenfalls korrigiert und detaillierter ausgeführt. Dann wurden diese Erklärungen in schriftlicher Form und mit anderen Beispielen in Form von mehreren Overheadfolien[18] noch einmal präsentiert, wobei die Studierenden ihre Blätter ergänzen sollten. Abschließend wurde eine kurze Kontrolle in Form eines Lückentests gemacht.[19]

Ähnliche Tests mit derselben inhaltlichen Problemstellung wurden in nicht zu langen Abständen immer wieder gemacht, was zur Folge hatte, daß das Gelernte nicht vergessen, sondern immer wieder kontrolliert und vertieft wurde.[20]

5.3. Eingesetzte Medien

Um Langeweile zu vermeiden, wurden zur Erarbeitung eines Themas mehrere didaktische Hilfsmittel eingesetzt; der Hörtext wurde an den Beginn der Stunde gestellt, da zu dieser Zeit u.a. die Studenten am aufnahmefähigsten sind.[21]

Als zweiter Schritt folgte die Visualisierung des Teils des gehörten Textes auf Fotokopie; die Studenten sollten die Möglichkeit haben, nicht zu viel - und zu viele ganze Sätze - mitschreiben zu müssen und sich auf das gemeinsame Erarbeiten der Grammatik konzentrieren zu können.

Die (farbige) Overheadfolie unterstützt die vom Lehrenden vorgetragene Zusammenfassung des Themas optisch; außerdem verhindert sie gleichzeitig, daß diese Zusammenfassung zu einem Monolog wird, dem viele Studierende mangels eines optischen AUFHÄNGERS erfahrungsgemäß nicht lange aufmerksam folgen (können).

Beim abschließenden Lückentest kommen noch einmal Computerausdrucke oder Fotokopien zum Zug: Der Studierende bearbeitet einerseits ganze Sätze, andererseits muß er aber v.a. aus Gründen der Zeitersparnis nur einzelne Wörter ausfüllen.

5.4. Geforderte (und geförderte) Aktivitäten

Es hat sich häufig gezeigt, daß es im allgemeinen günstig ist, in einer Unterrichtseinheit mehrere Aktivitäten nacheinander, aber u.U. auch gleichzeitig, von den Studierenden einzufordern. Bei einem Hörverständnistext versteht es sich fast von selbst, daß es für die Aufmerksamkeit und für das Verständnis günstig ist, wenn sich der Lernende Notizen macht. Hat er sich etwas notiert, ist dieser Textbaustein fixiert, und er kann seine ganze Aufmerksamkeit beim neuerlichen Zuhören einer anderen Textstelle widmen. Das folgende Gespräch über den Text mit der Lehrperson festigt das Gehörte und klärt eventuelle Unklarheiten.

Im Grammatikunterricht empfiehlt es sich ebenso, mehrere Aktivitäten innerhalb einer Unterrichtseinheit zu fördern, da m.E. sonst Ermüdungserscheinungen den Erfolg des Unterrichts stark beeinträchtigen würden. In der besprochenen Stundeneinheit hat es sich als günstig erwiesen, daß der Grammatikunterricht zuerst als Hörverständnistext GETARNT war, da diese Gruppe von Studierenden im allgemeinen mit gewissen VORURTEILEN an grammatikalische Übungen ging, die einen positiven Gesamteindruck des Lehrveranstaltungsverlaufs nicht immer uneingeschränkt zuließen. Auf diese Weise wurde einerseits das studentische Interesse geweckt, andererseits war der Text natürlich auch ein Hörtext, der sich ebenso gut für Verständnisübungen (Global- oder Detailverständnis) eignete, wie andere, bisher geübte Hörtexte.

Nach dieser aktiveren Phase mit Fragen und Antworten sowie Erarbeitung von (wenigen) einzelnen unbekannten Ausdrücken folgte für die Studierenden eine eher passivere Phase; Zusehen - in bezug auf die Overheadfolien - und Zuhören - in bezug auf die Erklärungen der Lehrperson - waren zu diesem Zeitpunkt ihre Hauptaufgabe. Die gegebenen Erklärungen mitschreiben zu müssen, halte ich nicht für sinnvoll, da die Aufmerksamkeit vom Inhalt und vom Fachlichen ins Technische gelenkt wäre, d.h. der Studierende wäre vermutlich bemüht, soviele WÖRTER des Vortragenden wie möglich mitzuschreiben. Ob dieses Bestreben, ALLES mitzuschreiben, dem Verständnis gut tut, bezweifle ich; der Sinn des Gesagten bzw. des Geschriebenen bleibt häufig auf der Strecke oder wird zu kompliziert dargestellt.[22] Die verteilten Fotokopien garantieren dem Lehrer außerdem, daß die Studenten mit den wichtigsten Informationen versorgt werden und nichts ÜBERHÖRT oder mißverstanden haben kann.

Der anschließende Lückentext spricht wieder die Schreibaktivitäten an, jedoch in eingeschränkterem Ausmaß: Der Student schreibt nur neue, eben erlernte Formen und übt sie auf diese Weise.

6. Das studentische Echo

Im großen und ganzen erwiesen sich die Studenten wesentlich aufmerksamer und aufnahmebereiter, sobald ihnen selbst Aktivitäten abverlangt wurden. Nur ein wirklich verschwindend kleiner Teil möchte MIT LERNSTOFF VERSORGT werden, ohne selbst aktiv werden zu müssen.[23] Ich konnte in mehreren Lehrveranstaltungen sehr gut beobachten, daß die Resultate nach dieser Art von Übung nicht nur kurzfristig, sondern auch längerfristig[24] wesentlich besser waren. Eine nicht zu unterschätzende Rolle spielen hier aber auch die kurzen Tests zum jeweiligen Thema, die immer wieder gemacht wurden.

Ein besonders interessanter, für mich überraschender Punkt bezüglich der studentischen Reaktion bliebe noch hervorzuheben: Auch die Studierenden, die sich besonders aktiv am Unterricht beteiligten und so wesentlich zum guten Gelingen der Lehrziele beitrugen, hatten häufig den Eindruck, "nicht so viel gelernt zu haben, wie in Stunden, wo Grammatikunterricht frontal dargeboten wird".[25] Woher kam dieser Eindruck? Die Studenten selbst kamen schließlich zu dem Schluß, daß Frontalunterricht eine für sie wesentlich unangenehmere Unterrichtsform sei, da sie sich häufig sehr bemühen mußten, gedanklich nicht abzuschweifen. Das sei für sie sehr anstrengend und die Zeit scheine in solchen Stunden oft stillzustehen. Wenn sie aber die Möglichkeit hätten, aktiv(er) am Unterricht teilzunehmen und die Stunde gewissermaßen mitzugestalten, trage nicht zuletzt die Kommunikation mit dem Lehrenden dazu bei, die Zeit kurzweiliger zu gestalten. Trotz "so schwerwiegender Inhalte wie Grammatik"[26] entstünde durch das UNTERRICHTS-GESPRÄCH ein angenehmerer Eindruck. Die Studierenden konnten letztlich aber sehr schnell vom Gegenteil, d.h. von der Lehrstoffdichte beim nicht-frontalen Grammatikunterricht, überzeugt werden.

7. Schlußfolgerung:

Es ist eine Tatsache, daß eine Unterrichtsform, die den Lernenden aktiv miteinbezieht und möglichst mehrere verschiedene Aktivitätsarten (Zuhören, Sprechen, Schreiben etc.) anspricht, auch dem Lehrenden wesentlich mehr an (Vorbereitungs-)Arbeiten abverlangt. Diese Zeitnot entsteht nicht zuletzt durch die Fülle an Material, die für eine Unterrichtseinheit nötig ist, da das benötigte Lehrmaterial erfahrungsgemäß zur Gänze vom Lehrenden selbst zusammengestellt werden muß.[27] Da das Unterrichtmaterial immer aktuell sein soll, wird diese Arbeit auch mit der Zeit nicht weniger; auch Grammatikunterricht kann hier teilweise betroffen sein, etwa durch die Auswahl der illustrierenden Beispielsätze.

Es ist aber ebenso eine Tatsache, daß es sich lohnt, diese dafür notwendige Zeit zu finden und zu investieren, da nicht nur der Unterrichtsertrag durch das aktive Miteinbeziehen der Studierenden wesentlich gesteigert wird, sondern auch das studentische Gesamtverhalten in bezug auf das Studium teilweise beeinflußt werden kann; v.a. in den Lehrveranstaltungen zu Beginn des Studiums ist es wichtig, den Studierenden wegzubringen vom passiven LEHRVERANSTALTUNGSKONSUMENTEN und hinzuführen zum aktiven Teilnehmer und / oder Mitgestalter.[28]

Literatur

Barkowski, Hans (1982): *Kommunikative Grammatik und Deutschlernen mit ausländischen Arbeitern*. Mainz
Diegritz Theodor (Hg.) (1980): *Diskussion Grammatikunterricht*. München
Gallais-Hamonno, Janine (1982): *Langage, langue et discours économiques*. Paris
Gnutzmann, Claus / Königs, Frank G. (Hg.) (1995): *Perspektiven des Grammatikunterrichts*. Tübingen
Haueis, Eduard (1981): *Grammatik entdecken. Grundlagen des kognitiven Lernens im Sprachunterricht*. Paderborn
Hönigsperger, Astrid (1996): Überlegungen zum Fremdsprachenunterricht an einer Wirtschaftsuniversität im Vergleich zu Lehramts- und Diplomstudiengängen. In: Stegu, Martin / de Cillia, Rudolf (Hg.) (1996): *Fremdsprachendidaktik und Übersetzungswissenschaft. Beiträge zum VERBAL Workshop 1994*. Frankfurt a.M., Bern, Wien, 167-179
Kalverkämper, Hartwig (1983): Fächer und Sprachen. In: *Siegener Hochschulblätter* 6:2, 44-54
Mindt, Dieter (1987): *Sprache, Grammatik, Unterrichtsgrammatik*. Frankfurt
Sitta, Horst / Tymister, Hans J. (1987): *Linguistik und Unterricht*. Tübingen
Zimmermann, Günther (1984): *Erkundungen zur Praxis des Grammatikunterrichts*. Frankfurt

Anmerkungen

1) Ich betone hier GRAMMATIK besonders, da es meines Erachtens kaum einen Sprachkurs gibt, der keine Grammatik zum Inhalt hat; möglicherweise müssen ab einem bestimmten Niveau keine Grammatikregeln mehr eingeübt werden, doch ist diese Form bei weitem nicht die einzige des Grammatikunterrichts.
2) Dieser Studienplan ist an der Wirtschaftsuniversität Wien erhältlich.
3) Um Mißverständnisse zu vermeiden: *ident* ist eine im Duden als ÖSTERREICHISCHE VARIANTE ausgewiesene Form von *identisch*.
4) Ein solches Arbeitspapier gibt es - unabhängig voneinander - für jede romanische Sprache, die am Institut unterrichtet wird, wobei die Wichtigkeit einzelner Lehrinhalte in den jeweiligen Sprachen mitunter recht verschieden bewertet wird. Das Arbeitspapier ist am Institut für Romanische Sprachen einsehbar.

5) Wie jedoch das Verhältnis von Sprachkompetenz zu Fachwissen auszusehen hat, ist nicht genau definiert.
6) Ich werde im folgenden nur auf explizit sprachliche Problemstellungen eingehen, da wirtschaftswissenschaftliche Bildungsziele vielfach dominieren.
7) Welche Gründe ein Scheitern bei einer Prüfung wirklich hat, wird von vielen Studierenden oftmals nicht realistisch genug eingeschätzt oder bewußt verdrängt. M.E. beginnen viele zu spät mit dem Lernen und arbeiten fallweise zu oberflächlich, so daß ihnen ihre eigentlichen Lücken gar nicht erst klar werden.
8) Ein Vorbereitungsproseminar ist eine Lehrveranstaltung, die außerhalb des eigentlichen Studienplans steht; sie ist v.a. für Studierende mit Vorkenntnissen gedacht, d.h. daß innerhalb eines Semesters die Grundkenntnisse, die die Studenten bereits andererorts erworben haben müssen, aufgefrischt werden, so daß das Proseminar 1 und die damit zusammenhängende Grammatikvorlesung besucht werden kann. Das Niveau der erwarteten Vorkenntnisse entspricht etwa einer (länger zurückliegenden oder nicht fundierten, vierjährigen) AHS- oder HAK-Ausbildung, wobei sich der Studierende selbst einschätzt. In der Praxis sind diese Vorkenntnisse sehr oft wesentlich geringer, selten besser.
9) Ich spreche hier (auch) aus meiner persönlichen Erfahrung. Der Stundenverlauf schien mir bezüglich des zu erarbeitenden Grammatikkapitels kalkulierbarer zu sein.
10) Mitschreiben wird in den meisten Fällen nicht gefordert; dagegen spricht, neben zahlreichen anderen Gründen, v.a. daß es zu lange dauern würde.
11) Ich beziehe mich hier besonders auf Gebiete wie das im folgenden präsentierte; besonders bei Zeiten- und Aspektübungen, wie es im Französischen beispielsweise LES TEMPS DU PASSE sind, erweist sich das Vorhandensein des sprachlichen Kontexts als überaus nützlich, da semantisch mehrdeutige Äußerungen dadurch monosemiert werden.
12) z.B. Hörverständnis, Leseverständnis und Sprechen in der Fremdsprache; Grammatikunterricht erfolgt meiner Erfahrung nach meistens in der Muttersprache der Studierenden.
13) Die Studierenden haben damit meiner Erfahrung nach keine Probleme.
14) Häufig beginnt eine Unterrichtseinheit mit dem Hinweis auf den zu erarbeitenden Lernstoff; meiner Erfahrung nach trifft das besonders häufig bei Grammatikstunden zu. In diesem Fall war das aber nicht so.
15) Meinen Kolleginnen und Kollegen vom Institut für Romanistik der Universität Wien möchte ich an dieser Stelle herzlich für ihre Mühe danken.
16) Wegen der besseren Unterscheidbarkeit sollten die Gesprächsteilnehmer möglichst unterschiedliche Stimmlagen haben; leider ist das bei den Texten, die es von den verschiedensten Verlagen als Ergänzung zu ihren Lehrbüchern gibt, nicht immer der Fall.

17) Diese Art der Hinführung zu einem Grammatikthema wurde in zwei Vorbereitungsproseminaren auf die völlig gleiche Art versucht; bei der einen Gruppe bestand der Wunsch, den Text ein drittes Mal hören zu können, während dies bei der anderen Gruppe, die von vornherein wesentlich mehr Details verstanden hatte, nicht der Fall war.
18) Für diesen Zweck eignen sich farbige Vorlagen besonders gut. Diese farbigen Overheadfolien wurden mit dem Computer hergestellt und mit einem Farbdrucker ausgedruckt. Aus Kostengründen waren die Ausdrucke, die den Studierenden ausgeteilt wurden, jedoch in schwarz-weiß (oder schwarzweiße Fotokopien).
19) Die realistische Möglichkeit einer Hausübung besteht in einem Vorbereitungsproseminar nicht; ich rege eine solche zusätzliche Übung, die sich auch bei diesem Thema anbieten würde, zwar gelegentlich an, stoße damit aber auf wenig Begeisterung. Dazu verpflichten kann ich die Studierenden allerdings nicht.
20) Solche kurze Kontrollübungen werden grundsätzlich zu allen Grammatikthemen immer wieder gemacht. Meiner Ansicht nach hat sich diese Methode bewährt, um den Lehrstoff dauerhafter zu festigen als bis zur Abschlußprüfung des jeweiligen Semesters.
21) Ein Hörtext am Anfang der Unterrichtseinheit kann sich nebenbei sehr gut eignen, Ruhe in den Hörsaal einkehren zu lassen, nachdem alle Studenten Platz genommen haben.
22) Man muß bedenken, daß es sich im allgemeinen um Studierende in der Anfangsphase ihres Studiums handelt; sie sind es häufig noch nicht gewohnt, sich Notizen machen zu müssen und sich gleichzeitig auf den Inhalt ihrer Notizen zu konzentrieren.
23) Viele dieser bevorzugt INAKTIVEN Studenten besuchen aber erfahrungsgemäß eine Lehrveranstaltung ohnehin nicht bis zum Ende des Semesters.
24) Länger als bis zum Ende des jeweiligen Semesters hatte ich allerdings nur einmal Gelegenheit, eine Gruppe von Studierenden zu beobachten, und zwar als diese nach einem Vorbereitungsproseminar ein Proseminar, das ich neu übernehmen konnte, besuchten.
25) Ich zitiere hier ziemlich wörtlich die Aussagen einer Studentin in einem Gespräch nach der Lehrveranstaltung.
26) Ich zitiere auch hier eine Studentin.
27) Ich möchte an dieser Stelle keine versteckte Lehrbuchkritik anbringen, da es für Verlage fast unmöglich ist, für jede Art von Lehrveranstaltung ein eigenes Lehrbuch herauszubringen; das gilt v.a. für Universitäten und nicht so sehr für den Schulunterricht, da doch wesentlich mehr Schüler ein und dieselbe Schulform besuchen. Eigene Bücher für den Sprachunterricht an Universitäten sind für Verlage wirtschaftlich einfach nicht rentabel, so können im Universitätsbereich bestenfalls von den Lektoren selbst zusammengestellte und vervielfältigte Skripten zum Einsatz kommen.

28) Letzten Endes ist Aktivität auch im Rahmen von FRONTALLEHRVERAN-STALTUNGEN - nicht selten ist v.a. aufgrund der (zu) hohen Hörerzahlen keine andere Unterrichtsform möglich - gefragt, wenn auch nicht im Hörsaal selbst, so aber doch bei der Vor- oder Nachbereitung des vorgetragenen Stoffes.

Neuere Wege des Fremdsprachenunterrichts: IMMERSION in Kanada und ENGLISCH ALS ARBEITSSPRACHE in Österreich

Karin Johanna Grigar, Wien

0. Einleitung

Die Erkenntnis, daß SchülerInnen nach langjährigem Fremdsprachenunterricht - v.a. im Hinblick auf kommunikative Fertigkeiten - über nur unzulängliche Fremdsprachenkenntnisse verfügen, ließ Forderungen nach neuen Unterrichtsformen laut werden. Die im folgenden erläuterten Unterrichtsmodelle IMMERSION in Kanada und ENGLISCH ALS ARBEITSSPRACHE in Österreich haben nicht das Ziel, Minoritätengruppen sprachlich in die Mehrheitsgesellschaft einzugliedern, sondern richten sich an die jeweilige Majorität des Landes mit dem Vorhaben, Mehrsprachigkeit zu fördern.[1] Beiden Konzepten liegt die Annahme zugrunde, daß die "Zweitsprache in einer der natürlichen Lernsituation möglichst ähnlichen Situation besser gelernt wird als bei bloßem Fremdsprachenunterricht" (Fthenakis / Sonner / Thrul / Walbiner 1985:25). Letztlich wird eine besonders hohe Fremdsprachenkompetenz angestrebt, die jener zweisprachig aufwachsender Kinder möglichst nahekommen soll.

1. IMMERSION in Kanada

1.1. Vorbemerkungen

Mitte der sechziger Jahre initiierten englischsprachige kanadische Eltern in der dominant frankophonen Provinz Quebec aus Unzufriedenheit mit dem traditionellen Fremdsprachenunterricht das Projekt der IMMERSION, um ihren Kindern durch fundierte Französischkenntnisse bessere Berufschancen einzuräumen. IMMERSION - also das Eintauchen in die fremde Sprache - bedeutet, daß ein Teil des Unterrichts in der Muttersprache und ein Teil in der Fremdsprache erfolgt, so daß die SchülerInnen "am Ende ihrer Schullaufbahn über eine annähernde Zweisprachigkeit verfügen" (Endt 1994:5). Der Anteil des Sachunterrichts in der Fremdsprache muß mindestens 50 %[2] betragen, wobei in den jeweiligen Unterrichtsgegenständen niemals beide Sprachen gleichzeitig gebraucht werden, "wenn auch in manchen Fällen der Rückgriff auf die Muttersprache nicht zu vermeiden sein wird" (Endt 1994:4).

Je nachdem, ab welcher Schulstufe mit IMMERSION begonnen wird bzw. wie viele Sachfächer in der Fremdsprache unterrichtet werden, unterscheidet man zwischen EARLY, MIDDLE / DELAYED UND LATE IMMERSION sowie TOTAL und PARTIAL IMMERSION. Der früheste Zeitpunkt für IMMERSION ist zu Beginn der Schulpflicht (manchmal sogar noch früher), der späteste etwa ab dem 6. Schuljahr, mittlere Immersion setzt i.d.R. in der 3., 4. oder 5. Schulstufe ein. Bei Totalimmersion wird der Anteil der auf französisch unterrichteten Sachfächer nach zwei bis vier Jahren schrittweise zurückgenommen, um Raum für muttersprachlichen Unterricht zu schaffen.

1.2. Unterrichtsablauf

Am Beginn der IMMERSION sollen die Fertigkeiten Sprechen und Hören der nichtfrankophonen SchülerInnen entwickelt werden. Bei früher und mittlerer Immersion sind Spiele und Lieder zentrale Elemente des Unterrichts. Inhalte aus der Erfahrungswelt der Kinder spielen ebenfalls eine wesentliche Rolle.[3] Später verlagert sich der Schwerpunkt mehr auf die Fertigkeiten Lesen und Schreiben.

Endt faßt die charakteristischen pädagogischen Kennzeichen des Immersionsunterrichts folgendermaßen zusammen:

- Die Schüler dürfen am Anfang ihre Muttersprache in der Schule und im Klassenzimmer benutzen.
- Die Lehrer unterstützen stark die Schüler bei ihren Bemühungen, sich in der Fremdsprache zu äußern. Dabei sind sie sehr zurückhaltend bei der Korrektur von Grammatik- und Strukturfehlern.
- Beide Sprachen werden für den Unterricht in den Sachfächern verwendet. Dabei wird aber der gleiche Stoff nicht in beiden Sprachen gelehrt.
- Die Lehrer fungieren als einsprachiges Modell, d.h. sie sprechen im französischen Sachunterricht nur Französisch, auch wenn die Schüler ihre Antworten auf Englisch geben. (Endt 1994:7f.)

1.3. Ergebnisse[4]

Grundsätzlich hat sich gezeigt, daß - unabhängig von der Immersionsvariante - ImmersionsschülerInnen im Vergleich zu ihren nach traditionellen Lehrverfahren unterrichteten Altersgenossen ein weitaus höheres Fremdsprachenniveau erreichen, wobei Lernende mit früher Immersion am besten abschneiden, gefolgt von jenen mit mittlerer und schließlich später Immersion. Da ältere SchülerInnen infolge besser entwickelter Lerntechniken offenbar schneller lernen als jüngere, sind die Leistungsunterschiede allerdings nicht so groß, wie es der Zeitunterschied vermuten ließe.

In bezug auf die rezeptiven Fertigkeiten Lesen und Hören haben die ImmersionsschülerInnen nach sechs bis sieben Jahren den gleichen Stand erreicht wie gleichaltrige MuttersprachlerInnen, bei den produktiven Fertigkeiten Sprechen und Schreiben bleiben jedoch Defizite. Außerdem treten bestimmte sprachliche Mängel, wie z.B. ein Akzent in der Aussprache sowie Schwächen in der Syntax und im Lexikon, auf. Dieser Umstand ist dadurch erklärbar, daß der Kontakt zur

Fremdsprache bei den meisten kanadischen ImmersionsschülerInnen auf die Schule (und hier vorwiegend nur auf die LehrerInnen) begrenzt ist.

Die muttersprachliche Entwicklung der anglophonen ImmersionsschülerInnen wird nicht beeinträchtigt. Der außerschulische Kontakt zum Englischen reicht aus, um den normalen altersadäquaten Verlauf sicherzustellen. Gewisse Rückstände im schriftlichen Bereich zeigen sich jedoch bei ImmersionsschülerInnen, die auf französisch alphabetisiert werden: Obwohl die Lernenden formalen Unterricht nur in der Fremdsprache durchlaufen, übertragen sie die dabei gelernten Techniken zwar im wesentlichen auf ihre Muttersprache, es bleiben aber Lücken in der Rechtschreibung, die sich später durch einen gezielten Unterricht schnell beheben lassen.[5]

Was das Niveau des Sachunterrichts betrifft, so bleiben die ImmersionsschülerInnen zwar kurzfristig hinter vergleichbaren Altersgruppen zurück, langfristig kommt es jedoch zu keinen Rückständen: Sachunterricht kann also mit gleichem Erfolg sowohl in der Mutter- als auch in der Fremdsprache abgehalten werden.

2. ENGLISCH ALS ARBEITSSPRACHE (EAA) in Österreich

2.1. Vorbemerkungen

Im Herbst 1991 startete - teils aufbauend auf den Erkenntnissen in Kanada - in Österreich das für Hauptschulen (HS), Allgemeinbildende Höhere Schulen (AHS) und Berufsbildende Höhere Schulen (BHS)[6] geeignete Projekt ENGLISCH ALS ARBEITSSPRACHE (EAA), im Zuge dessen der intensive Gebrauch des Englischen als Unterrichtssprache für Sachfächer vorgeschlagen wurde. Das Projekt versteht sich als eine mögliche "Bereicherung des Regelunterrichtes" (Grangl 1994:18) und räumt ein, daß nicht jede(r) LehrerIn und nicht jede(r) SchülerIn für dieses Unterrichtskonzept geeignet sind.

EAA umfaßt nachstehende vier Varianten, die je nach schulspezifischen Anforderungen jederzeit auch abgeändert werden können:

Variante 1:
Englisch wird als Arbeitssprache phasenweise im regulären Fachunterricht eingesetzt, um erste Erfahrungen mit der neuartigen Unterrichtsform zu sammeln.

Variante 2:
Bestimmte sprachliche Fertigkeiten werden in einem fächerübergreifenden Unterricht erarbeitet, um verschiedene fachliche Situationen - wie z.B. Beobachtungen versprachlichen, Experimente / Handlungsabfolgen beschreiben, Vergleiche und Bewertungen anstellen - fremdsprachlich bewältigen zu lernen.

Variante 3:
EAA wird gezielt in Kleinprojekten (= unverbindliche Übungen im Rahmen der Interessens- und Begabtenförderung) eingesetzt.

Variante 4:
Hier wird ein länger andauernder, ununterbrochener fremdsprachlicher Fachunterricht im Rahmen des Regelschulwesens angestrebt. Auf lange Sicht sollen somit die Voraussetzungen für die Einrichtung bilingualer Züge an österreichischen Schulen geschaffen werden.

(vgl. Abuja / Heindler 1993:12f.)

2.2. Belastungsausgleich und Stützmaßnahmen

Der Fachunterricht in einer fremden Sprache bringt für die SchülerInnen erhöhte Schwierigkeiten und Belastungen mit sich. Deshalb ist es notwendig, begleitende Stützmaßnahmen einzuführen, um den erfolgreichen Verlauf des Projekts nicht zu gefährden:

- An vorderster Stelle steht dabei der Aufbau und Erhalt einer hohen Motivation bei den SchülerInnen. Um diesem Anspruch gerecht zu werden, müssen die angestrebten Unterrichtsziele klar dargelegt werden und für die Lernenden einsichtig sein. Darüber hinaus sollten die Unterrichtenden Wünsche und Ideen ihrer SchülerInnen in die Lehrstoffverteilung[7] miteinbeziehen. Außerdem sollten die Lernunterlagen optisch gut ausgearbeitet sein und möglichst viele Wahrnehmungskanäle bei den Lernenden ansprechen. Ein abwechslungsreicher Unterricht, der verschiedenste Arbeitsformen und Unterrichtsverfahren vorsieht, ist ebenfalls von großer Wichtigkeit.

- Da der Unterricht vorwiegend in der Fremdsprache abläuft, müssen den SchülerInnen verschiedene Arbeitstechniken - wie z.B. Mitschreiben, Global- und Detaillesen, Zusammenfassen, Beschreiben, Vergleichen - nahegebracht werden. Auch darf man nicht außer acht lassen, daß mehr Zeit zur Bewältigung von fachlichen Inhalten in der Fremdsprache erforderlich ist, da diese in der Fremdsprache erst dekodiert werden müssen.

- Die Fehlertoleranz der Lehrkraft muß erhöht werden, der / die Unterrichtende sollte jedoch auf sprachliche Fehlleistungen aufmerksam machen. Der Rückgriff auf die Muttersprache muß jederzeit - v.a. aber bei stark emotionalen Äußerungen und in Prüfungssituationen - gewährleistet sein. Schwierige Erklärungen im Fachunterricht sollten ebenfalls in der Muttersprache erfolgen, um die SchülerInnen nicht mit Fachausdrücken in der Fremdsprache zu überfordern. In diesem Zusammenhang muß auf jeden Fall "zwischen rezeptiv zu verarbeitendem und produktiv zu beherrschendem (Fach-)Wortschatz" (Abuja / Heindler 1993:18) unterschieden werden. Stures Vokabellernen ist daher zu unterlassen:

In der Anwendung von EAA soll immer darauf Wert gelegt werden, daß es ein *Fachunterricht mit Sachaspekt* bleibt und nicht EAA dazu benützt wird, Sprachunterricht mit Fachaspekt anzubieten. (Grangl 1994:19)

- Die Lehrperson sollte auch allzu häufiges Wechseln zwischen Mutter- und Fremdsprache vermeiden, da die "ständige Umstellung die Verarbeitungskapazität der Lernenden noch mehr einschränkt" (Abuja / Heindler 1993:18). Die Muttersprache könnte z.b. am Anfang einer Unterrichtsstunde zur Vorentlastung eines Themas, aber auch am Ende zur Zusammenfassung und zur etwaigen Beseitigung von Unklarheiten herangezogen werden.

2.3. Erste Ergebnisse und Zukunftsperspektiven

Erste Erfahrungswerte mit EAA sind durchaus positiv. Grangl spricht von durchweg zustimmenden Rückmeldungen seitens der SchülerInnen, die durch EAA ihre späteren Berufschancen aufgewertet sehen. Oft wird der jeweilige Fachunterricht durch die Fremdsprache auch als "motivierender, abwechslungsreicher und spannender" (Grangl 1994:20) empfunden.

In nächster Zukunft müssen die Lehrpläne aller drei Schultypen (HS, AHS und BHS) - vor dem Hintergrund einer theoretischen Aufarbeitung und unter Einbeziehung von Experten - für EAA adaptiert und rechtliche Fragen v.a. in bezug auf den Einsatz von MuttersprachlerInnen geklärt werden. Ferner sollen Aus- und Fortbildungsmöglichkeiten für an EAA interessierte LehrerInnen geschaffen werden. Außerdem strebt man eine österreichweite Vernetzung sämtlicher EAA-Projekte an, um so den methodisch-didaktischen Meinungsaustausch zu fördern.

3. Schlußbemerkungen

Die hier vorgestellten Unterrichtskonzepte IMMERSION in Kanada sowie ENGLISCH ALS ARBEITSSPRACHE in Österreich richten sich an die weitgehend monolinguale Majoritätsbevölkerung eines Landes und sind im Prinzip "auf alle Sprachen und Länder unabhängig von ihren Erziehungssystemen übertragbar" (Wode 1995:12). So wurden auch in den letzten Jahrzehnten zahlreiche Immersionsprogramme in Europa ins Leben gerufen (vgl. dazu u.a. Ammon / Mattheier / Nelde 1993, Baetens Beardsmore 1993, Koschat / Wagner 1994, Paula 1994 und Verginer 1996).

Die Ergebnisse sind äußerst vielversprechend, obwohl gesetzliche Beschränkungen sowie der schulorganisatorische, finanzielle, administrative und didaktisch-pädagogische (Mehr-)Aufwand die Durchführung von Immersionsprojekten auf breiter Basis erschweren (vgl. Abuja / Heindler 1993:11). Durch die Fremdsprache wird die muttersprachliche Entwicklung keineswegs gefährdet: der außerschulische Kontakt reicht aus, um den Verlauf altersgemäß zu gewährleisten. Die

SchülerInnen zeigen darüber hinaus "tendenziell eine größere Kreativität" (Laurén 1994:26) und sind in ihrer kognitiven Entwicklung besonders weit fortgeschritten, da die Lernenden durch die Sozialisation in zwei Sprachen angehalten werden, zwischen verschiedenen Sichtweisen zu unterscheiden, was "zu einem erhöhten intellektuellen Potential führt" (Endt 1994:10).

Die intensive Beschäftigung mit einer fremden Sprache und deren Kultur führt überdies zu "mehr Toleranz, weniger Neigung zu Ethnozentrismus und mehr Interesse für Angehörige anderer Sprachgruppen" (Boeckmann 1995:176) und leistet somit auch einen wesentlichen Beitrag zum interkulturellen Lernen.

Literatur

Abuja, Gunther & Dagmar Heindler (Hg.) (1993): *Englisch als Arbeitssprache. Fachbezogenes Lernen von Fremdsprachen*. Graz (= Berichte. Reihe III, Nr. 1)

Ammon, Ulrich, Klaus J. Mattheier & Peter H. Nelde (Hg.) (1993): *Sociolinguistica. Internationales Jahrbuch für Europäische Soziolinguistik 7: Mehrsprachigkeitskonzepte in den Schulen Europas*. Tübingen

Baetens Beardsmore, Hugo (Hg.) (1993): *European Models of Bilingual Education*. Clevedon, Philadelphia, Adelaide (= Multilingual Matters 92)

Baker, Colin (1993): *Foundations of Bilingual Education and Bilingualism*. Clevedon, Philadelphia, Adelaide (= Multilingual Matters 95)

Boeckmann, Klaus-Börge (1995): Erweiterter Zweitsprachunterricht. In: *Interkulturelles Handeln. Neue Perspektiven des Zweitsprachlernens*. Hgg. von Baur, Siegfried, Augusto Carli & Dietmar Larcher. Bozen, 164-178

Butzkamm, Wolfgang (1993): Bilingualer Unterricht - Fragen an die Forschung. In: *Die Neueren Sprachen* 92. H. 1/2, 151-161

de Cillia, Rudolf (1994): Was heißt hier eigentlich bilingual? Formen und Modelle bilingualen Sprachunterrichts. In: *Bilinguale Schulen. Lernen in zwei Sprachen*. Hgg. von Koschat, Franz & Gottfried Wagner. Wien, 11-22

Endt, Ernst (1994): Immersion und bilingualer Unterricht. In: *ÖDaF-Mitteilungen* 10. H. 1, 4-16

Fthenakis, Wassilios E., Adelheid Sonner, Rosemarie Thrul & Waltraud Walbiner (1985): *Bilingual-bikulturelle Entwicklung des Kindes. Ein Handbuch für Psychologen, Pädagogen und Linguisten*. Hgg. vom Staatsinstitut für Frühpädagogik. München

Grangl, Sylvia (1994): Die fremde Sprache als Arbeitssprache. In: *ÖDaF-Mitteilungen* 10. H. 1, 17-21

Koschat, Franz & Gottfried Wagner (Hg.) (1994): *Bilinguale Schulen. Lernen in zwei Sprachen*. Wien

Laurén, Christer (1994): Sprachbad oder Immersion - eine kanadische (Neu-)Erfindung. In: *Bilinguale Schulen. Lernen in zwei Sprachen*. Hgg. von Koschat, Franz & Gottfried Wagner. Wien, 23-29

Paula, Andreas (Hg.) (1994): *Mehrsprachigkeit in Europa. Modelle für den Umgang mit Sprachen und Kulturen.* Klagenfurt
Verginer, Mirjam (1996): *Zweisprachige Erziehung: Ausarbeitung eines Immersionsmodells für Südtirol. Tesi di laurea.* Verona
Wode, Henning (1995): *Lernen in der Fremdsprache. Grundzüge von Immersion und bilingualem Unterricht.* Ismaning
Wode, Henning (1993): *Psycholinguistik. Eine Einführung in die Lehr- und Lernbarkeit von Sprachen. Theorien, Methoden, Ergebnisse.* Ismaning

Anmerkungen

1) Immersionsprogramme sind nur dann besonders erfolgreich, wenn SchülerInnen der Majorität die Sprache der Minorität erlernen. Dieser Umstand läßt sich aufgrund der positiven affektiven Basis erklären: MajoritätsschülerInnen brauchen nicht zu befürchten, daß sie ihre kulturelle Identität schützen, verändern oder gar aufgeben müssen (vgl. Wode 1993:336).
2) Die allgemein anerkannte Festlegung auf mindestens 50 % (vgl. u.a. Baker 1993:158ff und Endt 1994:6) ist nach Wode willkürlich und durch keinerlei Forschungsergebnisse abgesichert (vgl. Wode 1995:12).
3) Obwohl es in Kanada bislang noch keine ausführliche Diskussion über fachliche Inhalte, die sich besonders gut für IMMERSION eignen, gegeben hat, schlägt Wode diesbezüglich Bereiche vor, bei denen die Sprache stark in die außersprachliche Situation eingebunden ist. Diese Kontextualisierung zeigt sich v.a. bei Fächern wie Geographie, Mathematik und Naturwissenschaften, die stark durch die innere Logik der Inhalte geprägt sind oder sich leicht über Bilder, direkte Demonstration bzw. die persönliche Erfahrung der Lernenden veranschaulichen lassen. Im Gegensatz dazu stehen Fächer wie Geschichte, bei denen es primär um abstrakte oder nicht direkt demonstrierbare Zusammenhänge geht (vgl. Wode 1995:66).
4) Was die wissenschaftliche Erforschung von Schulversuchen anbelangt, so sind die kanadischen Immersionsprogramme am ausführlichsten untersucht und evaluiert worden. Die dabei gewonnenen Erfahrungen wurden von den Wissenschaftlern größtenteils sehr positiv bewertet.
5) Immersion eignet sich für alle Schülergruppen: Lernschwache Schulkinder werden freilich nicht zu lernstarken, sie erleiden in ihrer Entwicklung jedoch auch keine Defizite: Im Unterschied zum konventionellen, stark regel- und lehrerzentrierten Sprachunterricht werden lernschwache SchülerInnen sogar oft durch die offenere Form des Immersionsunterrichts, der die Kinder zum intuitiven Sprachenlernen anregt und ihnen mehr Spielraum läßt, besser gefördert (vgl. Wode 1995:87).
6) Im Gegensatz zu den kanadischen Immersionsprogrammen ist der früheste Beginn mit EAA somit die 5. Schulstufe.

7) Abuja / Heindler schlagen bei der Auswahl des Lehrstoffes u.a. Themenbereiche mit angloamerikanischem Bezug vor, die nicht nur ein fächerübergreifendes Arbeiten ermöglichen und sich leicht in (deutsche und englische) Einheiten aufsplittern lassen, sondern deren fremdsprachliche Erarbeitung auch große berufliche Bedeutung hat. Ferner warnen sie vor der unreflektierten Übernahme von Schulbüchern englischer Herkunft für die entsprechende österreichische Schulstufe, da die Lernenden dadurch überfordert würden (vgl. Abuja / Heindler 1993:21f.).

Aussprachefehler von Türken im Unterricht DaF

Gregor Chudoba, Osijek

1. Einleitung

In der Bundesrepublik Deutschland beträgt der Bevölkerungsanteil der türkischstämmigen Menschen etwa 2,2 %, in Österreich liegt er mit etwa 1,8 % ähnlich hoch. Türkische Deutschlerner sind somit oft die zahlenmäßig bedeutendste Gruppe unter den DaF-Lernern, zumal ein Großteil als Arbeitsmigranten oder im Zuge von Familienzusammenführungen nach Mittteleuropa kommt und daher nicht den Weg des natürlichen Zweitspracherwerbs beschreiten kann, der den in Deutschland und Österreich geborenen Türken zumeist offensteht.

Der Bedeutung dieser Lernergruppe entspricht nicht immer ihre Behandlung in der Literatur: während v.a. für den DaF- und DaZ-Unterricht für Türken eine beachtliche Menge an Material vorhanden ist, beschäftigt sich die Sprachlehrforschung (damit sind hier v.a. Fehleranalyse und Kontrastive Analyse gemeint) eher mit den Kombinationen des Deutschen mit west- oder südwesteuropäischen Sprachen, oder aber auch mit der Kombination Deutsch-Slawisch, v.a. Polnisch.[1] Türkisch wird zwar gerne als der nächstliegende Exote zu Vergleichen in allgemeineren Werken herangezogen, systematische, monographische Untersuchungen sind aber rar.

Ziel der hier dargestellten Untersuchung war es, Aussprachefehler darzustellen und zu deuten, die im Unterricht DaF für Türken besonders häufig auftreten.

2. Die Fehlersammlung

Ausgehend von der Annahme, daß eine posteriorische Analyse für die Unterrichtsgestaltung eher relevant ist als eine prognostizierende kontrastive Analyse, wurden in einem Deutschkurs durch einen Hospitanten die auftretenden Fehler notiert und anschließend systematisiert.

Im Kurs waren von sechzehn teilnehmenden Jugendlichen zehn mit türkischer Staatsbürgerschaft, alle aus dem Osten der Türkei und zweisprachig türkischkurdisch aufgewachsen. In Gesprächen untereinander verwendeten die Jugendlichen jedoch primär das Türkische und wichen auf dieses auch aus, wenn sie bei Unterhaltungen auf Kurdisch auf (Vokabel-)Schwierigkeiten stießen. Es scheint daher gerechtfertigt zu sein, die aufgetretenen Schwierigkeiten auf der Basis des Türkischen zu deuten. Auch sind mit den Fehlerlisten, die Wolf Dieter Ortmann für das Türkische erstellt hat, weitgehende Übereinstimmungen festzustellen (vgl. Ortmann 1976).

Auf die methodologischen Fragen, die sich beim Erstellen der Fehlerlisten ergeben, (etwa auf die Behandlung von Fehlern, die bei Reihenaufgaben gehäuft vorkommen und deren unzensierte Eintragung in die Fehlerliste das quantitative Verhältnis der Fehler untereinander und damit auch deren Gewichtung für den Unterricht verfälschen würde; oder auf die Frage nach der qualitativen Bewertung von sog. schweren und leichten Fehlern) will ich hier nicht eingehen, sondern gleich die Form der Listen vorstellen (zur Gewichtung von Fehlern vgl. Schmidt 1994:332ff).

Auf der ersten von drei Seiten wurden die fehlerhaften Äußerungen eingetragen, dazu das Korrektiv und die Nationalität des Sprechers, da auch Fehler nichttürkischer Lerner notiert wurden. In einem Beobachtungszeitraum von fünf Einheiten à zwei Stunden ergaben sich zwischen der 14. und der 62. von insgesamt 100 Unterrichtsstunden 96 Eintragungen. Die scheinbar geringe Zahl von Eintragungen ergibt sich aus dem Verzicht auf mehrfache Notierung von gleichgearteten häufigen Fehlern.

Die erste Seite sah somit so aus:

	FEHLER	KORREKTIV	NATION
1	[ʊr]	[uːɐ] Uhr	TR
2	[seːn]	[tseːn]	TR
3	[syœlf]	[tsyœlf]	TR
4	[zibzɛn]	[siːbtsan]	TR
5	„halb achtzehn Uhr"	halb sechs Uhr abends / 17 Uhr 30	TR
6	< die haud >	< die Hand >	TR
7	< der Rükken >	< der Rücken >	?
8	< der Bauh >	< der Bauch >	BiH
9	[zeːə]	[tseːʰə] Zehe	TR
10	[zaʊnʃmæsən]	[tsaːnʃmertsən]	TR
11	of	of · für < f >	TR

Die zweite Seite wurde zur weiteren Beschreibung der Fehler benutzt, wobei nach der Klassifizierung nach linguistischen Ebenen und der (problematischen) Einteilung in Kompetenz- und Performanzfehler vier Spalten zur Klassifizierung nach Selinkers Interlanguage-Hypothese dienten (Art des Transfers: aus L1 oder intralingual oder L3; Übunngstransfer; Kommunikations- oder Lernstrategien; Übergeneralisierung; vgl. Selinker 1972 und Edmondson / House 1993:217ff.).

Während die zweite Seite wenig Erkenntnisgewinn brachte und bei künftigen Aufzeichnungen entfallen kann, wurde auf der dritten Seite versucht, den einzelnen phonetischen Prozessen genauer nachzugehen und sie in folgenden Kategorien zu beschreiben: Vokale (unterteilt nach Quantität und Qualität), Konsonanten (Stimmton / Druck und Ort / Art), Suprasegmentalia / Silbenstrukturaffizierende (letztere beziehen sich auf die Prozesse der Addition und der Elision) und einer eigenen Spalte für Anmerkungen.

3. Schwerpunkte

Die Auswertung der Liste ergab folgende Schwerpunkte, an denen gehäuft Fehler auftraten:

3.1. Konsonanten

Die Unterschiede im segmentalen Bereich sind gering. Sie ergeben sich bei den Phonemen /x/ und /ts/, bei der Variante [R] des Phonems /r/[2] und bei auslautenden Lenis-Plosiven. Letztgenannte Schwierigkeit ist allerdings eine Folge der deutschen Schreibung, die die Auslautverhärtung nicht wie die türkische lautgetreu wiedergibt.

Bedeutende Schwierigkeiten ergeben sich allerdings bei Konsonantenclustern, wobei besonders der Silbenanlaut eine fehleranfällige Position ist. Die komplexeste Silbenstruktur des Türkischen ist KVKK (abgesehen von anlautenden [tʃ] und [dʒ]), daher stellen Silben der Struktur KKV- und -VKKK beträchtliche Hürden für türkische Deutschlerner dar. Die häufigsten Prozesse, die zur Umgehung dieser Hürde eingesetzt werden sind

a. Insertion (eines Sproßvokals),

wodurch die gewohnte Silbenstruktur des Türkischen erreicht wird, etwa in [sᵊtərudəl] und [gᵊʁats];

b. Elision,

wobei zumeist Affrikate ihr plosives Element verlieren wie in [zibzɛn] und [ais|zaffen] für *Eiszapfen*.

Seltener kommt es zu einer

c. Metathese

wie in dem rasch fossilierten [gɐrgɛr] für *Gregor*.

3.2. Vokale

Fehler bei der Realisierung von Vokalen bewegen sich oft im allophonen Bereich, sind aber zumindest für die Entstehung des FREMDSPRACHLICHEN AKZENTS verantwortlich. Zu den beobachteten Phänomenen gehören:

a. Vermeidung der *r*-Vokalisierung,
da der [ɐ]-Laut vom durchschnittlichen Lerner nicht als <r> interpretiert wird. Fehler entstehen so in [ur] für *Uhr*, [dɛr] für *der* und vielen anderen Beispielen. Erschwerend für den deutschsprachigen Hörer kommt hinzu, daß sich die Varianten des türkischen Phonems /r/ (nämlich [r] oder [ɹ]) von den deutschen [r], [R] oder [ʁ] noch ohnehin unterscheiden und somit die Abweichung eine zweifache ist.

b. Mangelnde Differenzierung der Quantität
Der distinktive Charakter der Vokallänge im Türkischen ist umstritten. Ich gehe mit Özen (1985:82f.) davon aus, daß i.A. der durchschnittliche Sprecher des Türkischen Vokallängen nicht unterscheidet (vgl. Chudoba 1995:45). Dies führt einerseits zu Fehlern wie (Unterstreichung zur Hervorhebung) [zi̱bzɛn] für *siebzehn*, [za̱n] für *Zahn*, [u̱r] für *Uhr* und [de̱r] für *der*, bei denen die fehlende Länge vom deutschsprachigen Hörer als Mangel empfunden wird (überflüssige Länge wurde, abgesehen von den falschen Realisierungen des schwachtonigen *e*, nicht beobachtet; dazu s.u.), und andererseits auch zu Fehlern bei den

c. Vokalqualitäten,
wo aus dem gleichen Grund (keine Unterscheidung von Phonemen nach Länge bzw. Spannung) die Differenzierung zwischen den geschlossenen (gespannten) und offenen (ungespannten) Varianten des Deutschen nicht eingehalten wird. Das führt zu [ʃɔ̱ːn] für *schon*, [pe̱tɛr] für *Peter* und vielen anderen mehr.
Als Faustregel könnte man resümieren, daß die Vokale des Türkischen jeweils zwischen den korrespondierenden Vokalen des Deutschen liegen und somit weder den gespannten noch den ungespannten Ausformungen gerecht werden. Schwerwiegender erscheint hier die Abweichung von den geschlosseneren Varianten bei den Langvokalen. Auffallend war bei der beobachteten Gruppe auch, daß die Türkinnen eher zu geschlossenen Formen neigten als die Türken. So erhielt etwa das Beispiel [siː møçteː aɛi̱nɛn teː] die Notiz *sehr geschlossen, typ. weibl. Türkisch?*

d. schwachtoniges <e> [ə]
Ähnlich wie beim vokalisierten <r> verführt hier die Schreibweise zu einer falschen Aussprache, obwohl auch das Türkische einen (allerdings höheren und gespannten) Zentralvokal kennt. Es kommt zu Fehlern wie [danke] (ohne [ŋ]) und dem gleichgeschorenen [ɡɛsɛhɛn] statt [ɡəlseːhən].

e. Diphthonge
werden als zwei Silben (mit Hiatus oder Gleitvokal) oder mit falscher Artikulation der Bestandteile gesprochen. [seɪtuŋ] wird so dreisilbig, während [ʃpizɛ] für *Speise* den gleichen Grund haben dürfte wie [laeber] für *lieber*, nämlich die Undurchsichtigkeit der orthographischen Regeln des Deutschen für seine Diphthonge. Diese werden vereinfacht, indem man ganz elegant ein Kommutativgesetz postuliert und so $e + i = i + e$ -> [ae], oder (je nach Bedarf) [i:] erhält.

3.3. Suprasegmentalia

Der zentralisierende Akzent des Deutschen steht dem dezentralisierenden des Türkischen gegenüber. Im Türkischen wird die Schallfülle im Normalfall gleichmäßig auf alle Silben verteilt, während die Tonhöhe in erster Linie zum Ausdruck von Gemütsbewegungen oder zur Gliederung von Sätzen dient. Im Deutschen erweckt diese egalisierende Behandlung der Silben einen eintönigen, undynamischen Eindruck, wobei es allerdings nur sehr selten zu tatsächlichen Ambiguitäten kommt. Notiert wurden etwa

[ˌbusˈhalˈtaˈʃteˈlə] gegenüber [ˈˌbusˈhalˈtɛ ˈʃteˈlɛ],

wo sich der schwache Tiefton am Anfang ebenso störend bemerkbar macht wie die mangelnde Hervorhebung der ersten Silbe. Auffallend sind auch die gleichmäßig langen Silben, abweichend von den Rhythmisierungen des Deutschen (vgl. Özen 1985:100). Ähnliches gilt für [ˈratˈhaɔˈplats] (ohne finales [s] in der zweiten Silbe), wo ruckartig alle drei Silben mit gleicher Betonung hervorgestoßen werden.

4. Hauptursachen

Als Fehlerursachen sind für die geschilderten Fehlerbereiche hauptsächlich die folgenden Gründe anzunehmen:

4.1. Unterschiede im phonotaktischen System

Das Türkische ist in seinen Kombinationsmöglichkeiten von Konsonanten viel stärker eingeschränkt als das Deutsche (s. 3.1.). Dabei wurde bei Sproßvokalen nur die epenthetische Einfügung eines Vokals beobachtet, auch wenn eine prothetische Voranstellung in türkischen Lehnwörtern vorkommt (*istasyon, Istanbul*).

4.2. Unterschiede im Vokalinventar

Das Türkische hat ein acht Phoneme umfassendes Vokalsystem, das nicht nach Länge differenziert. Zudem liegen die türkischen Vokale in Bezug auf den Öffnungsgrad zwischen den entsprechenden Phonempaaren des Deutschen, so daß sich auch bei der Qualität Schwierigkeiten ergeben.

4.3. Phonem-Graphem-Korrespondenzen

Einerseits ergeben sich hier Fehler aus den unterschiedlichen Lautwerten der Buchstaben in den zwei Alphabeten, so bei <z>, das im Türkischen den Lautwert [z] hat. Dies trägt zur Tendenz bei, das [ts] im Deutschen durch [s] oder [z] zu ersetzen. Hier vereinen sich die Restriktionen des türkischen phonotaktischen Systems (s. 4.1.; an Affrikaten kennt das Türkische nur [tʃ] und [dʒ]) und die Unterschiede in den Alphabeten.

Zweitens kommen die Inkonsequenzen der deutschen Rechtschreibung hier zum Tragen, so bei Digraphen (<ch>) und Trigraphen (<sch>), deren Lautwert sich nicht aus den Bestandteilen ermitteln läßt, ebenso bei Diphthongen und bei den vielen nicht eineindeutigen Laut-Buchstaben-Relationen. Das Türkische ist hier viel konsequenter in der Anwendung des phonetischen Prinzips und bringt etwa auch die Auslautverhärtung in der Schreibung zum Ausdruck.

4.4. Suprasegmentale Systeme

Die gleichmäßigere Betonung von Wortsilben des Türkischen führt im Deutschen zu einem Stakkato, das zumindest ungewohnt klingt, sich oft aber auch verständnishemmend auswirkt.

5. Konsequenzen für den Unterricht

Der Phonetikunterricht hat innerhalb der Sprachdidaktik einen Ruf, der mit dem der Statistik innerhalb der Psychologie vergleichbar ist. Viele Sprachlehrer, vielleicht die Mehrheit, haben das Gefühl, daß es sich um einen Fremdkörper handelt, um etwas Trocken-Naturwissenschaftliches, das mit dem Künstlerisch-Kreativen des üblichen Sprachunterrichts nicht sehr viel zu tun hat.

Ich will hier nicht die involvierten Vorurteile diskutieren, sondern nur darauf hinweisen, daß eine derart defensive Einstellung keine gute Vorraussetzung für eine Verstärkung des Ausspracheunterrichts ist, zumal vom durchschnittlich ausgerichteten Sprachlehrer nicht erwartet werden kann, daß er / sie neben seinen / ihren Kenntnissen der Grammatik, der Lexikologie, der Landeskunde, der Literatur(-geschichte), der Pädagogik, der allgemeinen Sprachdidaktik, der Unterrichtsplanung und der vielen anderen am Unterricht beteiligten Bereiche auch noch über Phonetikkenntnisse verfügt - zumal über solche der kontrastiven Phonetik - die ihm / ihr eine wirklich umfassende und sinnvolle Analyse der auftretenden Fehler und eine darauf abgestimmte Erstellung einer Therapie erlauben würden. Dies gilt umso mehr bei heterogenen Klassenzusammensetzungen.

Ein pragmatischer Ansatz kann daher nur auf den Fachphonetiker im Klassenraum verzichten und stattdessen danach trachten, möglichst detaillierte, vorgefertigte Materialien bereitzustellen, die ohne viel Adaption im Unterricht eingesetzt werden können.

Literatur

Chudoba, Gregor (1995): [se:n feçler in g^{ə}ʁats] - *Aussprachefehler im Unterricht DaF für Türken.* Diplomarbeit, Graz
Dieling, Helga (1992): *Phonetik im Fremdsprachenunterricht Deutsch.* Berlin
Edmondson, Willis & House, Juliane (1993): *Einführung in die Sprachlehrforschung.* Tübingen
Ortmann, Wolf Dieter (Hg.) (1976): *Lernschwierigkeiten in der deutschen Aussprache.* Teil I. München
Özen, Erhan (1985): *Untersuchungen zu einer kontrastiven Phonetik Türkisch-Deutsch.* Hamburg
Schmidt, Reiner (1994): Fehler. In: Henrici, Gert & Riemer, Claudia (Hg.): *Einführung in die Didaktik des Unterrichts DaF.* Baltmannsweiler, 331-352
Selinker, Larry (1972): Interlanguage. In: *IRAL X/3*, 31-54

Anmerkungen

1) In Helga Dielings "Phonetik im Fremdsprachenunterricht Deutsch" etwa ist das Türkische unter 30 kontrastiv beschriebenen Sprachen nicht vertreten.
2) Für genauere Ausführungen siehe Chudoba (1995:39ff.) oder Özen (1985: 46f.,77).

Kontrastive Phonologie / Phonetik am Beispiel Dänisch-Deutsch

Peter Colliander, Kopenhagen

Vor einigen Jahren habe ich einen Vortrag von einem Auslandsgermanisten über DaF gehört, der so eingeleitet wurde: "Jetzt werde ich Ihnen erzählen, wo meine Studenten bei der Aussprache des Deutschen Schwierigkeiten haben". Der Vortrag hätte dort enden können, denn ..., ja Sie können bestimmt selbst die richtige Schlußfolgerung ziehen. Damals habe ich mir versprochen, nie wieder in einer Fremdsprache über die Phonetik dieser Sprache zu referieren.

Doch in der Zwischenzeit sehe ich das ein bißchen anders, und eine Pointe dieses Referats soll eben die Aufforderung sein, im Fremdsprachenunterricht **nicht** das phonetisch Vollkommene anzustreben, wobei ich unter VOLLKOMMENEM in diesem Zusammenhang phonetische Fertigkeiten verstehe, die den Sprechenden als Muttersprachler erscheinen lassen. Meiner Meinung nach ist es viel vernünftiger, weil realistischer, das Ziel zu verfolgen, den Lernern solche phonetischen Fertigkeiten beizubringen, die es ihnen ermöglichen, die Fremdsprache mühelos als Kommunikationsinstrument zu benutzen. Man könnte auch von einer funktionalen Phonetik sprechen.

Als ich aber am vergangenen Freitag meinen Lottoschein hier in München abgeben wollte, passierte etwas, was mir beinahe den Mut genommen hätte, den heutigen Vortrag zu halten. Auf meine Frage, wann Abgabeschluß sei, antwortete der Kioskinhaber: "Schauen Sie mal, das ist ein bißchen anders hier als in Dänemark..." Hinzugefügt werden muß, daß ich zum ersten Mal in diesem Kiosk war und daß ich nie früher mit diesem Mann gesprochen hatte. Der eine Satz reichte also, um mein dänisches Substrat herauszuhören, wobei zur Geschichte natürlich auch die Tatsache gehört, daß der Mann jahrelang in Dänemark gelebt hatte. Wahrscheinlich hat mich der *sch*-Laut in *Abgabeschluß* verraten (vgl. Colliander 1996:57). Ich bin so ziemlich zerknittert nach Hause gegangen - und habe an diesem Vortrag weitergearbeitet.

Die phonetischen Ähnlichkeiten zwischen der deutschen und der dänischen Sprache sind groß, die Unterschiede aber kaum minder. Beide Tatsachen sprechen dafür, daß die deutsche Phonetik ein wesentlicher Bestandteil aller Lehrpläne für dänische Deutschstudenten sein und eine gebührende Position im Examen haben sollte.

Wie kommt es dann, daß es im großen ganzen nicht so ist und daß der Phonetikunterricht und die Phonetikprüfung immer herhalten müssen, wenn aus finanziellen Gründen etwas gekürzt oder gar gestrichen werden muß? Wahrscheinlich weil die deutsche Aussprache den Dänen unmittelbar viel leichter fällt als die der beiden anderen wichtigen Fremdsprachen, des Englischen und des Französischen. In diesem Zusammenhang muß auch das Paradoxon erwähnt werden, daß die Phonetik, die sich als einzige Disziplin eindeutig auf den mündlichen Ausdruck bezieht, oft einer schriftlichen Prüfung unterzogen wird.

Es wird auch immer wieder argumentiert, phonetische Schwächen seien unbedeutender als grammatische; die Aussprache des Deutschen durch die Dänen behindere die Kommunikation normalerweise nicht, im Gegensatz zu den grammatischen Unzulänglichkeiten derselben. Oft ist das auch der Fall, aber generell gilt das bei weitem nicht. Zwar ist die Referenz in den seltensten Fällen gefährdet, wenn ein Däne sich einer unbeholfenen deutschen Aussprache bedient. Ist sie aber das, wenn er sagt *meine viele Bücher? Für die pragmatischen Aspekte sieht es jedoch problematischer aus. Erstens läuft der phonetisch unsichere deutschsprechende Däne Gefahr, daß der Empfänger die Redeabsicht falsch interpretiert. In Sätzen wie Du rufst morgen an ist die Intonation ausschlaggebend für den pragmatischen Inhalt: Frage oder Feststellung / Aufforderung? Vgl. Hirschfeld (1995:177). Frage in (1a), Feststellung / Aufforderung in (1b):

(1a) *Du rufst morgen an?*

(1b) *Du rufst morgen an*

Dem Dänischen ist in parallelen Fällen die Interrogativintonation fremd und so auch dem KOPENHAGENER NORMALDEUTSCH, weshalb die Gefahr für Mißverständnisse in diesem Zusammenhang groß ist.

Zweitens hat die Aussprache deutliche soziolinguistische Applikationen. Ein Beispiel aus dem wirklichen Leben: Ich habe im Fremdenverkehrsamt einer dänischen Kleinstadt folgenden Dialog gehört: Eine deutsche Familie hat sich nach den Sehenswürdigkeiten der Stadt erkundigt und daraufhin die Antwort bekommen:

(2) *Waren Sie schon in der Kirche?* (*Kirche* mit *[ʃ] ausgesprochen; vgl. Hirschfeld 1995:177)

Die Deutschen haben freundlich gelächelt, denn die Kommunikationssituation war entspannt und sagen wir mal harmlos. Man braucht aber keine hochentwickelte Phantasie, um sich vorzustellen, daß sich beispielsweise der Dolmetscher einen solchen Fehler nicht erlauben kann.

Ein Ausländer kann noch so viele Wörter kennen und richtig verwenden - referentiell wie syntaktisch - je schlechter seine Aussprache ist, desto negativer bewertet der Muttersprachler seine Sprachkenntnisse, und die Gefahr ist groß, daß er überhaupt eine negative Beurteilung hinnehmen muß. Wie man spricht, so ist man. Die Dänen brauchen nur ein Interview im dänischen Rundfunk oder Fernsehen zu hören, in dem ein dänischer Reporter versucht, einen Schweden auf schwedisch zu interviewen, um sich von diesen Mechanismen überzeugen zu können. Dänische Muttersprachler, die auch phonetisch ein genuines Schwedisch sprechen, sind eine Seltenheit, trotz oder vielleicht eher gerade wegen der engen Verwandtschaft der beiden Sprachen, und die Dänen belustigen sich gern über Landsleute, die der Phonetik der anderen skandinavischen Sprachen nicht mächtig sind, denn das hören sie.

So stimme ich den vielen völlig zu, die dafür plädieren, phonetische Fehler im Fremdsprachenunterricht nicht zu bagatellisieren. Im Gegenteil, man sollte der Phonetik viel mehr Gewicht beimessen. Vgl. Hirschfeld (1995:182).

Wie nimmt man nun dieses Vorhaben in Angriff? Je nach Stufe und Zweck oder Ziel des Unterrichts muß man natürlich anders vorgehen. In diesem Referat beschränke ich mich auf die universitäre Stufe und auf die Situation DEUTSCH ALS FREMDSPRACHE IM AUSLAND, hoffe aber, daß sich einiges auf andere Stufen und auf DAF IM INLAND übertragen läßt.

Man kommt in diesem Zusammenhang nicht um die Frage herum, ob man die Artikulation eines fremden Lautes oder einer fremden Intonation nicht ausschließlich durch Nachahmung erlernen kann, also auditiv. Es ist sicherlich so, daß das Talent für Nachahmung eine entscheidende Rolle spielt. Das haben viele Untersuchungen ergeben - ganz besonders wenn es um die Vokale geht übrigens - und davon kann man sich auch immer wieder im Umgang mit Ausländern überzeugen. Das Talent für sprachliche Nachahmung ist nicht unbedingt mit allgemeiner Begabung gekoppelt. Weniger begabte Menschen können sehr wohl phonetisch sehr talentiert sein - und umgekehrt.

Die entscheidende Rolle des Nachahmungstalents sollte aber auf keinen Fall dazu führen, daß man im Phonetikunterricht auf theoretische, systematische Aspekte verzichtet. Sie können meiner Meinung und Erfahrung nach den Papageieneffekt unterstützen und die praktische Beherrschung der Phonetik einer Fremdsprache dadurch verbessern.

Hinzu kommt, daß Einsichten in die lautliche Systematik einer Fremdsprache dazu beitragen, daß man versteht, warum es so verflixt schwierig ist, sich die perfekte Aussprache der betreffenden Fremdsprache anzueignen.

Das Phonem spielt dabei eine wichtige Rolle, und es ist im Phonetikunterricht unumgänglich, einen Phonembegriff einzuführen. Ich spreche bewußt von EINEM und nicht DEM Phonembegriff, denn ich möchte eine kleinere Abwandlung des traditionellen Phonembegriffes vorschlagen, die m.E. die Klassenbildung, um die es ja geht, für die Lerner verständlicher macht. Traditionell definiert man ein

Phonem als eine **abstrakte** Einheit, die sich durch ihre **Funktion** in der Sprache von allen anderen Einheiten unterscheidet. Eine andere Möglichkeit wäre, eine konkrete Ebene in die Definition einzubauen und das Phonem als eine aus **konkreten** Lauten bestehende Menge aufzufassen - und zwar aus den Allophonen oder Varianten -, die sich **artikulatorisch** innerhalb von einem gewissen Bereich eines Kontinuums befinden. Vgl. Jones (1962:10). Dieses Kontinuum kann jeder der relevanten artikulatorischen Aspekte ausmachen, z.B. Artikulationsort, Öffnungsgrad und Stimmhaftigkeit. Nehmen wir den Öffnungsgrad der gespannten ungerundeten Vorderzungenvokale als Beispiel.

Das Kontinuum, das für alle Sprachen gleich ist, besteht aus allen Öffnungsgraden zwischen einem Minimum und irgendeinem Maximum, das physisch von der Mundhöhle festgelegt ist. Dieses Kontinuum teilt jede Sprache in ihrer eigenen Art und Weise auf, sowohl was die Anzahl der Abschnitte als auch was die Größe der Abschnitte betrifft. Bei der Festlegung der Grenzen zwischen den Abschnitten kommt man nicht um den funktionalen Aspekt herum. Eine Grenze wird im Deutschen z.B. genau dann überschritten, wenn *bieten* zu *beten* wird. Es ist aber bei weitem nicht sicher, daß die Grenze zwischen den dänischen Wörtern *bide* ('beißen') und *bede* ('beten / bitten') mit der deutschen Grenze zwischen /i/ und /e/ zusammenfällt. Im Deutschen muß man zwei Grenzen ziehen: eine zwischen /i/ und /e/ und eine zwischen /e/ und /ɛ/ (wie in *bäten*), wodurch man drei Phoneme konstituiert. Im Dänischen dagegen muß man drei Grenzen ziehen und somit vier Phoneme konstituieren: /i/ - /e/ - /ɛ/ - /a/ (klassisches Beispiel: *mile - mele - mæle - male*), wobei wichtig ist, daß diese Laute sich nur in der Distinktion Öffnungsgrad unterscheiden; so ist das dänische /a/ ein offener ungerundeter Vorderzungenlaut.

Das Englische unterscheidet - wie das Deutsche - maximal zwischen drei Öffnungsgraden, z.B. bei den kurzen Vorderzungenvokalen: *lid, lead, lad* (/ɪ/, /e/, /æ/), die sich aber mit denen der deutschen Vorderzungenvokalen nicht völlig decken.

>(3) Deutsch: /i e ɛ/ wie in *bieten, beten, bäten*
>Dänisch: /i e ɛ a/ wie in *mile, mele, mæle, male* ('Düne - mit Mehl bestreuen - sprechen - ma(h)len')
>Englisch: /i æ/ wie in *lid, lead, lad*

Ich halte es bei der Kontrastierung von Sprachen, die in einem Kontinuum **nicht** die gleiche Anzahl Grenzen ziehen und damit die Distinktion unterschiedlich ausnützen, für unvorteilhaft, mit der maximalen Anzahl Abschnitten zu rechnen und diese als eine Art Tertium comparationis anzusehen. Bei der Kontrastierung des Dänischen mit dem Deutschen und Englischen hieße das, daß man auch für das Deutsche und das Englische mit vier Öffnungsgraden der Vokale rechnen müßte. Vielmehr sollte man deutlich sagen, daß sich die zu vergleichenden Sprachen in diesem Punkt phonematisch unterscheiden, indem sie aus dem Kontinuum der Öffnungsgrade eine verschiedene Anzahl Phoneme bilden, wo es unwahrscheinlich ist, daß zwei Grenzen zusammenfallen. In Colliander (1994:46 f.; 1996:43 ff.) habe ich diesen Gedanken ausführlicher entfaltet.

Wie verwertet man nun diese Erkenntnisse? Kann man die Aussprache eines Studenten dadurch verbessern, daß man ihn z.b. bittet, einen Vokal etwas offener auszusprechen? Ich glaube nicht, daß es eine allgemeingültige Antwort auf diese Frage gibt. Je nachdem, von welchem artikulatorischen Aspekt die Rede ist, haben Anweisungen derart Erfolg oder eben keinen Erfolg. Generell scheint bei den meisten Aspekten der Vokalartikulation zu gelten, daß solche Anweisungen wenig erfolgreich sind.

Die phonematischen Erkenntnisse sind aber trotzdem wichtig, denn erst sie machen die Unterschiede und Ähnlichkeiten zweier Sprachen deutlich. Wenn man z.B. weiß, daß das deutsche /i/ durchschnittlich gesehen etwas offener ist als das dänische /i/, nützt eher die Anweisung, daß der Lerner an das dänische /e/ denken soll, ohne jedoch das deutsche /i/ als dänisches /e/ auszusprechen.

Anders verhält es sich den meisten Aspekten der Konsonantenartikulation. So darf man mit Erfolg rechnen, wenn man einen Studenten z.B. bittet, einen Konsonanten etwas stimmhafter oder stimmloser auszusprechen. Bis jetzt habe ich mich am Beispiel des Öffnungsgrads der Vokale mit dem Phänomen beschäftigt, daß zwei Sprachen eine Artikulationsdimension unterschiedlich ausnützen, und die daraus folgenden Probleme beim Fremdsprachenerwerb besprochen. Im folgenden werde ich am Beispiel der Stimmhaftigkeit der Konsonanten den Fall behandeln, daß eine Artikulationsmöglichkeit in der Fremdsprache, in der Muttersprache jedoch nicht ausgenutzt wird.

Man kann grob formuliert sagen, daß das System der deutschen Konsonanten auf Artikulationsort, Artikulationsweise und Spannung beruht und daß Stimmhaftigkeit als kombinatorische oder freie Variante auftritt.[1] Das System der dänischen Konsonanten konstituiert sich auch aufgrund von Artikulationsort und Artikulationsweise, aber Spannung und Stimmhaftigkeit werden nicht ausgenutzt, und die dänischen Konsonanten sind fast immer stimmlose Lenes. Dagegen wird Aspiration ausgenutzt. Wenn ein Däne Deutsch lernen soll, spielen deswegen die Fortisqualität und die Stimmhaftigkeit eine wichtige Rolle. Im folgenden gehe ich auf das stimmhafte deutsche *s* näher ein, auf das im dänischen Deutschunterricht in der Regel kräftig fokussiert wird, was allerdings oft zu einer übermäßigen Verwendung dieser Lautqualität führt. Am meisten stört dieses nach dem stimmlosen Fortis-*s*, etwa in Konstruktionen wie *daß sie*; *uns so*, wo Dänen oft ein stimmhaftes *s* aussprechen, also *[dazi:] und *[unzo:], statt das Fortis-*s* zum Ausgangspunkt zu machen, das evtl. in eine schwach stimmhafte oder gar stimmlose Lenis übergeht, also langsam gesprochen [das-z̞i:] und [uns-z̞o:]. Den Dänen wäre m.E. besser damit gedient, wenn man ihnen raten würde, nur intervokalisch und evtl. auch bei Neuansatz ein stimmhaftes *s* zu verwenden, zumal die Stimmhaftigkeit des Lenis-*s* bei Muttersprachlern in großen Teilen des deutschen Sprachraums ausbleibt. Stimmhaft auszusprechen wären demnach die *s*-Laute z.B. in die drei Wei*s*en; *s*ie hörten aber nicht auf.

Nur intervokalisch hat die Fortis-Lenis-Unterscheidung distinktive Funktion, und da diese Distinktion dem Dänischen völlig fremd ist und die Fortisqualität zu erzeugen einem Dänen unendlich schwerfällt, muß er auf das eigentlich nicht distinktive Merkmal der Stimmhaftigkeit zurückgreifen und sie distinktiv verwenden.

Es reicht nicht, daß eine der Muttersprache fremde Artikulation geübt wird, man muß auch sehr genau wissen, wo dieses Kunststück einzusetzen ist. Die Misere liegt natürlich zum einen daran, daß auf eine Fortis-Lenis-Unterscheidung völlig verzichtet wird - aus guten Gründen, wie schon angedeutet - zum anderen daran, daß fast ausschließlich Wortphonetik / -phonologie betrieben wird. Bei Konstruktionen wie *daß sie* ist man so versessen darauf, das *s* im Wort *sie* richtig, d.h. stimmhaft auszusprechen, daß man den Stimmton schon bei der vorangehenden Fortis einsetzt. Ich glaube, daß wir uns damit abfinden müssen, daß uns von deutschen Muttersprachlern eine weiche, eine zu weiche Aussprache des Deutschen nachgesagt wird; die Fortisqualität der deutschen Konsonanten ist für die meisten Dänen kaum erlernbar.

Abschließend möchte ich den Begriff DISTINKTIVES MERKMAL kurz besprechen. Die sog. distinktiven Merkmale können - und müssen es meines Erachtens auch - von zwei Blickwinkeln aus betrachtet werden: zum einen bei der konkreten Artikulation eines Lautes, zum anderen von systematischer Sicht aus. Bei der konkreten Artikulation eines Lautes sind alle Merkmale relevant. So hat ein Vokal z.B. immer einen Öffnungsgrad, eine Spannung, eine Stimmhaftigkeit, einen Artikulationsort, eine Lippenstellung usw. Phonematisch gesehen sind aber nicht unbedingt alle diese Merkmale relevant. So sind sämtliche deutschen und dänischen Vokale stimmhaft, was bedeutet, daß Stimmhaftigkeit bei den Vokalen phonematisch irrelevant ist, oder anders gesagt, die beiden Sprachen nützen dieses Merkmal bei den Vokalen phonematisch nicht aus.

Ich schlage vor, daß man zwischen artikulatorischer und phonematischer Relevanz unterscheidet (vgl. Hentschel 1985:32). Artikulatorisch relevant sind demnach sämtliche Merkmale, phonematisch relevant sind aber nur diejenigen Merkmale, die zur Bildung von Oppositionen ausgenutzt werden, oder anders gesagt, die distinktiv ausgenutzt werden. Deswegen möchte ich nur dann von einem distinktiven Merkmal sprechen, wenn das betreffende Merkmal phonematische Relevanz hat. In der **Praxis** sind für das Kommunikationsvermögen natürlich in erster Linie die phonematisch relevanten Merkmale wichtig. Dagegen ist es SYSTEMATISCH gesehen uninteressant, ob man einen Vokal stimmhaft oder stimmlos ausspricht, da das Merkmal Stimmhaftigkeit hier nicht phonematisch ausgenutzt wird. Es ist aber in den seltensten Fällen so, daß ein Merkmal mal so mal so realisiert wird. Die Muttersprachler und nicht zuletzt die Normgeber einer Sprache legen sich auf eine bestimmte der möglichen Realisationen eines nichtdistinktiven Merkmals fest.

Die ganze Menge der Merkmale muß im Fremdsprachenunterricht beachtet werden. Sie sind in ihrer Ganzheit wichtig für den auditiven Eindruck. Die distinktiven Merkmale verdienen jedoch eine besondere Beachtung, denn sie tragen eine besondere Verantwortung für den kommunikativen Erfolg einer Äußerung. In dem Fall, wo ein Merkmal in der Fremdsprache distinktiv ist, in der Muttersprache jedoch nicht, gebürt dem Merkmal eine ganz besondere Aufmerksamkeit. Der Lerner neigt nämlich dann dazu, das Merkmal wie in der Muttersprache zu realisieren, was katastrophal sein kann. Wenn ein Däne in (4) den für ihn gewöhnlichen gespannten Vokal *y* spricht - also etwa *Hüten* statt *Hütten* sagt -, wird er wahrscheinlich nicht ganz ernst genommen:

(4) *Wir wohnten im ganzen Urlaub in Hütten.*

Davor hat er sich zu hüten.

Literatur

Bassbøl, Hans & Johannes Wagner (1985): *Kontrastive Phonologie des Deutschen und des Dänischen. Segmentale Wortphonologie und -phonetik* (= Linguistische Arbeiten 160). Tübingen

Colliander, Peter (1993): Kontrastive deutsch-dänische Phonetik aus dänischer Sicht. Oder: Wie aus tüchtigen Mädchen züchtige und aus züchtigen Mädchen süchtige werden. In: *Deutsch als Fremdsprache* 1993/1, 40-44

Colliander, Peter (1994): Kontrastive Phonematik. In: *Deutsch als Fremdsprache* 1994/1, 45-51

Colliander, Peter (1996): "Ihr sprecht ja so weich." Wo Dänen bei der Aussprache des Deutschen Schwierigkeiten haben. In: *LernSprache Deutsch* 1996/1, 39-64

Hentschel, Gerd (1985): On the relevance of phonetic, phonological, and morphological levels in contrastive phonology. In: Fisiak, Jacek (Hg.): *Papers and Studies in Contrastive Linguistics* 20, 27-34. Poznań

Hirschfeld, Ursula (1995): Phonetische Merkmale in der Aussprache Deutschlernender und deren Relevanz für deutsche Hörer. In: *Deutsch als Fremdsprache* 1995/3, 177-183

Jones, Daniel ([2]1962): *The Phoneme: Its Nature and Use.* Cambridge

Anmerkung

1) Es sei an dieser Stelle betont, daß ich in diesem Referat von einer Norm der deutschen Aussprache ausgehe, wie sie sich in den Aussprachewörterbüchern findet, d.h. von der sog. standarddeutschen Norm. Das ist m.E. die einzige vertretbare Möglichkeit, wenn man eine Fremdsprache im Ausland lehrt. Beim DaF-Unterricht in Deutschland sieht es natürlich ganz anders aus.

Einige Erkenntnisse und Erfahrungen vom Lehren und Lernen der deutschen Sprache in der Slowakei vom Gesichtspunkt der kontrastiven Phonetik / Phonologie aus

Ivan Očenáš, Banská Bystrica

0. Vorbemerkung

Den Inhalt des Beitrages bilden persönliche und verallgemeinerte Erkenntnisse und Erfahrungen vom Lehren und Lernen der deutschen Sprache als Fremdsprache in der Slowakischen Republik auf dem Hintergrund meiner gegenwärtigen Tätigkeit als Hochschullehrer der slowakischen Sprache als Muttersprache an der Pädagogischen Fakultät der Matej-Bel-Universität in der mittelslowakischen Stadt Banská Bystrica. Der Beitrag erhebt keine allgemeinen Ansprüche, den Zustand und den Prozeß im Fremdsprachenunterricht oder im Deutschunterricht in der Slowakei zu bewerten. Sein Ziel ist, den Zustand und den Prozeß, wenn auch nicht ganz, zu charakterisieren oder zu schildern.

1. Traditionen und Gegenwart im Fremdsprachenunterricht

Der Fremdsprachenunterricht in der Slowakei hat seine Tradition und schon seit der Zeit von Jan Amos Komenský (Johann Amos Comenius, 1592 - 1670), der der Lehrer von Nationen genannt wird, seine Erfolge. Komenský war eine der größten Persönlichkeiten nicht nur der tschechischen (böhmischen), sondern auch der slowakischen Nation. Deshalb trägt die älteste slowakische Universität in der Hauptstadt Bratislava seinen Namen. Seine Bücher "Janua linguarum reserata" (1631) und "Methodus linguarum novissima" (1649) sind bedeutende Werke über die Linguistik und die Methodik des Sprachunterrichts. Viele seiner Gedanken und Ansichten sind auch heute noch sehr interessant, anregend und aktuell. Den Fremdsprachenunterricht hielt Komenský für einen vollständigen Bestandteil der Ausbildung.

"**Janua linguarum reserata**" ist das erste Fremdsprachenlehrbuch, das auf die Frequenzauswahl des Wortschatzes gegründet ist. In seinem Buch stellte Komenský ungefähr 7000 Wörter in 1000 Sätzen zusammen und lehrte so auch die Grammatik. Diese Sätze bilden 100 Lektionen mit Belehrungen über die Entstehung der Welt nach damaligen Erkenntnissen und Glaubensvorstellungen, sowie über Natur, Menschen, Schule, Kunst, Sittlichkeit und Religion. In der gegenwärtigen kommunikativen Konzeption des Fremdsprachenunterrichts geht es um dasselbe, nämlich um die Auswahl des Wortschatzes nach Frequenz, um eine Präsentation der Grammatik ohne Erklärungen, um die thematische Gliederung des Wortschatzes und um eine gänzlich praktische Orientierung der Lehrbücher.

In **"Methodus linguarum novissima"** formulierte Komenský seinen Grundsatz für den Fremdsprachenunterricht. Demnach soll das Sprachstudium gleichlaufend mit dem Studium der Sachfächer fortschreiten, damit sich unser Sachwissen zusammen mit unserer Sprachfähigkeit entwickelt, weil die Lehrer Menschen ausbilden und nicht Papageien. Wir nutzen auch weitere von Komenskýs Regeln der Sprechkunst aus:

1. Wir lernen jede Sprache getrennt für sich - zuerst die Muttersprache und danach die anderen hintereinander.
2. Wir lernen die Sprache mehr praktisch als mit Hilfe von Regeln, d.h. durch Hören, Lesen und Abschreiben.
3. Wir unterstützen die praktische Beherrschung der Sprache und festigen sie mit Hilfe von Regeln.
4. Wir machen die ersten Übungen in der Fremdsprache auf der Basis von bekanntem Stoff.

Nach Komenský sollen wir je nach Alter der Schüler vier Arten von Lehrbüchern gebrauchen: I. Vorzimmer (Vestibulum), II. Tor (Janua), III. Wohnstätte (Palatium), IV. Schatzkammer (Thesaurus). Dazu kommen vier Hilfsbücher: I. Wörterbuch zum Vestibulum, II. Etymologisches Wörterbuch zum Janua, III. Synonymisches und phraseologisches Wörterbuch, IV. Allgemeines Magazin zur Schatzkammer.

In den Gedanken und Ansichten Komenskýs können und sollen wir auch heute noch Anregungen für die gegenwärtige pädagogische Praxis suchen und finden. Es ist jedoch nötig, seine theoretischen und praktischen Erkenntnisse, Empfehlungen und Vorschläge schöpferisch zu erklären und anzuwenden.

Der Fremdsprachenunterricht in der Slowakei hatte seine Erfolge in der Vergangenheit und hat sie auch noch in der Gegenwart, steht aber gegenwärtig auch Problemen und Schwierigkeiten gegenüber. Diese stehen im Zusammenhang mit wichtigen Regelungen nach der Veränderung der Gesellschaftsordnung im November 1989. Damals begann ein neuer Zeitabschnitt in unserem Schulwesen. Es begann eine permanente Transformation unseres Bildungssystems, in deren Verlauf das Einheitsbildungssystem zu einem pluralistischen und demokratischen Bildungssystem mit humanistischer Unterrichtsauffassung umgestaltet wurde.

Das gegenwärtige Lehren von Deutsch und anderen Fremdsprachen in der Slowakei verfolgt das Ziel, eine allgemeine kommunikative Fähigkeit (Sprachfähigkeit) der Schüler, Studenten und der Bevölkerung allgemein herzustellen, um so die Fähigkeit, mit der übrigen Welt zu kommunizieren, zu erneuern. Dies ist eine der Grundanforderungen für eine erfolgreiche, schnelle und ständige Rückkehr unserer jungen Republik in die Welt der Demokratien.

Mit der Problematik der Steigerung der Fremdsprachenkompetenz ihrer Bürger beschäftigen sich die Mitgliedsstaaten der Europäischen Union auch deshalb, weil diese Steigerung eine Bedingung für die angestrebte Erhöhung der Sozial- und Professionsmobilität im zusammenwachsenden Europa ist. Dabei ist es nicht uninteressant, sich daran zu erinnern, daß der Grundstein des japanischen Wirtschaftswunders das Kaiserdekret war, das den Unterricht in englischer Sprache zur Pflicht machte.

Das Ziel des Fremdsprachenunterrichts sehen wir in der Beherrschung der **Sprechkompetenz** (LINGUISTIC PERFORMANCE), d.h. in der Fähigkeit, die Fremdsprache in der Praxis anzuwenden, sowie in der Beherrschung der **Sprachkompetenz** (LINGUISTIC COMPETENCE), d.h. in der Kenntnis der Sprache und ihrer Regeln. Dabei stellt sich nun die Frage, worin der Unterschied zwischen den beiden Punkten besteht und was für die Schüler, die Schule, die Praxis und für den Unterricht wichtiger ist.

Die elementare Sprachkompetenz wird schon im Vorschulalter und dann im Muttersprachunterricht in der Schule erworben, wo der Schüler in der Sprachkompetenz vervollkommnet wird. Er vergrößert seinen Wortschatz und eignet sich die Schriftform der Muttersprache sowie ihre stilistischen Varianten an. Selbstverständlich lernt er auch die linguistische Terminologie, d.h. die linguistische Metasprache. Der Schüler, der in die Schule kommt, verwendet seine Sprache spontan - obgleich sie noch unvollkommen ist - als Verständigungsmittel. In der Schule lernt er den bewußten Zutritt zur Muttersprache, die er sich schon zuvor nicht bewußt, aber ungezwungen angeeignet hat.

Im Lehren von Fremdsprachen geht es um den gegensätzlichen Prozeß. Zuerst lernt der Schüler die Fremdsprache bewußt und auf dieser Basis lernt er, sie als Verständigungsmittel zu verwenden. Man kann sagen, daß die Sprechpraxis im Fremdsprachenunterricht vor der Sprachtheorie rangiert.

Die Lernenden von Fremdsprachen in der Slowakei sind Angehörige aller Altersgruppen, von Kindern in den Pflichtvorschulen (Kindergärten) über Schüler der Grundschulen und Studenten in Mittelschulen, Hochschulen und Universitäten bis hin zu Erwachsenen im Rentenalter. Der Fremdsprachenunterricht wird in verschiedenen Formen realisiert und es werden verschiedene Methoden gebraucht, was unserer Meinung nach bezüglich der Effektivität das Hauptproblem des Fremdsprachenunterrichts in der Slowakei ist. Der Lehrer kann meist mehrere Unterrichtsmethoden ausnutzen, aber keiner kennt alle. Bei uns herrscht ein großer Fremdsprachenlehrermangel. Die Fremdsprachenlehrer unterrichten in der Gegenwart so qualifiziert und so nicht qualifiziert wie sie eben sind und es ist klar, daß die entsprechende fachkundige, didaktische und methodische Vorbereitung nur die Universitäten und nicht Sprachschulen oder Sprachkurse gewährleisten können.

Fremdsprachenunterricht wird in der Slowakei in den Schulen aller Typen

(Grundschule, Gymnasium, Mittelfachschule, Hochschule, Universität) und Arten (staatlich, kirchlich, privat) realisiert, ebenso wie in verschiedenen Bildungsinstitutionen, Firmen, Unternehmen, Sprachkursen oder auch durch Privatlehrer.

Die älteren und nicht qualifizierten Lehrer unterrichten v.a. nach der GRAMMATIK-ÜBERSETZUNGS-METHODE, bei der das übergreifende Lernziel die Grammatik und der Hauptanwendungszweck der Fremdsprache die Übersetzung ist. Im Unterricht macht man alles nach dem Leitspruch: Wer die Grammatik beherrscht, beherrscht die Fremdsprache und wer korrekt übersetzen kann, zeigt damit, daß er die Fremdsprache wirklich beherrscht. Diese Konzeption des Fremdsprachenunterrichts, die sich bei uns sehr eingebürgert hat, betont v.a. die Sprachkompetenz. Den Schwerpunkt des Fremdsprachenunterrichts macht die Grammatik aus, was zu unerwünschter Theoretisierung im Unterricht führt. Dabei geht es nicht um die praktische und aktive Beherrschung der Fremdsprache, weil die vorherrschende Unterrichtssprache die Muttersprache ist. Der Unterricht hat ein rezeptives Ziel, das auf das Lesen und das Verstehen schriftlicher Texte beschränkt ist. Der Unterricht besteht zum größten Teil aus Auswendiglernen von Wörtern und Regeln und ist darum für die Schüler nicht interessant. Sie lernen nur mechanisch und das ist heute zu wenig.

Für den Fremdsprachenunterricht und auch den Lehrer bieten die modernen Methoden neuartige Wege und Ziele, da sie nicht versuchen, eine lebende Sprache mit den Regeln einer toten Sprache (Latein) zu lehren. Zu diesen neuen Unterrichtsformen gehört die DIREKTE METHODE. Sie vermittelt die Fremdsprache ohne störendes Dazwischentreten der Muttersprache und führt zum aktiven Fremdsprachenunterricht, in dem die gesprochene Sprache absoluten Vorrang hat. Die Muttersprache wird aus dem Unterricht ausgelassen, denn der Schüler soll die Fremdsprache nicht im Vergleich zur Muttersprache angehen, sondern sich ein neues selbständiges Sprachsystem aufbauen. Im Vordergrund des Fremdsprachenunterrichts steht die aktive mündliche Sprachtätigkeit, darum sollen die Erkenntnisse der Phonetik und der Phonologie in den Fremdsprachenunterricht einbezogen werden.

2. Phonetik und Phonologie im Fremdsprachenunterricht

Die phonetisch-phonologischen Erkenntnisse spielen im Fremdsprachenunterricht eine große Rolle. Phonetik und Phonologie weisen auf die Unterschiede zwischen gesprochener und geschriebener Sprache auch auf die Unterschiede zwischen den Lautsystemen der Muttersprache und der Fremdsprache hin, was im Fremdsprachenunterricht für die richtige Aussprache sehr wichtig ist.

In der Entwicklung der Sprechkompetenz, v.a. im Hören mit Verständigung und im Sprechen ohne Lesen und Schreiben, ist die Rede des Lehrers ein Muster für den Schüler. Die Aussprache und Rede des Fremdsprachenlehrers erachtet der

Schüler als richtig und vorbildlich. Der Lehrer soll die Schüler die von den slowakischen verschiedenen deutschen Laute erfassen lehren, damit der Schüler die Laute richtig auszusprechen lernt.

Kontrastive Phonetik / Phonologie: Slowakisch - Deutsch

Im folgenden Teil dieses Beitrags wollen wir in aller Kürze, aber doch anschaulich verschiedene Grunderscheinungen des deutschen und slowakischen Lautsystems vergleichend darstellen.

Die slowakische Schriftsprache hat sechs kurze und fünf lange Vokale, die deutsche dagegen sieben kurze und acht lange (s. Tabelle 1). Das Slowakische hat vier Diphthonge, während das Deutsche nur deren drei hat (s. Tabelle 2).

Die kurzen Vokale *a, e, i, o, u* werden im Deutschen so wie im Slowakischen ausgesprochen. Das Deutsche hat noch zwei gerundete Vokale (*ö* [oe] und *ü* [y]), deren richtige Aussprache mit gerundeten und vorgestülpten Lippen für die Bedeutungsunterscheidung der Wörter sehr wichtig ist; z.B. bei *kennen - können* oder *Kiste - Küste*.

Das deutsche kurze *ä* [ɛ] wird wie einfaches *e* ausgesprochen und nicht breit wie das slowakische *ä*. Das deutsche kurze, schwache [ə], der Murmelvokal, wird in unbetonten Silben reduziert, sehr kurz ausgesprochen und das macht den Slowaken große Schwierigkeiten, ebenso wie die Aussprache des langen, geschlossenen *e*, weil diesen Laut das Slowakische nicht kennt.

Das Deutsche hat auch das lange *ä* [ɛ:], ein Laut, den das Slowakische auch nicht kennt. Die Slowaken sollen daher in der Aussprache das lange, offene [ɛ:] und das lange geschlossene [e:] unterscheiden lernen: *Ähre - Ehre, Bären - Beeren*. Auch das lange, geschlossene *o* macht den Slowaken kleinere Schwierigkeiten. Bei der Artikulation des langen *o* sind die Lippen im Vergleich zum Slowakischen mehr gerundet und vorgestülpt, so daß sich die Aussprache auf [u:] hin zubewegt.

Im Deutschen hat die Lautquantität ebenso wie im Slowakischen bedeutungsunterscheidende (distinktive) Funktion, wie z.B. bei *Mitte - Miete* oder *stellen - stehlen*.

Die slowakische Diphthonge sind alle steigend, d.h. ihr Öffnungsgrad und damit ihre Klangfülle nimmt zu, während die deutschen Diphthonge alle fallend sind.

Der Hauptunterschied zwischen dem deutschen und dem slowakischen Konsonantensystem besteht darin, daß die deutsche Sprache keine palatalisierten

Konsonanten hat. Die Grundzüge der beiden Konsonantensysteme, eingeteilt nach Artikulationsart und Artikulationsort zeigt Tabelle 3.

Dem Deutschen fehlen im Vergleich zum slowakischen Konsonantensystem die Laute: *d', t', ň, l', dz* [ʒ], *dž* [ǯ] und *ž*, aber es hat den afrikativen Laut *pf* (im Slowakischen handelt es sich um eine Verbindung der beiden Laute *p+f*).

Der *ng*-Laut [ŋ] ist im Slowakischen nur eine Variante eines Phonems (Allophon), also kein eigenständiges Phonem. Die Slowaken sprechen sowohl [baŋka] als auch [banka], ohne daß sich die Wortbedeutung ändert. Im Deutschen hat der *ng*-Laut distinktive Funktion: *Wanne / Wange* [wanə] / [waŋə],

Das Slowakische hat nur den *ach*-Laut, nicht den *ich*-Laut. Deshalb müssen die Slowaken die Aussprache des *ich*-Lauts mit großer Sorgfalt lernen.

Die deutschen stimmlosen Konsonanten *p,t,k* werden am Anfang der betonten Silben mit Aspiration ausgesprochen, im Slowakischen dagegen ohne Aspiration.

Für das deutsche *r* gibt es fünf verschiedene Aussprachemöglichkeiten, im Slowakischen nur eine, wie ein apikaler Zungenlaut. Die uvulare Aussprache des *r* wird im Slowakischen als Aussprachefehler bewertet.

Um das Deutsche richtig aussprechen zu können, ist es für Slowaken sehr wichtig zu wissen, daß die deutsche Sprache keine phonologische Neutralisation des Gegensatzes von Stimmhaftigkeit und Stimmlosigkeit (Assimilation) kennt. Der stimmhafte und der stimmlose Laut werden nicht nur am Ende des Wortes und vor stimmlosen Konsonanten, sondern auch am Ende der Silbe wie im Slowakischen stimmlos ausgesprochen, ohne darauf zu achten, ob der folgende Laut ein Konsonant oder Vokal ist:

- richtige deutsche Aussprache: [haus], [vas ist das];
- SLOWAKISCHE AUSSPRACHE: [hauz], [vaz iz das].

Unser kurzer Überblick über die grundlegenden phonetischen Unterschiede zwischen dem Deutschen und Slowakischen zeigt die Wichtigkeit ihrer Vermittlung im Fremdsprachenunterricht. Dabei ist die Grammatik-Übersetzungs-Methode nicht zweckmäßig, wohl aber sind dies die modernen Didaktikmethoden, nämlich die direkte Methode und v.a. die AUDIOLINGUALE METHODE.

Da das Ziel der audiolingualen Methode die Sprachfertigkeit und nicht wie bei der Grammatik-Übersetzungs-Methode das Sprachwissen ist, gilt für den Fremdsprachenlehrer:

- dem Mündlichen den Vorzug vor dem Schriftlichen zu geben, also erst Hören, dann Sprechen, dann erst Lesen und zum Schluß Schreiben;

- die Sprachmuster durch häufiges Wiederholen einzuüben;
- die Muttersprache aus dem Unterricht auszuschließen.

Diese Anforderungen zu erfüllen, ist für unsere Fremdsprachenlehrer nicht immer einfach, da es z.b. an qualitativ hochwertigen Übungbüchern oder an variantenreichen Musterübungen mangelt. Mit ähnlichen Schwierigkeiten ist auch die Anwendung der AUDIOVISUELLEN METHODE verbunden.

In der Praxis werden von unseren Lehrern oft ernste didaktische Fehler gemacht. Unter dem Einfluß der Betonung kommunikativer Aspekte widmen sie der Ausbildung der Sprachkompetenz, d.h. der Aneignung von Sprachmitteln und ihrer Automatisierung in der Kommunikation, nur wenig Aufmerksamkeit und applizieren neuen Sprachstoff ohne genügende Einübung.

Eine Qualitätssteigerung im Fremdsprachenunterricht sehen wir zur Zeit v.a.:

1. durch die zunehmende Qualitätssteigerung der universitären Lehrerausbildung sowohl in sprachlicher als auch in didaktischer Hinsicht;
2. durch die Möglichkeit, Auslandsaufenthalte und Sprachkurse im Ausland in das Hochschulstudiums einzubauen;
3. durch gute ausländische Sprachlehrer und Lektoren in allen Schultypen;
4. durch moderne kommunikative Lehrbücher mit interkulturellem Konzept.

Literatur

Brinkel, L'udmila / Berger, Karl-Heinz (1994): *Taschenlehrbuch Slowakisch*. München
Dieling, Helga (1992): *Phonetik im Fremdsprachenunterricht*. München
Komenský, Ján Amos (1991): *Vel'ká didaktika*. Bratislava
Král', Ábel / Sabol, Ján (1989): *Fonetika a fonológia*. Bratislava

Anhang

	kurze Vokale						
S_L	a	ä	e	i	o	u	
S_B	a	ä	e	i	o	u	
D_L	a		ɛ	i	o	u	oe	y
D_B	a		e/ä	i	o	u	ö	ü/y

	lange Vokale						
S_L	a:	e:		i:	o:	u:		
S_B	á	é		í	ó	ú		
D_L	a:	ɛ:	e:	i:	o:	u:	ø:	y:
D_B	a	ä	e	i	o	u	ö	ü
	aa	ae	ee	ie	oo		oe	
	ah	äh	eh	ih	oh	uh	öh	üh
				ieh				

Tabelle 1:
Erläuterungen: S = Slowakisch, D = Deutsch, L = Laut, B = Buchstabe

	Slowakisch				Deutsch		
L	i̯a	i̯e	i̯u	u̯o	a̯e	a̯o	o̯ø
B	ia	ie	iu	ô	ei	au	eu
					ai		äu

Tabelle 2:
Erläuterungen: L = Laut, B = Buchstabe

	Deutsch	Slowakisch
1. Lippenlaute (Bilabiale)	b p m	b p m u̯
2. Zahnlippenlaute (Labiodentale)	v f pf	v f ɱ
3. Vorderzungenlaute (Präalveolare)	t d s z n l r ts ʒ	t d s z n c ʒ
4. Hinterzungenlaute (Postalveolare)	ʃ	š ž c̑ ǯ r r̥ l l̥ ĺ
5. Vordergaumenlaute (Palatale)	j ç	j
6. Hintergaumenlaute (Velare)	k g x ŋ	k g ŋ x γ ɴ
7. Zäpfchenlaut (Uvular)	r	
8. Stimmritzenlaut (Laryngal)	h	h
9. Zungengaumenlaute (Alveopalatale)		d' t' ň l'

Tabelle 3:
Bemerkungen: slowakisches [z] = stimmhaftes [s]
deutsches [ʒ] = stimmhaftes [ʃ]
slowakisches [ʒ] = stimmhaftes [ts]

Zur Anwendung einer prosodisch basierten Theorie (Fokus-Hintergrund-Gliederung) im Fremdsprachenunterricht (am Beispiel des Deutschen und Russischen)

Svetlana Poljakova, Berlin / Frankfurt a.d.O.

1. Warum?

Ein wichtiger Aspekt im Fremdsprachenunterricht ist die Erarbeitung einer theoretischen und praktischen phonologischen und prosodischen Basis. Die Vermittlung von Artikulationsregeln erfolgt normalerweise vor Intonations- und Akzentsetzungsübungen. Die prosodischen Regularitäten für größere syntaktische Einheiten (Satz, Text) werden zum Üben eingesetzt, wenn die Lernenden ein gewisses Niveau erreicht haben. Dieser Bereich erfordert viel Arbeit, bis man sich dem angestrebten Ziel nähert. Die Idee ist die, daß artikulatorische Übungen für Laute und einzelne Wörter v.a. Funktionswörter wie Partikeln nicht losgelöst von syntaktischen Strukturen, in denen sie sich möglicherweise unterschiedlich verhalten, vermittelt werden sollen.

- Es wird in diesem Artikel versucht, die Kombination der syntaktischen und prosodischen Faktoren als Mittel für die Markierung des kommunikativen Gewichts innerhalb von Äußerungen (Sätzen) als eine Unterrichtsstrategie darzustellen.
- Am Beispiel von affirmativen und negationshaltigen Konstruktionen wird skizziert, wie die grammatischen und prosodischen Regularitäten auf der Basis moderner sprachwissenschaftlicher germanistischer Forschung im Fremdsprachenunterricht so umgesetzt werden können, daß die Lernenden den Sinnzusammenhang und den Kontextzusammenhang durch eine entsprechende syntaktisch-prosodische Realisierung in der Fremdsprache sowie in ihrer Muttersprache geboten bekommen.
- U.a. wird am Beispiel der Negationspartikeln Dt. *nicht* / Russ. *ne* zu zeigen versucht, welche Regularitäten in Bezug auf Negationselemente und ihren prosodischen Status v.a. Betonbarkeit bestehen können.

2. Wie?

Nehmen wir als ein Beispiel eine Phonetikstunde, in der die Lesetechnik und entsprechende prosodische Kompetenz an einem (unbekannten) Text geprüft wird. Die Fehler muß der Lehrende nicht nur korrigieren, sondern auch erklären können. Argumente wie EINE FALSCHE LOGISCHE BETONUNG bzw. DAS NEGATIONSWORT ODER EIN ANDERES LEXEM KÖNNEN IN DIESEM FALLE NICHT BETONT WERDEN mögen zwar ausreichen, der Lerneffekt ist jedoch gering, solange kein grammatisches Konzept dahinter steht. Oft wird die Akzentsetzung durch die Unterscheidung von **Thema-Rhema** (Altes-Neues) erklärt. Was schon vorerwähnt wurde, kann nicht Rhema sein und wird nicht betont. Das Neue erhält den Hauptakzent. Eine universale Erklärung ist dieses Prinzip jedoch nicht. Man braucht nicht lange zu überlegen, um ein Beispiel zu finden, in dem der Hauptakzent auf einem Element realisiert wird, welches im Vortext schon vorerwähnt wurde. Es geht also um die sog. Informationsstruktur des Satzes. Diese muß erkannt und beachtet werden, um stets passende Hervorhebungen oder ein schnelleres Sprechtempo und eine tiefere Tonfrequenz (z.b. bei parenthetischen Einschüben) einsetzen zu können. Der Text kann dann also prosodisch korrekt vorgelesen werden. Die traditionelle Unterscheidung von Thema und Rhema bezieht sich global auf den Text. So nennt Abraham (1995:605) Thema und Rhema TEXTBEZOGENE, INNERHALB DES SATZES NICHT WEITER BEGRÜNDBARE KATEGORIEN. Neu eingeführte Einheiten bleiben im Satz nicht unbetont. Innerhalb eines jeden Satzes sind jedoch weitere Phänomene zu beachten. Nicht gemeint sind sog. thetische Sätze wie *Es war ein schöner Sommermorgen.*, die oft am Textanfang stehen und ein ganzes Ereignis einführen. Sie enthalten nichts Vorerwähntes; betont wird in der Regel eines der rechts stehenden Satzglieder.

Auf der Satzebene ist die in der Linguistik inzwischen verbreitete Unterscheidung von **Fokus** und **Hintergrund**, von dem, was hervorzuheben ist und dem Rest (vgl. etwa Jacobs, 1984:26ff, 1988:89ff, 1991-92:7f.) wesentlich. Thetische, also ereignisdarstellende Sätze können nicht in Fokus und Hintergrund aufgeteilt werden. Es geht um Sätze mit einer Topik-Kommentar-Struktur (auch kategorische genannt, vgl. Chen / Fery, 1994:1), die ein Topik haben, d.h. etwas, was meistens schon bekannt ist und worüber prädiziert wird, wozu also ein Kommentar gegeben wird. Wie bestimmt man die prominenten Elemente, die hervorgehoben werden müssen, wenn man keine Argumentationslinie des Textes (oder des Dialogs) als Vorwissen hat? Jede Sprache hat dafür eine Auswahl an Markierungsmitteln zur Verfügung. Neben den sog. Fokuspartikeln (wie *nur / tol'ko, sogar / dazhe*), die notwendigerweise eine Fokussierung auslösen (vgl. König, 1991:32 u.a.), ist wohl die Passivdiathese das bekannteste Mittel (vgl. zu diesem Problem unter didaktischem Blickwinkel auch Handwerker, 1995:212ff.). Durch die Passivierung (besonders oft im Deutschen) wird die Plazierung eines bestimmten prominenten wichtigen Elements möglichst weit rechts im Satz erzielt. Ein rhematisches Objekt des Aktivsatzes wird zum thematischen Subjekt des Passivsatzes (s. (1), akzentuierte Wörter unterstrichen). Im Russ. kann eine entsprechende Umstellung von Satzgliedern ausreichen, wenn das Verb keine Passivform hat, vgl:

(1a) *Meine Mutter hat die <u>Feuerwehr</u> angerufen.*
(1b) *Die Feuerwehr wurde (von meiner <u>Mutter</u>) <u>angerufen</u>.*
(1a') *Mama pozvonila v <u>pozharnuju</u>.*
(1b') *V pozharnuju pozvonila <u>mama</u>. / <u>pozvonili</u>.*

Eine Stellung rechts im Satz gilt konfigurationell als normal für die Elemente, die etwas Neues an Information mitbringen, so resümiert z.B. Primus (1993:886): "Old, predictable [i.e. background] information preferably precedes new, unpredictable [i.e. focus] information." Solche Erkenntnisse werden für das Russ. durch Junghanns / Zybatow (1995: 124ff.) bestätigt, die von einem **Neuinformationsfokus rechts** im Satz sprechen.

Wenn man wie Molnár (1993:164) plausiblerweise annimmt, daß die Fokus-Hintergrund-Gliederung senderbezogen ist, also auf der subjektiven Sprecherinitiative beruht, die Thema-Rhema-Gliederung dagegen eine empfängerbezogene Ebene ist, hat man das oben angedeutete Problem der Nichtbetonbarkeit von thematischen Elementen aber immer noch nicht gelöst. Was bedeutet es, wenn in einem Satz eine bestimmte Fokussierung vorgenommen wird? Zur Illustration der Fokussierung in einem affirmativen Satz sind jeweils sechs Möglichkeiten (dt.-russ.) geboten (s. (2)). Höhle (1982:102,141) hat gezeigt, daß eine (stilistisch) normale Wortstellung die meisten Fokussierungen im Satz zuläßt. Einen solchen Fall nehmen wir hier durch, anschließend werden Fokussierungen in Sätzen mit Negation diskutiert, die Hervorhebungen sind unterstrichen. Die angegebenen Fortsetzungen sollen die implizierte (eine möglicherweise im Kontext gemeinte) Alternative explizieren, die durch eine im affirmativen Satz vollzogene Fokussierung widerlegt wird.

Deutsch:
(2a) *Der Polizist hat auf den Räuber ge_scho_ssen.* (Normalbetonung)
(2b) *Der Polizist hat auf den Räuber geschossen.* (VERUM-Fokus)
(2c) *Der Polizist hat auf den Räuber geschossen, und ihn nicht nur gewarnt.*
(2d) *Der Polizist hat auf den Räuber geschossen, und nicht der Räuber auf den Polizisten.*
(2e) *Dieser Polizist hat (auf den Räuber) geschossen, und nicht jener (Polizist).*
(2f) *Der Polizist hat auf diesen Räuber geschossen, und nicht auf den anderen.*
(2g) *Der Polizist hat auf den Räuber geschossen, und nicht in die Luft.*

Russisch:
(2a') *Policejskij vystrelil v grabitelja.* (Normalbetonung)
(2b') *Policejskij vystrelil v grabitelja.* (VERUM-Fokus)
(2c') *Policejskij vystrelil v grabitelja, a ne tol'ko predupredil ego.*
(2d') *Policejskij vystrelil v grabitelja, a ne grabitel' v policejskogo.*
(2e') *Etot policejskij vystrelil v grabitelja, a ne tot.*
(2f') *Policejskij vystrelil v etogo grabitelja, a ne v togo.*
(2g') *Policejskij vystrelil v grabitelja, a ne v vozdux.*

Die Sätze (2a) und (2a') enthalten eine normale rhematische Fokussierung, also den Neuinformationsfokus. Ein solcher Satz kann eine Antwort auf Fragen wie *Was ist geschehen?* oder *Was hat der Polizist getan?* sein, die das Subjekt als Topik ausweisen.

Die Sätze (2b) und (2b') enthalten eine besondere Art von Fokussierung, die als VERUM-Fokus im Sinne von Höhle (1991-92:117f.) identifizierbar ist. Diese Fokussierungsart wird in solchen kommunikativen Situationen angewendet, wo die Widerlegung einer falschen Behauptung (hier: *Der Polizist hat nicht auf den Räuber geschossen.*) durch die Wiederholung derselben (ohne Negation) mit dem Fokus auf den finiten Verb zustande kommt. Enthält die zu widerlegende Behauptung keine Negation, dann hat die Gegenreaktion ein prosodisch hervorgehobenes Negationselement.

Im Russ. besteht keine Möglichkeit, die Negationspartikel *ne* allein zu betonen, wie das bei der Negationspartikel *nicht* im Dt. der Fall ist (s. auch Abschnitt 3). Das *nicht* verhält sich wie ein selbständiges Wort, das *ne* hingegen wie ein klitisches, also phonetisch unselbständiges Element (vgl. zum Russ. u.a. Junghanns 1995:183). Den VERUM-Fokus bekommt das rechts davon stehende Wort, auf das sich die selbst nicht betonbare Negationspartikel *ne* bezieht.

Die Sätze (2c) bis (2g) und (2c') bis (2g') illustrieren verschiedene Möglichkeiten, die man ohne die angegebenen Fortsetzungen als **Emphase** betrachten kann, also als eine im Vergleich zum normalen Satzakzent stärkere Akzentuierung (vgl. Uhmann 1991:279). Eine nichtzutreffende Alternative (wer, auf wen etc.) wird durch eine entsprechende, also typengleiche richtige ersetzt. Wenn die beiden Alternativen nicht zusammen wahr sein können (wie es hier der Fall ist), wird die nichtzutreffende durch eine entsprechende BERICHTIGUNG widerlegt. Wird die nichtzutreffende Alternative zuerst genannt (im ersten Konjunkt), muß die Negationspartikel ebenfalls im ersten Konjunkt auftauchen, vgl.:

(2h) *Der Polizist hat nicht auf den <u>Räuber</u> geschossen, sondern in die <u>Luft</u>.*
(2h') *Policejskij vystrelil ne v <u>grabitelja</u>, a v <u>vozdux</u>.*

Solche Beispiele wie (2h) und (2h') illustrieren die Verwendung der sog. fokussierenden, **replaziven** Negation, so im Sinne von Jacobs (1991:586). Testen kann man eine solche Negation immer durch entsprechende Fortsetzungen mit *sondern* (im Russ. in der Regel *a*). Die Fortsetzungen mit alleinigem *aber* (im Russ. *no*) sehen keine fokussierende Negation im ersten Konjunkt vor (vgl. für das Dt. Jacobs, ebd.).

(2i) *Der Polizist hat <u>nicht</u> auf den Räuber <u>geschossen</u>, aber er hat ihn gewarnt.*
(2i') *Policeiskij ne <u>vystrelil</u> v grabitel'ja, no predupredil ego.*

Für unsere Zwecke ist es wichtig, daß der Leser aus dem Text verstehen muß, ob eine Berichtigung gemeint ist, durch die die zur Diskussion stehende Alternative abgelehnt wird (kurz: (Nein.) Nicht Y, sondern Z oder: Z, und nicht Y), oder eine solche Berichtigung, durch die eine zur Diskussion stehende Alternative nicht generell abgelehnt wird, sondern gegen die etwas eingeräumt wird. Die Einräumung muß nicht typengleich sein, sie muß einen Einwand darstellen, durch welchen ein gewisses Dilemma angedeutet wird (kurz: (Ja) (X,... Y)..., aber Z.). Eine triftige Bezeichnung für diese zwei STELLUNGNAHMEN als Konstruktionstypen bzw. Interpretationsarten wurde von Lang (1988:44f.; 1991:619f.) durch die Etablierung von **Korrektur** und **Kontrast** eingeführt, die mit bestimmten koordinativen Verknüpfungen assoziiert werden. KORREKTURLESART haben Konstruktionen, deren Teile durch die Konjunktion *sondern* (im Russ. in der Regel *a*) verbunden werden, die KONTRASTLESART erhalten Verknüpfungen durch die Konjunktion *aber* (im Russ. *no*). Für die Korrektur besteht eine syntaktisch-prosodische Bedingung in Bezug auf die Negation. Die korrekturauslösende Negation muß eine Domäne definieren, die am meisten kommunikative Prominenz hat und über deren Geltung entschieden werden muß. Es muß eine entsprechende neue Alternative benannt werden, durch die die im ersten Teil fokussierte inkludierend (3a), (3a') oder exkludierend (3b), (3b') verworfen wird, vgl.:

Exkludierend:
(3a) *Der Ball ist nicht blau, sondern grün.*
(3a') *Mjach ne goluboj, a zeljonyj.*

Inkludierend:
(3b) *Klaus hat nicht (nur) vier, sondern (sogar) fünf Aufgaben gelöst.*
(3b') *Klaus reshil ne (tol'ko) chetyre, a (dazhe) pjat' zadach.*

Die Inklusion wird durch die Fokuspartikel *nur / tol'ko* eindeutig markiert, die im ersten Konjunkt in der Position rechts von der Negation (also in ihrem Bezugsbereich) plaziert wird, im zweiten Konjunkt wird die Inklusion durch die Fokuspartikeln *sogar / dazhe* BESTÄTIGT.

Bei der Korrektur ist entscheidend, daß im ersten Konjunkt eine replazive Negation, also ein fokussierendes syntaktisch selbständiges Negationselement vorkommt, welches sich auf das zu korrigierende Element bezieht, vgl:

(4) **Der Ball ist blau, sondern grün. / *Mjach goluboj, a zeljonyj.*

Zu bemerken ist, daß die Konjunktion *a* im Russ. bekanntlich auch Verwendungen ohne replazive Negation zuläßt. Solche Varianten haben eine bestimmte, nicht einräumende Kontrastlesart und sind nicht mehr mit *sondern* äquivalent.

Von einem Lernenden müssen also solche Beziehungen erkannt und entsprechend prosodisch realisiert werden. In den Korrektur-Strukturen (nicht Y, sondern Z) wird eine meistens vorerwähnte, bekannte Alternative (Y) durch eine syntaktische Negation (*nicht, kein / ne*) fokussiert. Der Zweck einer solcher Fokussierung ist die Markierung des zu korrigierenden Bereichs. Um so wichtiger ist die Hervorhebung einer Alternative, die schon im ersten affirmativen Konjunkt als richtig deklariert wird (vgl. Bsp. (2c) / (2c') - (2g) / (2g') und emphatisch betont werden muß (Z, und nicht Y). Wenn der zu lesende Text keine Fortsetzung enthält, die endgültig eindeutig macht, **was** KORRIGIERT wird, ist es von der richtig realisierten Betonung abhängig, ob der Text optimal akustisch übertragen wird. Wenn eine Satzstruktur keine Anzeichen enthält, die zwingend zu einer bestimmten Lesart (und bestimmten Hervorhebungen) führen, kann der Leser nur auf den Kontext achten, um eine passende Hervorhebung zu realisieren. Merkmale, die als Anzeichen gelten können, sind v.a. die Wortstellung und die Plazierung eines Negationselements, also topologische Bedingungen. Nimmt sich die Negation syntaktisch und prosodisch einen engen Skopus (Bezugsbereich), sind die Chancen für eine Korrekturlesart, also eine entsprechende Fokussierung, groß. Einen engen Skopus (in eckigen Klammern) hat die Negationspartikel z.B. dann, wenn sie vor dem Subjekt (oder vor einem anderen Element) satzinitial (im Vorfeld eines Verbzweitsatzes im Dt.) steht, vgl.:

(5a) *Nicht [Frank] hat angerufen, sondern Katrin.*
(5a') *Ne [Frank] pozvonil, a Katrin.*

vgl.:

(5b) *[Frank hat nicht angerufen], *sondern Katrin / aber Katrin.*
(5c) *Frank hat nicht [angerufen], sondern einen Brief geschickt.*
(5b') *[Frank ne pozvonil], *a Katrin. / no zato Katrin pozvonila.*
(5c') *Frank ne [pozvonil], a prislal pis'mo.*

Für das Russische ist dieses Kriterium jedoch nicht streng zu nehmen, weil keine Verb-zweit-Position als Skopusgrenze grammatisch festgelegt ist. Aus den Beispielen in (5) ist ersichtlich, wie sich die Fokussierung semantisch auswirkt. Als eine geltende Alternative (im zweiten Konjunkt) darf nur eine solche gewählt werden, die in den Hintergrund (und in den Kontext) sinnvoll paßt, d.h., sie kann anstelle der fokussierten Alternative verwendet werden. Alternativen, die in Frage kommen, um die Aussage wahr zu machen, bilden ein sog. Alternativenset. So wird die Fokussierung durch die Relative Fokustheorie von Jacobs (1984:28f., 1991:576) erklärt. Die Alternativen weisen untereinander Beziehungen auf, die folgende **Fokustypen** verursachen (der Neuinformationsfokus bleibt außerhalb von Alternativenbeziehungen, denn das, was neu eingeführt wird, wird nicht zugleich mit Alternativen assoziiert):

1. Fokus der (neuen) gültigen Information (nicht X, sondern Y; X, und <u>nicht</u> Y)
2. Kontrastfokus (i) X, und <u>nicht</u> Y; (ii) <u>X</u> (...) *nicht / ne V*, (*aber / no*) Y)
3. VERUM-Fokus (positiv: X HAT(=Vfin) Y; negativ: X hat NEG (...) Y.)

Die Fokustypen entsprechen also folgenden Relationen zwischen den Alternativen:
1. Neues als Alternative zum Alten oder das Richtige als Alternative zu Falschem,
2. Alternativen im Kontrast zueinander,
3. Wahr gegen Falsch (ein besonderer Typ, ohne, daß etwas Drittes in Frage kommt, im Sinne von Höhle (1991-92:117-118,125).

3. Topologisch-prosodische Muster (TPM)

Im letzten Abschnitt wird eine Systematisierung des oben Gesagten in Form von drei topologisch-prosodischen Mustern (s. (6)), kurz TPM, geboten. Eine ähnliche Zusammenstellung zum Deutschen ist bei Jacobs (1984:51) zu finden. Die angegebenen Fortsetzungen sollen jeweils die zu negierende fokussierte (wie in a-Mustern), die zu kontrastierende (wie in b-Mustern) oder die gegenpolige Alternative (wie in c-Mustern) explizieren. Im TPM c, also VERUM-Fokus, sind keine RICHTIGEN Alternativen gegeben, sondern zwei Gegenpole: ein positiver und ein negativer. Es gibt keine dritte Möglichkeit. Für das Russische sind der Ausnahmefall (mit mask. Formen *byt'* im Sg., vgl. RG 1980, I: 693), bei dem die Negationspartikel den Akzent bekommt, und der reguläre Fall, bei dem die Negationspartikel unbetont vorkommt, angegeben worden.

Deutsch
(6a) *Er ist nicht in der <u>Disco</u> gewesen* (*, sondern in der Bibliothek.*)
    In der <u>Bibliothek</u> ist er gewesen (*, und <u>nicht</u> in der Disco.*)
    Er ist in der <u>Bibliothek</u> gewesen (*, und <u>nicht</u> in der Disco.*)
(6b) *In der <u>Bibliothek</u> ist er <u>nicht</u> gewesen* (*, aber im <u>Kino</u> <u>schon</u>.*)
(6c) *In der Bibliothek ist er <u>nicht</u> gewesen.* (*Du <u>irrst</u> dich. In der Bibliothek ist er gewesen.*)

Russisch
(6a') *On byl v <u>biblioteke</u>* (*, a ne na <u>diskoteke</u>.*)
    On byl ne na <u>diskoteke</u> (*, a v <u>biblioteke</u>.*)
    V <u>biblioteke</u> on byl (*, a ne na <u>diskoteke</u>.*)
(6b') *V <u>biblioteke</u> on <u>ne byl</u>* (*, no v <u>kino</u> (on byl) vo <u>vsjakom sluchaje</u>.*)
(6c') *V biblioteke on <u>ne byl</u>.* (*Ty <u>oshibaesh'sja</u>. V biblioteke on <u>byl</u>.*)

Vgl. Das typische Muster, wo das Negationselement *ne* unbetont bleibt:

(6b") *V biblioteke ona ne byla*   *(, no v kino (ona byla) vo vsjakom sluchaje.)*
(6c") *V biblioteke ona ne byla.*   *(Ty oshibaesh'sja.)*

Das, was ich unter **prosodischer Kompetenz** als ein didaktisches Ziel verstehe, ist nicht nur ein geübtes rhetorisches Können, sondern es sind Regeln über Betonbarkeit von Lexemen (speziell Negationselemente und Partikeln) in Verbindung mit bestimmten topologisch bedingten Intonationsmustern, die durch die **Fokus-Hintergrund-Gliederung** vor- und nachgezeichnet werden.

Literatur

Abraham, Werner (1995): *Deutsche Syntax im Sprachenvergleich. Grundlegung einer typologischen Syntax des Deutschen.* (= Studien zur deutschen Grammatik 41), Tübingen

Chen, Lansun / Caroline Fery (1994): Thetische und kategorische Sätze. In: *Sprachtheoretische Grundlagen für die Computerlinguistik. Arbeitspapiere des Sonderforschungsbereichs 340.* Bericht Nr. 49

Handwerker, Brigitte (1995): Zur Relevanz eines typologischen Fragenkatalogs für Lerner- und Lehrergrammatiken. In: Handwerker, B. (Hg.): *Fremde Sprache Deutsch: grammatische Beschreibung - Erwerbsverläufe - Lehrmethodik.* (= Tübinger Beiträge zur Linguistik 409), Tübingen, 203-225

Höhle, Tilman N. (1982): Explikation für "normale Betonung" und "normale Wortstellung". In: Abraham, W. (Hg.): *Satzglieder im Deutschen. Vorschläge zur syntaktischen, semantischen und pragmatischen Fundierung.* (= Studien zur deutschen Grammatik 15), Tübingen, 75-155

Höhle, Tilman N. (1991-1992): Über Verum-Fokus im Deutschen In: Jacobs, J. (Hg.), 112-142

Jacobs, Joachim (1991-1992): Einleitung. In: Jacobs, J. (Hg.), 7-17

Jacobs, Joachim (1988): Fokus-Hintergrund-Gliederung und Grammatik. In: Altmann, H. (Hg.): *Intonationsforschungen.* (= Linguistische Arbeiten 200), Tübingen, 89-134

Jacobs, Joachim (1984): Funktionale Satzperspektive und Illokutionssemantik. In: *Linguistische Berichte* 91, 25-58

Jacobs, Joachim (1991-1992) (Hg.): *Informationsstruktur und Grammatik.* (= Linguistische Berichte, Sonderheft 4), Opladen

Junghanns, Uwe (1995): Funktionale Kategorien im russischen Satz, In: Junghanns, U. (Hg.): *Linguistische Beiträge zur Slavistik aus Deutschland und Österreich. II. JungslavistInnen Treffen in Leipzig 1993.* Sonderband 37, 167-203

Junghanns, Uwe / Gerhild Zybatow (1995): Fokus im Russischen. In: Kohlhof, I. / Winkler, S. / Drubig, H.-B. (Hg.): *Proceedings of the Goettingen Workshop 17. DGfS, March 1-3, 1995* (= Arbeitspapiere des Sonderforschungsbereichs 340 "Sprachtheoretische Grundlagen für die Computerlinguistik" Bericht Nr. 69), 113-136

König, Ekkehard (1991): *The Meaning of Focus Particles. A Comparative Perspective.* London, New York.

Lang, Ewald (1988): *Untersuchungen zu Funktionswörtern II (Adversative Konnektive).* Ms.

Lang, Ewald (1991): Koordinierende Konjunktionen. In: Stechow, A. von / Wunderlich, D. (Hg.): *Semantik. Semantics. Ein internationales Handbuch der zeitgenössischen Forschung. An International Handbook of Contemporary Research.* Berlin, New York, 597-623

Molnár, Valéria (1993): Zur Pragmatik und Grammatik des TOPIK-Begriffes. In: Reis, M. (Hg.): *Wortstellung und Informationsstruktur.* (= Linguistische Arbeiten 306), Tübingen, 203-251

Primus, Beatrice (1993): Word Order and Information Structure: A Performance-Based Account of Topic Positions and Focus Positions. In: Jacobs, J. / Vennemann, Th. (Hg.): *Syntax. Ein internationales Handbuch zeitgenössischer Forschung.* (= HSK; 9.1), Berlin, New York, 880-891

RG (1980): *Russkaja grammatika Vol. II. Sintaksis.* Moskva

Uhmann, Susanne (1991): *Fokusphonologie. Eine Analyse deutscher Intonationsstrukturen im Rahmen der nicht-linearen Phonologie.* (= Linguistische Arbeiten 252), Tübingen.

Konversationsunterricht: eine kommunikative Einbahnstraße?

Anita Fetzer, Stuttgart

0. Vorbemerkung

Viele britische und deutsche Institutionen im tertiären Bereich bieten für ihre Studierenden Lehrveranstaltungen zur **Konversation** an, innerhalb derer die Vermittlung und Anwendung der gesprochenen Sprache im Vordergrund stehen soll. Die Verankerung dieser Kurse im Curriculum ist im Prinzip durchaus begrüßenswert, leider ist jedoch die Mehrzahl der in der Praxis stattfindenden Lehrveranstaltungen vom pragmatischen und diskursanalytischen Standpunkt aus durch eine als **paradox** zu bewertende Situation charakterisiert, die daraus resultiert, daß hier etwas institutionalisiert ist, was sich IM NORMALEN VERLAUF DER EREIGNISSE ohne einen formalen Rahmen ergibt. Für alle KommunikationsteilnehmerInnen bedeutet diese Institutionalisierung, daß eine Situation, die sie zuvor im Alltag als unstrukturiert wahrgenommen haben und in der sie problemlos nach der Maxime **sei spontan** handeln konnten, zu einer kommunikativen Herausforderung wird.

Wie kommt es nun zu dieser als nicht sehr angenehm empfundenen kommunikativen Herausforderung? Konversationskurse werden i.d.R. von MuttersprachlerInnen geleitet, was als durchaus positiv einzustufen ist. Aber gerade dieses kann auch zu Problemen führen, v.a. dann, wenn eine unterschiedliche **sozio-kulturelle Bewertung** des Handlungsmusters Konversation vorliegt. Die daraus resultierenden Probleme werden i.d.R. nicht, oder erst, wenn es schon zu spät ist, wahrgenommen, da sowohl L1- als auch L2-SprecherInnen diesbezüglich identische Bewertungen voraussetzen. Bei zwei Kulturkreisen, die sich relativ ähnlich sind, ist dies häufig problematischer als in Kontexten, die durch Fremdheit charakterisiert sind, da bei einer relativen Ähnlichkeit Fremdheit nicht offensichtlich ist. Und Spannungen und Probleme, die sich aus einer unterschiedlichen Bewertung von sozio-kulturellen Kontexten ergeben, werden nicht der Ebene der Proposition, also falscher bzw. unvollständiger Information, sondern einer nichtangemessenen Einstellung zugeschrieben. Für den deutschen und angloamerikanischen Kontext wären hier u.a. die negativ-stereotypen Charaktereigenschaften Borniertheit, Aggressivität, Unfreundlichkeit und Oberflächlichkeit zu nennen (vgl. hierzu u.a. Fetzer 1994, 1996a, 1996b, Kasper 1981, Kotthoff 1989).

1. Conversation versus Konversation

Aufgrund von potentiell unterschiedlichen sozio-kulturellen Schemata sollte bei der Konzeption von Lehrveranstaltungen zum Handlungsmuster Konversation unbedingt eine **pragmatisch-orientierte** Analyse der **Semantik** dieser Konzepte durchgeführt werden. Dies ist v.a. im britisch-deutschen Kontext von Interesse, da hier von einem **signifikanten Unterschied** hinsichtlich der Bewertung dieser kommunikativen Aktivität ausgegangen werden muß: Im Deutschen wird *Konversation* i.d.R. paraphrasiert mit 'small talk', nicht aber mit 'einem Gespräch, das durch ein ERNSTHAFTES Diskursthema charakterisiert ist'. Wahrigs Deutsches Wörterbuch (1975:2187) bietet die folgenden SYNOMYME für Konversation an: 'geselliges, leichtes, etwas förmliches Gespräch, gepflegte Unterhaltung'; der Fremdwörterduden (1971:381) nennt 'geselliges, leichtes Gespräch, Plauderei'. Im Gegensatz dazu wird das englische *conversation* bei weitem nicht so restriktiv verwendet. In Collins / Cobuild finden wir die folgende Explikation 'if you have a conversation with someone, you talk to them'. Webster paraphrasiert *conversation* u.a. mit 'oral exchange of sentiments, observations, opinions, ideas'; er bietet ferner an 'a public conference or debate'.

1.1. Diskursanalytische Untersuchung der Textsorte Konversation

Nach einer primär an der Alltagssprache ausgerichteten Analyse von Konversation soll im folgenden eine diskursanalytische Beschreibung dieses Handlungsmusters vorgenommen werden. Hierbei soll gezeigt werden, daß Konversationen nicht unstrukturiert, sondern regelgeleitet sind.

Eine Analyse von diskursiven Regeln und Regularitäten kann nun einerseits vom Gespräch als Einheit ausgehen und dieses in verschiedene Gesprächsphasen einteilen, also in eine **Gesprächseröffnungs-, Gesprächsbeendigungsphase** und einen **Mittelteil**, und diese Phasen können weiter untergliedert werden hinsichtlich ihrer Makrofunktion, also hinsichtlich ihrer Funktion im Gespräch als Ganzem, und hinsichtlich ihrer Mikrofunktion, d.h. hinsichtlich ihrer Funktion im jeweils eingeführten Diskursthema, was auf eine Untersuchung von einzelnen Sprechhandlungen, Routineformeln und anderen sprachlichen Markern hinsichtlich ihrer Funktion in einer konkreten Gesprächsphase oder im Gespräch als Ganzem verweist. Im Rahmen einer Lehrveranstaltung läßt sich diese stark theoretisch ausgerichtete Betrachtungsweise sehr gut veranschaulichen durch **Alltagsmetaphern** oder Idiomatismen wie z.B. *mit der Tür ins Haus fallen* (*to blurt things out*) als Illustration verschiedener Varianten für die Versprachlichung einer Gesprächseröffnungsphase im Mikro- und Makrorahmen. Fast alle Lehrenden und Lernenden werden mit entsprechenden kommunikativen Situationen vertraut sein, die, in der diskursanalytischen Terminologie, durch eine extrem kurze Gesprächseröffnungsphase charakterisiert sind. Diesbezügliche **soziale faux pas** können mit dem Ziel, relevante Marker wie u.a. *Weißt du schon / haben Sie schon gehört / so auf die Schnelle* etc. zu identifizieren, analysiert werden. Hierbei sollte die oberste Maxime die Veranschaulichung der sozialen Bedeutung der jeweiligen Gesprächsphasen und Marker sein. Auf diese Weise kann gezeigt werden, daß die einzelnen Phasen nicht nur diskursstrukturierend wirken, sondern auch die Beziehung der Kommunikationspartner hinsichtlich des Grades an Intimität, Formalität und Höflichkeit definieren. Dieses Wissen um die Strukturierung von Gesprächen kann nicht nur im Rahmen der Alltagskommunikation vermittelt werden (McCarthy / Carter 1994 diskutieren konkrete Unterrichtsbeispiele für das Englische; diese können jederzeit auf die Vermittlung von DaF transferiert werden), sondern auch auf fachsprachliche Kommunikationen ausgeweitet und spezifiziert werden.

Nachdem das Handlungsmuster Konversation in seine konstituierenden Phasen segmentiert worden ist, soll nun die Sequenzierung von Sprechhandlungen genauer untersucht werden. Konversation kann charakterisiert werden als ein sprachlicher Diskurs, i.d.R. als Face-to-face-Interaktion, bei der alle GesprächsteilnehmerInnen mehr oder weniger aktiv beteiligt sind. Bei der unmarkierten Variante von Konversation kommt es aufgrund des diskursstrukturierenden Konzeptes des Adjazenzpaares (adjacency pair) zu Gruppenbildungen. Ein **Adjazenzpaar** ist definiert als eine Sequenz von zwei Äußerungen, die i.d.R. im direkten Ablauf zueinander stehen, von unterschiedlichen SprecherInnen produziert, in einen ersten und zweiten Teil klassifiziert und unterschiedlichen prototypischen Adjazenzpaaren zugeordnet werden (vgl. hierzu Levinson 1983:303). Wenn nun das die Alltagskommunikation charakterisierende Adjazenzpaar und die daraus resultierende Adjazenzposition und Adjazenzbeziehung auf das Phänomen Konversationsunterricht angewendet werden, so erfordert dies aufgrund des hohen Grades an Institutionalisiertheit eine Modifizierung. Im Rahmen einer Lehrveranstaltung kommt der Lehrkraft eine andere Funktion und ein anderer Status zu als einer direkten KommunikationspartnerIn, denn die DozentIn TUT MEHR als nur auf den jeweiligen Beitrag der StudentInnen zu reagieren. Mit anderen Worten: die initiierende Sprechhandlung der Lehrkraft und der zweite Teil des Adjazenzpaares, also die durch die Studierenden realisierte sprachliche Reaktion, bilden zwar ein Adjazenzpaar, aber kein vollständiges, da die DozentIn i.d.R. die StudentInnenreaktion zusätzlich dazu verbal oder non-verbal bewertet. Unter diskursanalytischen Gesichtspunkten verhindert dieser das Unterrichtsgeschehen charakterisierende dritte Teil der Evaluierung eine natürliche und spontane Entwicklung des Gespräches, und dieser Barriere kann im allgemeinen nur durch einen gezielten Bewußtmachungsprozess aller Beteiligten begegnet werden. Somit erweist sich dieses Phänomen des Adjazenzpaares nicht nur für den Mittelteil der Konversationsstunde als überaus problematisch, sondern auch schon in der Eröffnungsphase kann sich das Problem ergeben, daß die Lehrkraft die Intention hat, mit Hilfe des ersten Teiles eines Adjazenzpaares eine Diskussion zu initiieren, und nicht wie in der unmarkierten Variante der Face-to-face-Interaktion den entsprechenden zweiten Teil als Reaktion zu erhalten.

Das diskursstrukturierende Phänomen des Adjazenzpaares basiert auf dyadischen Interaktionsformen und legt solche auch nahe, was bei der Planung und Durchführung von Konversationsstunden unbedingt berücksichtigt werden sollte. Falls dieser inhärenten Dyadik nicht Rechnung getragen wird, kann dies zu Irritationen auf Seite der Lehrkraft und TeilnehmerInnen führen, da beide Seiten ihre **kommunikativen Intentionen** nicht erfolgreich durchsetzen können. Eine weitere nicht-intendierte Auswirkung auf die Interaktion, welche ebenfalls auf dem Phänomen Adjazenzpaar basiert, besteht darin, daß die Kommunikationssituation in den Konversationsstunden durch eine Fokussierung auf die Lehrkraft gekennzeichnet ist, was wiederum die weiter oben erwähnte kommunikative Einbahnstraße begünstigt.

Wie kann nun dieser EINBAHNSTRAßE, welche leider häufig in einer SACKGASSE endet, vorgebeugt werden? Haben Lehrkräfte im Rahmen einer Konversationsstunde überhaupt die Möglichkeit, einer stark monologisch strukturierten Unterrichtssituation vorzubeugen?

1.2. Diskursive Analyse des Handlungsmusters Konversationsstunde

Im folgenden sollen die diskursiven Kategorien Diskursthema (discourse topic) und Redewechsel (turn-taking) auf das Handlungsmuster Konversationsstunde angewendet werden. Hierbei soll verdeutlicht werden, daß eine unreflektierte Übertragung der die Alltagskonversation charakterisierenden Strukturen im Rahmen einer institutionalisierten Konversationsstunde kommunikative Probleme begünstigt.

In der Alltagskonversation ist das **Diskursthema** i.d.R. **frei verhandelbar**, was in Konversationsstunden nicht uneingeschränkt der Fall ist. Der Aspekt einer freien Wahl in der Alltagskonversation trifft auf die Auswahl der **Kommunikationspartner** zu, da wir i.d.R. keine längeren Konversationen mit Menschen führen, denen wir NICHTS zu sagen haben. Im Rahmen der Konversationsstunden haben die TeilnehmerInnen aber nur eine eingeschränkt freie Wahl, da die KursleiterIn ein fester Bestandteil der Kommunikationssituation ist und aus diesem Grund nicht einfach ignoriert oder ausgeschlossen werden kann. Auch der **Redewechsel** (turn-taking) ist nicht mehr frei gestaltbar, d.h. die SprecherInnen bestimmen i.d.R. nicht mehr (speaker self-selection) über ihr Rederecht; vielmehr ist der Sprecherwechsel häufig fremdbestimmt. Folglich gilt nicht mehr die Regel, daß eine gegenwärtige SprecherIn eine neue SprecherIn wählt (current speaker selects next), da der Redewechsel von der Lehrkraft initiiert und ratifiziert wird. Auch das aus dem turn-taking resultierende Phänomen der **Überlappung** (overlapping) findet im Rahmen der Konversationsstunde nicht mehr statt; dieses wirkt ebenfalls regulierend auf den Redewechsel und hat u.a. die Funktion, soziale Nähe zum Ausdruck zu bringen. Eine weitere relativ problematische Folge des modifizierten Redewechsels sind **Pausen**, welchen eine **kommunikative Signifikanz** zuzuschreiben ist, da sie dahingehend interpretiert werden, daß ein potentielles Problem in der Kommunikation vorliegt, was v.a. im Rahmen von interkulturellen Interaktionen zu Irritationen führen kann, wie u.a. im anglo-amerikanisch / deutschen Kontext, wo "Germans accept as a rule far longer pauses in conversations, silences Americans find discomforting and may even understand as a sign of disinterest" (Kalberg 1987:613).

Wenn wir im diskursanalytischen Rahmen bleiben - psychologische Faktoren wollen wir ausschließen - so kann anhand dieser Divergenzen expliziert werden, warum sich nicht nur die Studierenden, sondern auch die DozentInnen durch die neuen Rahmenbedingungen und die daraus resultierenden Gesprächspausen überfordert fühlen. In diesen Streßsituationen greifen die Lehrkräfte dann häufig zu in der Alltagssituation bewährten Strategien und Mitteln, d.h. sie stellen **Fragen**, um die nicht-gewollten Gesprächsunterbrechungen zu beheben und dem stagnierenden Gespräch eine neue Richtung zu geben; denn Fragen fungieren in Alltagskommunikationen als ein strategisches Mittel, um eine kommunikative Eingleisigkeit zu vermeiden und den Kommunikationspartner indirekt aufzufordern, sich am Gespräch zu beteiligen. Leider erweist sich dies in den Kommunikationskursen aufgrund der Face-Bedürfnisse (vgl. Brown / Levinson 1987) der KommunikationsteilnehmerInnen häufig als nicht sehr erfolgreich.

Die Ergebnisse der Diskursanalyse und deren Anwendung auf die Konzeption von Konversationskursen bieten ein hervorragendes Mittel, um dieser zuvor geschilderten kommunikativen Herausforderung zu begegnen, da hier sowohl den Lehrkräften als auch den FremdsprachenlernerInnen gezielt kommunikative Strategien im Rahmen eines Bewußtmachungsprozesses vermittelt werden können, die zu einer erfolgreichen Kommunikation in öffentlichen und nicht-öffentlichen Kontexten befähigen.

Im folgenden soll nun die im Rahmen der Konversationsanalyse angesiedelte Organisation der Präferenzen kurz vorgestellt werden. Diese wird in Beziehung gesetzt zu dem in der Funktionalen Grammatik verwendeten Konzept der **Markiertheit** und erfährt zusätzlich dazu eine Operationalisierung hinsichtlich der Anwendung im Fremdsprachenunterricht bezüglich der Phänomene **Text** und **face** und der daraus resultierenden Kategorien **mehr (+)** und **weniger (-) sprachliches Material**.

2. Die Organisation der Präferenzen und einzelsprachliche Präferenzen

Die Organisation der Präferenzen ist im Rahmen der Konversationsanalyse von einer nicht zu unterschätzenden Bedeutung. Als Basiseinheit dient das bereits vorgestellte Konzept des Adjazenzpaares, das unter interaktionalen Gesichtspunkten aus einer initiierenden und reaktiven Sprechhandlung besteht und im Rahmen der Organisation der Präferenzen die folgende Spezifizierung erfahren hat: alle zweiten Teile werden in ein **präferiertes** und ein **nicht-präferiertes** Format kategorisiert, wobei diese Klassifikation allein auf oberflächensprachlichen Kriterien basiert. Bevor jedoch diese diskutiert wird, sollen zuerst die wich tigsten Adjazenzpaare der Organisation der Präferenzen in Anlehnung an Levinson (1983:336) tabellarisch dargestellt werden:

Erster Teil	Zweiter Teil präferierte Sprechhandlung	Zweiter Teil nicht-präferierte Sprechhandlung
Auffordern	Akzeptieren	Zurückweisen
Anbieten/Einladen	Akzeptieren	Zurückweisen
Bewerten	Zustimmen	Nicht-Zustimmen
Fragen	Erwartete Antwort	Nicht-Erwartete Antwort oder keine Antwort
Schuld-Geben	Negieren	Zugeben

Als weitere wichtige Adjazenzpaare wurden von Pomerantz (1978, 1984) COMPLIMENT RESPONSES, AGREEING AND DISAGREEING WITH ASSESSMENTS, von Schegloff (1979) IDENTIFICATION AND RECOGNITION IN TELEPHONE OPENINGS und von Schegloff / Jefferson / Sacks (1977) REPAIR analysiert.

Als Basisvoraussetzung für die Organisation der Präferenzen gilt, daß alle potentiellen zweiten Teile den gleichen Status haben, und darauf basierend werden ihr präferierter und nicht-präferierter Status abgeleitet. Die präferierten / nicht-präferierten sprachlichen Reaktionen werden in Anlehnung an Levinson (1983) im Rahmen der Dichotomie **markiert / unmarkiert** interpretiert, wobei das **präferierte Format** die **unmarkierte** Kategorie und das **nicht-präferierte** Format die **markierte** Kategorie repräsentiert. Die Einstufung einer sprachlichen Reaktion als präferierter bzw. nicht-präferierter response basiert allein auf dem Konzept der **Funktionalen Markiertheit** (vgl. Givon 1995), das auf die diskursive Kategorie des **turns** (Redebeitrages) ausgeweitet wurde. Präferierte Reaktionen dürfen unter keinen Umständen mit der individuellen Disposition der KommunikationsteilnehmerInnen gleichgesetzt werden. Vielmehr basiert der Status der Markiertheit auf den folgenden drei Voraussetzungen:

1. **Markierte Reaktionen** sind unter **strukturellen** Gesichtspunkten **komplexer** bzw. größer,
2. **markierte Reaktionen** treten unter **distribution**ellen Gesichtspunkten **weniger häufig** auf und
3. **markierte Reaktionen** sind folglich unter **kognitiven** Aspekten **auffälliger**, was Auswirkungen auf den Verstehensprozeß hat.

Das **processing** von **nicht-präferierten** Reaktionen ist weitaus **komplexer** und somit ist die erforderliche **mentale Aufmerksamkeit** und geistige Leistung bei der Verarbeitungszeit bei einer Interpretation des markierten response weitaus **größer**.

Im Kontext einer möglichen Didaktisierung kann nun das Konzept der Markiertheit sowohl auf die **Sprachproduktion** als auch auf den **Sprachverstehenspro-**

zess einer **text-** und **face-orientierten** Vermittlung der gesprochenen Sprache angewendet werden, was im folgenden diskutiert werden soll.

2.1. Text / face und +/-sprachliches Material

Die im Rahmen der Organisation der Präferenzen analysierten Adjazenzpaare eignen sich vorzüglich als **Stimuli** zur studentischen Sprachproduktion, da anhand konkreter Textbeipiele kommunikative Strategien und Kontextualisierungsmittel identifiziert werden können, welche auf den Konzepten **Text** und **face** und den daraus resultierenden Kategorien **mehr (+) / weniger (-) sprachliches Material** basieren. Bei der Diskussion der Organisation der Präferenzen ist zum Ausdruck gekommen, daß **präferierte** Reaktionen **unmarkiert** sind, also der Kategorie **-sprachliches Material** zuzuordnen sind. Sie werden folglich im direkten Anschluß, also ohne Verzögerung, realisiert, während **nicht-präferierte** Reaktionen **markiert** sind, und sich durch die Kategorie **+sprachliches Material** auszeichnen, was auf die Verwendung von spezifischen oberflächensprachlichen Markern verweist. Diese an der Alltagssprache und Alltagserfahrung der FremdsprachenlernerInnen orientierten Konzepte MEHR / WENIGER SPRACHLICHES MATERIAL dürften, sofern sie im Rahmen der funktionalen Definition von Markiertheit expliziert werden, für alle Beteiligten durchaus nachvollziehbar, logisch und einsichtig sein, und je nach Grad der kognitiven Entwicklung der Lernenden könnte auch die Frage nach der Motiviertheit der Kategorien +/-sprachliches Material gestellt werden. **-Sprachliches Material** kann mit **Text**, also REINER Information, gleichgesetzt werden, während **+sprachliches Material** das Phänomen **face** oberflächensprachlich repräsentiert und somit als Image-Pflege fungiert. Diese Dichotomie Text / face bietet sehr gute Ansatzpunkte für die Operationalisierung des äußerst komplexen und deshalb sehr schwer faßbaren Phänomens HÖFLICHKEIT.

Die Kategorie +sprachliches Material wird repräsentiert durch eine Vielzahl sprachlicher Mittel, welche mit den Studierenden kontrastiv diskutiert und kategorisiert werden sollten, wobei der Mehrzahl der sprachlichen Mittel die Funktion einer **indexikalischen Stellungnahme** zukommt, die für jedes Beispiel, für jede kommunikative Situation, mit den Studierenden expliziert werden kann.

3. Ausblick

Eine am Diskurs orientierte Vermittlung der gesprochenen Sprache kann nicht nur dazu dienen, eine alltagssprachliche kommunikative Kompetenz zu vermitteln, vielmehr können auch spezifische fachsprachliche Kontexte explizit berücksichtigt werden, was eine weitere Differenzierung der diskursiven Strategien zur Folge hat. Für den anglo-amerikanischen / deutschen Kontext heißt das zum Beispiel, daß im Englischen präferierte sprachliche Reaktionen im direkten Anschluß, d.h. ohne jegliche Verzögerung realisiert werden, während im Deutschen Verzögerungen durchaus möglich sind und nicht gleich den kommunikativen Stellenwert eines NEIN-SAGENS bekommen. Eine Abtönung einer Äußerung im Deutschen kann sehr wohl noch als Akzeptieren, also als präferierte Reaktion fungieren, während dies im konventionalisierten anglo-amerikanischen Sprachgebrauch, wo jegliche Abtönung als NEIN fungiert, unmöglich ist. Die Organisation der Präferenzen eignet sich also hervorragend als **tertium comparationis** für **kontrastiv-** und **interkulturell** orientierte Untersuchungen von alltags- und fachsprachlichen Interaktionen, da hier eine **kontextsensitive** Systematisierung der einzelsprachlichen Musterstrukturen vorgenommen werden kann.

Konversationsstunden können den StudentInnen bei weitem mehr bieten als eine sog. WORTSCHATZARBEIT und die implizite Hoffnung, daß sich DER REST VON SELBST ERLEDIGT. Ein diskursiver und kognitiv orientierter Ansatz wird im Rahmen des interdisziplinären Lernens zweifellos dazu beitragen, die Kommunikationsfähigkeit und ganz speziell die Sprechfertigkeit der Studierenden, sowohl in der Fremdsprache als auch in der Muttersprache zu verbessern. Im Kontext des LANGUAGE AWARENESS kann Fremdsprachenlernen verknüpft werden mit spezifischen Aspekten der Erstsprache und somit eine interdisziplinäre Ausrichtung erfahren, was nach einer Bewertung des HMI-Reports (1990) über den Standard der Fremdsprachenausbildung im tertiären Bereich als durchaus positiv zu bewerten ist:

> The most successful courses were those which sought to produce not only capable linguists but confident people with a range of transferable skills and the ability to exploit their linguistic knowledge and other studies in an integrated way (HMI-Reports 1990:3).

Literatur

Atkinson, J.M. / Heritage, J. (Hg.) (1984): *Structures of social action*. Cambridge
Brown, P. / Levinson S.C. (1987): *Politeness*. Cambridge
McCarthy, M. / Carter, R. (1994): *Language as discourse*. Harlow
Edmondson, W. (1983): A communication course for German teachers of English. In: *Dialoganalyse und Sprechfertigkeit, Amsterdamer Werkheft*. München, 25-36
Fetzer, A. (1994): *Negative Interaktionen*. Frankfurt
Fetzer, A. (1996a): Preference organization und Sprechfertigkeit im engl.-dt. Kontext. In: *GAL Bulletin* 24, 2, 63-80
Fetzer, A. (1996b): Preference organization and interactive language teaching. In: *IRAL* XXXIV/2, 77-93
Givon, T. (1995): *Functionalism and grammar*. Amsterdam
Goffman, E. (1976): Replies and responses. In: *Language in Society* 5, 257-313
McHoul, A.W. (1990): The organization of repair in classroom talk. In: *Language in Society* 19, 349-377

Kalberg, S. (1987): West German and American interaction forms. In: *Theory, Culture & Society* 4, 603-618

Kasper, G. (1981): *Pragmatische Aspekte in der Interimsprache.* Tübingen

Kotthoff, H. (1989): *Pro und Kontra in der Fremdsprache.* Frankfurt

Levinson, S.C. (1983): *Pragmatics.* Cambridge

Modern Languages in Polytechnics and Colleges, a survey of good practice, summer and autumn 1989, a report by HMI, Crown Copyright, 1990

Pomerantz, A. (1978): Compliment responses. In: *Studies in the organization of conversational interaction.* hgg. von Schenkein, J. New York, 79-112

Pomerantz, A.(1984): Agreeing and disagreeing with assessments. In: *Structures of social action.* hgg. von Atkinson, J.M / Heritage, J. Cambridge, 57-101

Schegloff, E.A. / Jefferson, G. / Sacks, H.(1977): The preference for self-correction in the organization of repair in conversation. In: *Language* 53, 361-382

Schegloff, E.A.(1979): Identification and recognition in telephone openings. In: *Everyday language.* hgg. von Psathas, G. New York, 23-78

DaF in Belgien: Unterrichtssprache und Authentizität im Klassenzimmer (Eine Fallstudie)

Katja Lochtman, Brüssel

In meinem Referat gehe ich von den Grundlagen eines kommunikativ orientierten Fremdsprachenunterrichts aus, bei dem die Sprech- und Hörfertigkeit im Mittelpunkt steht. Obwohl in bezug auf den Fremdsprachenunterricht öfters von einer KOMMUNIKATIVEN METHODE die Rede ist, sollte man sich darüber im klaren sein, daß eine Vielfalt von Methoden heutzutage zu einem gewissen Methodenpluralismus geführt hat, bei dem die kommunikativen Ansätze und die Lernerzentriertheit eine nicht unbedeutende Rolle spielen (Lutjeharms, 1988). Dies zeigt sich auch bei den Curricula für den Deutschunterricht in den belgischen Schulen. Man geht davon aus, daß es einen positiven Zusammenhang gibt zwischen der Qualität der Interaktion im Klassenzimmer einerseits und dem Fremdsprachenerwerb andererseits (Hatch, 1992; Ellis, 1994).Welche didaktischen Prinzipien und Verfahren könnten eigentlich mit dem Begriff des KOMMUNIKATIVEN FREMDSPRACHENUNTERRICHTS assoziiert werden?

> Das Hauptmerkmal dürfte sein, daß beim Lernen kommuniziert werden sollte, d.h. eine *natürliche*, zweckgebundene Verwendung der Zielsprache sollte auch im Unterricht erfolgen. (Edmondson & House, 1993; S.114)

In diesem Sinne könnte von einer authentischen Verwendung der Sprache, von AUTHENTIZITÄT, die Rede sein.

Inwieweit gibt es eine richtige Kommunikation im Fremdsprachenklassenzimmer, und inwiefern könnte es sie geben? Man kann die Zielsprache auch nicht so in der Klasse verwenden, als ob kein Unterricht stattfände. Anhand der Interaktionsanalyse und mittels einiger Ausschnitte aus einer transkribierten Unterrichtsstunde werde ich versuchen, auf einige mögliche Probleme der fremdsprachlichen Interaktion im Klassenzimmer hinzuweisen. Ich möchte jedoch betonen, daß ein einziger Fall nicht repräsentativ für den Deutschunterricht in Belgien (Flandern) sein kann. Der Fall ist ein Extremfall und daher sehr interessant, weil er zum Nachdenken und zur Diskussion auffordern sollte.

Es handelt sich hier um die Tonbandaufnahme einer Unterrichtsstunde DaF für Anfänger. Die 22 Schüler sind etwa 15 bis 16 Jahre alt und besuchen die Gesamtschule. Neben Französisch und Englisch bekommen sie drei Stunden Deutschunterricht pro Woche. Es wurde am 1. September mit dem Unterricht angefangen; die Aufnahme wurde Ende November gemacht. Ich war während der Aufnahme im Klassenzimmer anwesend. Ein gewisser Beobachtereffekt ist daher nicht auszuschließen.

Ehe ich mit den Ausschnitten anfange, möchte ich noch einiges zu den gewählten Interaktionssequenzen sagen. Ein bekanntes Interaktionsmuster im Unterricht ist in der Literatur als LOCKSTEP-Verfahren bekannt. Es stellt die Sequenz LEHRERFRAGE -- SCHÜLERANTWORT -- LEHRERFEEDBACK dar. Dieses Verfahren wird LOCKSTEP genannt, weil alle Schritte gewissermaßen vorher (didaktisch) festgelegt sind. Ein Beispiel :

Lehrerfrage: *Wie waren die Endungen im Präsens?*
Schülerantwort: *e-st-t-en*
Lehrerfeedback: *gut, danke.*

Natürlich läßt diese Grundsequenz mehrere Variationen zu (Edmondson & House, 1993:233), z.B. Lehrerfrage - Schülerantwort - Lehrerfrage - Schülerantwort - Lehrerfeedback usw. Ein Beispiel:

Lehrerfrage: *"Ich lese", wie schreibst du das?*
Schülerantwort: *l-s-e*
Lehrerfrage: *Wie?*
Schülerantwort: *l-e-s-e*
Lehrerfeedback: *l-e-s-e, richtig.*

Dies könnte als ein ständiges Aufeinanderfolgen von INITIIEREN und REAGIEREN (Flanders, 1970) verstanden werden. Bei anderen Autoren findet man für das Lockstep-Muster auch die drei folgenden Strukturelemente: Elizitation - Antwort - Reaktion (Siehe auch Edmondson & House, 1993:234). Der Unterschied bei dieser Darstellung ist, daß die erwähnten Strukturelemente sowohl vom Lehrer als auch vom Schüler geäußert werden könnten. Andererseits stellen Edmondson & House (1993, S.234) fest:

> Wenn jedoch ein Schüler eine Frage stellt und eine Antwort vom Lehrer erhält (Elizitation plus Antwort), so muß nicht unbedingt eine Reaktion des Schülers folgen.

Es wird bei den Ausschnitten vom LOCKSTEP-Muster ausgegangen.

Das Ziel der Unterrichtsstunde war die Wiederholung und Einübung der Verbformen im Präsens. Die Theorie wurde schon in der vorigen Unterrichtsstunde behandelt. Folgende Verben wurden geübt: *sein, heißen, sprechen, wohnen, fahren* und *lesen.* Der Lehrer hatte diese Verben schon vor dem Anfang der Stunde an die Tafel geschrieben. Die Schüler bekamen alle eine Seite mit Lükkensätzen. Die Lücken sind natürlich die Stellen, an denen eine Präsensform der obengenannten Verben ausgefüllt werden sollte. Diese Sätze werden dann später in Dialogform geübt.

Ausschnitt 1

L = Lehrer, S = Schüler, Sn = mehrere Schüler, aS = ein anderer Schüler

L: *Dann schaut mal euer Blatt an, ja, ihr seht da eins zwei drei vier fünf, bis sechs geht das ...bis sechs geht das. Bei eins müßt ihr also das Verb sein gebrauchen, bei eins ja , bei eins da steht: woher sind Sie. Und was wird das denn? Das zweite wird? Wir und dann?*
S: (flüstert) *sind*
L: *sind und dann?*
S: *aus Prag.*
L: *Wir sind aus Prag.*
 (Die anderen Schüler unterhalten sich leise auf niederländisch)

Eine erste Bemerkung gilt dem Nutzen einer solchen Übung. Die Sätze sind nicht so schwierig, da hätte der Lehrer doch die Schüler selber fragen können, woher sie seien? Wozu sollten sie sagen, daß sie aus Prag seien? Die korrekte Form des Verbs *sein* scheint wichtiger zu sein, aber die Stunde fängt schon sehr künstlich an. Achten Sie auch auf den Lehrerdiskurs. Was ist die eigentliche Bedeutung im kommunikativen Sinne? Wahrscheinlich möchte der Lehrer die Aufmerksamkeit der Schüler bekommen. Dies weist auf eine authentische Bedeutung der Sequenz hin, jedoch auf einer unterschiedlichen Diskursebene.

Ausschnitt 2

L: *In zwei, also eins war "sein", in zwei "da- wie du, ich Eva, und wie ihr? Ich Peter und sie Maria". Also? "heißen" bei zwei. OK?*
 Und so müßt ihr die ganze Übung machen, was wird das denn? Elke? bei zwei? Wie? und dann?
S: *heißt du*
L: *wie heißt du, und wie schreibst du das, heißt? ...h*
S: *h-e-i*
aS: (flüstert) *ß*
L: (schreibt an die Tafel) *ja?*
S: *ß -e-i-ß-s-t*
L: *s-t?*
S: *Wie heißt du.*
Sn: flüstern
L: *nicht s-t also, aber?*
S: *t*
L: *t, ja.*

Eins steht fest: Niemand im Klassenzimmer ist daran interessiert, wie die anderen Schüler denn wirklich heißen. Die Namen sind ihnen ja auch schon seit dem Anfang des Schuljahres bekannt. Die Konjugation ist viel wichtiger als die Vermittlung von Informationen. Der Inhalt der Sätze wird vernachlässigt. Wie wäre es mit dem sprachlichen Kontext, einem wichtigen Aspekt der KOMMUNIKATIVEN METHODE? Nach Brumfit (1987) sollte der sprachliche Kontext realitätsbezogen und funktionell sein. Der Kontext *Ich ... Peter und sie ... Maria* weist bei dieser Übung auf die Lösung *heißen* hin, weil es nur fünf andere - eigentlich nur vier, denn *sein* war schon ausgefüllt - Möglichkeiten zum Ausfüllen gibt (*sprechen, wohnen, fahren* und *lesen*). Die Übung läßt bis jetzt überhaupt keine Kreativität zu, die allerdings für die NATÜRLICHE Kommunikation notwendig wäre. Der Mangel an Kreativität ist oft der Grund für das Nicht-Kommunikative des Fremdsprachenunterrichts (Johnson, 1987).

Ausschnitt 3
L: *Und dann? Evy, wie heißt du, und dann? ...*
S: *euhh, ich bin Eva.*
L: *nein, dasselbe Verb.*
aS: *Ich heiße*
L: *Ich heiße? Also, ich?*
S: *heißt*
aS: *heiße*
aS: *heiße*
S: *heiße* (Lehrer klopft an die Tafel) *heiße? .....heiße!*
L: *Ich heiße?*
S: *Eva*
L: *Eva, gut, danke.*

Die Schülerin muß, statt des eigenen Namens, den auf das Blatt gedruckten Namen nennen. Auch Jungens mußten sagen, daß sie Eva heißen. Dazu kommt noch, daß die Antwort *Ich bin Eva*, eine durchaus normale Antwort, vom Lehrer als falsch bewertet wird, weil das Verb *heißen* nicht verwendet wurde. Daher scheitert die Kommunikation am Anfang. Interessant ist die Korrektursequenz. Die Schülerin hat also falsch geantwortet, und ein anderer Schüler korrigiert den sogenannten Fehler. Der Lehrer wiederholt die Korrektur als Frage und verlangt wahrscheinlich von Evy (der ersten Schülerin), daß die richtige Antwort nochmals wiederholt wird. Normalerweise, wenn der Lehrer eine Schüleräußerung fragend wiederholt, heißt es, daß die Antwort vielleicht nicht ganz richtig war. Evy macht also aufs neue einen Fehler, denn sie sagt *Ich heißt* statt *heiße*. Hat sie nicht gut gehört? Wahrscheinlich hat sie nicht verstanden, daß sie die Lösung wiederholen sollte und hat sie gedacht, daß die Antwort des anderen Schülers auch falsch war. Darauf hin wird Evy nochmals von zwei anderen Schülern korrigiert und gibt schließlich selber die richtige Antwort. Nachdem sie hinzugefügt hat, daß ihr Name Eva (wie auf dem Blatt) sei, dankt der Lehrer ihr für die Leistung. Hier zeigt sich, wie an sich bedeutungslose Äußerungen zusammen mit einer inkonsequenten Verhaltensweise des Lehrenden zu Mißverständnissen führen können, die sonst, d.h. wenn die erste Antwort als richtig (also als eine bedeutungsvolle Antwort) akzeptiert worden wäre, hätten vermieden werden können. Es ist jedoch auch möglich, daß der Lehrer Evy hätte bestrafen wollen, weil sie nicht aufmerksam war und sich mit ihren Mitschülern unterhielt. Diese authentische Bedeutung der Sequenz wurde von den Schülern jedoch nicht so verstanden, weil das Lehrerverhalten nicht konsequent war. Anscheinend gibt es im Klassenzimmer unterschiedliche Diskursebenen.

Ausschnitt 4
Auf dem Blatt, das die Schüler am Anfang der Stunde bekommen hatten, stehen vor den Lückensätzen Buchstaben, die auf ein FRAGE-ANTWORT-SPIEL für später verweisen. Dies macht die nächste Sequenz verständlich :
S: *Wat zijn die letters daarvoor eigenlijk?* ('Wozu sind die Buchstaben da?')
aS: *Ik snap da nie zunne.* ('Ich verstehe es nicht')
L: *Das wird nachher kommen, machen wir nachher.*

Der erste Schüler ist daran interessiert, was die Funktion dieser Buchstaben ist. Er stellt also eine authentische Frage. Diese Frage wird jedoch auf niederländisch gestellt, ein anderer Schüler reagiert auf niederländisch. Der Lehrer beantwortet sie aber nicht. Die hinterliegende Bedeutung ist, daß der Schüler sich langweilt, weil er die Übung schon längst verstanden hat, oder nur so, weil die Übung nicht sehr motivierend wirkt. Er möchte jetzt gerne wissen, was nachher gemacht wird. Er ist anscheinend daran gewöhnt, daß seine Frage auf niederländisch akzeptiert wird. Würde also anhand des Kodewechsels ein Unterschied gemacht zwischen der Realität im Klassenzimmer einerseits und dem Unterrichtsstoff andererseits? Gäbe es in diesem Sinne auch verschiedene Diskursebenen? Es sollte hinzugefügt werden, daß der Lehrer versucht, soviel wie möglich Deutsch zu reden. Man weiß leider nicht, ob der Lehrer dies auch gemacht hätte, wenn ich nicht im Klassenzimmer gewesen wäre (Beobachtereffekt). Der Lehrer beantwortet die Frage nicht oder nur unvollständig. Durch den starren Grammatikunterricht versucht er, die Stunde völlig unter Kontrolle zu halten.

Ausschnitt 5
L: *Ehm, Chris? und dann? Und wie?*
S: (unverständlich)
aS: *heißt, ik weet niet, heißt ihr?*
L: *gut, und wie schreibst du das?*
S: *h-e-i-...zo'n dinge...*('so'n Ding')
aS: *ß*
L: *ja, wie heißt zo'n dinge?* ('so'n Ding')
S: *ß*
L: *ß, gut.*

Bemerkenswert ist immerhin, daß die Sequenzen in der METASPRACHE, in der die Grammatik und Rechtschreibung erklärt werden, noch am authentischsten erscheinen. Man ist nämlich wirklich daran interessiert, wie das Zeichen *ß* genannt wird. Jedenfalls ist der Lehrer daran interessiert, ob der Schüler weiß, wie es genannt wird.

Die schon erwähnten Buchstaben, die mit den Sätzen auf dem Antwortblatt verbunden waren, erscheinen jetzt auch auf Kärtchen, die der Lehrer unter die Schüler verteilt.

Ausschnitt 6
L: *euhm, ja so, ein Kärtchen ausziehen. Du darfst auch eins ziehen. Du darfst auch eins ziehen. Und Heidi auch eins. Und dann noch vier andere Kärtchen.*

Diese Äußerung ist fast die einzige, in der der Lehrer die Zielsprache authentisch einsetzt und dazu auch noch die Handlung, die er ausspricht, ausführt. Hier gibt es also eine pragmatische Relevanz im Klassenzimmer. Ich vermute, daß solche Äußerungen jedoch in Fremdsprachenklassenzimmern zu wenig stattfinden.

Ausschnitt 7
L: *Gut, also. .....(unverständlich)..... Ihr habt jetzt alle Buchstaben bekommen von A bis H. Ja, und bei den Dialogen steht jeweils, hier D: D fragt an E, wer ist D? Hier auf dem auf der Zeichnung, wer ist D? Hier?*
S: *Sekretarin*
L: *Wie?*
S: *Sekretarin.*
L: *Sekretärin. Was ist das auf niederländisch, eine Sekretärin, was ist das?*
S: *secretaresse!*
L: *secretaresse, gut.*

Hier werden künstliche Dialoge vorbereitet, die nach einem bestimmten Muster ablaufen sollen. Dazu kommt noch, daß das geplante Spiel leicht zu einer großen Verwirrung führen kann, wenn keiner mehr weiß, wer wann dran ist mit welchem Buchstaben usw. Die Frage *Wer ist D?* zum Beispiel, ist schon nicht eindeutig, da es sowohl ein D auf dem Blatt als auch eins auf einem der verteilten Kärtchen gibt, so daß der Schüler, der dieses Kärtchen gewählt hat, auch D sein könnte, (was nachher auch so interpretiert wird). Auf der Zeichnung, auf die verwiesen wird, ist D anscheinend eine Sekretärin. Ein Schüler sagt jedoch *Sekretarin* ohne Umlaut. Diese Antwort ist von der Form her als fehlerhaft zu betrachten, was der Lehrer mit der Frage *Wie?* andeuten möchte. Er hat wahrscheinlich nicht daran gedacht, daß das niederländische *wie?* auf deutsch *wer?* bedeutet, und daß die Schüler wahrscheinlich nicht verstanden haben, daß die Antwort falsch war. Sie glaubten wohl, daß die Antwort wiederholt werden sollte, weil der Lehrer sie vielleicht nicht gehört hatte. Die Schüler haben ihrer Meinung nach authentisch geantwortet, während der Lehrer den FALSCHEN FREUND aus dem Auge verloren hatte. Als letztes Beispiel möchte ich folgende Sequenz zeigen.

Ausschnitt 8
L: *H an E?*
S1: *Sprechen Sie -*
aS: (flüstert) *Englisch*
S1: *Englisch?*
S2: *euh, yes. euh*
Sn lachen laut.
S2: *no - euh - nein* (Sn lachen).
L: *Also, nein?*
S: (unverständlich)
L: *Ja Elke, nein?*
S2: *ich spreche euh ...*
aS: *kein*
S2 *kein Deutsch - euh-*
L: *kein?*
S2: *Englisch.*
L: *gut.*

Auf die Frage *Sprechen Sie Englisch?* antwortet die Schülerin zuerst mit *yes* (unter Einfluß des Englischen). Die Schüler lachen. Der Vorfall scheint eine willkommene Erleichterung, ein TIME-OUT, zu sein. Die erste Schülerin glaubt, daß die Bedeutung ihrer Äußerung falsch war - also nicht die Sprache an sich - und antwortet mit *no*. Schnell hat die Schülerin jetzt verstanden, daß sie Deutsch reden soll und sagt *nein*. Wenn man die Bedeutung an sich berücksichtigt, wäre dies eine mögliche Antwort. Nicht aber für einen Fremdsprachenlehrer; die Schülerin sollte mit einem vollständigen Satz antworten, auch damit sie eine Satzstruktur mit *kein* verwendet. Die Schülerin antwortet jetzt richtig und sagt mit Hilfe eines Mitschülers, *Ich spreche kein Deutsch*. Dies war leider nicht, was auf dem Kärtchen stand. *Ich spreche kein Englisch* wäre die einzig richtige Antwort.

Besprechung der Unterrichtsstunde

Das Ziel dieser Stunde war eindeutig der Grammatikunterricht. Die Präsensformen einiger Verben sollten eingeübt werden. Das Problem des Grammatikunterrichts hat schon viele Lehrer und Linguisten beschäftigt. Sollte man Grammatik unterrichten? Und wenn ja, wie? Sollte man auf eine explizite Weise vorgehen, oder implizit versuchen, den Schülern die Grammatik der Zielsprache beizubringen? Und wie sollten Ausdrücke wie EXPLIZIT und IMPLIZIT denn in der Praxis (im Klassenzimmer) verstanden werden? Diese und ähnliche Fragen können im allgemeinen noch immer nicht eindeutig beantwortet werden. Solange dieses Problem nicht gelöst ist, könnte man vielleicht vorsichtshalber explizite Erklärungen zur Grammatik mit *kommunikativem Tätigsein* abwechseln. Die Grammatikerklärungen sollten möglichst lernerbezogen sein. Sie sollten nicht die ganze Unterrichtsstunde bestimmen, sondern könnten als ein kognitives Hilfsmittel bei der Kommunikation verwendet werden.

Wieso wäre es schwierig, die vorgeführten Sequenzen als kommunikativ zu bezeichnen? Man könnte sich z.B. fragen, ob die in den Beispielen auffällige Inhalt-Form-Dichotomie (mit Betonung des förmlichen Aspekts) der Kommunikation nicht im Wege steht. Darf es nur feste und vorbestimmte Antworten geben, und darf somit die abweichende, inhaltlich jedoch richtige authentische Antwort als fehlerhaft bezeichnet werden?

Das äußerst kontrollierte Vorgehen einer solchen Grammatikstunde führt dazu, daß die Schüler anfangen, sich zu langweilen, v.a. wenn ihnen überhaupt keine Möglichkeit zur Kreativität gelassen wird.

Ein Vorteil des kommunikativen Unterrichts ist, daß den Lernenden die Relevanz der Zielsprache klar wird (Widdowson, 1987). Die Auffassung der Lernerrelevanz hängt eng mit der Authentizität der verwendeten Sprache und mit dem Authentizitätsmoment im Klassenzimmer zusammen. Der Lernende könnte aber einen TEXT oder Kontext authentisch machen, sich stützend auf die eigenen Vorkenntnisse und den eigenen Hintergrund (Breen, 1985). Das heißt, er versucht, Zusammenhänge zwischen den eigenen Vorkenntnissen, der eigenen Erfahrungswelt einerseits und dem Unterrichtsstoff andrerseits herzustellen. Wenn ihm dies nicht gelingt, fragt der Schüler sich, was eigentlich der Nutzen des Unterrichts wäre. Der Lehrer hätte den Schülern den Nutzen jedoch erklären können, damit die Lerner die Relevanz der Übung hätten schätzen können, was immerhin lernmotivierender gewesen wäre.

Die pragmatische Relevanz der gezeigten Sequenzen ist fast null, weil eigentlich keine Kommunikation stattfindet. Es fehlt dazu auch das PRINZIP DES ZWEIFELNS. Authentische Kommunikation ist u.a. daher authentisch, weil man wirklich an den Mitteilungen des Gesprächspartners interessiert ist. Man ist nämlich daran interessiert, weil man im voraus noch nicht genau weiß, was der andere sagen wird. Es wäre das Fehlen dieses Elements des Zweifelns im Fremdsprachenunterricht, das den Unterricht nicht-kommunikativ macht. In diesem Sinne wäre es besser, die Lerner öfter selber das Gesprächsthema wählen zu lassen. Dies impliziert, daß der Zuhörer nicht weiß, was der Sprecher sagen wird (Johnson, 1987). In den angeführten Beispielen fehlt dieses Element des Zweifelns ganz und gar. Man sollte die Wichtigkeit dieses Elements als Lehrer jedoch nicht aus dem Auge verlieren. Auch könnte man als Lehrer versuchen, statt geschlossener Fragen, auf die man die Antwort schon im voraus weiß, mehrere OFFENE Fragen zu stellen, damit die Schüler selber eine Antwort formulieren können.

Schließlich wäre es interessant, darauf hinzuweisen, daß es im Fremdsprachenklassenzimmer mehrere Diskursebenen oder Diskurswelten zu geben scheint. Zuerst gibt es schon den Kodewechsel (Deutsch-Niederländisch) in dieser Klasse, der eine gewisse Funktion zu haben scheint. Das Niederländische wird anscheinend für die authentische Kommunikation verwendet, während das Deutsche sich nur auf den Unterrichtsstoff bezieht. Dieser Kodewechsel ist natürlich nur möglich, wenn - wie hier - alle oder die Mehrheit der Schüler dieselbe Muttersprache sprechen. Vielleicht versuchen die Teilnehmer anhand des Kodewechsels, noch eine gewisse Ordnung in der verwirrenden Lage herzustellen. Van Dam / Van Isselt (1995) nennt diese Momente auch FRAME BREAKS, oder TIME-OUTS in der Klassenzimmerroutine. Es ist jedoch schade, daß der Lehrer nicht versucht, auf die niederländischen Äußerungen der Schüler einzugehen. Es gibt also die Diskursebene des Unterrichtsstoffes an sich, die zwar auf deutsch, jedoch nicht authentisch verläuft, und die Diskursebene der Realität des Klassenzimmers oder der Schule überhaupt, die auf niederländisch verläuft und authentisch zu sein scheint (Schülerrealität). Dazu gäbe es noch die Diskursebene der Metasprache, in der die Grammatik erklärt wird. In der Metasprache gibt es auch den Kodewechsel. Eine vierte Diskursebene ist vielleicht die Ebene des Lehrerdiskurses, mit dem der Lehrer die Absicht hätte, die Aufmerksamkeit der Schüler auszulösen, oder Schüler zurechtzuweisen usw. Diese Ebene wäre auch mit der Schul- oder Klassenzimmerrealität verbunden (Lehrerrealität), läuft aber eher auf deutsch ab, auch weil das vom Lehrer erwartet wird.

Es zeigt sich, daß gerade die Ebene des Unterrichtsstoffes als einzige nicht authentisch verläuft. Man könnte aber annehmen, daß dieser Unterrichtsstoff den größten Teil des Unterrichts überhaupt ausmacht. Es stellt sich also heraus, daß die Unterrichtsstunde im großen ganzen nicht authentisch verläuft, was nach der KOMMUNIKATIVEN METHODE nicht sehr lernfördernd wäre. Die Frage bleibt: Wie könnte man denn als Fremdsprachenlehrer den Unterrichtsstoff so kommunikativ und authentisch wie möglich machen? Eine Antwort haben wir vorläufig noch nicht. Der vorgeführte Unterrichtsausschnitt zeigt aber wohl nicht den richtigen Weg.

Literatur

Allwright, R. (1987): Language Learning through Communication Practice. In: C. Brumfit, K. Johnson (Hg.): *The Communicative Approach to Language Teaching*. (6. Aufl.) Oxford, 167-183
Bohn, R. (1994): Arbeit an grammatischen Kenntnissen. In: G. Henrici, C. Riemer (Hgg. mit Arbeitsgruppe Deutsch als Fremdsprache Bielefeld - Jena): *Deutsch als Fremdsprache*. Baltmannsweiler, 145-165
Breen, M.P. (1985): Authenticity in the Language Classroom. In: *Applied Linguistics* 6 (1), 60-70
Brumfit, C.J., K. Johnson (1987): The Linguistic Background. In: C. Brumfit, K. Johnson (Hg.) *The Communicative Approach to Language Teaching*. (6. Aufl.) Oxford, 5-46

Dam, J. van / Isselt, J. van (1995): Where's the lesson in all this talk? Structural features of classroom floors. In: E. Huls / J. Klawer-Folmer (Hg.): *Artikelen van de Tweede Sociolinguistische Conferentie.* Delft, 125-138

Edmondson, W.J., J. House (1994): *Einführung in die Sprachlehrforschung.* Tübingen / Basel

Ellis, R. (1994): *The Study of Second Language Acquisition.* Oxford

Flanders, N.A. (1970): *Analysing Teaching Behavior.* London

Hatch, E. (1992): *Discourse and Language Education.* Cambridge

Johnson, K. (1987): Communicative Approaches and Communicative Processes. In: C. Brumfit / K. Johnson (Hg.) *The Communicative Approach to Language Teaching.* (6. Aufl.) Oxford, 192-206

Lutjeharms, M. (1988): Lesen und Fremdsprachenunterricht. In: *Germanistische Mitteilungen* 28, 3-17

Pica, T. (1987): Second Language Acquisition, Social Interaction, and the Classroom. In: *Applied Linguistics* 8(1), 3-21

Widdowson, H.G. (1987): The Teaching of English as Communication. In: C. Brumfit / K. Johnson (Hg.): *The Communicative Approach to Language Teaching.* (6. Aufl.) Oxford, 117-121

Axiom und Tabu
Glossierende Einführung in die Ethnomethodologie anhand der Suspendierung von Stereotypen vs. Clichés der kognitiven Domäne GESCHLECHT (GENDER/SEX)[1]

Heike Susanne Bödeker, Köln

0. Vorbemerkung

Die auch Mitte der Neunziger Jahre noch beherrschenden Paradigmata der Sprachwissenschaft beruhen auf den 1956 resp. 1959 etablierten kognitionswissenschaftlichen Paradigmata der zweiten und dritten Generation:[2] Modularismus und Konnexionismus. Paradigmata der vierten Generation (WELTERZEUGUNG DURCH HANDLUNGSVOLLZUG) bedingten auch eine Neudefinition des Gegenstandes der Sprachwissenschaft im Sinn einer Kognitiven Anthropologie:

> Natürlich besteht in dieser Sicht die Tätigkeit der Kommunikation nicht in der Übertragung vom Sender zum Empfänger, Kommunikation ist vielmehr zu verstehen als die wechselweise Gestaltung und Formung einer gemeinsamen Welt durch gemeinsames Handeln: Wir bringen unsere Welt in gemeinsamen Akten des Redens hervor. Es sind bestimmte Eigenschaften unserer Sprache, die diese gemeinsame Erzeugung möglich machen. Diese bestehen in sprachlichen Handlungen, die wir ständig ausführen: Aussagen, Versprechen, Bitten und Erklärungen. **Ein derartiges ständig aktives Netzwerk von Sprechakten einschließlich ihrer Gültigkeitsbedingungen ist nun in der Tat kein Werkzeug der Kommunikation, sondern das Netzwerk, durch welches wir uns als Individuen selbst definieren.** (Varela [3]1993:113; Hervorhebung v.V.).

Die Relevanz solcher Erwägungen wird offensichtlich, vergegenwärtigt man sich, welche bisweilen nicht gerade charmanten Kritiken anthropologische Forschungen bzw. Forscher von den Erforschten erhalten, wenn von **gemeinsamem** Handlungsvollzug keine Rede sein kann:

> [...] Hätte man jedoch diese Texte in die verbreitetsten afrikanischen Sprachen übersetzt und sie den Afrikanern vorgelesen, so hätten sie für die Afrikaner nur als Dummheiten gegolten, die auch ein zehnjähriges Kind nicht gewagt hätte, über Menschen auszudrücken, die es nicht kennt.
> [...] In afrikanischen Gesellschaften von oraler Tradition kann in Wirklichkeit niemand als Gelehrter akzeptiert werden, solange er unbegründete Äußerungen über sich selbst, über andere Menschen und über Situationen, in die Menschen verwickelt sind, fallen läßt.
> [...] dagegen gilt im modernen Europa alles, was zum Volk gehört, als "volkstümlich" und "populär", im Sinne von niedrig und oberflächlich, denn das Volk wird eher als unwissend betrachtet.
> [...] was bei vielen Afrikanern als Naivität bezeichnet wird, drückt in Wirklichkeit ein Vertrauen in Menschen und eine ständige Anregung zur gegenseitigen Unterstützung aus. (Fall 1996:16).

Ein Methodik, die eine Reflexion der Bedingungen gemeinsamer Handlungs-Vollzüge erlaubt, ist Ethnomethodologie. Sie beruht auf der SUSPENDIERUNG von in Alltagsleben wie Wissenschaftsbetrieb unhinterfragten AXIOMATIKEN, oder, ethnologisch gesprochen, Tabus. Ein weiteres wesentliches Element ist die explizite Zulassung der Technik der GLOSSIERUNG in wissenschaftlichen Kontexten (in welchen sie üblicherweise nur implizit, um nicht zu sagen: subversiv, geduldet ist):

> To gloss is to let the meaning of something become clear as the process of interaction proceeds, without explicitly stating (and without being able to state) what it is that is meant. Glosses are pervasive in science as well as everyday life. (Kessler / McKenna 1978:18f, Fn.2)

Traditionelle Standardanwendung ist die soziale Konstruktion von GESCHLECHT (Garfinkel 1967, Mehan / Wood 1975, Kessler / McKenna 1978). Hiervon soll auch in dieser kurzen Einführung nicht abgewichen werden,[3] zum einen da dies eine Thematik ist, zu der jeder Leser (notgedrungen) auch einen persönlichen Zugang hat, zum anderen da insbesondere d.V. als Gonadendysgenesie-Patientin sich im Sinne der Forderungen von Fall (1995) auch selbstreflexiv als Informantin auswerten kann (und auch Erfahrungen damit hat, in ihrer Kindheit von nicht immer empathischen Medizinern als Informantin ausgewertet worden zu sein, also beide Seiten kennt).

GESCHLECHT hat offensichtlich eklatante und daher erklärungsbedürftige Widersprüche: einerseits soll nach communis opinio [männlich] unmarkiert sein, andererseits soll gelten:

> In the absence of maleness you have femaleness. ... It's really the basic design. The other [intersex] is really a variation on a theme." (anonymisierter auf die Behandlung von intersexuellen Kindern spezialisierter Endokrinologe apud Kessler 1990:15).[4]

1. Geschlechtsattribution

Die kognitive Domäne (COGNITIVE DOMAIN) GESCHLECHT, sowie die in ihr angesiedelten Kategorien (CATEGORIES) MÄNNLICH und WEIBLICH gelten als unhinterfragbares Axiom (UNQUESTIONABLE AXIOM) UNSERER (wer auch immer WIR sein mögen - aber dies ist eine weitere solche axiomatische Setzung...) Kultur. Und so mag man sich fragen, warum GESCHLECHT überhaupt attribuiert werden muß, wenn es doch etwas NATÜRLICH GEGEBENES sein soll, das Personen[5] inhäriert.

Im deutschen Sprachraum gilt bereits die anglo-amerikanische Unterscheidung von SEX (MALE VS. FEMALE) VS. GENDER (MASCULINE VS. FEMININE) als oftmals schwer verständlich. Und in der Tat sind die Abgrenzungen beider Domänen etwas unscharf, denn auf der einen Seite kann selbst von "psychological sex" (Steinberger / Odell 1989) gesprochen werden, auf der anderen von "cultural genitals" (Kessler / McKenna 1978, Kessler 1998). Grund hierfür ist, daß SEX und GENDER multiple Modelle (MULTIPLE MODELS) enthalten, die in ihren prototypischen Fällen CLUSTER bilden und somit GESCHLECHT als (annähernd) kongruente Abbildungen erzeugen (Bödeker / Triea 1998).

2. Multiple Geschlechter (gender variance vs. variability)

Man beachte, daß bestimmte als DEVIANT pathologisierte Verhaltensweisen (hier wäre nicht-heterosexuelle Orientierung einerseits und sog. Crossdressing andererseits anzuführen) sowie temporale Inkonsistenzen (Transsexualität) allenfalls einige wenige Komponenten des jeweiligen multiplen Modells betreffen, keineswegs jedoch dieses selbst in Frage stellen. Ähnliches gilt auch für Androgynie, welche eher die Funktion einer stabilisierenden Utopie hat:

> Although physiological androgyny is quite rare (between 2 and 3 percent[6]), it is the basis of several different mythologies or classificatory reactions to natural phenomena. [...] Americans react by forcing the ambiguous child to change or disguise itself in order to go through life as one sex or the other; the Navajo respect and give social leadership to the "intersexuals"; and the East African Pokot, who regard them as useless, as unfortunate errors committed by god, sometimes casually kill them, or just as casually, allow them to live lonely, neglected lives ... Even without the existence of people with "markedly intersexual" and physical characteristics, however, there is a basis for the concept of androgyny within the mythologically conceived body of a normal woman, and that is the clitoris. [...] the woman whose vagina contains a tooth, or a poisonous snake, or a penis, or a devouring mouth is always the erotic woman - the woman who experiences pleasure in sex. By denying this to her, by a blatant clitoridectomy or by sexual rejection or by double standard that regards chastity as a natural female virtue ("Close your eyes and think of England"), the male myth-maker identifies evil women with physical androgynes. (O'Flaherty 1980:291f).

Oder anders gesagt:

> Männer propagieren die Idee, daß auch Männer feminin sind - besonders, wenn sie sich feminin verhalten -, das lenkt ab von der Tatsache, daß Feminität eine von Männern gemachte Konstruktion ist, die im Grunde genommen überhaupt nichts mit Weiblichkeit zu tun hat. Die verführerischen Prediger der Androgynie, der "menschlichen Befreiung", können sich endlos mit diesem Thema der Verschmelzung beschäftigen. Wenn die Mythen-Meister die Maske des Dionysos aufsetzen, dann werden sie zu Meistern der Verwirrung. "Das Opfer verwirren" ist der Titel ihrer Farce. (Daly 5. Aufl. 1991: 90f).

Ein gewisser Korrosionseffekt kann allenfalls von Transgenderisten ausgehen, wenn diese mit axiomatischen Suspensionen fortfahren. Ausgangspunkt dieser Bewegung war ein Protest von Transsexuellen gegen ihre Ausgeliefertheit an die Medizin, sowie ihre Selbstdefinition als Transsexuelle - was der klinischen Definition widerspricht, nach der sich Transsexuelle dadurch auszeichnen, daß sie sich als Männer oder Frauen definieren, wenn auch im Widerspruch zu ihrem biologischen Geschlecht. Der momentane Stand ist, daß Genitalien nun die Validität als GESCHLECHTSINSIGNIEN völlig abgesprochen wird, sie als bloße "bodily ornaments" ohne weitere Signifikanz (Kessler 1993) gewertet werden. Nichtsdestoweniger ist es eine Ironie der Geschichte, daß zwar das - soziale einschließlich medizinische - Management von Transsexualität dem von Intersexualität ABGEKUPFERT wurde (Hausman 1995), Intersexen aufgrund der ihnen in der Kindheit zugefügten Traumatisierungen weniger (und schon gar nicht politisch) handlungsfähig werden können.

3. Virtuelle Geschlechter

Da auch vermeintliche biologische Konstanten rekonstruiert sind, stellt sich die Frage, wie sensorische (und über die Perzeption vermittelte) Inputs kognitiven Prozessen zugänglich gemacht werden können. Haben letztere konstrukthaften Charakter, so wie u.a. in Dekonstruktiv-Feministischen Ansätzen angenommen, so können erstere nicht direkt erfahrbar gemacht werden (dies wäre eine positivistische Annahme), sondern nur über den Umweg einer REKONSTRUKTION.

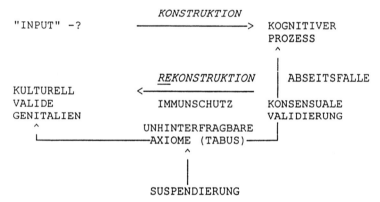

Da kognitive Prozesse mit psychosozialen Faktoren wie KONSENSUALER VALIDIERUNG und COMPLIANCE-EFFEKTEN interagieren, kann es bei Rekonstruktionen zu erheblichen Verzerrungen kommen. Dies kann für die meisten Mitmenschen sogar favourabel sein, indem es ihnen hilft, das GESICHT zu wahren, es kann aber auch unberechenbar sein, z.B. für Transsexuelle, besonders im Übergangsstadium vom einen zum anderen Geschlecht, oder es kann auch Ursache schwerer Beschädigungen werden: so werden einigen Intersexen im Rahmen von Zuweisungsrevisionen abwechselnd weibliche und männliche KULTURELL VALIDE GENITALIEN zugeschrieben, die auch nicht nur im entferntesten eine Ähnlichkeit mit ihren originalen Genitalien haben - und angesichts der durchweg schlechten Ergebnisse chirurgischer Maßnahmen auch nicht mit deren korrigierten. Andererseits werden bei MISS- / FEHLBILDUNGEN unplausible Ausgrenzungen vorgenommen. Dies geht soweit, daß bei den mit manchen Formen von Intersexualität einhergehenden Schilddrüsenunterfunktionen (Turner- und Noonan-Syndrom, Gemischte Gonadendysgenesie) resp. Hyperthyreoidismen (Swyer-Syndrom) Schilddrüsen- sowie Sexualhormone verabreicht werden, mit dem Ziel, bei ausgewachsenen weiblich zugewiesenen Individuen eine Größe von 168 - 173 cm zu erreichen. Nun ist d.V. mit 172 cm für GGD Verhältnisse angeblich[7] sogar sehr groß gelungen, würde aber etwa im Rahmen des auf der Tagung anwesenden Publikums auch mit 10-15 cm weniger nicht auffällig gewesen sein. Und: selbst Mediziner gestehen in Nachuntersuchungen zu:

> Aus allen bisher beobachteten Fällen [...] ergibt sich, daß bis zum Alter von 15 oder 16 Jahren in keinem Fall ein kosmetisch und schon gar nicht funktionell zufriedenstellendes weibliches Genitale gestaltet worden war. Der Aspekt, die Kinder ihre Anomalie nicht spüren zu lassen, ist somit in keinem Fall verwirklicht worden. (Geiger / Sanchez 1982:260).

Wird in diesem Sinne eine Kategorie auf ihren PROTOTYP reduziert, so kann man wohl sinnvollerweise von einer STEREOTYPISIERUNG (BEGRIFFSEINENGUNG) sprechen. Den umgekehrten Prozeß bezeichnen wir als Bildung von CLICHÉS (HYPERTROPHE ATTRIBUTION):

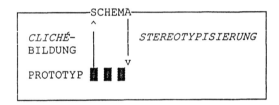

(Mitgliedschaften in) Kategorien werden nicht quantitativ, sondern qualitativ definiert, also wie in folgender Graphik veranschaulicht nahezu unabhängig von der statistischen Verteilung.

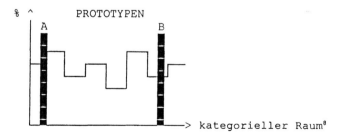

Ein PROTOTYP ist als das BESTE BEISPIEL für eine Kategorie definiert, während Mitgliedschaften anderer Entitäten graduell nach Entfernung von diesem Ideal zugewiesen werden. Beispielsweise gilt *Amsel* als ein BESSERES BEISPIEL für die

Kategorie VOGEL als *Pinguin* - und in diesem Sinne wären weibliche Leserinnen allesamt BESSERE FRAUEN als d.v.

Tautologie ist eine DEFINITIONSVERWEIGERUNG (neben: Naivität), und so steht als höchste Tautologie *ich bin der ich bin* neben der Verweigerung der Verweigerung *je est une autre*. In diesem Sinne ist auch das *Du bist doch was* (bezeichnenderweise nicht: *wer*) *du bist!* als entsetzte Reaktion der Mutter d.V. zu verstehen, als sie mit 20 anfing, das zu dekonstruieren, was Butler (1995) für unmöglich hält, da von der ABSEITSFALLE bedroht: was d.v. ist / denkt / fühlt, und was von anderen daraus gemacht, oder vielmehr: **vergeblich** daraus zu machen versucht worden war.[9]

4. A visit to the Otherworld

Gilt Sozialisation gemeinhin als identitätsstiftend (was selbst von Vertreterinnen des Dekonstruktiven Feminismus wie Butler 1995 nicht bestritten wird), so kann d.v. aus eigener Erfahrung, sowie durch ihre Arbeit im Sexual Traumatization Survivers' Support Network (STSSN), nur Gegenteiliges feststellen. Wie aber ist das Problem zu lösen, daß Konstruktionen diskursgebunden sind, also keine PRÄDISKURSIVEN Strukturen (in diesem Falle etwa: Hermaphroditen in intaktem und integren, sprich: nicht korrigierten, Zustand) anerkennen können?

Eine einfache aber effektive Lösung bieten Native (Folk-) Philosophien: VOR einem Diskurs liegt einfach ein anderer, wie in TRANSFORMER TALES verdeutlicht, etwa in der folgenden Episode über den CULTURE HERO Daldàl ('Libelle') der Daagelmà'n (Takelma). Interessanterweise verhält es sich hier so, daß während sexuelle Implikationen in weißen Diskursen gerne VERTUSCHT werden, hinter sexuellen Handlungen nichts weiter steckt - auch keine Container-Metaphorik (wie man wohl in der Ethnopsychoanalyse annehmen würde) -, als ein Anlaß zu einer nichtsexuellen (nämlich ökosystemischen) Funktionszuweisung, zumal diese Relationsveränderung vom Daldàl begleitenden TRICKSTER Coyote ausgeht:

> Ganee yà' baade'yeweyákw. "Me'mìinyil! Me'mìinyil!" nagà-ihi'. "A! Kadì neyè'? Daldàl sinhùsgal, sdoisdagwnà' laap ma'à; minyiilà'n," nagàhi' òpxa. Ge ginìkw. Gwèlxdagwa ha-iwesgàhakw. Ganèehi' gelwayáan. Mii wa'ic'omòokwa. "Wede ga na'néexdam!" Mii dahiisdamà'x. "Obiyà!" Gee ginì'kw; wic'amákw eíihi, gwéelxda xa'ic'iwìt. "Kxàdi ma ka-ilàapa yodà'?" T'áak náansbina'." Haxiyá gwidíkw. "Yap'a ga-iwawàlsbink, yap'a gafisbink; xuma yudà'," nagàhi'.[10] (Sapir 1990:340; Transkription v.V. aktualisiert)

Die Konsultantin Gwìsgwasháan ist **sehr** offen für native Verhältnisse, obwohl sie in ihrem Leben äußerst schlechte Erfahrungen mit Weißen machen mußte. Zwar kennt sie die weißen Sexualtabus wohl, kommt hier aber auch von sich aus nicht auf die Idee, daß diese Passage darunter fallen könnte. Und das, wo Natives sonst eher übervorsichtig sind. Sapir hingegen meint, bei der Übersetzung dieser Passage vom Englischen ins Latein wechseln zu müssen...

Es ist auffällig, daß FUNKTIONEN als Eigenname vs. als Gattungsname nur schwerlich getrennt werden können, desweiteren, daß unterschiedslos von Menschen wie Tieren als Personen oder Leuten geredet wird. Obgleich von anthropologischen Interpretatoren immer wieder versucht, kann eine solche Trennung auch nicht als durch die TRANSFORMATION initiiert angesehen werden (Bödeker 1996).

Ferner ermöglicht eine TRANSFORMATIVISTISCHE (um sie terminologisch von einer TRANSFORMATIONELLEN zu unterscheiden) Theoriebildung auch die Annahme mehrerer, paralleler Diskurse.

Und solche könnten eine viable Strategie in so manchen Konfliktsituationen sein, nicht nur die Alternative zum "pull yourself out for a few days" für von Fremdheitsgefühlen überanstrengte Feldforscher.

Literatur

Bödeker, Heike (1996): *Exogendrismus, Intersexualität und Endogenitalität: Variabilität und Variation in der Konstruktion "geschlechtlicher" Domänen und Kategorien in nativen vs. "weißen" Gesellschaften.* Vortragspapier, GKS Jahrestagung 1996;
web: http://www.sonic.net/~boedeker/ezku/is_ gks_v.htm (rev. Fassung)
Bödeker, Heike (1998): Intersexualität (Hermaphroditismus) - Eine Fingerübung in Complianec? "Dazwischen", "beides" oder "weder noch"? In: *Beiträge zur feministischen Theorie und Praxis*, 21. Jahrgang (1988), Heft 49/50: *Gesundheitsnormen und Heilsversprechen*, 99-107; web: http://www.sonic. net/~boedeker/gmssn/BzfTuP_49-50.htm
Bödeker, Heike (i.V.): *Ni'tsiitapia'pii' kii Ni'tsiitapikoaiksi kii Ni'tsiitapi'po'ahsin ("The Balanced People, and the Balanced Language": Interaktionsmodale und folk-philosophische Elementarbausteine zu einer ethno-ökologischen Rekonstruktion kategorialer Landschaften im "Gleich-Gewicht".*
Bödeker, Heike / Kiira Triea (1998): Native vs. White Sex Cosmologies: Sex and Gender Variability vs. Variance in Inter- vs. Intracultural Perspective. In: *Yumtzilob* 10/2, May/June 1998, 123-148;
web: http://www.sonic.net/ ~boedeker/ezku/yumtzilob.htm (rev. Fassung)
Butler, Judith (1995): *Körper von Gewicht: Die diskursiven Grenzen des Geschlechts.* Berlin
Daly, Mary (^{5}1995): *Gyn / Ökologie: Eine Metaethik des radikalen Feminismus.* München
Fall, Khadidiatou (1995): Größe und Toleranz dürfen kein Widerspruch sein: Das Volk der Dichter und Denker und die Minderwertigkeit. In: *Frankfurter Rundschau* 20.05.1995 #117, 16
Fausto-Sterling (1993): The five sexes: why male and female are not enough. In: *The Sciences*, March / April 1993, 20-24

Garfinkel, H. (1967): *Studies in ethnomethodology.* Englewood Cliffs, NJ

Geiger, W. / A. Sanchez (1982): Beitrag zur Optimierung der Technik zur plastischen Korrektur des äußeren Genitale bei kongenitalem adrenogenitalem Syndrom (AGS). In: *1. Europäisches Symposium für Kinder- und Jugendgynäkologie,* Band 1-2. (Wissenschaftliche Information, Jg. 8, Heft 1, Band 1-2) hg. von Richter, Kurt / Alfons Huber / Volker Terruhn. Friedrichsdorf / Taunus, 257-266

Hausman, Bernice L. (1995): *Changing sex: Transsexualism, technology, and the idea of gender.* Durham / London

Holmes, M. Morgan (1994a): Re-membering a queer body. In: *Undercurrents* (publ. by Faculty of Environmental Studies, York University), May 1994, 11-13

Holmes, M. Morgan (1994b): *Medical politics and cultural imperatives: intersexuality beyond pathology and erasure.* M.A. thesis (interdisciplinary studies), York University, Sept 1994

Holmes, M. Morgan (1995): Queer cut bodies: intersexuality & homophobia in medical practice. http://www.usc.edu/Library/QF/papers.holmes.long.html; Erscheint in: *Queer Frontiers.* Hg. von John Waiblinger. n.p.

Kessler, Suzanne J. (1990): The medical construction of gender: case management of intersexed infants. In: *Signs: Journal of Women in Culture and Society* 16/1, Autumn 1990, 3-26

Kessler, Suzanne J. (1993): Letter in reaction to Fausto-Sterling 1993. In: *The Sciences,* July / August 1993, 4-5

Kessler, Suzanne J. (1998): *Lessons from the Intersexed.* Piscataway, NJ

Kessler, Suzanne / Wendy McKenna (1978): *Gender: an ethnomethodological approach.* Chicago, New York

Mehan, H. / H. Wood (1975): *The reality of ethnomethodology.* New York

O'Flaherty, Wendy Doniger (1980): *Women, Androgynes, and Other Mythical Beasts.* Chicago, London

Sapir, Edward (1990): *Takelma texts and grammar.* (The Collected Works of Edward Sapir, VIII) Berlin, New York

Steinberger, Emil / William D. Odell (^{2}1989): Genetics, anatomy, fetal endocrinology. In: *Endocrinology,* vol. III. wiederherausgegeben von De Groot, Leslie J. Philadelphia, PA: Saunder, 1801-1809 (= chapter 108)

Varela, Francisco J. (^{3}1993): *Kognitionswissenschaft - Kognitionstechnik. Eine Skizze aktueller Perspektiven.* Frankfurt a.M.

Anmerkungen

1) Vorliegendes Papier beinhaltet einen Teil meiner Einleitung in den Arbeitskreis Kognitive Anthropologie.
Besonders verpflichtet bin ich Suzanne Kessler, der ich nicht nur fachliche Anregung, sondern auch großartige menschliche Unterstützung verdanke.

2) Die erste Generation waren zur Zeit des Zweiten Weltkrieges entstandene kybernetische Modellbildungen.
3) Wenn auch der bisherige Schwerpunkt auf der Auswertung des Phänomens transsexueller Geschlechtskonstruktion (DEKONSTRUKTION des Ausgangsgeschlechtes mit folgender REKONSTRUKTION des Zielgeschlechtes) als bona fide Parallele zu sonstigen Geschlechtskonstruktionen lag. M.W. ist vorliegendes Papier der erste ethnomethodologische Versuch (für einen solchen dekonstruktiv-feministischen Versuch siehe aber Holmes 1994a, b, 1995), intersexuelle Geschlechtskonstruktion nicht als PRIMÄRE KONSTRUKTION darzustellen (so noch Kessler 1990), sondern ebenfalls als DEKONSTRUKTIONSVERSUCH eines hermaphroditischen Ausgangsgeschlechtes mit folgendem REKONSTRUKTIONSVERSUCH eines weiblichen oder männlichen Zielgeschlechtes.
4) Pace Daly (^{5}1991:passim) möchte sich d.V. nicht damit zufriedengeben, dies als Beispiel für androkratisches Doppelt-Doppelt-Denken so stehen zu lassen.
5) Vgl. Bödeker (i.V.) zu einer Konstruktion von Personen und darüberhinaus Kultur, als ein bestimmtes Ökosystem umfassende Menschen, Tiere, Pflanzen und Geister.
6) Die Medikalisierungsrate liegt allerdings nur bei 1:2000 bis 1:3000.
7) Nach Auskunft eines am Wohnort d.V. praktizierenden Endokrinologen, wachsen seine GGD Patienten schlecht, haben aber keine Turner-Stigmata. Dagegen sind d.V. und ihre Ex-Freundin, ebenfalls GGD, mit jeweils 172 sehr groß, haben aber beide erkennbare, wenn auch nicht allzu stark ausgeprägte Turner-Stigmata.
8) Diese Graphik soll **nicht** suggerieren, daß *männlich* und *weiblich* die Pole eines Kontinuums sein sollten. Eine PARAMETRISIERUNG eines solchen bona fide Kontinuums ist m.W. bislang noch nie explizit versucht worden, und scheint aufgrund inhärenter Widersprüche multipler Geschlechtsmodelle (in etwa: gonadales vs. endokrines vs. phänotypisches vs. psychisches vs. soziales vs. juristisches Geschlecht) auch wenig Erfolgsaussichten zu haben.
9) Wenn sich ein Oberarzt einer v.V. frequentierten Universitätsklinik noch 1994 bei einer Diskussion über v.d.V. nicht vertragene Präparate (pseudoklimakterische Beschwerden) mit konjugierten Östrogenen zu der Äußerung hinreißen ließ, er wolle d.V. durch Umstellung auf ein wirksameres Präparat, das verestertes Östradiol enthält, helfen, noch mehr Frau zu werden, dann kann das ja nur bedeuten, daß er sie nach wie vor für einen Hermaphroditen hält, dem aus rein pragmatischen Erwägungen ein anderes Geschlecht zuzuweisen versucht wurde.
In einem Versuch, solche Erwägungen im Nachhinein in einer Korrespondenz zu reflektieren, reagierte allerdings der inzwischen emeritierte Leiter der pädiatrischen Klinik, in der d.V. behandelt worden war, etwas hilflos, was darauf hindeutet, daß auch dabei GLOSSIERUNGEN, um nicht zu sagen GESCHULTE INTUITION, eine größere Rolle gespielt haben mußten, als explizite (resp. explizierbare) Erwägungen.

10) Und dann gingen sie, sie reisten weiter. "Komm her und fick! Komm her und fick!" sagte sie, so sagt man. "Ah! was sagen sie? Daldal, großnäsiger, vornehm tun wirst du, für deinen Teil; ich werde ficken," sagte er zu seinem älteren Bruder, so sagt man. Da ging er hin. Sie spreitzte ihre Beine auseinander. Dann, so sagt man, schlief er mit ihr. Nun preßte sie [viz. ihre Beine] zusammen. "Tu mir das nicht an!" Nun war er fast außer Atem. "Oh, älterer Bruder!" Da ging er hin; er benutze einen Kieselsplitter, er spaltete ihre Beine auf. "Was für eine Frau willst du sein? Süßwassermuschel wirst du immer genannt werden." Ins Wasser warf er sie. "Die Leute werden dich immer essen, die Leute werden dich essen; Nahrung wirst du sein," sagte er zu ihr, so sagt man. (Versuch einer möglichst wörtlichen Übersetzung v.V.)

Zur soziolinguistischen Situation in der gemischtsprachigen Gemeinde Diex / Djekše in Kärnten. Ein historischer Streifzug

Herta Maurer-Lausegger, Klagenfurt

1. Einleitung

Im Jahr 1995 wurde in der gemischtsprachigen Gemeinde Diex / Djekše das 1100-Jahr-Jubiläum der ersten urkundlichen Erwähnung des Namens Diex[1] begangen. Zu diesem Anlaß wurde im Auftrag der Gemeinde von zahlreichen Autoren eine umfassende Ortsmonographie erstellt, in der die Themen Geschichte, Kunst, Volkskultur, Sprache, Namen- und Naturkunde sowie das Wirtschafts- und Vereinsleben der Gemeinde aufgearbeitet wurden.[2] In dieser Jubiläumsschrift wurden ortsspezifische Besonderheiten und soziolinguistisch relevante Daten zusammengetragen, die sonst nur schwer greifbar sind. Der vorliegende Streifzug durch die soziostrukturelle Geschichte der Gemeinde basiert weitgehend auf dieser Ortsmonographie, wobei der Schwerpunkt auf der sprachlichen Situation in Geschichte und Gegenwart liegt.[3]

2. Sozioökonomische Situation und Infrastruktur

2.1. Die landwirtschaftlich geprägte gemischtsprachige Berggemeinde Diex / Djekše liegt im östlichen Teil Mittelkärntens am südlichen Ausläufer der Saualpe und umfaßt die Ortschaften Diex / Djekše mit dem Sitz des Gemeindeamtes, Grafenbach / Kneža, Diexerberg / Dješka Gora, Haimburgerberg / Vovbrška Gora, Großenegg / Tolsti vrh und Haimburg / Vovbre.[4] Zu erreichen ist die etwa 40 km nordöstlich von Klagenfurt gelegene sonnenreiche Gemeinde, über die die nördlichste deutsch-slowenische Sprachgrenze verläuft, von der Südseite über den Hauptverbindungsweg Völkermarkt / Velikovec - Haimburg / Vovbre und über die Bösenorter Straße, über Brückl im Görtschitztal von der Nordwestseite sowie über Griffen / Grebinj und das Lavanttal von nordöstlicher Seite.[5]

Die Bevölkerung der einzelnen Orte verfügt im sozioökonomischen und gesellschaftlichen Leben, aber auch in sprachlicher Hinsicht über lokale Besonderheiten und spezifische Eigenständigkeiten (z.B. Selbständigkeit im Vereinsleben; sprachliche Unterschiede zwischen den Ortsmundarten u.a.). Innerhalb des Gemeindegebiets scheint der Ort Diex die Vormachtstellung innezuhaben, denn:

> In alten Zeiten hieß es, der Haimburgerberg sei nur eine "Diexer Kolonie", weil er das fruchtbarste Gebiet mit den damals höchsten Grundsteuererträgen war. Die Dorfmächtigen von Diex wollten immer schon die Majorität über die gesamte Bergbauernregion beanspruchen.[6]

Das Konkurrenzstreben zwischen den Diexern und den Grafenbachern war seit jeher groß. Anlässe für regere Kontakte zwischen den Bewohnern der beiden Ortschaften gab es nur wenige, denn der Ort Grafenbach verfügt über seine eigene Pfarre[7] und seine eigene Volksschule.[8]

2.2. Die Bergbauern der Ortschaften siedeln vorwiegend auf Höfen in breiter Streulage und waren in den 50er Jahren vollerwerbstätige Selbstversorgungsbetriebe. Es dominierten Acker- und Grünlandwirtschaft mit gemischter Tierhaltung und einige waldreiche Betriebe.[9] Die Diexer galten als bekannte Saatgutlieferanten (Hafer, Roggen, Klee) an die Getreidebauern in den Tallagen des Jauntales, aber auch darüber hinaus.[10] Für die Höfe ist ein Festhalten an den Haus- oder Hofnamen (Vulgonamen) charakteristisch. Diese sind nach Pohl "teils deutscher, teils slowenischer Herkunft. Von den (mehr oder weniger klar) deutbaren Hofnamen sind 74% - sprachlich gesehen - slowenischer, über 20% deutscher Abstammung, 3 - 4% sind deutsch-slowenische Mischformen."[11]

Durch die geographische Randlage und die bis zum Ende der 20er Jahre unzulängliche verkehrstechnische Erschließung galt Diex als eine in sich geschlossene ländliche Gemeinschaft. Die Außenkontakte waren seit der Jahrhundertwende durch eine örtliche Poststelle und einen eigenen Gendarmerieposten gewährleistet.[12] Im Jahr 1889 wurde in Diex ein slowenischer Spar- und Darlehenskassenverein gegründet, der 1909 in die slowenische Kasse "Hranilnica in posojilnica za Djekše" umbenannt wurde. Nachdem das Unternehmen vom Jahr 1941 bis zum Kriegsende in kommissarischer Verwaltung der Gestapo stand, wurde es nach einer Bestimmung der Kärntner Landesregierung mit 26.7.1947 wieder unter seiner ursprünglichen Bezeichnung fortgeführt. Seit den 60er Jahren werden die Geschäfte im Rahmen der Posojilnica-Bank in Völkermarkt abgewickelt; in Diex existiert nurmehr ein eingeschränkter Sonntagsbetrieb.[13]

Durch die Errichtung einer Straßenverbindung Völkermarkt - Diex im Jahr 1929 mit einer ständigen Postautolinie seit 1949 wurde die Gemeinde verkehrstechnisch erschlossen.[14] Im Jahr 1954 folgte die Errichtung der Straße von Diex nach Grafenbach.[15] Durch den allmählich einsetzenden Fremdenverkehr wurde der deutsche Einfluß auf die sprachliche Situation in der Region stärker. Über die Anfänge des Fremdenverkehrs in Diex hält der Fremdenverkehrsreferent der Gemeinde Diex folgendes fest:

> Plötzlich waren in Diex "Fremde", wie man sie nannte, und die Diexer waren zumindest im Sommer nicht mehr unter sich. Jene, die sich mit Gästen zu beschäftigen begannen, versuchten sogar, hochdeutsch zu sprechen, weil unser Dialekt von den "Deutschen" kaum verstanden wurde. Wenn man über die Gäste in deren Beisein etwas zu sagen hatte, wurde eben "windisch" gesprochen und die Gäste hörten aufmerksam zu, ohne ein Wort zu verstehen.[16]

2.3. In den letzten Jahrzehnten wurde die Region von massiven landwirtschaftlichen Strukturveränderungen erfaßt, die eine Umwandlung von etwa 90-95% der ehemaligen Ackerflächen in Dauergrünland zur Folge hatten.[17] Im Jahr 1957 erfolgt in Diex und Grafenbach die Elektrifizierung. Die Technisierung und Modernisierung der bäuerlichen Betriebe bewirken den Verlust von Arbeitsplätzen - die Landflucht setzt ein. Durch die Abwanderung ist die Agrargemeinde zu einer Pendlergemeinde geworden. Die Gemeinde zählt zu den Regionen mit den höchsten Abwanderungsquoten. Zur aktuellen Beschäftigungssituation in der Gemeinde wird in der Diexer Jubiläumsschrift folgendes festgehalten:

> Die Landwirtschaft überwiegt und Arbeitsplätze im gewerblich-industriellen Bereich oder am Dienstleistungssektor sind rar, die Bewohner haben daher kaum Aussicht auf eine Erwerbsmöglichkeit im Ort. Das Gros der Berufstätigen ist gezwungen, entweder auszupendeln oder abzuwandern. Von den 409 in Diex wohnhaften Beschäftigten (Volkszählung 1991) sind 235 Personen Pendler. Die Gemeinde selbst hat nur etwa 180 Arbeitsplätze anzubieten, davon 130 in der Land- und Forstwirtschaft; die 50 Arbeitsplätze der gewerblichen Wirtschaft stellen in erster Linie Gastbetriebe, Schule und die Gemeindeverwaltung (Arbeitsstättenzählung 1991) zur Verfügung.[18]

Der Rückgang der Fahrgäste in den öffentlichen Verkehrsmitteln und allgemeine Sparmaßnahmen veranlaßten die Verkehrsbehörde (Österreichische Bundespost) mit 1998 den öffentlichen Verkehr nach Diex während der schulfreien Zeit ganz einzustellen. Die Postautolinie soll nur mehr während der Schulzeiten in eingeschränkter Form aufrechterhalten werden. Durch diese Maßnahme sind nun auch Lehrlinge und Jugendliche, die in der Ausbildung stehen, gezwungen abzuwandern und oft auch in der Nähe ihres Ausbildungs- und Arbeitsplatzes Wohnung zu nehmen. Durch die Loslösung der Gemeindebewohner in früher Jugendzeit geht die Ortsloyalität allmählich verloren.[19]

3. Demographie

3.1. Im Jahr 1869 betrug die Einwohnerzahl im Diexer Gemeindegebiet 1.920 Personen. Ihren Höchststand erreichte die Statistik im Jahr 1890 mit einer Bevölkerungszahl von 2.077. Durch die starke Abwanderung und den allgemeinen Bevölkerungsrückgang in den letzten Jahrzehnten sank die Einwohnerzahl bis zum Jahr 1991 auf einen Tiefststand von 943 Gemeindebürgern; im Jubiläumsjahr 1995 verzeichnete der Bevölkerungsstand mit 958 Gemeindebewohnern wieder einen leichten Zuwachs. Die Bevölkerungsentwicklung zeigt nach Ibounig die typischen Merkmale einer Kärntner Agrargemeinde in verkehrsgeographischer Randlage, in der zwar die Geburtenraten überdurchschnittlich sind, jedoch durch Abwanderung die Gesamtentwicklung der Bevölkerung rückläufig ist.[20]

3.2. Im Jahr 1880 wies die Statistik 1.702 oder 96% slowenischsprachige Gemeindebürger auf, der 75 oder 4% deutschsprachige Bewohner gegenüberstanden.[21] Die Entwicklung der sprach- und nationalpolitischen Orientierung der 20er Jahre[22] hinterließ in der amtlichen Statistik deutlich erkennbare Spuren: Im Jahr 1910 wurden in der Gemeinde 87,7% oder 1.404 Personen mit slowenischer

Umgangssprache gezählt, während deren Zahl im Jahr 1923 auf 26,9% oder 428 Bewohner sank.[23]

Eine treffende Erklärung für diese Entwicklung gibt Ibounig:

> Der Zerfall der Monarchie, für Kärnten aber vor allem der Kärntner Abwehrkampf und die Volksabstimmung, blieben nicht ohne Folgen. Sie führten dazu, daß ein Umgangssprachenbekenntnis nach 1920 mehr als bisher auch als nationales Bekenntnis gesehen wurde, dem sich etliche "Sprachslowenen" entziehen wollten. Ein Teil der Bevölkerung, der wohl in einer überwiegend slowenischsprachigen Umgebung mehr die slowenische als die deutsche Sprache verwendete, wollte, um seine "deutsch-österreichiche" Identität zu unterstreichen, offensichtlich nur Deutsch als Umgangssprache angeben. Obwohl letztendlich fast alle Einwohner der Gemeinde am Beginn der 20er Jahre zweisprachig waren, eine Doppelangabe - sie wurde erst später eingeführt - aber nicht möglich war, entschloß man sich, nicht zuletzt aus nationalen Motiven, für die Angabe der einen oder der anderen Umgangssprache.[24]

Die Vergleichsdaten aus den 30er Jahren[25] und authentische Zeitzeugenaussagen[26] bestätigen, daß die statistischen Angaben von 1923 nicht der Realität entsprechen können.

Bei der amtlichen Volkszählung 1951, die neben Deutsch und Slowenisch auch die Umgangssprache Windisch bzw. Kombinationsangaben zwischen Deutsch, Slowenisch und Windisch[27] auswies, gaben 43,1% oder 598 Personen das Windische und nur noch 3,7% oder 51 Personen das Slowenische als Umgangssprache an. Im Jahr 1971 wiederum ging aus den Zahlen der Volkszählung ein völlig verändertes Bild hervor: 92,1% oder 1.152 Personen Deutsch, 5,1% oder 64 Personen Slowenisch und 2,8% oder 35 Personen Windisch. Das Slowenische als Umgangssprache verzeichnete im Jahr 1981 wieder eine leichte Zuwachsrate und erreichte folgendes Ergebnis: 85,9% oder 944 Personen Deutsch, 8% oder 88 Personen Slowenisch und 5,9% oder 65 Personen Windisch. Der Prozentsatz für das Deutsche als Umgangssprache blieb bei der Volkszählung 1991 mit 85,9% unverändert, während sich der Anteil des Slowenischen auf 11,2% oder 105 Personen erhöhte und jener des Windischen auf 2,9% oder 27 Personen abfiel.

Im Zeitraum von 1945 bis 1973 gab es im Gemeinderat keine selbständige slowenische Liste. Erst seit 1973 werden die Interessen der Sprachminderheit von einem slowenischen Gemeindemandatar vertreten, der das Mandat bis zum gegenwärtigen Zeitpunkt hält.

4. Geschichtliches

4.1. In den letzten beiden Jahrzehnten des 19. Jahrhunderts bis knapp vor dem Ausbruch des Ersten Weltkrieges war die politische Orientierung in Diex weitgehend slowenisch-konservativ. Der slowenische Pfarrer galt als die einzige

Autorität der Gemeinde, zumal bis 1869 auch der Schulbetrieb der Kirche unterstellt war.[28] Erst nach der erstmaligen Bestellung eines Lehrers in Diex durch den Kärntner Landesschulrat im Jahr 1873[29] könnte nach Filipič eventuell mit einem politischen Gegensatz zwischen dem "slowenischen" Pfarrer und dem "deutschen" Lehrer gerechnet werden, wobei der Lehrer "bis 1909 nicht bzw. nur in geringem Maße Träger deutsch-liberaler Politik" war.[30] Der Pfarrer führte die slowenisch-konservative Partei an und stand durch die Unterstützung seitens des Bürgermeisters und des Bürgertums erfolgreich im zentralen politischen Geschehen.

Im Zeitraum von 1909 bis 1911 wird der "Höhepunkt der nationalen und politischen Gegensätze in Diex vor dem Ersten Weltkrieg" erreicht. Seit 1909 wirkte in der Gemeinde der Oberlehrer Rösch, ein Anhänger des deutsch-liberalen Lagers. Ihm gelang es, bei der Bevölkerung "die deutsch-liberale bzw. deutschnationale politische Orientierung stärker zu verankern."[31] Die slowenisch-konservative Partei erlitt bei den Reichsratswahlen 1911 den Verlust ihrer Vormachtstellung. Filipič setzt hier einen Wendepunkt an, der gleichzeitig den Beginn einer starken nationalen Differenzierung zugunsten des Deutschen darstellt und in den Jahren 1918-1920 offensichtlich einen Höhepunkt erreicht.[32] Dieser Differenzierungsprozeß basiert auf sozialen und ökonomischen Ursachen (hauptsächlich bis 1910), die nun durch die nationale Komponente beschleunigt werden.[33] Die slowenisch-konservative Richtung dürfte in Diex nach Filipič kurz vor dem Ersten Weltkrieg die Oberhand wieder zurückgewonnen haben.[34]

4.2. Die national- und sprachpolitischen Konflikte zwischen Deutschen und Slowenen während der beiden Weltkriege, aber auch in der Zwischen- und Nachkriegszeit haben in Diex tiefgreifende Spuren hinterlassen. Zu Kriegszeiten war die Region Saualmgebiet an der Peripherie des zweisprachigen Gebiets des öfteren umkämpftes Gebiet (Truppenbesetzungen: SHS-Truppen im Ersten Weltkrieg, SS-Polizeiregiment und Partisanentruppen im Zweiten Weltkrieg).[35] Territoriale Gebietsansprüche, nationalpolitische Fragen und die Sprachenfrage standen hier stets im Mittelpunkt des Geschehens.

Durch den ständigen Wechsel der Sprachverwendungsvorschriften seitens der jeweiligen Besatzungsmächte (einmal Slowenisch, einmal Deutsch) war die weitgehend in natürlicher Zweisprachigkeit sozialisierte Diexer Bevölkerung enormen Belastungen ausgesetzt. Zu den Folgeerscheinungen dieser historischen Entwicklung zählen u.a. die äußerst zurückhaltende, oft skeptische Spracheinstellung der Bevölkerung gegenüber dem Slowenischen, der Verlust der ethnischen Identität und der Sprachwechsel vom Slowenischen zum Deutschen, der sich bei den jüngeren Generationen im Laufe der letzten Jahrzehnte bereits weitgehend vollzogen hat.[36]

Der massive Wandel der soziolinguistischen Situation wurde durch das komplexe national- und sprachpolitische Geschehen des 20. Jahrhunderts geprägt. Davon zeugen Lokalberichte über das historische Geschehen in Diex. Für den 20. Dezember 1918 wird z.b. festgehalten, daß der Gebrauch der deutschen Sprache durch die SHS-Besatzungsmacht abrupt beseitigt wird:

> Am selben Tag erschienen SHS-Truppen mit einer Abteilung Gendarmerie auch in Diex. Daraufhin wurde die Amtsleitung der Gemeinde slowenisch gesinnten Dorfbewohnern übertragen, deutsche Aufschriften verboten und das Standrecht verhängt. Den Ortsschulratsobmann vulgo Kontschar hat man verhaftet; der Unterricht an der Schule mußte vorerst eingestellt werden. Das jugoslawische Militär besetzte das Schulhaus und nützte es fortan mehrere Monate als Kaserne. Während der Besetzung leitete der SHS-Lehrer Ignaz Mlatschnig mit vier zugewiesenen jugoslawischen Lehrkräften die Schule."[37]

Für die besetzten Gebiete Kärntens wurde vom SHS-Bezirksschulausschuß mit Beginn des Jahres 1919 im schulischen Bereich folgende Order zur amtlichen Sprachverwendung vorgegeben:

> Vom 1. Jänner 1919 an ist an allen Schulen die Unterrichts- und Amtssprache die slowenische. Alle Lehrpersonen müssen trachten, sobald als möglich die slowenische Lehrbefähigungsprüfung abzulegen, wenn sie dieselbe nicht schon haben. In der Übergangszeit müssen die Kinder im Slowenischen schon so weit gebracht werden, daß sie zu Beginn des nächsten Schuljahres, das ist Ostern, in allen Fächern dem slowenischen Unterricht folgen können. Auf Wunsch der Eltern können in der Woche vier deutsche Sprachstunden, nicht obligat, eingeführt werden. Sämtliche Aufschriften, alle Stampiglien, Lehrbücher und Amtsschriften dürfen nur mehr slowenisch sein.[38]

Während der beiden Weltkriege wurden von den jugoslawischen Besatzungsmächten bis in die Region des Saualpengebiets territoriale Ansprüche gestellt. Zur zweiten jugoslawischen Besetzung der Region Diex 1919/1920 ist in der Ortsmonographie folgendes nachzulesen:

> Am 2. Juli 1919 war das gesamte Gebiet bis zur Saualpe von Jugoslawen besetzt. Ein ganzes SHS-Infanterieregiment unter der Leitung ihres Kapitäns Fink wurde nach Diex, Grafenbach und Obergreutschach verlegt. Einmal zählte man angeblich 1200 fremde Soldaten, die den nordöstlichsten Punkt des beanspruchten "slowenischen Sprachraumes" bewachen sollten. Die Demarkationslinie war zugleich die Grenzlinie zwischen den Gemeinden Diex und Brückl.[39]

Bei der Volksabstimmung 1920 über den Verbleib Südkärntens bei Österreich wurden in Diex 904 Stimmen abgegeben; davon waren 124 Stimmen ungültig. Von den 780 gültig abgegebenen Stimmen fielen 507 (65%) für Österreich und 273 Stimmen (35%) für Jugoslawien. "Am 20. November 1920 zogen auch die jugoslawischen Gendarmen ab und 10 deutschösterreichische Beamte übernahmen den Posten Diex."[40]

Die Spannungen zwischen der deutschsprachigen Mehrheit und der slowenischsprachigen Minderheit setzen sich in der Zeit nach der Volksabstimmung zuungunsten der slowenischen Minderheit fort. In der Zwischenkriegszeit kam es im zweisprachigen Schulwesen zu beträchtlichen Einschränkungen im Slowenischunterricht. Im Zweiten Weltkrieg wurde für das Slowenische ein generelles Verbot verhängt, was für Diex einen grundlegenden Bruch mit der Tradition bedeutete: Während der 30er und 40er Jahre war die Umgangssprache der Diexer die slowenische Mundart, was aus den Zeilen eines Diexer Zeitzeugen hervorgeht:

> Unsere Umgangssprache war etwa zu 90% der slowenische Dialekt - "das Diexer Windische". Nur ganz wenige Zugewanderte sprachen in den 30er Jahren deutsch. Zu meiner Schulzeit (12. April 1939 bis Ende März 1947) war die Unterrichtssprache ausschließlich Deutsch. Es hieß damals "Kärntner sprich deutsch."[41]

4.3. Seit dem Frühjahr 1940 wurde die Diexer Bevölkerung mit einer Zivilbevölkerung diverser Nationalitäten konfrontiert. In der Landwirtschaft wurden polnische Zwangsarbeiter, die als "ausländische Zivilarbeiter" bezeichnet wurden, eingesetzt; diesen schlossen sich später russische und ukrainische Zivilarbeiter (insgesamt 150 Mann) und weitere 60 französische Kriegsgefangene an.[42]

Die zweisprachige Diexer Bevölkerung dürfte mit den Anderssprechenden (vor allem Slawischsprachigen) offensichtlich gut ausgekommen sein, was den Worten eines Diexer Zeitzeugen zu entnehmen ist: "So erlebten wir von Kindheit an anderssprechende Menschen, wobei sich unsere natürliche Zweisprachigkeit bestens bewährte."[43]

4.4. Im Jahr 1941 kam es in Diex zur Vertreibung des örtlichen slowenischen Pfarrers, zur Einstellung des zweisprachigen Unterrichts und zur Auflösung slowenischer Organisationen.[44] In den Jahren 1944 und 1945 wurden im Saualmgebiet die Partisanenkämpfe ausgetragen, wobei es auf beiden Seiten zu Greueltaten kam.[45] Im Juli 1944 wurde der Diexer Gendarmerieposten von einer Partisanentruppe überfallen.[46] Ab dem Herbst 1944 schlossen sich geflüchtete Kriegsgefangene und Zivilarbeiter zusammen, es formierten sich Gruppen von Deserteuren (aus Völkermarkt, Klagenfurt), die in den Wäldern der Saualm das Kriegsende abwarten wollten.[47]

5. Das Bildungswesen

5.1. Die Schule in Diex

Im Jahr 1821 wurde in Diex die erste Privatschule errichtet und unter kirchliche Aufsicht gestellt.[48] Nach jahrelangen Bemühungen wurde die Schule 1846 in eine öffentliche Trivialschule umgewandelt. Die höchste Schüleranzahl erreichte die Diexer Schule im Jahr 1910 mit 217 Schülern. Im Jahr 1921 wurde in Diex eine "ländliche Fortbildungsschule oder Sonntagsschule" eingerichtet, die ab 1926 dreiklassig und ab 1935 vierklassig geführt wurde.[49] In den Wintermonaten 1948/49 wurde Sonntagsunterricht für Knaben eingerichtet (Beginn der landwirtschaftlichen Berufsschule). Weil entsprechende Schulräume und Lehrer fehlten, fand der Unterricht sonntags statt.[50]

Die zweisprachige, utraquistische Schule in Kärnten wurde im Schuljahr 1938/39 abgeschafft. Ein Diexer erinnert sich an diese Zeiten zurück:

> Der slowenische Bauernbub, der im Vorschulalter kein Wort Deutsch sprechen konnte, erlebte eine Schulzeit, in der ausschließlich Deutsch unterrichtet wurde und "po domačem" zu sprechen und mit "dobro jutro" oder mit "dober dan" zu grüßen verboten war. Die Nichtbeachtung hatte oft Folgen für die Familie. Die spätere Begegnung mit den Partisanen und eine kurze Belagerung im April 1945 von deutschen SS-Einheiten, die donnernden Überflüge von US-Bombern mit Notabwürfen und Flugzeugabstürzen haben Eindrücke und Erinnerungen an eine grausame Zeit hinterlassen.[51]

Erst aufgrund eines Erlasses der Kärntner Landesregierung im Jahr 1945 wurde in den von Slowenen bewohnten Gebieten Kärntens der obligatorische zweisprachige Unterricht eingeführt.[52] Diese Schulverordnung stieß bei der Diexer Bevölkerung auf heftigen Widerstand. Aus der Diexer Schulchronik geht hervor, daß das Schuljahr 1958/59 mit einem dreitägigen Schulstreik gegen den Slowenischunterricht begann. Von den 90 schulpflichtigen Schülern kamen nur 8 in die Schule. Ab 11. November 1958 besteht die Möglichkeit zur Abmeldung vom slowenischen Unterricht.[53]

Seit der starken Abwanderungstendenz der Bevölkerung zu Beginn der siebziger Jahre sank die Schülerzahl unter 100 und beläuft sich derzeit auf weniger als 30 Schüler.[54] Seit dem Schuljahr 1989/90 wird in der zweisprachigen Volksschule das Zweitlehrersystem (Assistenzlehrer in zweisprachigen Klassen) nach dem Minderheitenschulgesetz von 1988 praktiziert.[55]

5.2. Die Schule in Grafenbach

In Grafenbach wurde im Februar 1922 eine Expositurschule errichtet, die im Schuljahr 1922/23 von 58 Schülern besucht wurde.[56] Durch die Einführung der Schulpflicht erhöhte sich im Jahr 1937/38 die Schülerzahl auf 92 Kinder. Im Jahr 1948 wurde das neue Schulgebäude mit zwei Klassen seiner Bestimmung übergeben. Damals belief sich die Schülerzahl auf 86, im Jahr 1995 sind es nur noch 5.

5.3. Der Kindergarten in Diex

Seit Oktober 1994 verfügt die Gemeinde über einen deutschsprachigen Kindergarten, der in den Räumlichkeiten der Volksschule untergebracht ist. Durch die geburtenschwachen Jahrgänge der letzten Jahre und die kontinuierliche Abwanderung des beruflich aktiven Bevölkerungsteils ist die Zahl der ortsansässigen Kinder im Vorschulalter stark rückläufig; die Eltern müssen um die weitere Existenz des Kindergartens fürchten.

5.4. Zweisprachigkeit? Ein Blick in die Zukunft

Die Zweisprachgkeit im Erziehungs- und Bildungsbereich sowie im Alltagsleben der Diexer kann keiner rosigen Zukunft entgegensehen. Der Assimilierungsdruck seitens des unmittelbaren sozialen Umfelds und gezielte Aktionen gegen die zweisprachige Kindererziehung sind ständig präsent. In der Augustausgabe 1998 des Mitteilungsblattes "Der Kärntner" wird z.B. um Spenden für eine vom Kärntner Heimatdienst geplante "Protestaktion gegen die Slowenisierung von Schule und Kindergarten" gebeten und zur Unterstützung einer Unterschriftenaktion in Form eines Flugblattes mit dem Titel "Protest gegen Slowenisierung von Schule und Kindergarten" aufgerufen.[57] Auch in Diex werden zum gegenwärtigen Zeitpunkt Unterschriften gegen den Slowenischunterricht gesammelt.

5.5. Kultur in Diex

5.5.1. In Diex war in der Zeit zwischen 1908 bis 1939 ein katholischer slowenischer Bildungsverein namens "Katolíško slovensko izoraževalno društvo" tätig. In der Zwischenkriegszeit existierten hier aber auch diverse Ortsgruppen deutscher Verbände (teilweise im Einflußbereich der Hitlerbewegung),[58] aber auch wiederbelebte Vereine, wie z.B. der "Kärntner Schulverein Südmark" und "Kärntner Heimatdienst", die den Germanisierungsprozeß beschleunigt vorantrieben.

In der Nachkriegszeit setzte in Diex eine rege deutschsprachige Kulturtätigkeit ein, die durch Initiativen der Lehrerschaft und durch das Aufkommen zahlreicher deutscher Vereine sukzessive aufgebaut wurde: Wanderkino (Filmvorführungen in Diex während des Krieges und in den 50er und 60er Jahren);[59] deutsche Gesangs- und Theatergruppen (1955 wurden bei allen Laientheaterauftritten zweisprachige Lieder gesungen),[60] 4-H Klub (1950-1954) - im Jahr 1954 umbenannt in Landjugend (seit 1954; Mitgestaltung des unmittelbaren Lebensbereichs; Aufrechterhaltung des Neujahrsingens), Jagdgesellschaft (seit 1951), Bauernbund (gegr. nach dem Zweiten Weltkrieg), Pensionistenverband (seit 1959), Ortsgruppe Diex des Kärntner Abwehrkämpferbundes (seit 1965), Frauenbewegung Diex (seit 1971), Seniorenbund Diex (seit 1978), Trachtengruppe Diex (seit 1981), Sportclub Diex (seit 1986).[61]

Anfang der 40er Jahre wurde das in Diex tiefverwurzelte slowenische Neujahrslied ins Deutsche übersetzt.[62] Für die Aufrechterhaltung des traditionellen Neujahrsingens von Hof zu Hof sorgten früher vor allem die Kirchensänger. Die Lieder wurden in beiden Sprachen gesungen. Der zweisprachige Brauch lebt heute nur mehr in stark eingeschränkter Form (z.B. im privaten Kreis der Kirchensänger) fort. Schon in den 70er Jahren zählt das Neujahrsingen zu den Hauptaktivitäten der Landjugendgruppe, die den vormals slowenischen Brauch nur mehr einsprachig deutsch ausübt.[63]

5.5.2. Für die sprachliche Situation in Diex ist u.a. kennzeichnend, daß kein slowenischer Kulturverein existiert. Für zweisprachige Kulturveranstaltungen in Diex sorgt ein- bis zweimal jährlich der slowenische Kulturverein Lipa / Prosvetno društvo Lipa aus Völkermarkt. Das zweisprachige Frühjahrskonzert / Vigredni koncert, das seit mehr als 15 Jahren alljährlich stattfindet, erfreut sich bei der Diexer Bevölkerung zunehmender Beliebtheit.

Nur wenige Diexer Bewohner pflegen Beziehungen zu den zentralen Kärntner slowenischen Kulturorganisationen in Klagenfurt sowie zu anderen regionalen zweisprachigen Kulturvereinen. Der Kontakt zur slowenischen Hochsprache ist jedoch über die Kirche und die Medien gewährleistet, vor allem durch wöchentliche halbstündige slowenische TV-Sendung "Dober dan, Koroška" im ORF, die von der Bevölkerung - zumindest in vertrauter Sphäre - angenommen wird (lokale Berichterstattung über das Kärntner Unterland), seltener durch den Runfunk und die slowenischsprachige Wochenpresse.

5.5.3. In den letzten Jahren ist in Diex - wie auch anderswo im südlichen Kärnten - eine leichte Wende zugunsten des Slowenischen zu beobachten. Die Zweisprachigkeit gewinnt wieder an Bedeutung. Seit Februar 1998 wird vom slowenischen Kulturverein Lipa in Völkermarkt eine zweisprachige Kindergruppe geführt, in der auch Diexer Kinder mitwirken. Man trifft sich regelmäßig samstags zu Gesang und gemeinsamer Freizeitgestaltung. Die Gruppe besteht derzeit aus 13 Kindern, davon stammen 6 aus Diex.

6. Das religiöse Leben

In der Kirche ist das Slowenische in Diex noch verhältnismäßig gut verankert. Die liturgischen Feierlichkeiten in Diex vollziehen sich zweisprachig, wobei der deutschsprachige Anteil überwiegt. Je nach Anlaß werden die Feiern flexibel gestaltet und vom örtlichen Kirchenchor (ca. 16 Personen) in Deutsch und Slowenisch musikalisch untermauert. Das Rosenkranzgebet vollzieht sich z.B. abwechselnd zweisprachig, was den einen oder den anderen Kirchgänger mit minimaler slowenischer Sprachkompetenz zur Mitwirkung in beiden Sprachen anregen könnte. Auch das Neujahrslied erklingt in der Diexer Kirche in slowenischer und deutscher Sprache.[64] Die offen gelebte Toleranz und der persönlich aufbauende Dialog einzelner Ortsbewohner trägt zum besseren Miteinander zwischen den Angehörigen beider Volksgruppen bei.

Trotz der etwas besser gewordenen Entwicklung der letzten Jahre zugunsten der Zweisprachigkeit sind die stets präsenten Probleme der Diexer Bevölkerung mit der Zweisprachigkeit - besonders in der Öffentlichkeit - nicht zu übersehen. Der bis ins religiöse Leben reichende Sprachkonflikt zwischen Mehrheit und Minderheit stellt für die Bevölkerung eine Belastung dar, wie den folgenden Zeilen einer Grafenbacher Schülerin entnommen werden kann:

Ein Problem sind die Konflikte zwischen deutsch- und slowenischsprechenden Einwohnern. Einige Leute weigern sich, den Gottesdienst zu besuchen, da, wie sie sagen, zu viel in slowenischer Sprache gebetet wird. Andere besuchen zwar die Messe, beten aber slowenische Gebete auf deutsch. Es würde mich wirklich freuen, wenn die Leute nicht so engstirnig wären und auch eine andere Sprache akzeptieren würden. Die Kirche hat in Diex vor allem für die älteren Bewohner einen sehr hohen Stellenwert (...). Dovjak Romana."[65]

7. Zusammenfassung

Der vorliegende Streifzug zeigt, daß die sprachliche Situation im gemischtsprachigen Diex durch ein kompliziertes Zusammenspiel verschiedenster mikro- und makro-soziolinguistischer Faktoren geprägt wurde. Der ursprüngliche Charakter der Gemeinde ging unter dem Einfluß permanenter national- und sprachpolitischer Spannungen, aber auch durch den starken sozioökonomischen Wandel im 20. Jahrhundert weitgehend verloren. Die soziolinguistische Situation ist hier sehr sensibel und außerordentlich komplex. Während die ältere Bevölkerung (in Abwesenheit Jüngerer) nach wie vor die slowenische Ortsmundart als Umgangssprache verwendet, hat sich bei der mittleren Generation nach dem Zweiten Weltkrieg der Sprachwechsel vom Slowenischen zum Deutschen so gut wie vollzogen. Der überwiegende Teil der Ortsansässigen versucht in nichtvertrauten Interaktionssituationen die Kenntnis der slowenischen Sprache möglichst geheimzuhalten oder, wie es oft der Fall ist, überhaupt zu leugnen.[66]

Die historisch bedingte reservierte Haltung der Gemeindebevölkerung gegenüber dem Slowenischen (besonders in Anwesenheit Ortsfremder), der ethnische Generationskonflikt (auch innerhalb der Familien), der permanente Assimilierungsdruck seitens des sozialen Umfelds, die massive Abwanderung, aber auch die zunehmende Anwesenheit Ortsfremder sind Faktoren, die das örtliche Sprachverhalten bestimmen. Die allgemein sich bessernde Einstellung zum Slowenischen in den letzten Jahren, das leichte Ansteigen des Interesses für die zweisprachige Kindererziehung und das gelebte Miteinander einzelner ein- und zweisprachiger Gemeindebewohner gibt dem Slowenischen in der Gemeinde Diex eine Überlebenschance, wenngleich die Tage der ursprünglichen Mundarten gezählt sind.

Literatur

Čajčmann, Anita (1995): Die Entwicklung der Gemeinde Diex nach ihrer Bildung 1850. In: Diex (1995), 109-111
Der Kärntner (1998): *Der Kärntner. Mitteilungsblatt des Kärntner Heimatdienstes*, Nr. 45 (129), August 1998. Klagenfurt
Diex (1995): *Diex, Sonnendorf auf der Saualpe*. 1. Aufl. Hg. Robert Wlattnig. Klagenfurt
Diex (1995a): Die Gendarmerie. In: Diex (1995), 499-500

Domej, Theodor (Hg.) (1989): *Das Jahr danach. Beiträge und Dokumente zum ersten Geltungsjahr des Kärntner Minderheitenschulgesetzes 1988*. Klagenfurt / Celovec

Drobesch, Werner (1991): *Vereine und Verbände in Kärnten (1848-1938). Vom Gemeinnützig-Geselligen zur Ideologisierung der Massen*. (= Das Kärntner Landesarchiv 18). Klagenfurt

Feinig, Tatjana (1997): *Slowenisch an Kärntner Schulen. Eine soziolinguistische Studie zum Slowenischunterricht als Freifach bzw. als unverbindliche Übung an zwei Kärntner berufsbildenden höheren Schulen*. Phil. Diss., Universität Wien

Filipič, Hanzi (1995): Die politische Orientierung in der Gemeinde Diex / Djekše von 1880-1914. In: Diex (1995), 125-130

Hartl, Franz (1995): Die Landwirtschaft im Wandel der Zeit. In: Diex (1995), 375-380

Hartl, Franz / Gerhard Kresitschnig / Elfriede Verhounig (1995): Hof- und Dorfgeschichten. In: Diex (1995), 449-476

Höberl, Anton (1995): Erlebte gesellschaftliche und wirtschaftliche Entwicklung. In: Diex (1995), 401-408

Ibounig, Peter (1995a): Die Bevölkerungsentwicklung der Gemeinde Diex von 1869-1991. In: Diex (1995), 112-114

Ibounig, Peter (1995b): Die sprachlichen Verhältnisse in Diex anhand der Volkszählungsergebnisse. In: Diex (1995), 115-118

Körner, Günther (1995): Grafenbach - Ort und Bewohner im Rückblick. In: Diex (1995), 63-67

Malle, Avguštin (1984): Razvojni problemi dvojezičnega šolstva na Koroškem. In: *Razprave in gradivo* 17, 121-132

Malle, Avguštin / Sima, Valentin (Hg.) (1989): *Der Anschluß und die Minderheiten in Österreich, Referateband = Anšlus in manjšine v Avstriji, Zbornik predavanj*. (= Disertacije in razprave / Dissertationen und Abhandlungen 19). Klagenfurt / Celovec

Mattheier, Klaus J. (1985): Ortsloyalität als Steuerungsfaktor von Sprachgebrauch in örtlichen Sprachgemeinschaften. In: Besch, Werner und Klaus J. Mattheier (Hg.): *Ortssprachenforschung. Beiträge zu einem Bonner Kolloquium*. Berlin, 139-157

Maurer-Lausegger (1995): Die Mühlen sterben ... Mit ihnen stirbt auch die Sprache der alten Volkskultur ... Mlini umirajo ... Z njimi umira tudi jezik stare ljudske kulture. In: Diex (1995), 122-124

Maurer-Lausegger (1996): Die Mundart von Diex / Djekše in Kärnten. Eine zweisprachige Videodokumentation. In: Ingeborg Ohnheiser (Hg.): *Wechelbeziehungen zwischen slawischen Sprachen, Literaturen und Kulturen in Vergangenheit und Gegenwart*. (= Slavica Aenipoetana 4). Innsbruck, 257-268

Maurer-Lausegger, Herta / Gerhard Kresitschnig / Elfriede Verhounig (1996): Ob 1100-letnici sončnih Djekš / Diex na avstrijskem Koroškem. Strnjena vaška kronika. In: *Traditiones. Zbornik Inštituta za slovensko narodopisje* 25. Ljubljana

Moritsch, Andreas (1991): *Vom Ethnos zur Nationalität. Der nationale Differenzierungsprozeß am Beispiel ausgewählter Orte in Kärnten und Burgenland.* Wien / München

Nusser, Siegfried (1995): Freunde und Gäste in unserer Gemeinde - Tourismus einst und jetzt. In: Diex (1995), 413-415

Pfarrchronik Diex (1933): Pfarrchronik Diex. In: *Neue freie Presse*, 20.8.1933. Wien

Pleterski, Janko (1996): *Slowenisch oder deutsch?: nationale Differenzierungsprozesse in Kärnten (1848-1914).* Bearb. u. Einl. von Valentin Sima. Deutschsprachige Erstausgabe. Klagenfurt

Pohl, Heinz-Dieter (1995): Haus- und Hofnamen. In: Diex (1995), 53-60

Ruch, Kristian (1995): Aus dem Pfarrleben zwischen 1848 und 1928. In: Diex (1995), 97-102

Ruch, Kristian / Josef Liendl / Romana Dovjak (1995): Aus der Geschichte der Schule Diex. In: Diex (1995), 267-278

Rumpler, Helmut (1989): *März 1938 in Kärnten. Fallstudien und Dokumente zum Weg in den "Anschluß".* Hg. von Helmut Rumpler unter Mitarb. von Ulrich Burz. Mit Beiträgen von Klaus Amann ... Klagenfurt

Suppan, Arnold (1978): Zwischen Assimilation und nationalpolitischer Emanzipation. Die Kärntner Slovenen vor und im Ersten Weltkrieg (1903-1918). In: *Österreichiche Osthefte* 20, 292-328

Travnik, Johann (1995): Volksschule Grafenbach. In: Diex (1995), 279-284

Verhounig, Elfriede (1995): Die Post in Diex. In: Diex (1995), 495-498

Verhovnig, Siegfried (1995): Das Neujahrsingen. In: Diex (1995), 355-358

Verhovnig, Siegfried / Elfriede Verhounig (1995): Kulturleben im Dorf. In: Diex (1995), 341-348

Wadl, Wilhelm (1995): Die erste urkundliche Erwähnung des Namens Diex. In: Diex (1995), 17-22

Walzl, August (1995): Diex im Zweiten Weltkrieg. In: Diex (1995), 145-147

Wlattnig, Robert (1995): Der Anteil der Gemeinde Diex am Ersten Weltkrieg und am Kärntner Abwehrkampf. Ereignisse und Schicksale. In: Diex (1995), 131-144

Anmerkungen

1) Siehe dazu Wadl (1995:17-22); Maurer-Lausegger / Kresitschnig / Verhounig (1996).
2) Siehe Diex (1995).

3) Die Angaben zur aktuellen sprachlichen Situation basieren auf Feldforschungserhebungen der Verfasserin (persönliche Befragung, Diskussion, teilnehmende Beobachtung).
4) Zur Entwicklung der Gemeinde nach ihrer Bildung siehe Čajčmann (1995: 109-111).
5) Die Ortsnamen werden fortan aus technischen Gründen (frequentes Vorkommen) einsprachig angeführt.
6) Zitiert nach Höberl (1995:402).
7) Siehe Ruch (1995:99); Geschichtliches über Grafenbach siehe Körner (1995:63-67).
8) Siehe Travnik (1995:279f.).
9) Siehe Höberl (1995:402).
10) Siehe Hartl (1995:375).
11) Zitiert nach Pohl (1995:53).
12) Diex verfügt seit dem Jahr 1891 über eine örtliche Poststelle, die seit dem Jahr 1931 im Gemeindehaus untergebracht ist. Der Rundfunkdienst wurde im Jahr 1924 aufgenommen, 1929 folgte die Errichtung einer öffentlichen Sprechstelle und eines Telegraphenbetriebes am Fernsprecher, seit 1951 ist der Selbstwählverkehr möglich. Siehe dazu Verhounig (1995:495-498). In Zeitraum zwischen 1904 bis 1972 war in Diex ein eigener Gendarmerieposten eingerichtet. Siehe dazu Diex (1995a:499 f.).
13) Siehe dazu Hartl / Kresitschnig / Verhounig (1995:469).
14) Siehe Hartl / Kresitschnig / Verhounig (1995:471).
15) Siehe Höberl (1995:404).
16) Zitiert nach Nusser (1995:413).
17) Siehe Höberl (1995:408). Der Anteil der von der Land- und Forstwirtschaft lebenden Bevölkerung von Diex liegt im Jahr 1934 bei 74,4%. (Filipič 1995:126). Im Jahr 1993 gab es in der Gemeinde Diex 118 Bergbauernbetriebe (Hartl 1995:377).
18) Zitiert nach Ibounig (1995:113). Siehe dazu die Abbildungen: Bevölkerungsentwicklung, Geburten- und Wanderungsbilanz, S. 112.
19) Zum Begriff ORTSLOYALITÄT siehe Mattheier (1985).
20) Siehe Ibounig (1995a:113 f.).
21) Den zitierten statistischen Angaben zum Sprachgebrauch liegt die Übersichtstabelle "Die umgangssprachliche Entwicklung in der Gemeinde Diex von 1880 bis 1991" von Ibounig (1995b:117) zugrunde.
22) Siehe dazu unter 4.1.
23) Ende 1910 führte der katholisch-politische und landwirtschaftliche Verein für die Slowenen in Kärnten eine private Volkszählung nach der Umgangssprache und der Nationalität durch; man wollte die amtliche Volkszählung einer Kontrolle unterziehen. "Das Ergebnis war für die slowenische Volksgruppe überwältigend: 135.415 Personen, um mehr als 50.000 Kärntner Slowenen mehr." Zitiert nach Suppan (1978:293 f.).
24) Zitiert nach Ibounig (1995b:116).

25) Die Statistik von 1934 weist mit 46,1% oder 766 Personen einen weit höheren Bevölkerungsanteil mit slowenischer Umgangssprache aus. Vgl. Ibounig (1995b:117).
26) Siehe dazu 4.2 und 5.1.
27) Der Begriff WINDISCH wurde bis in die erste Hälfte des 19. Jahrhunderts für die Bezeichnung des Slowenischen verwendet und zur Zeit der slowenischen nationalen Wiedergeburt von den Slowenen in allen Kronländern durch den Begriff SLOWENISCH ersetzt. In den angrenzenden deutschen Dialekten blieb der Begriff weiterbestehen (Siehe Suppan 1978:324).
28) Siehe Filipič (1995:125).
29) Schulchronik Diex - Grafenbach; zit. nach Filipič (1995:125).
30) Siehe Filipič (1995:125f.).
31) Zitiert nach Filipič (1995:127f.).
32) Siehe Filipič (1995:129).
33) Siehe Ibounig (1995b:116).
34) Siehe Filipič (1995:128).
35) Zur regionalen Geschichte siehe Wlattnig (1995:131-144) und Walzl (1995: 145ff.); zur allgemeinen Situation in Kärnten siehe u.a. Suppan (1978), Rumpler (1989), Malle / Sima (1989), Moritsch (1991), Pleterski (1996).
36) Siehe dazu Maurer-Lausegger (1996 und 1995).
37) Zitiert nach Wlattnig (1995:135f.).
38) Zitiert nach Wlattnig (1995:136).
39) Zitiert nach Wlattnig (1995:140).
40) Zitiert nach Wlattnig (1995:144).
41) Zitiert nach Höberl (1995:401).
42) Siehe Walzl (1995:146).
43) Zitiert nach Höberl (1995:408).
44) Siehe Walzl (1995:145).
45) Siehe Höberl (1995:408).
46) Siehe Diex (1995:500).
47) Siehe Walzl (1995:147).
48) Schulchronik Diex - Grafenbach; zitiert nach Filipič (1995:125). Unsere weiteren Angaben über die Schule in Diex basieren weitgehend auf dem Beitrag Ruch / Liendl / Dovjak (1995:267-278).
49) Ruch / Liendl / Dovjak (1995:268 und 272).
50) Siehe Höberl (1995:401). Auf dem Klassenfoto von 1948 (S. 401) sind 23 Schüler abgebildet.
51) Zitiert nach Höberl (1995:408). Laut Schulordnung wird der Gebrauch des Slowenischen in der ersten Schulstufe in der Regel "nur für die slowenischen Kinder und auch für diese nur soweit verwendet, als es zur Verständigung nötig ist," erlaubt. (Zitiert nach Feinig 1997:62). In Diex schien dies wohl kaum der Fall gewesen zu sein.
52) Zur Geschichte des Slowenischunterrichts an Kärntner Schulen siehe Feinig (1997).
53) Siehe Ruch / Liendl / Dovjak (1995:277).

54) Siehe Ruch / Liendl / Dovjak (1995:275).
55) Vgl. Ruch / Liendl / Dovjak (1995:277). Zum Minderheitenschulgesetz von 1988 siehe Domej (1989); zu den Entwicklungsproblemen des zweisprachigen Schulwesens in Kärnten siehe Malle (1984).
56) Den Angaben über die Volksschule in Grafenbach liegt der Beitrag Travnik (1995:279-282) zugrunde.
57) Siehe Der Kärntner (1998).
58) So z.B. der "Heimatschutzverband Kärnten" (1923, 1936), der "Kärntner Junglandbund" (1933), "Jung Vaterland, Landesgruppe Kärnten" (Juni 1936) (zitiert nach Drobesch 1991). Zum Vereinswesen 1848 bis 1938 siehe Drobesch (1991:54 f., 193, 201, 210 und 295).
59) Siehe dazu Verhovnig / Verhounig (1995:348).
60) Siehe dazu Höberl (1995:405). Das Laienspiel in Diex war in den 50er und 60er Jahren aktiv; Anfang der 70er Jahre wurden die Spiele eingestellt (Verhovnig / Verhounig 1995:347).
61) Die Vereine und Gruppierungen werden in der Diexer Ortsmonographie vorgestellt. Siehe Diex (1995:506-520).
62) Siehe dazu Verhovnig (1995:356).
63) Siehe Verhovnig (1995:355).
64) Vgl. Verhovnig (1995:356).
65) Zitiert nach einem handschriftlichen Faksimile. (Schulintiative der Handelsakademie Völkermarkt zum Thema: "Was Diexer Schüler über ihren Heimatort denken"), Siehe Travnik (1995:281).
66) Zum Sprachverhalten in Diex vgl. Maurer-Lausegger (1996:264f.).

Indonesische Wissenschaftstexte:
Greifen die Kriterien von Kaplan und Clyne?[1]

Kirsten W. Endres, Passau

0. Einleitung

Im Zeitalter der internationalen Vernetzung und Verflechtung wird auch im Bereich der Wissenschaft eine zunehmende Zahl von Begegnungen interkulturell. Dabei hat sich gezeigt, daß die Wissenschaftskultur in kulturellen Traditionen beharrt, die von Land zu Land divergieren. Kulturspezifische Kommunikationsformen und Erkenntnismodi wirken sich prägend auf Diskursstrukturen und Textkonventionen aus und bewirken damit auch eine Vorstrukturierung der Inhalte:

> The shaping of a written text by a writer reflects deeply embedded cultural and rhetorical assumptions about what material may be presented, how it is to be organized, and how it may be presented in a maximally acceptable way [...].
> (Kaplan / Grabe 1991:200)

Robert Kaplan, der PIONIER DER KONTRASTIVEN RHETORIK,[2] untersuchte bereits in den 60er Jahren kulturspezifische textstrukturelle Abweichungen in von Nicht-Amerikanern geschriebenen Essays. Sein Ansatz wurde in den 80er Jahren von dem australischen Linguisten Michael Clyne weiterentwickelt. Clyne führte an der Monash University in Melbourne/Clayton vergleichende Untersuchungen zur Textorganisation von Wissenschaftstexten englisch- und deutschsprachiger Autoren durch und stellte dabei große Unterschiede hinsichtlich Linearität bzw. Abschweifung fest. Die Konsequenz dieser unterschiedlichen Diskursstrukturen ist gegenseitiges Unverständnis oder gar vernichtende Kritik.

Im Zusammenhang mit dem asiatischen Diskursstil fallen beispielsweise von westlicher Seite immer wieder stereotype Begriffe wie UNDURCHSCHAUBARKEIT, UNLOGISCHE AUSSAGEN und UM DEN HEISSEN BREI HERUMREDEN.

Wissenschaftliche Analysen rhetorischer Sprech- und Schreibkonventionen in verschiedenen asiatischen Kulturen (vgl. Kaplan 1966, Young 1986)[3] und die inspirierenden EINDRÜCKE UND EINSICHTEN von Johan Galtung hinsichtlich des NIPPONISCHEN Stils (1985) scheinen solche Stereotypen zunächst einmal zu untermauern. Gleichzeitig versuchen sie aber, das asiatische Paradigma des ZIRKULÄREN DENKENS in seinen jeweiligen kulturellen Zusammenhang zu stellen, aus dem heraus es für den westlichen Betrachter etwas von seiner UNDURCHSCHAUBARKEIT verliert und an Sinnhaftigkeit gewinnt.

In diesem Sinne möchte auch Clyne durch seine kulturkontrastiven Untersuchungen zu einem Abbau von Vorurteilen und Stereotypen beitragen.

In der vorliegenden Arbeit soll überprüft werden, ob die kaplanschen Kriterien bezüglich des ORIENTALISCHEN STILS auf indonesische Wissenschaftstexte übertragbar sind und ob die Kriterien der clyneschen Textanalyse bei dem ausgewählten indonesischen Textbeispiel in sinnvoller Weise greifen.

1. Der ORIENTALISCHE STIL nach Kaplan

Robert Kaplan geht in seinem 1966 erschienenen Aufsatz "Cultural thought patterns in inter-cultural communication" von der Prämisse aus, daß Logik immer kulturgebunden ist: "Logic [...] which is the basis of rhetoric, is evolved out of a culture; it is not universal." (Kaplan 1966:2). Logische Strukturen verkörpern sich nicht nur in linguistischen Strukturen, sondern legen darüber hinaus die Gedankenabfolge in einer Sprache weitgehend fest. Diese kulturgebundene Gedankenabfolge spiegelt sich auch in der Textproduktion wider.

Ausgehend von dem anglo-amerikanischen Vertextungsmuster der LINEARITÄT[4] analysiert Kaplan ein Corpus von 700 Aufsätzen nicht-englischer Muttersprachler, wobei 600 Beispiele aus drei verschiedenen Sprachgruppen (der semitischen, der orientalischen und der romanischen) genauer untersucht wurden. Bezüglich der orientalischen Sprachgruppe[5] kommt Kaplan zu dem Ergebnis, daß der ORIENTALISCHE STIL hinsichtlich der Darlegung von Informationen im Textverlauf durch eine INDIREKTE HERANGEHENSWEISE gekennzeichnet ist.[6] Die Bewegung der Informationsdarbietung kann als ROTIEREN IN EINER SICH WEITENDEN KREISBEWEGUNG beschrieben werden: das Thema wird aus einer Vielzahl von tangentialen Blickwinkeln beleuchtet, aber niemals direkt betrachtet. Ein weiteres Charakteristikum ist, daß der Textgegenstand durch die Exklusion dessen, was er nicht ist, definiert wird: "Things are developed in terms of what they are not, rather than in terms of what they are." (Kaplan 1966:10)

Graphisch dargestellt ergibt sich nach Kaplan (1966:15) für den orientalischen Stil folgendes Bild:[7]

Abb. 1: Darstellung des orientalischen Stils nach Kaplan (1966)

Der NIPPONISCHE intellektuelle Stil nach Johan Galtung

Obgleich Kaplan aus nicht genannten Gründen die japanischen Textbeispiele aus seinen Überlegungen hinsichtlich des orientalischen Stils ausklammert, möchte ich hier kurz auf den NIPPONISCHEN Stil der Theoriebildung eingehen, der sich nach Galtung (1987) ebenfalls in Kreisform darstellt: "Der nipponische Intellektuelle hat, wenn überhaupt, ein äußerst flexibles Rad, das sich durch allerlei Fakten dreht." (Galtung 1987:175)

Abb. 2: Darstellung des nipponischen Stils nach Galtung (1987:174)

Der Grund dafür, warum im nipponischen intellektuellen Stil die Theoriebildung nur "schwach" ausgeprägt ist, liegt nach Galtung (1987:167) darin, daß das Fehlen von Mehrdeutigkeit und Widersprüchlichkeit für einen Japaner unvereinbar ist mit den Grundlagen der hinduistischen, buddhistischen und taoistischen Betrachtungsweisen. Theorien, insbesondere, wenn sie rigoros deduktiv wie die TEUTONISCHE vorgehen,

> verketten eine Reihe von Dingen in einem Rahmen des Gültigen [...], und alles, was außerhalb dieses Systems bleibt, wird leichthin als ungültig [...] betrachtet. (Galtung 1987:167)

Die hinduistische Betrachtungsweise beharrt hingegen auf der Unteilbarkeit von Grundelementen (man kann nicht ein Element begreifen, ohne die anderen zu begreifen), die buddhistische auf dem Kreischarakter des Denkens (ein Satz ergibt nur zusammen mit seiner Umkehrung ein wahres Bild der Situation), und die taoistische konzentriert sich auf eine sehr flexible Dialektik.

2. Kriterien zur Analyse und zum interkulturellen Vergleich wissenschaftlicher Texte nach Clyne

Michael Clyne führte in den 80er Jahren mehrere vergleichende Untersuchungen zur Organisation wissenschaftlicher Texte von englischen, australischen, amerikanischen und deutschen Autoren durch.[8] Clyne ermittelte die interkulturellen Unterschiede durch Analysen der Texthierarchie, der Textdynamik und der Symmetrie des Textaufbaus. Dabei wurde auch die Stellung von Definitionen und Organisationshinweisen im Text, die Frage nach der Datenintegration sowie der Einfluß von Kulturwerten auf die obengenannten Kategorien berücksichtigt.

Clynes Untersuchungen sollen v.a. Aufschluß über die Vektorialität eines Texts geben, die entweder LINEAR oder DIGRESSIV verlaufen kann.

2.1. Linearität und Digressivität

Die Linearität eines Texts wird nach Clyne (1993) durch die Reihenfolge der von einer Makroproposition abhängigen Propositionen bestimmt. Ein Text wird als LEICHT DIGRESSIV bezeichnet, wenn

a. einige Propositionen im gleichen Textsegment nicht von der Makroproposition des Textsegments abgeleitet werden,
b. einige Propositionen nicht von der Makroproposition abgeleitet werden, von der sie abhängen, und / oder
c. einige Textsegmente in ein Themensegment mit einem abweichenden Thema integriert werden.[9]

Als SEHR DIGRESSIV bezeichnet Clyne einen Text, in dem einige oder alle der obengenannten Charakteristika auftreten.

Mögliche Funktion der Digression
Digressionen erfolgen nach Clyne "in der Form längerer oder kürzerer Exkurse" (Clyne 1991:378). Sie können beispielsweise die Funktion haben, den Leser mit wichtigen Zusatzinformationen, einem historischen Überblick, einer ideologischen Perspektive zu versehen, oder eine Kontroverse mit einem anderen Wissenschaftler in den Text einzubetten.

2.2. Textdynamik

Hier geht es darum, wie sich der Text über Haupt- und Nebenthemen entfaltet, wie der Leser über diese Entfaltung informiert wird und wie dem Leser das Textverständnis erleichtert wird. Gibt es Organisationshinweise (advance organizers), die auf den Aufbau des Texts hinweisen oder einen von der Makroproposition abweichenden Diskurs ankündigen? An welcher Stelle des Texts sind Definitionen positioniert?

2.3. Texthierarchie

Die Analyse der Texthierarchie geht der Frage nach, welche Makropropositionen von welchen anderen abhängen und ob der Text auf der Diskursebene durch Subordination oder durch Koordination von Propositionen gekennzeichnet ist. Unter MAKROPROPOSITIONEN versteht Clyne übergeordnete Propositionen, die die

Argumente und die intendierte Bedeutung einiger (anderer) Propositionen zusammenführen.[10]

2.4. Textsymmetrie

Unter Textsymmetrie versteht Clyne das quantitative Verhältnis derjenigen Textteile, die verschiedene Makropropositionen enthalten. Weisen die Textsegmente starke Diskrepanzen bezüglich ihrer Länge auf? Sind Belege und Zitate in den Text integriert oder werden sie im Anhang oder in Fußnoten ausgegliedert dargelegt?

Ein Text gilt als TEXTUELL ASYMMETRISCH, wenn einige Teile viel länger sind als andere, und als PROPOSITIONELL ASYMMETRISCH, wenn die Länge der Propositionen, die sich von derselben Makroproposition ableiten, sehr unterschiedlich ist.

2.5. Kulturelle Faktoren

Clyne ist mit Kaplan der Ansicht, daß Diskursmerkmale und Kulturwerte miteinander korrelieren. Beispielsweise sind manche Kulturen in der Textproduktion eher FORMELL ORIENTIERT, während andere eher INHALTLICH ORIENTIERT sind. Sprachkulturen mit formeller Orientierung sind stärker LESERORIENTIERT, d.h. die Verantwortung für das Textverstehen liegt beim Autor, der sich um Lesbarkeit bemühen muß. Hingegen legen Sprachkulturen mit inhaltlicher Orientierung die Verantwortung für das Verständnis des Texts in die Hände des Lesers, sie sind somit stärker AUTORORIENTIERT. Nach Galtung (1985) neigen Kulturen mit inhaltlicher Orientierung dazu, die Wissenschaft zu idealisieren und dem Wissenschafter große Autorität zuzuschreiben. Eine autororientierte Textproduktion hat demnach den Zweck, die ungleichen Sozialbeziehungen zwischen Autor und Leser zu akzentuieren.

Ein weiterer kultureller Faktor, der bei der Textproduktion eine Rolle spielt, sind die aus der Gesellschaftsstruktur abgeleiteten Regeln der Höflichkeit und Etikette. Unterschiede in durch Höflichkeit motiviertem Sprachverhalten zwischen Asiaten und Europäern bzw. Amerikanern lassen sich beispielsweise durch die Kulturdichotomie KOLLEKTIVISTISCH VS. INDIVIDUALISTISCH begründen. So erfordert kollektives Denken bei Chinesen "eine Bilanz zwischen Harmonie und Autorität, was bei pragmatischen Formeln und Textstrukturen eine wichtige Rolle spielt" (Clyne 1993:14).

Nach Ansicht von Clyne führt die ungenügende Berücksichtigung der Parameter kultureller Orientierung zu Vorurteilen gegenüber Texten von Autoren aus einem abweichenden Kulturwertsystem, beispielsweise zu englischen Vorurteilen gegenüber Texten von Europäern, die scheinbar DIGRESSIVE Texte produzieren,

oder zu der westlichen Wahrnehmung, daß Asiaten IM KREIS HERUM ARGUMEN-
TIEREN.[11]

2.6. Clynes methodische Vorgehensweise in der graphischen Darstellung

Die Vektorialität eines Texts wird von Clyne graphisch veranschaulicht. Die Texthierarchie, d.h. die propositionelle Abhängigkeit und die koordinierende bzw. subordinierende Textstruktur wird in Form eines Baumdiagramms dargestellt. Durch Angabe der Zeilenanzahl wird auf die Länge der einzelnen Textabschnitte hingewiesen.

Da das Baumdiagramm ein relativ statisches Mittel der Darstellung ist, wird die Textdynamik in Form eines Graphs verbildlicht. Der Graph verläuft streng chronologisch, und jede Makroproposition wird durch einen Knotenpunkt repräsentiert. Auf der Mittellinie sind die Makropropositionen des Hauptthemas angesiedelt, auf den rechts und links von der Mittellinie verlaufenden Linien die der Nebenthemen. Die verschiedenen Knotenpunkte entlang den Vertikalen werden durch Verbindungslinien miteinander verknüpft. Daraus ergibt sich dann, je nach relativer Linearität des Texts, eine mehr oder weniger im Zickzack verlaufende Linie.

3. Analyse eines indonesischen Wissenschaftstexts nach den Kriterien von Kaplan und Clyne

Vor der Darlegung und Diskussion der eigenen Untersuchungsergebnisse wird zunächst das indonesische Textbeispiel vorgestellt. Anschließend soll kurz auf die methodische Vorgehensweise in dieser Arbeit eingegangen werden.

3.1. Das indonesische Textbeispiel

Der Autor, M. Bambang Pranowo, wurde 1947 in Mitteljava geboren. Er graduierte 1972 an der Staatlichen Islamischen Hochschule (IAIN) Yogyakarta im Fachbereich Islamisches Recht und Philosophie. Zum Zeitpunkt der Publikation war er wissenschaftlicher Mitarbeiter in der Forschungsabteilung des indonesischen Religionsministeriums und nahm an einem Ph.D.-Programm des Departments of Anthropology and Sociology an der Monash Universitiy in Australien teil.

Der Text trägt den Titel "Menyingkap Tradisi Besar dan Tradisi Kecil" ('Die Kleine Tradition und die Große Tradition entschleiern') und erschien 1987 in der Fachzeitschrift "Pesantren" (No. 3/Vol. IV), die von der nichtstaatlichen Organisation P3M ('Vereinigung zur Entwicklung von Pesantren[12] und Gesellschaft') vierteljährlich publiziert wird. Die Redaktionsleitung setzt sich aus namhaften indonesischen Islamwissenschaftlern zusammen. Somit richtet sich der Text vornehmlich an eine islamische indonesische Leserschaft.

In dem Text geht es Pranowo um eine Erweiterung des konzeptuellen Rahmens für anthropologische Studien über Tradition und Religion bäuerlicher Gesellschaften. Ausgehend von einer kritischen Entwicklung des Begriffs der Tradition als Analyseinstrument weist er im ersten Schritt dem redfieldschen theoretischen Konzept von GREAT und LITTLE TRADITION Unzulänglichkeit nach und verwirft auch die damit verbundene Dichotomie von THE REFLECTIVE FEW und THE UNREFLECTIVE MANY. Daran anknüpfend kritisiert Pranowo die Studie von Geertz "The Religion of Java", die sich an den theoretischen Rahmen dieses Konzepts anlehnt.

Im zweiten Schritt stellt er dem Konzept von GREAT und LITTLE TRADITION ein schlußfolgernd aus Analysen von Thaxton, Illeto und Kartodirdjo gewonnenes Paradigma gegenüber. Die Grundbedürfnisse und das soziokulturelle Umfeld der bäuerlichen Gesellschaft sind seiner Meinung nach entscheidende Faktoren für politische oder religiöse Bewegungen, so daß weder Tradition noch Vernunft als Monopol der REFLECTIVE FEW betrachtet werden können. Zudem müssen die signifikanten ökologischen und soziokulturellen Veränderungen ebenso in Untersuchungen über bäuerliche Gesellschaften miteinbezogen werden wie die Weltsicht der Untersuchten. Anhand des von ihm vorgeschlagenen Rahmens hofft Pranowo, besser als Geertz zu einer Beantwortung der Fragen nach Beschreibungsmöglichkeiten für traditionelles und religiöses Handeln innerhalb der bäuerlichen Gesellschaft auf Java beitragen zu können.[13]

3.2. Methodische Vorgehensweise

Im ersten Schritt wurde eine Übersetzung des Texts verfaßt. Hinsichtlich von Syntax und Lexik folgt diese eng den Vorgaben des indonesischen Originals. Veränderungen wurden nur dann vorgenommen, wenn die Lesbarkeit der deutschen Übersetzung sehr in Zweifel stand. Im zweiten Schritt wurde absatzweise eine Gliederung des Texts erstellt, die anschließend auf die Hauptaussagen des Texts komprimiert wurde.

Der nächste Schritt war das Herausarbeiten der textübergreifenden Makroproposition. Im Hinblick auf den komplexen Textaufbau ergaben sich zwei Möglichkeiten: Wenn die Kritik an Redfield und die Entwicklung des eigenen erweiterten konzeptuellen Rahmens lediglich dazu dienen, die Kritik an Geertz, die sich wie ein roter Faden durch den Text zieht, zu untermauern, so ist die Kritik an Geertz der zentrale Punkt. Dient die Kritik an Geertz aber lediglich dazu, die Kritik an Redfield zu stützen und somit die eigenen Parameter verstärkt zu untermauern, die sich aus der Kritik an Redfield und Geertz ableiten, so ist Pranowos eigenes Paradigma der zentrale Punkt.

Das Bestimmen der Makroproposition
Nach Mauranen (1993) kann die textübergreifende Makroproposition identifiziert werden, indem man eine Frage so formuliert, daß der Text als Antwort auf diese Frage gesehen werden kann:

> A working definition of the main point can then be expressed as follows: the main point of a text is the most directly expressed answer in the text to the question that the text asks. (Mauranen 1993:205)

Der Text von Pranowo will explizit zu einer Antwort auf die Frage beitragen, mit welchem Beschreibungsinstrumentarium religiöse Entwicklungen und Veränderungen traditioneller Handlungsmuster in bäuerlichen Gesellschaften zufriedenstellend untersucht werden können. Demzufolge möchte ich hier die zweite Möglichkeit, also Pranowos Herausarbeiten eines eigenen konzeptuellen Rahmens, als übergreifende Makroproposition definieren.

3.3. Greifen die Kriterien von Kaplan?

Zu der Antwort auf seine Frage gelangt Pranowo erst, nachdem er eingehend den Begriff TRADITION definiert hat und weitschweifig dargelegt hat, daß bäuerliche Gesellschaften im Wandel mit dem redfieldschen Beschreibungsinstrumentarium nicht ausreichend untersucht werden können. Seine Kritik an der redfieldschen Dichotomie von GREAT und LITTLE TRADITION untermauert er mit mehreren Gegenbeispielen, aus denen sich schließlich sein eigenes Konzept zwingend ableitet. Da ein ADVANCE ORGANIZER zu Beginn des Aufsatzes fehlt, kann man somit durchaus von einer INDIREKTEN HERANGEHENSWEISE im Sinne Kaplans sprechen: Pranowo beleuchtet das Thema aus einer Vielzahl von tangentialen Blickwinkeln und bestimmt den Textgegenstand, d.h. ein operationalisierbares Beschreibungsinstrumentarium, zunächst durch die Exklusion dessen, was er nicht ist. Die These Kaplans, daß das Thema nie direkt beleuchtet wird, kann hingegen nicht bestätigt werden: Pranowo kommt, wenn auch im Verhältnis zur Länge der übrigen Textabschnitte kurz, zum zentralen Punkt, indem er sein eigenes Konzept expliziert.

Mögliche Funktion der indirekten Herangehensweise
Zur indirekten Herangehensweise in der mündlichen Kommunikation liegen die Untersuchungen von Young (1986)[14] vor. Obgleich Young das Diskursverhalten chinesischer SprecherInnen analysierte und sich dabei auf die gesprochene Sprache konzentrierte, verweisen ihre Ergebnisse auch auf die mögliche Funktion der indirekten Herangehensweise in schriftlichen Texten. Unter soziokulturellen Aspekten gesehen stellt das langsame Abrollen von Hintergrundinformationen nach Young eine wichtige Strategie zur Konfrontationsvermeidung dar und re-

flektiert die chinesische Präferenz für harmonische soziale Beziehungen, indem Indirektheit etabliert wird. Man steuert langsam auf den eigentlichen Punkt zu und stellt dabei sicher, daß sich das Gegenüber auf der gleichen Fährte befindet, bevor schließlich die Hauptthese präsentiert wird.[15]

Die sozialen Interaktionen werden auch in der javanischen Gesellschaft[16] durch das Prinzip der Konfrontations- und Konfliktvermeidung geregelt. Das sog. RUKUN-Prinzip dient dem Ziel, den Zustand sozialer Harmonie aufrechtzuerhalten. Eine von Javanern hochgeschätzte Tugend ist z.B. die Fähigkeit, ein kritisches Thema auf indirekte Weise zur Sprache zu bringen, indem man es behutsam vorbereitet und einwickelt. Kommt man schließlich zum entscheidenden Punkt, ist das Gegenüber bereits so gut darauf vorbereitet, daß es genau weiß, was nun folgen wird. Dadurch wird es oftmals sogar überflüssig, überhaupt zum Punkt zu kommen.

Diese Strategie der Indirektheit wendet auch der indonesische Wissenschaftstext an: Nachdem Pranowo den Leser auf seine Fährte gebracht hat, indem er sämtliche ihm wichtig erscheinenden Hintergrundinformationen aufrollt und gleichzeitig den Leser durch die häufige Verwendung der 1. Person Plural[17] in den Prozeß seiner Hinführung zum Thema einbezieht, ist der Leser auf den entscheidenden Punkt vorbereitet und weiß, worauf es dem Autor ankommt.

3.4. Greifen die Kriterien von Clyne?

Im folgenden soll der Frage nachgegangen werden, welche Aussagen über die Textorganisation des indonesischen Wissenschaftstexts getroffen werden können, indem man die clyneschen Parameter zugrunde legt.

3.4.1. Textdynamik

Die relative Linearität des indonesischen Textbeispiels wurde dargestellt, indem ich die einzelnen Makropropositionen (symbolisiert durch einen Punkt) auf einer von fünf parallelen Linien positionierte. Auf der Mittellinie sind diejenigen Makropropositionen eingezeichnet, die zur Kernthese des Texts führen. Links davon stehen die Makropropositionen derjenigen Textsegmente, die ein abweichendes Thema abhandeln, wie z.B. die kritische Entwicklung des Begriffs der Tradition. Rechts von der Mittellinie stehen die Propositionen, die nicht der Makroproposition folgen, von der sie abhängen, wie z.B. die Kritik an Geertz. Auf den äußeren Linien sind Propositionen des gleichen Textsegments positioniert, die nicht von der Makroproposition des Textsegments abgeleitet werden. Als solche habe ich v.a. Beispiele und historische Rückblicke definiert. Daraus ergibt sich folgender komprimierter Graph:

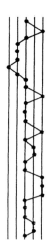

Abb. 3: Graph des indonesischen Wissenschaftstext nach Clyne

Nach Clyne wäre der untersuchte indonesische Wissenschaftstext somit als stark digressiv einzustufen.

Ein übergreifender ADVANCE ORGANIZER, der den Leser auf den Aufbau des gesamten Texts hinweist, fehlt bei Pranowo. Die von der Makroproposition abweichende kritische Entwicklung des Begriffs TRADITION wird durch einen Organisationshinweis angekündigt. Die schlußfolgernde Entfaltung des Hauptthemas wird durch Übergangssätze angekündigt, die dem Leser teilweise gleichzeitig durch eine Rekapitulation des letzten Abschnitts eine Kontrolle ermöglichen, ob er dessen Bedeutung richtig erfaßt hat. Alle Belege, Beispiele und Zitate sind in den Text integriert.

3.4.2. Texthierarchie

Um eine Aussage bezüglich der Texthierarchie treffen zu können, habe ich die einzelnen Textabschnitte, die über-, unter-, oder nebengeordnete Propositionen enthalten, zerschnitten und in Diagrammform wieder auf einem Blatt Papier zusammengesetzt. Verkürzt ergibt sich hieraus folgendes Baumdiagramm:

Beiträge zu Sprache & Sprachen 3

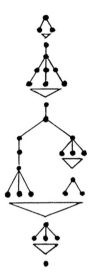

Abb. 4: Baumdiagramm des indonesischen Wissenschaftstexts nach Clyne

Es zeigt sich, daß der Text auf der Diskursebene vorwiegend durch Subordination von Makropropositionen gekennzeichnet ist. Koordiniert werden die beiden Argumentationsstränge der Kritik an dem Konzept GREAT und LITTLE TRADITION:

1. das Nachweisen der Unzulänglichkeit der Dichotomie von GREAT und LITTLE TRADITION und
2. das Verwerfen der Aufteilung in REFLECTIVE FEW und UNREFLECTIVE MANY.

Daneben resultiert die Koordination von Propositionen hauptsächlich aus der Auflistung von Beweismaterial, aus dem Pranowo seine Hauptthesen schlußfolgernd ableitet.[18]

3.4.3. Textsymmetrie

Aus dem Übersichtsblatt der in Diagrammform zusammengeklebten Textteile wird ersichtlich, daß der Text nach Clyne als TEXTUELL UND PROPOSITIONELL LEICHT ASYMMETRISCH zu klassifizieren ist. Z.B. ist der Textteil, der die Definition von Tradition enthält, im Verhältnis zu den Textteilen, die der textübergreifenden Makroproposition folgen, überproportional lang; die Textteile, aus denen Pranowo sein eigenes Konzept ableitet, sind hingegen annähernd gleich lang (textuelle Asymmetrie). Propositionen, die sich von derselben Makroproposition ableiten, variieren ebenfalls nur leicht in ihrer Länge (propositionelle Asymmetrie).

3.4.4. Kulturelle Faktoren

Ein wichtiger kultureller Faktor, der in indonesischen Textkonventionen eine Rolle spielen könnte, wurde weiter oben bereits in Bezug auf die indirekte Herangehensweise des Texts diskutiert: das Prinzip der Konfrontations- und Konfliktvermeidung (RUKUN).

Das RUKUN-Prinzip beinhaltet, daß in einem Prozeß nichtautoritärer Entscheidungsfindung (MUSYAWARAH) die Zustimmung aller Betroffenen einzuholen ist. Übertragen auf die Analyse des indonesischen Wissenschaftstexts könnte so ein Licht auf die Funktion der ausführlich dargestellten Beispiele geworfen werden, aus denen der Autor seine eigenen Schlußfolgerungen zieht: Der gesamte Prozeß der Argumentation ist für den Leser nachvollziehbar (viele Beispiele, INDUKTIV-SYNTHETISCHE Vorgehensweise), der Autor stellt dabei sicher, daß sich das Gegenüber auf der gleichen Fährte befindet (Übergangssätze, die das bisher Gesagte rekapitulieren und auf den nächsten Schritt in der Argumentation vorbereiten) und sichert sich außerdem die Zustimmung des Lesers durch die Verwendung der 1. Person Plural.[19]

4. Kritische Schlußüberlegungen

Da Kaplan nicht im Einzelnen erörtert, wie er seine Herangehensweise methodisch absichert, bleibt sein Kriterienkatalog eher impressionistisch. Davon ausgehend basiert das Ergebnis meiner eigenen Analyse naturgemäß auch eher auf einem Eindruck, der sich beim Lesen des Texts aufdrängte und der die kaplansche Charakterisierung des orientalischen Stils zu bestätigen scheint. Um diesen Eindruck zu revidieren, müßte u.a. geklärt werden, durch welche verwendeten oder durch welche nicht verwendeten sprachlichen Mittel eine INDIREKTE HERANGEHENSWEISE realisiert wird.

Clyne teilt ebenfalls nicht mit, nach welchem hermeneutischen Verfahren er die Makropropositionen eines Texts herausarbeitet und nach welchen Kriterien er zwischen Propositionen, die nicht der Makroproposition folgen, von der sie abhängen, und Propositionen, die nicht von der Makroproposition des Textsegments abgeleitet werden, unterscheidet.

Nach Graeffen (1994:148) kann das angelsächsische Konzept von Linearität / Digression nicht ohne weiteres auf Länder übertragen werden, in denen die Forderung nach "absence of material not adhering to a narrow definition of a text" nicht gilt. So müßte erst einmal festgestellt werden, ob in indonesischen Wissenschaftstexten überhaupt eine enge Themenfestlegung angestrebt wird oder ob die von mir identifizierte textübergreifende Makroproposition als solche bestätigt werden kann.

Das Bestimmen des quantitativen Verhältnisses einzelner Textteile zueinander erscheint mir als Kriterium einer Textanalyse zudem wenig aussagekräftig, da es nicht nach der tatsächlichen Bedeutung und Gewichtung eines Textsegments im Text fragt.

Zusammenfassend läßt sich sagen, daß die Kriterien von Clyne in Bezug auf den indonesischen Wissenschaftstext zwar greifen, indem man durch sie zu der Feststellung gelangt, daß der Text DIGRESSIV verläuft, SUBORDINIEREND strukturiert ist und eine LEICHTE TEXTUELLE WIE PROPOSITIONELLE ASYMMETRIE aufweist. Doch es stellt sich gleichzeitig die Frage, was diese formorientierten Faktoren eigentlich über den Text aussagen, selbst wenn kulturelle Faktoren in der Analyse berücksichtigt werden.

Wie bereits in der Einleitung erwähnt, sind mit kulturspezifischen Kommunikationsformen und kognitiven Prozessen auch die Inhalte weitgehend kulturpragmatisch determiniert. Im Unterschied zu Clyne sieht Graeffen als Anforderung an die pragmatische Textanalyse, daß sie

> ... Text nicht als Bestandteil eines Faktorengefüges auffaßt, sondern als Mittel, eine Verständigung des Autors mit seinen Lesern über bestimmte (Wissens-) Inhalte herzustellen. Komplexere Zusammenhänge zwischen mentalen Tätigkeiten und sprachlicher Produktion eines Autors beim Schreiben eines Wissenschaftstexts rücken dann in den Vordergrund. (Graeffen 1994:139)

Schröder (1995:168) setzt sich dafür ein, daß die clyneschen Parameter durch weitere Parameter ergänzt werden müßten, "deren Fragestellungen dazu geeignet wären, konkrete Stile in ein Kontinuum von Merkmalen einzuordnen":

- Ist der Text eher interaktions- oder eher missionsbezogen? Wird die Sinnerschließung durch eine implizite Vertextungsstrategie dem Leser in der Interaktion mit dem Text überlassen oder wird dem Leser durch eine explizite Vertextung eine bestimmte Mission aufgedrängt?
- Erfolgt die Vertextung eher indirekt oder eher direkt? Welche Rolle spielt die Metakommunikation, und durch welche Mittel wird sie realisiert? Wie ist das Verhältnis von Präsuppositionen und Redundanzen?

Des weiteren sollten, so Schröder, "in der interkulturellen Stilanalyse Interaktionsrituale verglichen werden, und zwar insbesondere Einleitungen, die Anrede des Adressaten und die Selbstbezeichnung." (Schröder 1995:168).

Abschließend bleibt zu sagen, daß die oben getroffenen vorläufigen Aussagen über indonesische Wissenschaftstexte sowohl an einem erweiterten und methodisch abgesicherten Kriterienkatalog als auch an Hand von umfangreicheren Datensammlungen überprüft werden müßten, um allgemeine Rückschlüsse auf indonesische Textkonventionen im Wissenschaftsbereich ziehen zu können.

Literatur

Clyne, Michael (1987): Cultural Differences in the Organization of Academic Texts. In: *Journal of Pragmatics* 11, 211-247

Clyne, Michael (1991): Zu kulturellen Unterschieden in der Produktion und Wahrnehmung englischer und deutscher wissenschaftlicher Texte. In: *Info DaF* 18, Heft 4, 376-383

Clyne, Michael (1993): Pragmatik, Textstruktur und kulturelle Werte. Eine interkulturelle Perspektive. In: Schröder, Hartmut (Hg.): *Fachtextpragmatik*. Tübingen, 3-18

Echols, John / Shadiliy, Hassan (1990): *Kamus Indonesia Inggris. An Indonesian-Englisch Dictionary*. Jakarta

Galtung, Johan (1983): Struktur, Kultur und intellektueller Stil. Ein vergleichender Essay über sachsonische, teutonische, gallische und nipponische Wissenschaft. In: Wierlacher, Alois (Hg.): *Das Fremde und das Eigene. Prolegomena zu einer interkulturellen Germanistik*. München, 151-193

Graeffen, Gabriele (1994): Wissenschaftstexte im Vergleich. Deutsche Autoren auf Abwegen? In: Brünner, Gisela / Graeffen, Gabriele (Hg.): *Texte und Diskurse. Methoden und Forschungsergebnisse der funktionalen Pragmatik*. Opladen, 136 - 157

Günthner, Susanne (1991): Pi Lao Zheng ("Müdigkeit im Kampf"). Zur Begegnung deutscher und chinesischer Gesprächsstile. In: Müller, Bernd-Dietrich (Hg.): *Interkulturelle Wirtschaftskommunikation*. München, 297-324

Kaplan, Robert (1966): Cultural Thought Patterns in Inter-Cultural Education. In: *Language Learning* 16, 1-20

Kaplan, Robert / Grabe, William (1991): The Fiction in Science Writing. In: Schröder, Hartmut (Hg.): *Subject-oriented Texts*. Berlin, 199-217

Liang, Yong (1993): Zur Fremdheitsproblematik in der interkulturellen Fachkommunikation. In: Wierlacher, Alois (Hg.): *Kulturthema Fremdheit: Leitbegriffe und Problemfelder*. München, 153-171

Magnis-Suseno, Franz (1981): *Javanische Weisheit und Ethik. Studien zu einer östlichen Moral*. München

Mauranen, Anna (1993): *Cultural differences in academic rhetoric: a textlinguistic study*. Frankfurt a.M.

Picht, Robert (1987): Universaler Anspruch und kulturelle Bedingtheit. Probleme interkultureller Verständigung in der Wissenschaft. In: *Materialien Deutsch als Fremdsprache*, Heft 27, 17-25

Pranowo, Bambang M. (1987): Menyingkap Tradisi Besar dan Tradisi Kecil. In: *Pesantren* No. 3 / Vol. IV

Schröder, Hartmut (1995): Der Stil wissenschaftlichen Schreibens zwischen Disziplin, Kultur und Paradigma - Methodologische Anmerkungen zur interkulturellen Stilforschung. In: Stickel, Gerhard (Hg.): *Stilfragen* (= Jahrbuch des Instituts für Deutsche Sprache, Mannheim, 1994), Berlin, 150-180

Anmerkungen

1) Diese Arbeit entstand im Rahmen eines Arbeitskreises zur Interkulturalität in der Wissenschaftssprache. Für ihre wertvollen Anregungen und kritischen Kommentare danke ich Claudia C. Brass, Milena G. Klipingat, Andrea Kramer und Isabella Kreitmair.
2) Vgl. Schröder (1995:151).
3) Young (1986) untersucht in ihrer Dissertation "Unravelling Chinese Inscrutability" Stilunterschiede zwischen chinesischen und amerikanischen SprecherInnen und kommt zu dem Ergebnis, daß chinesische SprecherInnen es vorziehen, eine Information langsam aufzurollen, bevor sie die eigentliche Hauptinformation präsentieren.
4) "The thought pattern which speakers and readers of English appear to expect as an integral part of their communication is a sequence that is dominantly linear in its development. An English expository paragraph usually begins with a topic statement, and then, by a series of subdivisions of that topic statement, each supported by example and illustrations, proceeds to develop that central idea and relate that idea to all the other ideas in the whole essay, and to employ that idea in its proper relationship with other ideas, to prove something, or perhaps to argue something. (...) Contrarily, the English paragraph may use just the reverse procedure; that is, it may state a whole series of examples and then relate those examples into a single statement at the end of the paragraph. These two types of development represent the common *inductive* and *deductive* reasoning which the English reader expects to be an integral part of any formal communication." (Kaplan 1966:4f.).
5) Die Gruppe der ORIENTALISCHEN Sprachen umfaßt Beispiele von chinesischen, kambodschanischen, indochinesischen, japanischen, koreanischen, laotischen, malayischen, thailändischen und vietnamesischen Studenten. Kaplans Ergebnis bezieht sich insbesondere auf das Chinesische und Koreanische, nicht aber auf das Japanische!
6) Vgl. im folgenden Kaplan (1966:10).
7) Kaplan (1966:10) spricht im Text von einer SICH WEITENDEN KREISBEWEGUNG ("a widening gyre"). Im Gegensatz dazu zeigt die Pfeilrichtung der Graphik eine SICH SPIRALFÖRMIG VERENGENDE KREISBEWEGUNG. Hier wäre zu klären, ob sich der orientalische Stil eher auf den Textgegenstand zubewegt (sich verengende Kreisbewegung), oder sich von ihm wegbewegt (sich weitende Kreisbewegung). Das kleine Textbeispiel, das Kaplan zur Illustration seiner Ergebnisse zitiert, deutet eher auf eine Gedankenabfolge, die

sich vom Textgegenstand wegbewegt - somit müßte aber die Pfeilrichtung der Spirale in die umgekehrte Richtung weisen.
8) Vgl. Clyne (1987,1991,1993).
9) Vgl. Clyne (1987:225).
10) Vgl. Clyne (1987:218).
11) Vgl. Clyne (1993:15).
12) Ein Pesantren ist eine traditionelle islamische Bildungseinrichtung in Indonesien.
13) Der umfangreiche Text kann hier aus Platzgründen leider nicht abgedruckt werden.
14) nach Günthner (1991). Leider stand der Primärtext nicht zur Verfügung.
15) Vgl. Günthner (1991:309f.).
16) Die kulturelle und soziale Vielfalt Indonesiens läßt eine verallgemeinernde Ausdrucksweise nicht zu. Der Versuch, die Prinzipien der javanischen Gesellschaft in Bezug zu dem vorliegenden indonesischen Wissenschaftstext zu setzen, wird dadurch gerechtfertigt, daß der Autor M. Pranowo von der Insel Java stammt und dort auch seine wissenschaftliche Sozialisation erfahren hat. Vgl. im folgenden Magnis-Suseno (1981).
17) Im Indonesischen gibt es zwei Formen der 1. Person Plural (*kami* und *kita*). Pranowo verwendet ausschließlich diejenige Form, die das Gegenüber einschließt (*kita*).
18) Durch das Baumdiagramm wird so v.a. die induktiv-synthetische Vorgehensweise des indonesischen Autors deutlich. Als INDUKTIV-SYNTHETISCH bezeichnet Liang (1993:162) den chinesischen Erkenntnismodus "im Gegensatz zum kausal-analytischen im Westen." Meiner Ansicht nach trifft diese Bezeichnung die Art und Weise, wie der indonesische Autor stets aus mehreren Beispielen eine allgemeine Aussage ableitet. In Clynes Untersuchungen spielen Überlegungen hinsichtlich Induktion oder Deduktion jedoch keine Rolle.
19) Hier müßte allerdings überprüft werden, inwieweit bei der Argumentationsweise von Pranowo allgemeine Prinzipien der Rhetorik wirksam werden (vgl. Schröder 1995:152) und ob kulturspezifische rhetorische Mittel davon unterscheidbar sind.

Eine pragmatische Analyse und Typologie von Mißverständnissen

Wolfgang Falkner, München

0. Einleitung

Die linguistische Pragmatik hat das Mißverständnis als Untersuchungsgegenstand bisher weitestgehend vernachlässigt. Eine Reihe von Arbeiten, die Mißverständnisse zum Beispiel aus soziolinguistischer, feministischer oder ethnomethodologischer Perspektive[1] untersuchen, gelangen zu interessanten und überzeugenden Ergebnissen. Dabei wird aber aufgrund des jeweiligen Erkenntnisinteresses stets nur ein Teil der gesamten Bandbreite möglicher Mißverständnisse berücksichtigt, eben solche Beispiele, die aus Sicht dieser oder jener Disziplin Ergebnisse erwarten lassen. Aussagen über Mechanismen des Mißverstehens im allgemeinen, die dann auch eine Typologie des kompletten Spektrums von Mißverständnissen zulassen würden, sind auf dieser Basis nicht möglich.

Ein gangbarer Weg, um diese Forschungslücke zu schließen, ist die Analyse von Mißverständnissen aus Sicht eines von der Sprechakttheorie ausgehenden Konzeptes kommunikativer Funktionen von Äußerungen, das es ermöglicht, bei jedem Mißverständnis denjenigen Teilaspekt der kommunikativen Funktion zu identifizieren, der vom Mißverstehen betroffen ist. Diese funktionale VERORTUNG des Mißverständnisses läßt eine relationale Positionsbestimmung des Einzelfalles im Vergleich zu allen anderen Mißverständnissen und damit auch eine Typologie von Mißverständnissen zu. Zwei Arbeiten (Zaefferer 1977 und Dascal 1985) haben sich mit dieser Möglichkeit beschäftigt, aber noch nicht zu einem homogenen pragmatischen Gesamtkonzept geführt.

1. Theoretische Grundlagen

Ausgangspunkt der Überlegungen sind folgende Annahmen:

a. Bei einem Mißverständnis besteht zwischen dem, was SprecherIn S meint, und dem, was HörerIn H versteht, eine Differenz.
b. Ein Kommunikationsmodell, das Mißverständnisse erklären kann, muß eine klare, systematische Trennung von Gemeintem und Verstandenem ermöglichen.
c. Diese Trennung wird möglich, indem Gemeintes und Verstandenes als gleichberechtigte Aspekte der Kommunikation nebeneinandergestellt werden. Zu unterscheiden ist dabei zwischen dem, was in der Kommunikation objektiv nachweisbar ist - ich bezeichne das als das LAUTLICHE EREIGNIS -, und den subjektiven Bewußtseinszuständen, die bei S und H nach diesem lautlichen Ereignis zurückbleiben (vgl. Abb. 1).

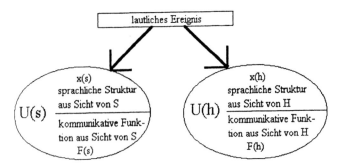

Abb. 1: Die Äußerung zwischen S und H

Diese subjektiven Bewußtseinszustände bezeichne ich als U(s) und U(h) - die Äußerung (UTTERANCE) aus Sicht von S bzw. von H. Die Bewußtseinszustände der Beteiligten beziehen sich sowohl auf eine sprachliche Struktur x, die dem lautlichen Ereignis zugewiesen wird - also identifizierbare Wörter einer Sprache mit einer grammatischen Struktur -, als auch auf eine kommunikative Funktion F, also das von S Intendierte beziehungsweise das von H als intendiert Angenommene (vgl. Abb. 1).

Daß sich sowohl sprachliche Struktur als auch kommunikative Funktion einer Äußerung im Bewußtsein von S und H unterscheiden können, wird anhand von Beispiel (1) deutlich:

Beispiel (1)[2]

[S = Kunde, H = Verkäufer, O = Verkäuferin in der Lampenabteilung eines Kaufhauses. S fragt H nach einem Starter für Leuchtstoffröhren, der im Regal nicht zu finden ist.]
S: *Ham Sie solche Starter für Leuchtstoffröhren?* [hält dem Verkäufer defektes Exemplar hin]
H: *Leider nich mehr ... da war ne Frau da und hat alle gekauft, dreißig ... dreißig oder so, was noch da war*
S: <<<*Wann* *kriegen Sie die wieder*?>>>
O: [*raschelt laut mit einer Plastiktüte*, in die sie Ware für einen anderen Kunden verpackt]
H: >>>*Vor ner Stunde so*<<<
S: *Nein, ich meine, wann kriegen Sie wieder welche rein*
H: *Ach so ... frühestens nächsten Montag, ja, nächsten Montag, wenn wir die heute noch bestellen*

S äußert die sprachliche Struktur *Wann kriegen Sie die* (= die Starter für Leuchtstoffröhren) *wieder?*, H dagegen weist dem lautlichen Ereignis, das er aufgrund des störenden Geräuschs nur unzulänglich empfangen hat, offenbar eine sprachliche Struktur wie *Wann war die* (= diese Frau) *da?* zu. Als Folge davon unterscheiden sich auch die kommunikativen Funktionen, die S und H mit der Äußerung verbinden. S beabsichtigt, H zu fragen, wann wieder Starter zu bekommen sind; H dagegen versteht die Frage, wann die Frau die dreißig Starter gekauft hat.

An der Differenz kommunikativer Funktion im Bewußtsein von S und H läßt sich der Begriff des Mißverständnisses festmachen:

Ein Mißverständnis hat sich ereignet, wenn sich die Bewußtseinszustände U(s) und U(h), die bei S und H aufgrund eines von S produzierten lautlichen Ereignisses entstehen, hinsichtlich der jeweils enthaltenen kommunikativen Funktion - F(s) und F(h) - voneinander unterscheiden und wenn sich H und / oder S dieser Differenz im weiteren Verlauf der Interaktion bewußt werden.

Nach dieser Definition können sich auch x(s) und x(h) unterscheiden wie in (1), dies muß aber nicht der Fall sein, wie eine Reihe von Beispielen zeigen wird. Entscheidend für das Vorliegen eines Mißverständnisses ist die Differenz zwischen F(s) und F(h). Diese Differenz läßt sich anhand verschiedener Beispiele jeweils an unterschiedlichen Elementen der kommunikativen Funktion VERORTEN. Zur Identifizierung dieser Elemente bietet die traditionelle Sprechakttheorie (SAT) die Konzepte der Illokution und der Proposition an. Wie sich zeigen wird, muß dieses binäre Konzept um eine zusätzliche Komponente erweitert werden, die ich als die Ebene der MODIFIKATOREN bezeichnen werde, woraus sich eine dreigliedrige Struktur kommunikativer Funktionen ergibt:

Funktion = Modifikatoren + Illokution + Proposition.

Festzuhalten ist zunächst, daß der vom Mißverständnis betroffene Teil der Äußerungsfunktion, der ORT des Mißverständnisses, aus pragmatischer Sicht ein aussagekräftiges Beschreibungskriterium darstellt, weil die Identifizierung solcher ORTE des Mißverstehens Rückschlüsse darauf zuläßt, welche Aspekte in all jenen Fällen, in denen kein Mißverständnis auftritt, für das Funktionieren der Kommunikation eine Rolle spielen. Eine solche Analyse von Mißverständnissen ermöglicht also Rückschlüsse auf die allgemeine Beschaffenheit der kommunikativen Funktionen von Äußerungen. Darüber hinaus kann sie auch die Grundlage für eine typologische Differenzierung verschiedener Arten von Mißverständnissen darstellen.

Zaefferer (vgl. 1977:333) spricht diese Möglichkeit einer Typologie bereits an, nennt auch drei Arten von Mißverständnissen (propositionale, illokutionäre und solche, bei denen beide Aspekte betroffen sind), verfolgt diese Überlegung aber letztlich nicht systematisch weiter. Konsequenter ist Dascals (vgl. 1985:195ff.) ZWIEBELMODELL (ONION MODEL), das auf der Annahme mehrerer Schichten kommunikativer Funktion (Dascal spricht von LAYERS OF SIGNIFICANCE) beruht, die wie die Häute einer Zwiebel übereinanderliegen. Dascal setzt dabei ebenfalls

Proposition und Illokution als wichtige Orientierungspunkte an, bleibt bei der Benennung und Zuordnung der Schichten allerdings vage.[3] Bedeutsam erscheint mir allerdings Dascals (vgl. 1985:197) Schlußfolgerung, daß die im ZWIEBELMODELL symbolisierte Komplexität kommunikativer Funktionen ein vollständiges Verstehen zwischen S und H auf allen Ebenen der SIGNIFICANCE praktisch ausschließt. Ich werde darauf noch zurückkommen.

Was beiden Arbeiten v.a. fehlt, ist die empirische Überprüfung, die, wie bereits angesprochen, zu einer Erweiterung und insgesamt zu einer Präzisierung des Analyseapparates führen kann und muß.

2. Mißverständnisse auf verschiedenen Ebenen der Äußerungsfunktion

Im folgenden werden nun Mißverständnisse daraufhin untersucht, welches Element der kommunikativen Funktion jeweils vom Mißverstehen betroffen ist. Ein solches funktionales Element, in dem sich Gemeintes und Verstandenes voneinander unterscheiden können, ist die **Illokution**, also das, was nach Auffassung der Sprechakttheorie durch ein Sprechhandlungsverb ausgedrückt werden kann.[4] In Beispiel (2) stattet S seine Äußerung mit einer **direktiven** Illokution aus, H dagegen weist ihr eine **kommissive** Illokution zu:

Beispiel (2)

[S informiert H am Telefon über eine bevorstehende Autorenlesung im "Künstlerhaus", von der er annimmt, daß sie H interessiert, zu der er aber selbst nicht gehen kann. H fragt S, ob er weiß, wo es dafür Eintrittskarten gibt.]
S: <<<*Ich tät' dort anrufen, im Künstlerhaus, vielleicht wissen's die*>>>
H: >>>*Tät'st das machen? Das wär' aber nett*<<<
///
S: *Ja, da ruf' ich in den nächsten Tagen an, und dann sag' ich dir Bescheid*
H: *Ja gut, wenn dir das nix ausmacht, das wär' nett*

S **rät** H, wegen der gewünschten Information im Künstlerhaus anzurufen. Er verwendet dafür die im Deutschen durchaus konventionelle sprachliche Strategie, die Empfehlung als eigene Handlungspräferenz zu formulieren (*Ich tät'* ... = 'Ich an deiner Stelle würde ...'). H interpretiert Ss Intention aber als **Angebot**, sich selbst für H im Künstlerhaus zu erkundigen. Die sprachlichen Strukturen, die beide Beteiligte der Funktionszuweisung zugrunde legen, unterscheiden sich nicht, die Übermittlung des lautlichen Ereignisses ist nicht von akustischen Störfaktoren beeinträchtigt. Anders ist das in Beispiel (3), auch wenn es sich hier ebenfalls um ein ILLOKUTIONÄRES Mißverständnis handelt:

Beispiel (3)

[S und H (Freunde) stehen in einem vollen und lauten Pub nebeneinander an der Theke. S hat sich soeben eine Zigarette angezündet. Hinter H auf der Theke, außerhalb der Reichweite von S, steht ein Aschenbecher. H hat eine neue Brille auf.]

S: <<<*Your glasses are fashionable*>>>
H: >>>[dreht sich zur Seite und reicht S den Aschenbecher]<<<
S: [überrascht] *Oh thank you*
///
H: *Didn't you say ...*
S: *I said your GLASSes are fashionable*
H: *Oh I thought you'd asked me for the ashtray*
S: *No I didn't*

S äußert die sprachliche Struktur *Your glasses are fashionable* und intendiert damit ein Kompliment an H, in Searles (1976) Terminologie also eine **expressive** Sprechhandlung. H dagegen weist dem empfangenen lautlichen Ereignis die Struktur *Could you pass me the ashtray?* und damit die Illokution einer Aufforderung - also einer **direktiven** Sprechhandlung - zu. Begünstigt wird die Interpretation in U(h) durch den situativen Kontext, aber auch durch die lautliche Ähnlichkeit zwischen x(s) und x(h), denen in gleicher Reihenfolge die Phoneme /...j...aːs...i...æʃ.../ gemeinsam sind. F(h) etabliert aus Sicht von H eine Handlungsobligation (nämlich S den Aschenbecher zu reichen), die sich aufgrund von F(s) nicht ergeben würde. Indem H dieser Handlungsobligation nachkommt, manifestiert sich - zunächst nur für S erkennbar - das Mißverständnis.

In Beispiel (4) liegt dagegen hinsichtlich der Handlungsobligationen, die sich aus F(s) und F(h) ergeben, kein Unterschied vor. Die Illokution in F(s) ist ebenso wie auch in F(h) die einer Frage:

Beispiel (4)

[S und H beim Abendessen. S und H wollen gleich danach ins Theater gehen, haben aber noch keine Karten. Die Zubereitung des Essens hat etwas länger gedauert als erwartet. S hat seine Portion schon fast aufgegessen, H hat noch mehr auf ihrem Teller. In einer Schüssel ist noch etwa eine halbe Portion von dem Essen übrig.]
S: <<<*Schaffen wir das noch?*>>>
H: >>>*Klar - ist ja erst halb sechs, und eine Stunde vorher gibt's Karten, oder?*<<<
S: [lacht] *Ich hab jetzt gemeint, schaffen wir den Rest da in der Schüssel noch? Magst du noch was?*
H: [lacht] *Ach so - ich mag nichts mehr, du kannst's gern essen*

Es ist der Gegenstand der Frage, genauer: die Referenz von *das* im Auslöser, auf den sich das Mißverständnis hier bezieht. F beabsichtigt, H zu fragen, ob S und H den Rest aus der Schüssel noch essen werden und ob H noch etwas davon mag. H bezieht die Frage hingegen darauf, ob noch genügend Zeit bleibt, um es rechtzeitig zum Theater zu schaffen. Die Differenz zwischen F(s) und F(h) läßt sich hier also nicht in der Illokution, sondern in dem verorten, was die Sprechakttheorie als **Proposition** bezeichnet. Solch ein propositionales Mißverständnis liegt auch im folgenden Beispiel vor.

Beispiel (5)

[In einem Schuhgeschäft - S (Kunde) versucht sich zwischen zwei Paar Schuhen zu entscheiden und hat nach dem ersten gerade das zweite Paar angezogen. H = Verkäuferin]
S: *Ich hab das Gefühl, die sind ein bißchen eng*
H: *Meinen S' wirklich*
S: *Wenn ich dann im Winter noch dickere Socken anhabe*
H: *Sie können sie ja mal mit dicken Socken anprobieren, ich hol' Ihnen welche*
S: *<<<Nein, ich glaub', das braucht's nicht, danke>>>*
H: *>>>Ja nein, ich glaub' auch, die passen auf jeden Fall<<<*
S: *Nein, ich mein', ich glaub' nicht, daß ich die nehme, da gefallen mir die anderen doch besser*
H: *Ach so*

Im Unterschied zu Beispiel (4) läßt sich hier allerdings das Mißverstandene nicht innerhalb des Auslösers lokalisieren. H leitet vielmehr aus dem Verstandenen eine FALSCHE Schlußfolgerung ab, die in ihrer Reaktion zum Ausdruck kommt. Sie unterstellt S ein anderes Motiv, als es der Äußerung tatsächlich zugrunde liegt. Der ORT des Mißverständnisses ist also eine von S nicht intendierte, aber von H hergestellte Implikatur[5] aufgrund der Proposition.

Eine weitere Möglichkeit eines PROPOSITIONALEN Mißverständnisses wurde in Beispiel (1) bereits vorgestellt. Auch dabei handelt es sich offensichtlich nicht um ein Mißverständnis auf der illokutionären Ebene, denn die von S intendierte Handlungsobligation einer Frage nach Information wird von H erfüllt. Die Differenz liegt wie in Beispiel (4) in der Proposition, im Gegenstand der Frage, aber im Gegensatz zu (4) unterscheiden sich in (1) bereits die sprachlichen Strukturen aus Sicht von S und H. Wenn H in einer derartigen Situation klar wird, daß schon der auditive Empfang des lautlichen Ereignisses gestört ist, so werden meist Reparaturmechanismen eingesetzt, um das Nichtverstehen zu beseitigen bzw. ein Mißverständnis zu vermeiden, das heißt, H schließt eine Rückfrage an. In (1) geschieht dies nicht - H macht sich EINEN REIM auf das Gehörte und unternimmt einen Interpretationsversuch, dessen Ergebnis allerdings mit dem von S Gemeinten nicht übereinstimmt. Letzteres trifft auch auf (3) zu, wo aber im Unterschied zu (1) der ORT des Mißverstehens in der Illokution liegt.

Über Illokution und Proposition hinaus gibt es noch eine dritte Ebene der kommunikativen Funktion von Äußerungen, auf der Mißverständnisse lokalisierbar sind. Deutlich wird dies an Fällen, in denen zwar offenbar Mißverständnisse vorliegen - in denen also eine erkennbare Differenz zwischen F(s) und F(h) besteht -, das Mißverstandene aber weder in der Illokution noch in der Proposition lokalisierbar ist.

Beispiel (6)

[S (weibl.) und H (männl.) sind KollegInnen und teilen sich ein Büro. H war im Urlaub, S sieht ihn das erste Mal danach wieder.]

S: <<<Wie war's im Urlaub?>>>
H: >>>Schön<<<

H interpretiert die Frage seiner Kollegin als formelhaften Akt der Höflichkeit, unterstellt ihr aber kein weiterreichendes Interesse an seinem Urlaub und antwortet daher sehr knapp. Danach wird nach einer kurzen Pause über ein anderes Thema gesprochen; erst einige Zeit später fragt S noch einmal genauer nach Hs Urlaub, und das Mißverständnis wird dahingehend geklärt, daß S H mit ihrer Frage tatsächlich zu einem ausführlicheren Bericht über seine Reise ermuntern wollte.

Der Ort des Mißverstehens ist in (6) nicht in der Illokution zu sehen, denn die von S beabsichtigte Frage wird ja von H durchaus beantwortet, wenn auch aus Sicht von H zu knapp. Auch die Proposition ist von der funktionalen Differenz nicht betroffen wie in den Beispielen (4), (5) und (1), denn der Gegenstand der Frage ist aus Sicht beider Beteiligter derselbe. Aus Hs Sicht will S nicht EIGENTLICH wissen, wie Hs Urlaub war; H interpretiert die Frage - anders als von S intendiert, wie sich herausstellt - als bloße Floskel. Diese unterstellte UNEIGENTLICHKEIT der Äußerung aus Sicht von H im Gegensatz zur Ernsthaftigkeit und EIGENTLICHKEIT der Frage aus Sicht von S ist der Ort des Mißverstehens. Faktoren wie dieser können als **Modifikatoren** bezeichnet werden, weil sie die anderen Funktionsebenen, Proposition und Illokution, in ihrer interaktiven Wirksamkeit insgesamt modifizieren - im Fall von (6) wird die Frage nach dem Urlaub in Hs (Miß-)Interpretation größtenteils unwirksam.

Ironie, Sarkasmus und Scherz sind weitere Faktoren, die sich in dieser Weise auf Äußerungsfunktionen auswirken können.[6] Zusätzlich kann die Funktion einer Äußerung dadurch modifiziert werden, daß S ohne erkennbare Markierung ein Zitat verwendet. Sofern H das Zitat nicht als solches erkennt, kann es zum Mißverständnis kommen:

Beispiel (7)

[S und H (Bekannte) sprechen über einen Installateur, der in Hs Wohnung kurz zuvor die Heizung repariert, dabei aber einen neuen Defekt EINGEBAUT hat. H ist kein deutscher Muttersprachler, spricht aber fließend Deutsch.]
H: *Und dann ist er gegangen und hat gemeint, das kann er einfach so lassen*
S: <<<"*Und er sah, daß es gut war ...*">>>
H: >>>*Nein, der muß das ja da schon gemerkt haben, daß das tropft, der wollte schlicht und einfach Feierabend machen*<<<
S: [lacht] *Nein, so hab' ich das auch nicht gemeint*

In (7) verwendet S als Reaktion auf Hs Erzählung in ironischer Absicht ein Zitat aus dem Buch Genesis des Alten Testaments. H interpretiert den Auslöser als EIGENTLICHE Äußerung und korrigiert S in dessen scheinbar irriger Ansicht, der Installateur habe den Fehler selbst nicht bemerkt. (H erkennt das Zitat und die dadurch transportierte Ironie im übrigen v.a. deshalb nicht, weil ihm biblische

Zitate primär in seiner serbokroatischen Muttersprache - und nicht auf deutsch vertraut sind.) Zitat und Ironie sind in diesem Beispiel als Modifikatoren anzusehen, die sowohl die Proposition als auch die Illokution des Auslösers gleichsam außer Kraft setzen.

3. Eine Typologie von Mißverständnissen

Als Ergebnis der in 2. vorgestellten Beispiele kann festgehalten werden, daß Mißverständnisse auf drei verschiedenen Ebenen der Äußerungsfunktion lokalisierbar sind: in der Illokution (Beispiele 2 und 3), in der Proposition (4, 5 und 1) und auf einer dritten Ebene, auf der verschiedene Modifikatoren dominierenden Einfluß auf die gesamte Äußerungsfunktion gewinnen (6 und 7). Die propositionalen Mißverständnisse lassen sich weiter unterteilen in einen referentiellen Subtyp (Beispiel 4), bei dem die Referenz eines Teils der Proposition Ort des Mißverstehens ist, einen Implikaturen-Subtyp (Beispiel 5), bei dem sich das Mißverständnis auf eine aus dem Auslöser ableitbare Schlußfolgerung bezieht, und einen strukturellen Subtyp (Beispiel 1), bei dem bereits x(s) und x(h) differieren. Daraus ergibt sich folgende funktionale Typologie:

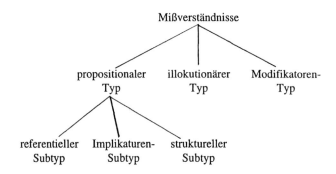

Abb. 2: Funktionale Typologie von Mißverständnissen

4. Schlußfolgerungen

Das Konzept einer dreigliedrigen Äußerungsfunktion, wie es sich aus der Analyse von Mißverständnissen ergibt, läßt über die vorgestellte Typologie hinaus Schlußfolgerungen auf Mechanismen des Verstehens zu, die hier nur knapp angesprochen werden können.[7] Die dritte Funktionsebene der Modifikatoren muß nicht nur im Fall von Mißverständnissen, sondern grundsätzlich für alle Äußerungen in natürlicher Interaktion in Betracht gezogen werden. Während ein Zitat wie in (7) sicherlich einen seltenen Ausnahmefall darstellt, sind Faktoren wie Scherz und Ironie in vielen Äußerungen graduell enthalten. Höflichkeit als modifizierendes Element, das die anderen Funktionsebenen mehr oder weniger stark beeinflußt und im Extremfall - wie in (6) aus Sicht von H - überlagert, ist wohl als häufigster der diskutierten Faktoren anzusehen. Auf einer Skala der (Un)Höflichkeit nimmt jede Äußerung irgendeine Position ein,[8] und die Annahme liegt nahe, daß die Einschätzungen einer Äußerung hinsichtlich ihres Grades an Höflichkeit zwischen S und H sehr viel häufiger differieren, als es tatsächlich zu bemerkten Mißverständnissen kommt. Nur im Falle eines Mißverständnisses entsteht für die Beteiligten mit einiger Wahrscheinlichkeit eine Gelegenheit zur Reparatur. In vielen anderen Fällen werden unterschiedliche Eindrücke von der Höflichkeit einer Äußerung in der Interaktion nicht aufgearbeitet. Dennoch können sie anhaltende Störungen in den Beziehungen zwischen GesprächspartnerInnen hinterlassen.

Modifikatoren sind ganz zweifellos Teil dessen, was das Gemeinte und das Verstandene in der Kommunikation ausmacht. Sie müssen daher als Teil der Äußerungsfunktion angesehen werden. Das hier vorgestellte Konzept einer dreigliedrigen kommunikativen Funktion ermöglicht die systematische Integration von Faktoren wie Höflichkeit, Scherz und Ironie in ein pragmatisch-funktionales Gesamtkonzept. Zugleich wird in diesem Modell und angesichts der damit identifizierbaren möglichen ORTE des Mißverstehens deutlich, wie unwahrscheinlich hundertprozentiges Verstehen ist. Dies stützt Dascals oben angesprochene Schlußfolgerung, daß die Komplexität kommunikativer Funktionen ein vollständiges Verstehen zwischen S und H praktisch ausschließt. Daß GesprächspartnerInnen eine weitgehende Übereinstimmung zwischen F(s) und F(h) als VERSTEHEN wahrnehmen, widerspricht dieser Aussage nicht. In natürlicher Interaktion wird Verstehen als Normalfall der Kommunikation aufgefaßt; Taylor (1992:218) spricht dabei von einem "moral imperative to understand". Aus linguistisch-pragmatischer Sicht ist Verstehen aber viel eher ein soziales Konstrukt als eine kommunikative Realität.

Literatur

Brown, Penelope, & Stephen C. Levinson (1987): *Politeness. Some universals in language usage.* Korrigierte Neuauflage mit neuer Einführung und neuem Literaturverzeichnis (1. Aufl. 1978). Cambridge
Coupland, Nikolas, Howard Giles & John M. Wiemann (Hg.) (1991): *"Miscommunication" and problematic talk.* Newbury Park u.a.
Dascal, Marcelo (1985): *The relevance of misunderstanding.* In: Thomas T. Ballmer & Roland Posner, (Hg.) (1985): *Nach-Chomskysche Linguistik.* Berlin, New York, 194-210
Dobrick, Martin (1985): *Gegenseitiges (Miß-)Verstehen in der Dyadischen Kommunikation.* Münster

Falkner, Wolfgang (1997): *Verstehen, Mißverstehen und Mißverständnisse. Untersuchungen an einem Korpus englischer und deutscher Beispiele.* Tübingen

Grice, H. Paul (1975): Logic and conversation. In: Peter Cole & Jerry L. Morgan (Hg.) (1975): *Syntax and semantics. Vol. 3: Speech acts.* New York, 41-58

Hinnenkamp, Volker (1996): *Mißverständnisse in Gesprächen. Eine empirische Untersuchung im Rahmen der Interpretativen Soziolinguistik.* Habilitationsschrift Universität Augsburg

Humphreys-Jones, Claire (1986): *An investigation of the types and structure of misunderstandings.* Dissertation Universität Newcastle upon Tyne

Leech, Geoffrey (1983): *Principles of Pragmatics.* London

Milroy, Lesley (1984): Comprehension and context: successful communication and communicative breakdown. In: Peter Trudgill (Hg.) (1984): *Applied sociolinguistics.* London, 7-31

Searle, John R. (1969): *Speech acts. An essay in the philosophy of language.* Cambridge

Searle, John R. (1976): A classification of illocutionary acts. In: *Language in Society* 5, 1-23

Taylor, Talbot J. (1992): *Mutual misunderstanding.* London

Zaefferer, Dietmar (1977): Understanding misunderstanding: a proposal for an explanation of reading choices. In: *Journal of Pragmatics* 1, 329-346

Anmerkungen

1) Für einen ausführlichen Forschungsüberblick vgl. Falkner (1997, Kap. 2). Die noch unveröffentlichte Habilitationsschrift von Hinnenkamp (1996) ist dort noch nicht berücksichtigt.

2) Alle verwendeten Beispiele wurden nach der DIARY METHOD (vgl. Humphreys-Jones 1986:33f., die sich damit v.a. auf Milroy 1984 bezieht) gewonnen, das heißt, Gesprächsausschnitte mit Mißverständnissen, an denen ich selbst als S oder H beteiligt war (Beispiele 1 bis 5 und 7) oder die mir von Dritten berichtet wurden (6), wurden so bald und so originalgetreu wie möglich schriftlich festgehalten, wobei auch die Erinnerung anderer Beteiligter zur Rekonstruktion mit herangezogen wurde. Bei der schriftlichen Wiedergabe der Beispiele wird dasjenige lautliche Ereignis, das das Mißverständnis auslöst (der **Auslöser**), jeweils mit nach außen spitzen Klammern (<<< ... >>>) gekennzeichnet, die Reaktion von H, in der sich das Mißverständnis interaktiv manifestiert (die **Manifestation**), mit nach innen spitzen Klammern (>>> ... <<<). Die Ausdrücke Auslöser und Manifestation lehnen sich an die Terminologie von Humphreys-Jones (1986) an, die die entsprechenden Sequenzen ORIGIN und MANIFESTATION nennt. Sternchen (*...*) kennzeichnen überlappende Teile von Redebeiträgen oder Hintergrundgeräuschen, Schrägstriche (///) stehen für Pausen.

3) Vgl. zur Kritik an den Vorschlägen Zaefferers und Dascals ausführlicher Falkner (1997, Kap. 2.5).
4) Die Benennung verschiedener Typen illokutiver Akte folgt der Klassifikation Searles (1976). Eine Reihe von Begriffen wie etwa Proposition oder Implikatur (vgl. Fußnote 5) kann hier nicht in der Weise problematisiert werden, wie es angesichts des Standes der Theoriediskussion erforderlich wäre. Vgl. dazu insgesamt Falkner (1997, Kap. 4).
5) IMPLIKATUR wird hier im Sinne von Grices (1975) KONVERSATIONELLER IMPLIKATUR verwendet.
6) Vgl. dazu Falkner (1997, Kap. 5.2.3) mit weiteren Beispielen.
7) Vgl. dazu ausführlich Falkner (1997, v.a. Kap. 6 und 7).
8) Vgl. dazu etwa Leechs (1983) *Politeness Principle* und Brown & Levinson (1987).

Kontextualisierung im nicht-präferierten Format

Anita Fetzer, Stuttgart

0. Vorbemerkung

Ziel meines Beitrags **Kontextualisierung im nicht-präferierten Format** ist es nicht, einen weiteren Definitionsversuch zum Phänomen Kontext zu wagen. Vielmehr möchte ich Kontext und Kontextualisierung als komplementäre Phänomene betrachtet sehen, die in Anlehnung an die Ethnomethodologie in dem und durch den Prozeß einer jeglichen verbalen und / oder non-verbalen Interaktion im Rahmen einer Bestätigung oder Zurückweisung von kontextueller Information geschaffen werden. Dies siedelt die hier zugrundegelegte Definition von Kontext im Rahmen von KONTEXT = JEGLICHES + ALLES an, und Kontextualisierung referiert somit sowohl auf ein indexikalisch als auch ein explizit realisiertes Akzeptieren / Zurückweisen von kontextueller Information, wobei die entsprechenden pragmatischen Präsuppositionen i.d.R. als indexikalische Realisierungen vorliegen.

Im ersten Teil meines Beitrags soll sowohl die Beziehung zwischen Kontext und Kontextualisierung als auch zwischen Mikro- und Makroaspekten von kontextueller Information expliziert werden, was anhand von direkten und indirekten Sprechakten kritisch erörtert werden soll. Im zweiten Teil wird das Konzept der Sprechhandlung dann ausgeweitet auf den Rahmen der Konversationsanalyse und der darin verankerten Phänomene der Sequenzierung und Interaktionsfolgenrelevanz. Beide basieren auf dem Konzept des Adjazenzpaares (adjacency pair) und der daraus resultierenden Adjazenzposition und Adjazenzbeziehung, die im Rahmen der Organisation der Präferenzen weiter differenziert werden in präferierte und nicht-präferierte Reaktionen. In einem weiteren Schritt werden diese im Rahmen der Funktionalen Grammatik und des dort verankerten Konzeptes der Markiertheit interpretiert, was weit über das rein strukturell geprägte Konzept der Markiertheit hinausgeht und als Basis für die Explizierung von Kontextualisierung im nicht-präferierten Format dienen wird.

1. Kontext und Kontextualisierung

Das Phänomen Kontext ist in der linguistischen Pragmatik von größter Relevanz und es gibt keine Definition von sprachlichem Handeln, die ohne Referenz auf relevante kontextuelle Information existieren kann. Sprachliches Handeln findet also immer innerhalb eines Kontextes statt, der weiter differenziert werden kann hinsichtlich seines situativen Mikro-Rahmens und seines institutionellen Makro-Rahmens. Im Rahmen der Ethnomethodologie wird Kontext **durch den** und **in dem Prozeß** einer verbalen / nonverbalen **Kommunikation** geschaffen, wobei sowohl Mikro- als auch Makro-Informationen kommuniziert werden. Makro-Informationen referieren auf institutionelle Faktoren wie z.b. Struktur der Gesellschaft oder auch Stellenwert des konkreten sprachlichen Handelns innerhalb der Gesellschaft, während Mikro-Faktoren auf den aktuellen Kontext der Interaktion verweisen. Zwischen mikro- und makrokontextueller Information herrscht eine permanente Wechselwirkung, d.h. innerhalb einer Interaktion werden sowohl Mikro- als auch Makroinformationen bestätigt und / oder zurückgewiesen. Daraus folgt, daß sowohl die Mikro- als auch die Makroebene Informationen enthalten u.a. über die Gesellschaftsstruktur, über das PARTICIPANT FORMAT (vgl. Levinson 1988), den sozialen Status der KommunikationsteilnehmerInnen, die horizontale und vertikale Beziehung der KommunikationsteilnehmerInnen und die Sprechereinstellung(en). Diese kontextuelle Information ist i.d.R. sehr stark einzelsprachlich und somit auch einzelkulturell gefärbt und spiegelt sich wider in den sprachlichen Konventionen und kommunikativen Strategien für einzelne Sprechhandlungsmuster, sei das nun sprachliches Handeln in Prüfungssituationen, Gerichtsverhandlungen oder medizinischen Interaktionen, also bei Kommunikationen in Institutionen; aber auch der nicht-öffentliche Rahmen wird durch den Kontext geprägt bzw. prägt diesen, was u.a. beim Anredeverhalten, County und Grad an Direktheit / Indirektheit zum Ausdruck kommt.

Die Relevanz von kontextuellen Informationen und ihre Art der Versprachlichung soll im folgenden anhand des folgenden Textbeispieles (1) verdeutlicht werden. Dieses Beispiel übermittelt uns keinerlei explizit versprachlichte Informationen über die SprecherInnen und trotzdem WISSEN, d.h. inferieren wir relativ viele Informationen über sie. Bei diesen Inferierungsprozessen dienen prototypische, sehr stark einzelsprachlich und somit auch einzelkulturell geprägte kontextuelle Rahmen (contextual frames) für den Mikro- und Makrokontext als Basis:

(1) A: *Uh if you'd care to come and visit a little while this morning I'll give you a cup of coffee*
B: *hehh well that's awfully sweet of you,*
I don't think I can make it this morning.
hh uhm I'm running an ad in the paper and-and uh I have to stay near the phone.

Levinson (1983:333f)

Bei Textbeispiel (1) handelt es sich mit großer Wahrscheinlichkeit erstens um eine gleichgeschlechtliche Interaktion unter Frauen, was u.a. inferiert wird aus dem Diskursthema (Kaffeetrinken, daheim, heute morgen). Zweitens ist die Beziehung zwischen A und B hinsichtlich der horizontalen Hierarchie auf der Skala RELATIV ENG - RELATIV WEIT als miteinander bekannt, aber nicht zu eng einzustufen, was inferiert wird aus a) dem Verzögerungssignal *uh*, b) dem partnerzentrierten Interpersonalitätsmarker *if you'd care*, der Abtönung *a little while* und dem Angebot *I'll give you X*, und c) aus der relativ detaillierten Begründung für die Ablehnung. Drittens ist die horizontale Hierarchie als gering bis mittel einzustufen, was sich inferieren läßt aus der oberflächensprachlichen Realisierung der Aufforderungshandlung und des Ausdrucks der Wertschätzung, welche - und hier wird der Aspekt der Kontextualisierung relevant - eine Zurückweisung signalisiert, die zusätzlich dazu auch noch ausführlich begründet wird. Viertens handelt es sich mit großer Sicherheit um eine informelle Interaktion, was sich wiederum aus dem Diskursthema ableiten läßt. Ferner könnte noch inferiert werden, daß A versucht, die Beziehung zwischen sich und B enger zu gestalten.

Wie schon weiter oben erwähnt sind diese aus den verschiedenen Inferierungsprozessen gewonnenen kontextuellen Informationen sehr stark kultur- und gesellschaftsabhängig, denn es wären jederzeit auch Kontexte denkbar, in denen der aus dem Diskursthema resultierenden Aktivität des Kaffeetrinkens ein WELTBEWEGENDERER Stellenwert zuzuschreiben wäre.

Sprechhandlung und Kontext

Im Rahmen der Sprechakttheorie ist die Sprechhandlung A, der die Funktion einer Einladung zukommt, aufgrund ihrer oberflächensprachlichen Realisierung als Konditionalsatzgefüge nicht ohne weiteres als direkter Sprechakt einzustufen. Trotzdem liegt es nahe, A als eine relativ direkt versprachlichte Einladung zu klassifizieren, da diese durch einen hohen Grad an Konventionalisierung charakterisiert ist. Sprechhandlung A repräsentiert also einen konventionalisierten indirekten Sprechakt und ist folglich hinsichtlich seiner zum Ausdruck gebrachten pragmatischen Stärke mit einem direkten Sprechakt gleichzusetzen. Die sprachliche Reaktion B ist, sofern nur der propositionale Gehalt berücksichtigt wird, aufgrund ihrer oberflächensprachlichen Realisierung als eine positive Bewertung der KommunikationspartnerIn einzustufen und legt, lassen wir an dieser Stelle einzelsprachliche und einzelkulturelle Konventionen außer acht, ein Akzeptieren der zum Ausdruck gebrachten Einladung nahe.

Wenn wir aber nun prototypische kontextuelle Informationen in Betracht ziehen, wie z.B. daß auf eine Einladung als mögliche sprachliche Reaktion i.d.R. ein Akzeptieren oder Ablehnen folgt, so ist die Reaktion B nicht mehr uneingeschränkt als ein Akzeptieren der zum Ausdruck gebrachten Einladung zu interpretieren. Dies hat zur Konsequenz, daß die positive Partnerbewertung *that's awfully sweet of you* zum einen in Beziehung gesetzt wird zu den prototypischen sprachlichen Reaktionen, die auf eine Einladung folgen; zum anderen wird sie aber auch in Beziehung gesetzt zu den Kontextualisierungsmitteln *ehm* und *well*, denen die Funktion zukommt, eine indexikalisch realisierte Stellungnahme zum Ausdruck zu bringen. *Well* wird in der diskursanalytischen Forschung eingestuft als MARKER OF DISPREFERRED RESPONSE (Levinson 1983) und *ehm* kommt die Funktion zu, eine Verzögerung, also wiederum ein Merkmal des nicht-präferierten Formats, zum Ausdruck zu bringen.

Bevor nun die bevorzugte und nicht-bevorzugte Präsentation von kontextueller Information analysiert werden wird, sollen zuerst die aus der Konversationsanalyse stammenden Voraussetzungen Adjazenzpaar, Adjazenzposition und Adjazenzbeziehung diskutiert werden.

2. Kontext und Konversationsanalyse

Die Konversationsanalyse ist sehr stark empirisch ausgerichtet und arbeitet im allgemeinen mit einem **top-down-approach**, d.h. eine am Diskurs orientierte Sprachwissenschaft geht nicht von einem in Isolation zu untersuchenden Teilaspekt zum Ganzen. Vielmehr wird ein Text zur kleinsten kommunikativen Einheit, und dieser wird dann in seine konstituierenden Teile sequenziert. Diese Sequenzierung kann sich nun auf die Untergliederung eines Textes in seine Eröffnungs-, Mittel- und Beendigungsphase erstrecken, sie kann sich aber auch auf eine Mikro-Untergliederung dieser größeren Texteinheiten beziehen. Eines der wichtigsten Konzepte der Konversationsanalyse ist die Basiseinheit des Adjazenzpaares, das unter interaktionalen Gesichtspunkten aus einer initiierenden und einer reaktiven Sprechhandlung besteht. Levinson (1983:303) expliziert das Konzept des Adjazenzpaares folgendermaßen:

> Adjacency pairs are sequences of utterances that are:
> (i) adjacent
> (ii) produced by different speakers
> (iii) ordered as a **first part** and a **second part**
> (iv) typed, so that a particular first part requires a particular second part ....

Die zwei das Adjazenzpaar konstituierenden Sprechhandlungen sind aber nicht reduziert auf die Bildung spezifischer Adjazenzpaare, da das Konzept des Adjazenzpaares sowohl auf einer Adjazenzbeziehung als auch auf einer Adjazenzposition der einzelnen Sprechhandlungen basiert. Dies hat die Konsequenz, daß ein Adjazenzpaar sowohl auf prototypische Adjazenzpaare wie u.a. Grüßen / Grüßen, Einladen / Akzeptieren-Zurückweisen, Fragen / Antworten-Nicht-Antworten oder Anbieten / Akzeptieren-Zurückweisen als auch auf eine prototypische Adjazenz-Erwartungshaltung der KommunikationsteilnehmerInnen verweist. Aus der Adjazenzposition lassen sich - bei einer Nicht-Erfüllung einer Adjazenz-Erwartungshaltung - Inferierungsprozesse hinsichtlich einer nicht explizit realisierten oberflächensprachlichen Realisierung ableiten.

Das Konzept der Adjazenz hat auch auf der Makroebene Gültigkeit hinsichtlich der Sequenzierung eines Textes in seinen Eröffnungs- und Mittelteil **und** in seinen Mittel- und Beendigungsteil.

Das fundamentale Konzept der Adjazenz und die daraus resultierende **Interaktionsfolgenrelevanz** dienen als Basis für die Analyse von Verstehens- und Inferierungsprozessen, was im folgenden kurz verdeutlicht werden soll. Gehen wir zurück zu unserem Beispiel (1) und stellen wir uns als Reaktion nicht die Variante B, sondern die Variante B2 vor:

(2) A: *Uh if you'd care to come and visit a little while this morning I'll give you a cup of coffee*
B2: *There a knock at the door ...*

Das Konzept der Adjazenz referiert nun nicht nur auf die direkte Abfolge der zwei Sprechhandlungen eines Adjazenzpaares, also auf eine Einladung und ein Akzeptieren / Zurückweisen einer Einladung. Es referiert ebenfalls auf eine Adjazenzbeziehung und somit auch auf eine Adjazenz-Erwartungshaltung der KommunikationsteilnehmerInnen. Diese beinhaltet, daß jede im direkten Anschluß an den ersten Teil eines Adjazenzpaares folgende Äußerung als relevant für dessen ersten Teil interpretiert wird. Konkret heißt das, daß wenn als Reaktion auf A die Sprechhandlung B2 *There's a knock at the door* folgt, die SprecherIn nicht, zumindest nicht zu diesem konkreten Zeitpunkt, mit einer Zurückweisung ihrer zum Ausdruck gebrachten Einladung zu rechnen hat. Vielmehr ist B2 der Status eines Einschubes (insertion sequence) zuzuschreiben, welcher eine relevante Reaktion auf A nicht aufhebt, sondern nur hinauszögert. Dies hat zur Folge, daß B2 als relevant für A interpretiert werden muß, d.h. in dieser konkreten Situation ist das sofortige Reagieren auf das (face-to-face) Klopfen an der Tür wichtiger oder relevanter als das sofortige Reagieren auf die zum Ausdruck gebrachte Einladung innerhalb des Mediums Telefon. Der Einschub B2 hat nun insofern Auswirkungen auf den weiteren Verlauf der Kommunikation, als A unter Zugzwang gerät und auf diesen Einschub reagieren muß, d.h. A muß diesen Einschub ratifizieren. Als konventionelle Reaktion kann ein BACK-CHANNEL-BEHAVIOUR wie *hm* oder eine verbale Variante wie u.a. *shall I ring you later* in Frage kommen.

Der aufgrund des Phänomens der Interaktionsfolgenrelevanz ausgelöste Inferierungsprozeß bei (2) kann nun folgendermaßen expliziert werden: B2 hat Interaktionsfolgenrelevanz hinsichtlich der initiierenden Sprechhandlung A, die das Adjazenzpaar Einladen / Akzeptieren-Zurückweisen initiiert. Aus diesem Grund erwartet A eine diesbezügliche B-Stellungnahme. Die Variante B2 kann nun aufgrund eines neu eingeführten Diskursthemas weder als ein Akzeptieren noch als ein Zurückweisen interpretiert werden. Somit wird A die Reaktion B2 als einen Einschub interpretieren und erwarten, daß B Stellung nimmt hinsichtlich des von A initiierten Adjazenzpaares. Falls B keine Stellung beziehen sollte, wird A die Variante B2 aufgrund von A's kontextuelle Kompetenz, die ein WISSEN HINSICHTLICH KOMMUNIKATIVER STRATEGIEN FÜR NEGATIVE INTERAKTIONEN beinhaltet, als Zurückweisung der zum Ausdruck gebrachten Einladung interpretieren.

Das Konzept des Adjazenzpaares ist im Rahmen der Organisation der Präferenzen weiter differenziert worden in ein präferiertes und nicht-präferiertes Format. Dies soll im folgenden diskutiert werden, wobei das Phänomen der Präferiertheit bzw. Nicht-Präferiertheit in Beziehung gesetzt wird zu dem durch die Funktionale Grammatik geprägten Konzept der Markiertheit.

3. Die Organisation der Präferenzen und die Funktionale Markiertheit

Nach der Diskussion des Phänomens Adjazenz soll nun dessen Spezifizierung im Rahmen der Organisation der Präferenzen dargestellt werden. Ein Adjazenzpaar wurde definiert als bestehend aus zwei Sprechhandlungen, einer initiierenden und einer reaktiven Handlung. Im Rahmen der Organisation der Präferenzen werden diese Adjazenzpaare aufgrund spezifischer oberflächensprachlicher Merkmale kategorisiert in ein **präferiertes** und ein **nicht-präferiertes** Format. Bevor jedoch die oberflächensprachliche Realisierung dieser Sprechhandlungspaare diskutiert wird, sollen zuerst die wichtigsten Ergebnisse der Organisation der Präferenzen in Anlehnung an Levinson (1983:336) tabellarisch dargestellt werden:

Erster Teil	Zweiter Teil präferierte Sprechhandlung	Zweiter Teil nicht-präferierte Sprechhandlung
Auffordern	Akzeptieren	Zurückweisen
Anbieten/Einladen	Akzeptieren	Zurückweisen
Bewerten	Zustimmen	Nicht-Zustimmen
Fragen	Erwartete Antwort	Nicht-Erwartete Antwort oder keine Antwort
Schuld-Geben	Negieren	Zugeben

Als Basisvoraussetzung für die Organisation der Präferenzen gilt, daß alle zweiten Teile den gleichen Status haben, und darauf basierend wird das präferierte und nicht-präferierte Format abgeleitet. Die präferierten und nicht-präferierten sprachlichen Reaktionen werden in Anlehnung an Levinson (1983) im Rahmen der Dichotomie **markiert / unmarkiert** interpretiert, wobei das **präferierte** Format zur **unmarkierten** Kategorie und das **nicht-präferierte** Format zur **markierten** Kategorie wird. Die Einstufung einer sprachlichen Reaktion als präferierter bzw. nicht-präferierter response ist allein auf das strukturell geprägte Konzept der Markiertheit der Morphologie zurückzuführen, welches auf die diskursive Kategorie des **turns** ausgeweitet wurde. Präferierte bzw. nicht-präferierte Reaktionen dürfen also unter keinen Umständen mit der individuellen Disposition von einzelnen KommunikationsteilnehmerInnen gleichgesetzt werden.

Der aus der Morphologie und der Funktionalen Grammatik abgeleitete Status der Markiertheit basiert auf folgenden Voraussetzungen:

- **Markierte Reaktionen** sind unter **strukturellen** Gesichtspunkten **komplexer** bzw. GRÖSSER.
- **Markierte Reaktionen** treten unter **distributionellen** Gesichtspunkten **weniger häufig** auf.

- **Markierte Reaktionen** sind folglich unter **kognitiven** Aspekten **auffälliger**, was Auswirkungen auf den Verstehensprozess hat. Das **processing** von nichtpräferierten Reaktionen ist weitaus **komplexer**, d.h. die erforderliche **mentale Aufmerksamkeit** und **geistige Leistung** bei der **Verarbeitungszeit** ist bei einer Interpretation des markierten response weitaus **größer**.
Vgl. hierzu Givon (1995:28) u. Levinson (1983:307)

Wenn jetzt das durch die Funktionale Grammatik geprägte Konzept der Markiertheit auf die Phänomene Kontext und Kontextualisierung angewendet wird, so hat dies die Konsequenz, daß im Englischen, und mit Modifikationen sicherlich auch im Deutschen und weiteren Sprachen, präferierte Reaktionen **unmarkiert**, also im direkten Anschluß und somit ohne jegliche Verzögerung, häufig mit einer Intensivierung, realisiert werden, während die **markierten** nicht-präferierte Reaktionen durch Kontextualisierungsmittel markiert sind, welchen die Funktion zukommt, eine Verzögerung zum Ausdruck zu bringen. Im folgenden sollen nun die aus dem Phänomen der Markiertheit resultierenden Kategorien **mehr (+)** und **weniger (-) sprachliches Material** vorgestellt werden. Die Kategorie **+sprachliches Material** wird durch eine Vielzahl sprachlicher Mittel repräsentiert, denen die Funktion einer **indexikalischen Stellungnahme** zukommt:

Präferierte Reaktion
-sprachl. Material
UNMARKIERT

Nicht-präferierte Reaktion
+sprachl. Material:
MARKIERT, d.h. zusätzliches
sprachliches Material:
- Pausen
- Einschübe (partielle/ganze/mehrere turns)
- Teilkonsens
- Discourse Markers

4. Ausblick: Markierte und unmarkierte Kontextualisierung

Ist es nun möglich, Kontextualisierungsmittel in ein **positives** und **negatives Kontextualisierungsparadigma** zu kategorisieren? Wenn wir uns im Rahmen der Organisation der Präferenzen bewegen, so kann, mit Einschränkungen, ein negatives Kontextualisierungsparadigma definiert werden, wobei dieses aber immer an einen nicht-präferierten response geknüpft ist. Für das Phänomen der Kontextualisierung heißt das, daß spezifische Marker bzw. deren Nicht-Realisierung die Kategorie der zu folgenden Reaktion signalisieren und somit kontextualisieren. Nicht-präferierte Reaktionen werden kontextualisiert durch spezifische Marker: ein Zurückweisen wird u.a. kontextualisiert durch Verzögerungen, welchen die Funktion zukommt, eine Abtönung zum Ausdruck zu bringen.

Gibt es nun auch eine **präferierte** bzw. **nicht-präferierte oberflächensprachliche Realisierung** von kontextueller Information, also von **Kontextualisierung**? Ich möchte an dieser Stelle das vorsichtige Fazit ziehen, daß es eine präferierte und nicht-präferierte oberflächensprachliche Realisierung von kontextueller Information gibt, wobei die **präferierte**, unmarkierte oberflächensprachliche Realisierung von kontextueller Information die präsupponierende, **indexikalisch** realisierte Variante ist, während die **nicht-präferierte**, markierte Variante durch eine **relativ explizite** Versprachlichung von Kontext gekennzeichnet ist.

Literatur

Atkinson, J.M. / Heritage, J. (Hg.) (1984): *Structures of social action*. Cambridge
Auer, P. / DiLuzio, P. (Hg.) (1992): *The contextualization of language*. Amsterdam
de Beaugrande, R. / Dressler, W. (1981): *Einführung in die Textlinguistik*. Tübingen
Brown, P. / Levinson S.C. (1987): *Politeness*. Cambridge
Coulmas, F. (Hg.) (1981): *Conversational routine*. The Hague
van Dijk, T. (1981): *Studies in the pragmatics of discourse*. The Hague
Duranti, A. / Goodwin, C. (Hg.) (1992): *Rethinking context*. Cambridge
Fetzer, A. (1994): *Negative Interaktionen*. Frankfurt
Fetzer, A. (1996): Preference organization and interactive language teaching. In: *IRAL* XXXIV/2, 77-93
Fetzer, A. (1996): Preference organization und Sprechfertigkeit im engl.-dt. Kontext. In: *GAL Bulletin* 24, 2, 63-80
Givon, T. (1995): *Functionalism and grammar*. Amsterdam
Goffman, E. (1976): Replies and responses. In: *Language in Society* 5, 257-313
Grundy, P. (1995): *Doing pragmatics*. London
Gumperz, J.J. (1982): *Discourse strategies*. Cambridge
Kalberg, S. (1987): West German and American interaction forms: one level of structured misunderstanding. In: *Theory, Culture & Society* 4, 603-618
Kotthoff, H. (1992): *Disagreement and concession in disputes*. Konstanz
Lauerbach, G. (1993): The analysis of conversation and its discontent: the case of preference organization. In: *Anglistentag 1992*. hgg. von Goebel, W. / Seeber, H.U. Tübingen, 427-436
Levinson, S.C. (1983): *Pragmatics*. Cambridge
Levinson, S.C. (1988): Putting linguistics on a proper footing. In: *Erving Goffman*. hgg. von Drew, P. / Wootton, A. Cambridge, 161-227
Pomerantz, A. (1984): Agreeing and disagreeing with assessments: some features of preferred / dispreferred turn shapes. In: Atkinson, J.M / Heritage, J. (Hg.), 57-101
Schegloff, E.A. / Jefferson, G. / Sacks, H. (1977): The preference for self-correction in the organization of repair in conversation. In: *Language*, 53, 361-382

"Ça se discute" - Konversationsanalytische[1] Bemerkungen zu einer Fernsehsendung

Astrid Hönigsperger, Wien

1. Vorbemerkungen

Ich möchte im folgenden einen Abschnitt der französischen Talk-Show "Ça se discute" präsentieren, und zwar die vom Talkmaster moderierte Einleitung, und danach einige Kriterien, die ein erster, u.U. wegweisender Schritt für eine weiterführende kommunikationsanalytische Untersuchung sein können, näher untersuchen.

Meine Motivation, genau diesen Abschnitt auszuwählen war, daß er dem (nicht französischen) Zuseher aus mehreren Gründen verhältnismäßig stark auffällt, wobei man diese Auffälligkeiten unter Umständen nicht sofort verbalisieren und benennen kann; sie sind EINFACH DA und erst nach einem zweiten, genaueren, Blick werden die Unterschiede zu ähnlichen, in Österreich oder Deutschland produzierten Sendungen deutlicher und benennbar. In jüngster Zeit hat auch in deutschsprachigen Ländern ein ähnlicher Gesprächs- bzw. Moderationsstil in einigen Sendungen, oder Sendungstypen, Einzug gefunden. Einige dieser Besonderheiten möchte ich näher besprechen, andere werden in diesem Rahmen nur kurz erwähnt werden können.

Die Transkription des entsprechenden Abschnittes läßt v.a. einige formale Besonderheiten, wie z.B. die überdurchschnittlich lange Einleitung oder das hohe Sprechtempo, fast AUF DEN ERSTEN BLICK deutlich werden.

2. Text

2.1. Transkription[2]

Zeit	Sprecher	Zeile	Text	Kommentar
0:00	A	1	Bonsoir + ça se discute en directe integrAle (BLICKT INS PUBLIKUM) merci ++ c'est gentil. ++ sur France dEUX comme chaque lUNdi comme chaque mARdi (LÄCHELT) +++les alentours de vingt-dEUx heures trente + il est précisement vingt-deux heures trente trois, merci ++ (ANGEDEUTETE	1-60: hält Stift und Zettel in der Hand
		8	VERBEUGUNG ZUM PUBLIKUM) très aimable, très gentil	1-5:lebhaft

	10	Merci pour nos invités, merci pour eux +++ (DREHT SICH ZUR KAMERA),. Vous avez vu que Raimond Barre ++ ne s'est pas déclaré ce soir dans l'emission La France en Directe en face de Bruno (Masure), nous aussi à notre manière nous allons évoquer + l'élection présidentielle au cours de	1-5:Zurufe, Applaus, Pfiffe; 6-15: ernster
0:30	17	cette emission, puisqueee + si on met d'coté les candidats qu'on peut appeler eeeh officiels ou ceux qui sont bien connus du grand public + il y en a d'autres qui promettent toutes sortes de chOses à ceux qui pourront eventuellement voter pour eux. Nous avons en jeux par exemple une candidate qui réclame des salaires pour tous (échelonnés) entre huit mille et trente mille francs + une autre candidate (KURZER BLICK INS PUBLIKUM) qui sera avec nous demain soir ++ qui eh défend l'amour sous toutes ses formes et qui prône par exemple la réouverte des maisons closes, on en parlera (dans) quelques semaines encore (LÄCHELT) ++ oh, ça sufflIt (BLICKT INS PUBLIKUM), ou encore un cAndidat qui prône de supprimer le travail pour supprimer le chomage et celui-là on pourra l'entendre au cours de l'emission. ++ ah bien sur, (BLICK ZUM PUBLIKUM) c'est (facile). +	15:Applaus setzt ein
1:00	38	Alors à quelques semaines des éléctions présidentielles, c'est vrai que commeee abba comme tous les sept ans c'est la constitution qui le veut, la cinquième république qui le souhAIte, les candi ... les candidatures eeh à la cAndidature puisqu'on, quand on eeh n'a pas encore cinq cent signatures on est que candidat de la candidature, ça se multiplie et permet à cinq personnes de faire passer des idées Auxquelles ils croient ou simplement de faire parler de soi, une sorte de tremplin + derrière leurs programmes éléctorAUx, alors est-ce qu'il y a vraiment des propositions concrètes pour que la France (entame) joyeusement + ce troisième	ab hier immer schneller und hektischer, häufigere Abbrüche

1:30	54	millénaire, Mesdames Messieurs (KURZES AUFLACHEN) c'est dans cinq ans ou seulment une simple constatation, la constatation que dans notre pAys, à notre époque + eh bien la provocation est assez mOU, c'est assez tiède + et en fait il y a deux objectifs chez tous les provocateurs , ou ceux qui sont considérés comme tels, en tout cas, c'est soit faire rIre + le mieux possible, et c'est pas toujours réussIt, ou soit assurer sa propre promotion + donc pas étonnant dans cet état de fait que certains journaux, certains radios fassent un peu de surenchère pour essayer d'attirer le plus d'élécteurs ou le plus de mmm de d'AUditeurs et d'ailleurs on peut on
2:00	70	peut signaler, vous le savez déjà, que cette surenchère a par exemple provoqué chez deux rAdios le licenciement de deux animateurs, dont J.C. sur Sky Rock et (Coyé) sur Fun Radio, on en parlera au cours de cette emission, qui ont donc été coupables de prOpos jUgés irresponsables . Alors, en passé des bords, c'est vrai qu'il n'y a plus de limites + mais tout d'même ces limites existent Elles pour ces provocateurs ou encore une fois + consideré́s comme tEls, car une provocation généralement elle existe à partir du moment où des gens se disent chOqués, ooont moins rit, queee ils ne que ce ça n'en était l'intention en tout cas, de la part de ceux qui l'ont provoqué. Alors beau beau beaucoup d'questions eee à propos des limites mais bien d'autres aussi, cest-ce que la provocation est utile pour
2:30	89	faire évoluer le débat + est-ce que les provocateurs sont tous des irrésponsables , beaucoup de questions, donc à poser à nos invités ce soir. Alors on va rejoindre l'imitateur Eric Blanc + le journaliste Bernard Langlois + que vous connaissez, le dEssinateur Vima + le prochain président du festival d'Angoulême, également l'écrivain Christian Laborde + le chanteur Gogol Premier et le patron de Fun Radio qui est également notre invité, Monsieur (Benoit Siar), voici nos invités sont avec nous

3:00		102	+++(GEHT ZU DEN GÄSTEN). Gogol Premier bonsoir +++ (BLÄTTERT IN DEN UNTERLAGEN) Vous connaissez Gogol Premier (BLICK INS PUBLIKUM) si vous ne le connaissez pas vous allez apprendre à le connaitre (WENDUNG ZUM GAST) + si je vous dis Monsieur l'président c'est un peu prémature pour l'instant?	will nun sichtlich zu einem Ende gelangen
	B	110	Abba oui, il faudrait que je receuille toutes les signatures ++ mais je suis là pour les pour les avoir, je pense que les gens vont m'aider.	B sehr entspannt
	A	114	Alors tous ceux qui sont autours de vous ont d'une certaine manière pardonnez-moi l'expression un peu brutale subile les les fOUdres de la censure à un moment ou à un autre dans leurs carrières + vous avez eu des problèmes avec la justice notamment avec le jour de la libération d'autres	A betont rasch
3:30		121	encore votre dernier album par exemple L'onzième du nom n'est pas encore distribué. Est-ce que c'est lié au fait que vous faites peur depuis le premier?	
	B	125	+++ Je sais pas si je fais peur je pense que ++ je suis un provocateur ++ dans le sens ou la provocation permet à certaines personnes ++ à un certain moment de s'faire entendre ++ c'est la sEUle solution ++eet il y a aussi beaucoup d' gens ++ quiii se ne se sont pas entendus en ce moment + et je suis leur pOrte-pArole ++ vOOtEEz GOOgole (LACHT, REISST ARME UND BEINE IN DIE LUFT).	79: lächelt freundlich; legt Finger an den Mund (will Ruhe!)
4:00		135		

2.2. Situationskommentar und Hintergrundinformationen

Bei dem vorliegenden Text handelt es sich um einen Ausschnitt aus der Sendung "Ça se discute", die am 20. Feber 1995 um 22^{30} Uhr vom französischen Fernsehsender "France 2" ausgestrahlt wurde. Das Thema der Sendung war "Le prix de la provocation".

"Ça se discute" ist eine Live-Sendung, was deutlich wird, da der Moderator das oft sehr lange Überziehen seiner Kollegen, die die Sendung vorher moderieren, gelegentlich kommentiert.[3] Die Sendung steht üblicherweise zweimal wöchentlich auf dem Programm; sie findet in einem Studio statt, wobei die fünf Teilnehmer auf einer Art Podium sitzen, das vom Publikum getrennt ist. Es handelt sich nicht um eine Diskussionsrunde im üblichen Sinn, da jeder der Gesprächsteilnehmer unabhängig von den anderen vom Moderator interviewt wird; der Moderator wendet sich dazu einem Anwesenden nach dem anderen zu. Erst im zweiten Teil der Sendung, nachdem jeder Gast einmal zu Wort gekommen ist, wird das Publikum aktiv: Das Saalpublikum kann Fragen stellen und auch der Fernsehzuschauer kommt telefonisch zu Wort.

Die Vermutung liegt nahe, daß der Inhalt des Interviews vor der Sendung abgesprochen wurde; üblicherweise finden bei dieser Art von Sendung Vorgespräche statt, wobei die Kandidaten ausgewählt und bis zu einem gewissen Grad vorbereitet werden. Auskünfte dazu erhält man vom Sender jedoch weder telefonisch noch brieflich. Wie weit diese Vorbereitungen gehen, d.h. wie genau die Gäste die an sie gestellten Fragen kennen, wie SPONTAN sie wirklich sind, hängt von der jeweiligen Sendung und vom Moderator ab.

Bei dem transkribierten Abschnitt geht es in erster Linie nicht um ein bestimmtes Thema, sondern um die im Vordergrund stehende, interessante Person, die aus irgendwelchen Gründen jemanden provoziert hat oder noch immer provoziert. Im Mittelpunkt steht die Persönlichkeit des Gastes und dessen Wirkung auf die Fernsehzuschauer. Das Publikum, das zu diesem Zeitpunkt noch eher im Hintergrund steht, vermittelt durch oftmaligen Applaus und Zurufe GUTE LAUNE und eine gewisse Lebhaftigkeit und Dynamik.

Nachdem sich der Moderator zuerst mit einer verhältnismäßig langen Begrüßung, einigen allgemeinen Bemerkungen zur Sendung und der Vorstellung der Gäste an das Fernsehpublikum gewandt hat, ist sein erster Interviewpartner Gogol Premier, ein französischer Sänger, der anscheinend zum Präsidenten Frankreichs gewählt werden möchte, obwohl er eigentlich selbst nicht wirklich damit rechnet. Die Vermutung liegt nahe, daß seine KANDIDATUR vielmehr ein Werbeeinfall ist, wodurch er seiner Karriere als Sänger auf die Sprünge helfen möchte.

3. Formalia

3.1. Erläuterungen zur Transkription

- Die gewählte Transkriptionsart ist eine orthographische, bei der eventuell auftretende Besonderheiten, wie z.B. eine auffällige Intonation oder Betonung, Pausen, besondere Lautstärkeveränderungen und andere auffällige Elemente, im Text vermerkt wurden.[4]
- Die erste Spalte ist eine Tabelle der händisch, mit einer Stoppuhr gemessenen Zeit.
- Schwer verständliche Worte oder Wortgruppen werden in Klammern ( ) gesetzt: *(par exemple)*.
- Die Vokale außergewöhnlich akzentuierter Silben werden als Großbuchstabe notiert: z.B. *integrAle, mArdi, dEux* etc.

- Pausen werden je nach Länge mit +, ++, +++ gekennzeichnet. Auf den Grund der Pause oder der Unterbrechung wird, wenn nötig, in der rechten Spalte separat hingewiesen.
- Kurze nicht-sprachliche Lautäußerungen und Verhaltensweisen, wie z.B. Lachen, Husten, Hüsteln, Räuspern etc. werden mit KAPITÄLCHEN im Text eingetragen; längere werden in der rechten Spalte im visuellen Kommentar vermerkt.
- Wenn nicht anders angegeben, spricht der Moderator in die Kamera.

3.2. Pragmatische Kriterien[5]

Auf die wichtigsten pragmatischen Kriterien soll an dieser Stelle aus Gründen der Vollständigkeit hingewiesen werden; gelegentlich, z.B. im Unterricht, kann es sinnvoll sein, alle Kriterien - auch oder v.a. wenn sie offensichtlich zu sein scheinen - vollständig auszuarbeiten oder ausarbeiten zu lassen.[6] U.U. kann es der Fall sein, daß ein vorschneller erster Eindruck revidiert werden muß.[7]

- Gesprächsgattung: natürlich arrangiertes Gespräch, bis zu einem gewissen Grad vorbereitet[8]
- Raum-Zeit-Verhältnis: Nahkommunikation[9]
- Konstellation der Gesprächspartner: Gruppengespräch in Kleingruppen[10]
- Grad der Öffentlichkeit: öffentlich[11]
- Soziales Verhältnis der Gesprächspartner: asymmetrisch, sachlich bedingt[12]
- Handlungsdimensionen des Gesprächs: diskursiv alltäglich
- Bekanntheitsgrad der Gesprächspartner: flüchtig bekannt
- Grad der Vorbereitetheit: ROUTINIERT vorbereitetes Gespräch
- Themafixiertheit: themabereichfixiert, d.h. auf das Thema der Sendung fixiert
- Verhältnis von Kommunikation und nicht sprachlichen Handlungen: empraktisch

3.3. Auffällige Elemente

3.3.1. Gesprächsphasen

- **Die Gesprächseröffnung**
  Der erste Gesprächsschritt ist für diese Art von Talk-Show durchaus typisch und deutlich erkennbar. Der Moderator beginnt das Gespräch durch ein zu diesem Zweck sehr häufiges Element, nämlich durch die Namensnennung des Gastes. Bei diesem Textabschnitt fällt jedoch auf, daß sich der Interviewer nach der Begrüßung seines Gastes noch einmal kurz an das Publikum wendet und erst dann seiner Rolle als Gesprächsleiter nachkommt und den TURN[13] an den Gesprächspartner abgibt, indem er ihn zur Stellungnahme auffordert.

- **Der Gesprächsverlauf**
Während des Interviews erfolgt im wesentlichen kein Bruch der typischen Frage-Antwort-Sequenz. Im behandelten Gesprächsauschnitt, der in diesem Punkt für die gesamte Sendung eher untypisch ist, handelt es sich mit einer Ausnahme ausschließlich um Fälle von glattem TURN-TAKING,[14] d.h. der jeweilige Sprecher gibt seinen TURN ohne besondere GEGENWEHR ab. Nur gegen Ende des transkribierten Abschnittes (Zeile 114) verhindert der Moderator ein längeres Abschweifen seines Gegenübers durch Unterbrechung und Ablenkung vom bisherigen Thema. Ein geradezu klassischer Fall von ANEINANDER-VORBEI-REDEN zeigt sich in den Zeilen 120-131. Außerdem ist keine einheitliche Argumentationsstruktur von Seiten des Gastes bzw. eine einheitliche Fragestruktur (eine Art FRAGETAKTIK) des Moderators erkennbar.

- **Das Ende**
Die Phase der Gesprächsbeendigung ist bei diesem Abschnitt relativ unauffällig, was einerseits durch den verhältnismäßig reibungslosen Verlauf des vorhergehenden Teils bedingt ist; wesentlich ist natürlich auch, daß es sich um keine Gesprächsbeendigung im eigentlichen Sinn handelt: der Moderator möchte ja später wieder auf diesen Gast zurückkommen (können). Inhaltlich ist die abschließende Antwort zu einer Frage betreffend die (damals) bevorstehenden Präsidentschaftswahlen nicht besonders aussagekräftig.

3.3.2. Sprechtempo

Eines der auffälligsten Elemente in diesem Textabschnitt ist das v.a. in der Einleitung sehr hohe Sprechtempo des Moderators. Einerseits ist das individuelle Sprechtempo von Mensch zu Mensch erwiesenermaßen unterschiedlich, und zwar auch ohne eine willentliche Steuerung oder eine besondere Absicht des Einzelnen, andererseits kann man aber mit der bewußten Steuerung des Redeflusses absichtliche Effekte erzielen. Da, wie es an mehreren Stellen gut ersichtlich ist, der Moderator sprachlich geschickter und flexibler als andere seiner Berufskollegen zu sein scheint, liegt die Vermutung nahe, daß er nicht etwa aus Nervosität, sondern bewußt ein so hohes Sprechtempo wählt, um einen bestimmten Effekt zu erzielen.

Um diesen Effekt näher bestimmen zu können, wurde versuchsweise eine Gruppe von dreißig Personen gefragt, welchen Eindruck der Moderator auf sie mache. Bei dieser Gruppe handelte es sich um Studierende eines Linguistischen Proseminars, denen nur die Einleitung des Moderators vorgespielt wurde. Alle Befragten verstanden (mehr oder weniger gut) Französisch, wobei, wie sich herausstellen sollte, ihre Antworten trotz unterschiedlicher Sprachkompetenz sehr ähnlich waren. Sie wurden gebeten, spontan fünf bis zehn Adjektive (in deutscher oder französischer Sprache) zu nennen bzw. aufzuschreiben, die ihrer Meinung nach auf den Moderator zutreffend wären. Mit auffällig großer Übereinstimmung wurden *jung, dynamisch, aktiv, eloquent, gutaussehend* und *souverän* genannt, seltener *reich* und *humorvoll*; wesentlich abweichende Nennungen bzw. Widersprüche gab es keine.

Diese dem Moderator nur durch sein Auftreten im allgemeinen und durch seine Sprechweise im besonderen zugeschriebenen Eigenschaften werden noch im Zusammenhang mit Zielpublikum und der Sendeabsicht von Bedeutung sein.[15]

3.3.3. Sprechpausen

Vereinfacht dargestellt ist der Mensch aus zwei Gründen gezwungen, Sprechpausen einzulegen: erstens muß er die Lungen mit Luft versorgen und zweitens möchte er verstanden werden. Bei dem Beispiel *Il fait beau aujourd'hui* besteht keinerlei Notwendigkeit, eine Pause einzulegen; anders bei *Il fait beau aujourd'hui, ça va faire pousser les plantes*. Hier werden zwei voneinander abhängige Gedankenvorgänge ausgedrückt. Durch eine kaum bewußt wahrnehmbare Pause zwischen den beiden Aussagen wird dem Zuhörer die Möglichkeit des Verstehens erleichtert. Das gleiche gilt für das folgende Beispiel aus dem Text:

(1) *Abba oui, il faudrait que je recueuille toutes les signatures ++ mais je suis là, pour les avoir, j pense que les gens vont m'aider* (Zeile 110-113).

Wie bei dem vorher genannten Beispiel handelt es sich um zwei verschiedene, aber zusammengehörende Gedankengänge. Sowohl der Fernsehzuschauer als auch das Saalpublikum haben durch die Pause die Möglichkeit, die zum Verständnis notwendigen Assoziationen herzustellen. Im Gegensatz dazu handelt es sich beim folgenden Beispiel um eine Äußerung, bei der zwei voneinander abhängige Gedanken ohne Pause aneinandergefügt werden; die Überleitung von den Präsidentschaftswahlen auf die bestimmten fünf Personen erfolgt ohne Pause, wodurch dem Zuhörer die Möglichkeit genommen wird, sich auf diesen Gedankensprung einzustellen. Die Wahrscheinlichkeit, daß bestimmte Teile der Information verlorengehen, erhöht sich dadurch etwas:

(2) *Alors à quelques semaines des élections présidentielles, c'est vrai, commeee aba comme tous les sept ans, c'est la constitution qui le veut, la cinquième république, qui le souhaite, les candi...les candidatures eeeh à la cAndidature, puisqu'on, quand on eeeh n'a pas encore cinq cents signatures, on est que candidat de la candidature, se se multiplie et permet a cinq personnes de faire passer des idées Auxquelles ils croient ou simplement de faire parler de soi, une sorte de tremplin...* (Zeile 38-49).

Bewußtes Verzögern bzw. Verlangsamen kann genauso wie bewußtes Schnellsprechen einen vom Sprecher gewünschten Effekt hervorrufen.[16] Der erste Gast, der sozusagen HAUPTBERUFLICH Sänger ist, betont die Wirkung seiner Aussagen durch ein bewußt langsames Sprechtempo und durch Zögern vor dem Aussprechen eines bestimmten Wortes; außerdem legt er vor bestimmten Wörtern und Wortgruppen eine artikulatorische Pause ein, wodurch die Aufmerksamkeit des Publikums verstärkt auf das, was nach dieser Pause folgt, gelenkt wird. Nicht zufällig wählt er diese Sprechweise z.B. beim Nennen des Titels seiner ersten Platte:

(3) *Mon premier album, ça titulait ++"vite avant la saisie"*

Wäre dieser Satz im (schnellen) Redefluß ausgesprochen worden, hätte er nicht die gleiche, starke Wirkung gehabt. Wenn es darum geht, dem Zuseher den Titel im Gedächtnis einzuprägen, damit dieser die Platte käuflich erwerben kann, hätte eine andere Artikulationsweise die gewünschte Wirkung glatt verfehlt.

Eine andere potentielle Gefahr eines längeren Redeflusses ohne Pause besteht darin, daß der Sprecher vergessen könnte, was er zu Beginn des Satzes gesagt hat oder wie er den Satz syntaktisch begonnen hat. Andererseits kann aber auch der Zuhörer leichter den Faden verlieren. Es ist daher von zweifachem Vorteil für den Sprecher, seine Rede deutlich in Einheiten[17] zu segmentieren; das Gespräch läuft dann sowohl für den Sprecher als auch für den Zuhörer streßfreier ab. Ein Beispiel aus dem Text:

(4) *...est-ce qu'il y a vraiment des propositions concrètes pour que la France entame joyeusement ce troisième millénaire, Mesdames, Messieurs, c'est dans cinq ans ou seulement une simple constatation, la constatation, que dans notre pAys, à notre époque + eh bie la provocation c'est assez mOU, c'est assez tiède...* (Zeile 50-59).

Hier erfolgt der Satzabbruch einerseits aufgrund der Länge der Sätze, andererseits vermittelt der Moderator das Gefühl, viel auf einmal und das Ganze in so kurzer Zeit wie möglich sagen zu wollen. Eine gewisse scheinbare Hektik in seiner Sprechweise unterstreicht diesen Eindruck.

3.4. Themenverbundenheit[18]

Was ist nun das eigentliche Thema dieses Abschnittes? Diese Frage ist bei diesem Beispiel nicht ganz eindeutig zu klären. Im Grunde steht die Kandidatur des Gastes bei den Präsidentschaftswahlen und die damit verbundene Provokation, die ja das Thema der Sendung ist, im Vordergrund. Im Zuge des Gespräches entsteht jedoch immer mehr der Eindruck, daß der Gast seine Kandidatur als allgemeine VOLKSBELUSTIGUNG und als Werbearbeit für seine Karriere als Sänger ansieht. Auch der Moderator spielt offenbar hier mit: er stellt dem Gast zuerst eine Frage zur Präsidentschaftskandidatur, danach schwenkt auch er auf Gogol Premiers Karriere als Sänger um. Als dieser über seine Vorstellungen und Pläne, die er als Präsidentschaftskandidat Frankreichs hat, sprechen möchte, d.h. zu einem Zeitpunkt, wo er wieder zum eigentlichen Thema der Sendung zurückkehren will, wird er unterbrochen.

4. Konversationsanalyse und die Frage nach dem WARUM:

4.1. Was kann die Gesprächsanalyse?

Die Gesprächsanalyse bietet die Möglichkeit, sprachliche Beeinflussung zu erkennen, zu belegen und gegebenenfalls wie auch immer darauf zu reagieren. Laut Fritz und Hundsnurscher ist sie ein junges wissenschaftliches Arbeitsfeld mit vielfältigen Traditionslinien, die bis zum Alten Testament oder den Homerischen Epen zurückreichen.[19] Obwohl der Begriff SOZIOLINGUISTISCHE GESPRÄCHSANALYSE laut Löffler[20] nicht gebräuchlich ist, weist er dennoch darauf hin, daß sie aufgrund ihres Gegenstandes und der Methode zur Soziolinguistik gezählt wird, da die Sprecher und ihre kommunikative Interaktion im Mittelpunkt des Interesses stehen. In der Gesprächsanalyse wird also in den meisten Fällen der Schwerpunkt des Interesses auf den mit den an der sozialen Interaktion teilnehmenden Sprechern eingebrachten Faktoren wie Geschlecht, Alter, soziale Rolle, Status, Gruppen, (Sub-)Kultur, Prestige etc. liegen. Die Gesprächsanalyse geht somit über den engeren Gegenstandsbereich hinaus und wird zur Kommunikationsanalyse mit allen Implikationen, die der Begriff *Kommunikation* beinhaltet: nicht nur die verbale Kommunikation wird zum Untersuchungsgegenstand, auch nonverbale Kommunikationstechniken wie Gestik, Mimik, Körperhaltung, bewußte und unbewußte Signale, die die Kommunizierenden aussenden, werden als Zeichen wahrgenommen und als den sprachlichen Zeichen durchaus ebenbürtig behandelt.

Bei der soziolinguistischen Kommunikationsanalyse spielen laut Löffler[21] drei Aspekte eine wesentliche Rolle:

- Soziolinguistische Parameter bei der Konstitution, dem Verlauf und der Typisierung von Gesprächen
- Kommunikationsmöglichkeiten und Störungen zwischen Gruppen im engeren und weiteren Sinn
- Gesprächsanalyse als Datenbasis für soziolinguistische Untersuchungen

Auch für die Untersuchung von sog. Sprachbarrieren sowie von interkulturellen und interethnischen Kommunikationsformen stellt die Gesprächsanalyse eine wichtige Quelle von authentischem Sprachmaterial dar.

Die Gesprächsanalyse **kann** meiner Ansicht nach nicht nur eine geeignete Methode zur Gewinnung von soziolinguistisch und in der Folge sozial relevanten Daten sein; in viele soziolinguistische Fragestellungen **muß** sie sogar als wesentliches, aussagekräftiges Element miteinbezogen werden. Verschiedene Arten von sprachlicher Manipulation, wie z.B. in Politik und Werbung, können konkret festgemacht und belegt werden, sodaß Gegenmaßnahmen - ich denke hier etwa an einen individuellen Bewußtmachungsprozeß und an öffentliche Aufklärungsarbeit gegen politischen (Verbal-)Radikalismus einzelner Parteien in Rundfunk und Presse - ergriffen werden können.

4.2. Besonderheiten von Gesprächen in den Medien

Gespräche, die in Rundfunk oder Fernsehen gesendet werden, haben im wesentlichen zwei große Vorteile: sie sind leicht zugänglich und können mit vergleichsweise geringem technischem Aufwand aufgenommen werden.[22] Außerdem begeht der Gesprächsanalytiker keine Indiskretionen, indem er mehr oder weniger HEIMLICH auf DATENJAGD geht und das Recht der Sprechenden auf Wahrung ihrer persönlichen Intimsphäre durch Belauschung und Aufnahme des Gesagten verletzt.

Mediengespräche unterscheiden sich von Alltagsgesprächen in mehrerer Hinsicht wesentlich, trotzdem bieten sie sich aus den oben genannten Gründen als Untersuchungsgegenstand geradezu an, wenn man bestimmte Bereiche von gesprochener Sprache untersucht. Ebenso wie aus sprachwissenschaftlicher Sicht sind sie aus soziologischer Sicht häufiger Gegenstand von Untersuchungen, wobei die Kommunikationsforschung sozusagen das BINDEGLIED darstellt. Die Kommunikationstheorie weist darauf hin, daß die Massenkommunikation aufgrund der großen Verbreitung mittels technischer Hilfe als Spezialfall sprachlichen Verhaltens betrachtet werden muß.

Wesentliche pragmatische Merkmale der Fernsehsprache, die auch für den Sendungstyp TALK-SHOW relevant sind, sind folgende:[23]

- Die vermittelnden Medien sind wirtschaftliche Organisationen, oft von komplexer Struktur und in hohem Maße spezialisiert;
- die benutzten Instrumente machen die gleichzeitige, öffentliche Reproduktion und Verbreitung von Nachrichten möglich;
- die Nachrichten werden so vorbereitet, daß sie mit diesen Instrumenten nach standardisierten Schemata verbreitet werden können;
- die Öffentlichkeit, für die diese Nachrichten bestimmt sind, ist potentiell unbegrenzt und setzt sich aus Individuen in den verschiedensten sozio-kulturellen Situationen zusammen;
- der Kommunikationsprozeß ist nicht reziprok, denn er verläuft nur in Richtung Sender - Empfänger.

Im Vergleich zum Radio ist bei einer Analyse der Fernsehsprache das Vorhandensein der Situation in Form des Fernsehbildes miteinzubeziehen, was einerseits Probleme klären kann, andererseits, bei einer entsprechenden Fragestellung, eine Analyse aber auch wesentlich komplexer macht.

Holtus und Schweickard[24] kommen nach einer exemplarischen Untersuchung verschiedener Fernsehtexttypen zu dem Schluß, "daß eine einheitliche Konzeption des Phänomens Mediensprache unangemessen wäre". Diese Aussage hat meiner Ansicht nach umso mehr Gültigkeit bei einer Sendung, die reportageähnliche Elemente, Interviews, Interaktion mit dem Zuschauer in Form von Telefonanrufen etc. miteinander verknüpft.

4.3. Zielpublikum, Absicht und Wirkung:

Bei dem Texttyp Talk-Show handelt es sich um ein in letzter Zeit immer häufiger auftretendes Phänomen; *Phänomen* deshalb, weil grundsätzlich die Vermutung naheliegt, daß ein bis maximal zwei Talk-Shows pro Tag mehr als ausreichen, um die Bedürfnisse der Fernsehzuschauer zu decken. Daß dies offenbar nicht so ist, beweist die Tatsache, daß zahlreiche Sender mehr als drei einstündige[25] Sendungen dieses Typs anbieten.

Begeben wir uns in den deutschen Sprachraum: auch in Österreich und der Schweiz via Satellit empfangbare Sender wie PRO 7, RTL und SAT 1 liefern einander heftige Konkurrenzkämpfe. Ohne den Anspruch auf Vollständigkeit erheben zu wollen, sei hier nur eine Auswahl einiger Talk-Shows, die üblicherweise wochentags gesendet werden, genannt:[27]

ORF 2: "Schiejok täglich" (16^{00} Uhr).
PRO 7: "Arabella Kiesbauer" (14^{00} Uhr), "Arabella Night" (23^{00} Uhr).[28]
RTL: "Bärbel Schäfer" (14^{00} Uhr), "Ilona Christen" (15^{00} Uhr), "Hans Meiser" (16^{00} Uhr).
SAT 1: "Kerner" (11^{00} Uhr), "Vera am Mittag" (12^{00} Uhr).

Wie man sieht, weisen nicht nur die Priavatsender eine diesbezüglich überreiche Auswahl auf; auch öffentlich-rechtliche Sender wie der Österreichische Rundfunk (ORF) machen bei diesem Trend mit.

Warum erfreuen sich diese Sendungen nun scheinbar immer größerer Beliebtheit? Nicht nur die Themen wiederholen sich, sogar ganze Sendungen werden zu gewissen Zeiten wiederholt, aber dem Anspruch, die Leute zu unterhalten, genügen sie v.a. tagsüber[29] scheinbar besser als etwa Spielfilme, ja sogar besser als die auch im europäischen Raum immer beliebter werdenden SOAP OPERAS oder schlicht SOAPS.[30]

Alle diese in jüngerer Zeit populär gewordenen Programme sind für Zuschauer gemacht, die folgende Gemeinsamkeiten haben:[31] Sie haben wenig Zeit, sie wollen unterhalten werden, sie sind (zumindest zur fraglichen Zeit) einsam und wollen Zuspruch; diesen scheinbaren ZUSPRUCH, dieses GESPRÄCH bekommen sie eher von einer Talk-Show als durch einen neunzigminütigen Spielfilm.

Eines haben aber alle Fernsehsendungen gemeinsam: die Jagd nach den Quoten. Wer die meisten Zuschauer hat, ist letztendlich kommerziell erfolgreicher.[32]

Das Thema Talk-Show ist also nicht nur für die Gesprächsanalyse bzw. für die Gewinnung von authentischem Sprachmaterial in der Mutter- oder in einer Fremdsprache interessant, sondern auch für die Psycholinguistik und für die Psychologie, die mit ihren eigenen Methoden die anscheinende Neigung des Fernsehzuschauers in unserem Kulturkreis zu dieser Art von Sendung untersuchen können. Auch die Grundsatzfrage, nämlich warum das Fernsehen überhaupt einen solchen Stellenwert in unserer Gesellschaft hat, kann nicht nur für medienorientierte Studien, sondern auch für die Psychologie interessant sein.

Literatur

Batz, Richard (1992): *Fernsehnachrichten als kultureller Text.* Tübingen
Bufe, Wolfgang (1984): Alternativer Fremdsprachenunterricht: Videointerviews vor Ort. In: Bufe et al. (1984), 209-309
Bufe, Wolfgang et al. (Hg.) (1984): *Fernsehen und Fremdsprachenlernen. Untersuchungen zur audio-visuellen Informationsverarbeitung: Theorie und didaktische Auswirkungen.* Tübingen
Deichsel, Ingo (1980): Compréhension orale et télévision non-scolaire. In: *Les Langues Modernes,* Bd. 74, 634-639
Dethloff, Uwe (1980): La réception des textes télévisuels en langue étrangère. In: *Etudes de Linguistique Appliqué.* Bd. 38, 106 - 118
Fritz, Gerd und Franz Hundsnurscher (Hg.) (1994): *Handbuch der Dialoganalyse.* Tübingen
Henne, Helmut und Helmut Rehböck ([3]1995): *Einführung in die Gesprächsanalyse.* Berlin
Holtus, Günter und Wolfgang Schweickard (1984): Merkmale der Mediensprache (dargestellt am Beispiel der italienischen Fernsehsprache). In: Bufe et al. (1984), 163 - 183
Lafont, Robert (1976): *Introduction à l'analyse textuelle.* Paris
Linke, Angelika (1985): *Gespräche im Fernsehen. Eine diskursanalytische Untersuchung.* Frankfurt a.M.
Löffler, Heinrich (1984): Soziolinguistische Kommunikationsanalyse. In: Fritz / Hundsnurscher (1984), 37 - 50
Scherer, Hans (1989): *Sprache in Situation.* Bonn

Anmerkungen

1) Die Bezeichnungen KONVERSATION(-SANALYSE), GESPRÄCH(-SANALYSE), DISKURS(-ANALYSE) etc. verwende ich, wenn nicht anders angegeben, synonym.
2) Formale Bemerkungen zur Transkription siehe auch 3.1.
3) Diese Kommentare sind auch oft inhaltlicher Natur. Wäre "Ça se discute" keine Live-Sendung, könnte der Moderator z.B bestimmte Inhalte von Interviews aus Nachrichtensendungen (noch) nicht kennen.
4) Da die Videoaufzeichnung der betreffenden Sendung in meinem Besitz ist und auch für andere Interessierten jederzeit verfügbar ist und um eine optimale Lesbarkeit zu gewährleisten, wurde die Transkription bewußt so einfach wie möglich gehalten und nur mit der mir für den angegebenen Zweck für notwendig erachteten Information BEFRACHTET.
5) Vgl. Henne / Rehbock ([3]1995).
6) Ich habe diesen Text in völlig unterschiedlicher Form selbst zweimal im Unterricht verwendet. Das erste Mal im Rahmen eines Vorbereitungsproseminars an der Wirtschaftsuniversität Wien und zwar gegen Ende des Unterrichtsjahres, um die Studierenden mit authentischem, gesprochenem MEDIENFRANZÖSISCH zu konfrontieren, aus dem sie gewisse Informationen herauszufiltern hatten, ohne den Text jedoch Wort für Wort erklärt zu bekommen. Das zweite Mal habe ich diesen Text im Rahmen des Linguistischen Proseminars Französisch verwendet, um die Kriterien, die bei der Konversationsanalyse eine Rolle spielen (können), einzuüben. In diesem Fall empfiehlt sich meiner Ansicht nach ein detaillierteres Vorgehen.
7) Siehe dazu auch 4.1. (Was kann die Gesprächsanalyse?)
8) Im weiteren Verlauf der Sendung wird auch deutlich, daß auch der Moderator durchaus einen gewissen RAHMEN AN SPONTANITÄT hat, indem er auf (nicht vorbereitete) Äußerungen seines Gesprächspartners eingeht. Die Tatsache, daß das anwesende Saalpublikum und Anrufer zu Wort kommen unterstreicht das ebenso.
9) Nahkommunikation im doppelten Sinn: Erstens ist es eine Live-Sendung, bei der auch der Zuschauer involviert ist und zweitens findet auch das Gespräch im Fernsehen zeitlich und räumlich nah statt. Ein anderer Fall wäre beispielsweise eine Sendung, bei der die Zuseher zwar live anrufen und gewissermaßen telefonisch an der Sendung TEILNEHMEN können, die Beiträge aber vorher aufgezeichnet wurden. Auch zahlreiche andere Varianten sind denkbar und durchaus üblich.
10) Obwohl mehrere Gäste geladen sind, finden sich v.a. im ersten Teil der Sendung ausschließlich Dialoge; anschließend an die Interviews (scheinbar) freie Gesprächsgruppenbildung (d.h. jeder der etwas sagen möchte, meldet sich; ihm wird entweder das Wort erteilt oder er ERTEILT es sich selbst). Dem Saalpublikum und den Anrufern wird überwiegend das Wort erteilt, auch aufgrund der technischen Voraussetzungen der Sendung ist das nicht anders möglich, da Kamera und Mikrophon zum Sprecher gebracht werden

müssen (ein Zwischenruf kann sich unter Umständen den TURN erzwingen, kann aber auch ignoriert oder nur kommentiert werden). Die Podiumsgäste sind wesentlich weniger an der Zahl und scheinen sich zeitweise das TURN-TAKING frei jeder Reglementierung des Moderators zu organisieren.

11) Fernsehsendung (eines öffentlich-rechtlichen Senders), d.h. es handelt sich um ein allen Franzosen zugängliches Gespräch. Aus Gründen der Vollständigkeit möchte ich aber dieses grundsätzlich sehr wichtige Klassifikationskriterium nicht unerwähnt lassen, auch wenn es hier offensichtlich ist.

12) Das Verhältnis der Gesprächspartner erscheint betreffend ihres sozialen Status, ihres Wissens etc. als durchaus symmetrisch. Eine zu erwartende, geringfügige Asymmetrie ergibt sich nur durch die Gesprächsführung. Während üblicherweise der Interviewte den größten Teil des Gesprächs übernimmt und der Moderator das Gespräch **leitet**, so zeichnet sich in diesem Fall der Moderator durch seine auffällige Redebereitschaft und Redefreudigkeit aus. Der Moderator geht immer weniger auf seine Gäste ein, je weiter die Unterhaltung fortschreitet; der Faktor SENDEZEIT dürfte hierfür eine nicht unwesentliche Rolle spielen. Teilweise entsteht auch der Eindruck, daß der Moderator sich durch sprachliche Äußerungen, Mimik und Gesten über seine Gäste amüsiert oder lustig macht. In dem hier vorliegenden Textabschnitt sind solche Elemente nicht zu erkennen; der Vollständigkeit halber müssen sie aber erwähnt werden, da sie ein wesentliches Kriterium für das Verhältnis der Gesprächspartner zueinander sind.

13) TURN bedeutet vereinfacht etwa Gesprächsschritt. Literaturangaben (in Auswahl) zu diesem Thema finden sich in der Bibliographie.

14) TURN-TAKING: Übernahme oder Übergabe des Gesprächsschrittes. Literaturhinweise finden sich auch zu diesem Thema in der Bibliographie.

15) Siehe dazu auch 4.1. und 4.2.

16) Natürlich passiert es auch häufig, daß Pausen unbewußt gemacht werden, wobei der Fall eintreten kann, daß vom Sprecher unerwünschte Eindrücke entstehen, wie z.B. Müdigkeit, Zerstreutheit, mangelnde Kompetenz etc. In diesem Fall ist das aber mit ziemlicher Sicherheit nicht so.

17) Solche Einheiten sind, einzeln betrachtet, unvollständig. Um eine sinnvolle kommunikativ relevante Äußerung zu machen, kann es notwendig sein, diese Einheiten zu verketten; Konjunktionen und Pronomen wie *dont, mais, car* etc. sind hier nur stellvertretend für viele andere.

18) Andere für diese Textsorte bemerkenswerte Elemente sollen hier nur angedeutet werden, da sie in dem zu besprechenden Abschnitt nicht vorkommen, für den Text insgesamt aber wichtig sind: Humor, Wortwitz, Ironie, auffällige Dominanz des Moderators, sowie zahlreiche Satzabbrüche. Satzabbrüche sind in einem spontanen Gespräch oder bei spontanen Äußerungen gang und gäbe; wenn man jedoch annimmt, daß es sich v.a. bei der Einleitung um einen mit gewisser Sicherheit vorbereiteten Abschnitt handelt, fällt die relativ hohe Anzahl von Satzabbrüchen auf. Die Vermutung, daß die Absicht des (sprachlich zweifellos sehr geschickten) Moderators dahintersteht, der

beim (Fernseh-)Publikum den Eindruck absoluter Spontanität erwecken möchte, liegt nahe. Mit Sicherheit behaupten läßt sich diese Annahme jedoch nicht.

19) Vgl. Fritz / Hundsnurscher (1994:XIV).
20) Löffler (1994:38).
21) Löffler (1994:38f.).
22) Zu der Vielfalt von Problemen, die eigene Aufnahmen mit sich bringen, vgl. u.a. Linke (1985) und Henne / Rehbock (^{3}1995:49).
23) Vgl. Holtus / Schweickard (1984:164).
24) Vgl. Holtus / Schweickard (1984:181).
25) Die Werbezeiten sind hier nicht abgerechnet; die NETTO-Sendezeit, d.h. die Sendezeit abzüglich der Werbung, beträgt so gut wie nie mehr als fünfundvierzig Minuten.
26) Ich entnehme diese Angaben einer Programmzeitschrift für Montag, den 7. Oktober 1996.
27) Die sog. Late Night Shows der verschiedenen Sender wechseln einender üblicherweise ab, d.h. sie meiden die direkte Konkurrenz. Einer der Gründe dafür ist angeblich die, mit amerikanischen Verhältnissen verglichen, relativ unpopuläre Sendezeit.
28) "Ça se discute" ist vom Sendeplatz her zwar eher eine Late Night Show, doch ähnelt sie nicht diesem Typus wie er im angloamerikanischen oder jetzt auch im deutschsprachigen Raum vorkommt. Von der Konzeption her weist sie wesentlich mehr Gemeinsamkeiten mit den oben angeführten Sendungen auf; aus diesem Grund beziehen sich meine Überlegungen und Nachfragen eher auf diese.
29) Kurz gesagt sind das aus dem amerikanischen Raum stammende ENDLOSSERIEN à la Denver Clan und Dallas; noch vor einigen Jahren dauerte der Großteil dieser Sendungen ca. 45-60 Minuten, während sich jetzt eher ein Trend zu noch kürzeren Folgen von ca. 25 Minuten abzeichnet.
30) Ich beziehe mich hier auf ein Telefongespräch mit der entsprechenden Abteilung des ORF.
31) Die Wahl der Mittel, um zum gewünschten Erfolg zu kommen, ist zumindest teilweise sehr fragwürdig: übertriebene Berichterstattung, die Darstellung tragischer Einzelschicksale und andere voyeuristische Peinlichkeiten sind keine Seltenheit.

Thematische Steuerung als Form verbaler Gewalt in politischen Fernsehdiskussionen

Martin Luginbühl, Zürich

0. Vorbemerkung[1]

Als Folge neuerer Entwicklungen der Informationsgesellschaft wird im Bereich der Medien Informationsvermittlung zusehends dramatisiert, visualisiert, personalisiert, emotionalisiert, polarisiert etc. Im Falle von politischen Fernsehdiskussionen etwa wird Konfrontation in hohem Maße inszeniert, was weitreichende Folgen für die betroffenen Gespräche hat.

Im deutschschweizerischen Fernsehen ist die Diskussionssendung "Arena" die einzige Diskussionssendung mit innenpolitischen Themen der Schweiz, die in der ganzen deutschsprachigen Schweiz empfangen werden kann. Sie wird seit dem Sommer 1993 mit großem Erfolg ausgestrahlt: Die Sendung erreicht regelmäßig Einschaltquoten von über 30%.

Die Macher selbst sehen in der "Arena" eine Sendeform, die für politische Diskussionen "bestens geeignet"[2] ist. Dennoch können in der "Arena" immer wieder Gesprächspassagen beobachtet werden, in denen der Moderator seine Gäste unterbricht, jemandem das Rederecht verweigert oder die ganze Gesprächsrunde maßregelt. Solche Verhaltensweisen des Moderators können als Akte verbaler Gewalt interpretiert werden. Bevor dies an einem konkreten Beispiel demonstriert wird, soll zuerst eine Gegenstandsbestimmung dessen erfolgen, was hier unter verbaler Gewalt in medial vermittelter Kommunikation verstanden werden soll.

1. Verbale Gewalt als linguistischer Terminus

Bei meiner Definition von verbaler Gewalt gehe ich - wie andere Linguisten auch (vgl. Burger 1995 und Frank 1992) - von der allgemeinen Gewaltdefinition von Johan Galtung aus. Er definiert Gewalt so:

> Gewalt liegt dann vor, wenn Menschen so beeinflußt werden, daß ihre aktuelle somatische und geistige Verwirklichung geringer ist als ihre potentielle Verwirklichung. (Galtung 1975:8)

Da eine sprachliche Interaktion immer eine Form sozialen Handelns ist, kann Gewalt auch mit Sprache ausgeübt werden. So z.B., wenn jemand das Rederecht einer anderen Person mißachtet oder die von einer Person entwickelten Themen kontrolliert. Dadurch wird die aktuelle Verwirklichung dieser Person geringer als ihre potentielle, es liegt also nach Galtung eine Form von Gewalt vor. Harald Burger (1995:102) definiert verbale Gewalt so:

> Ein Teilnehmer hindert einen anderen daran, seine konversationellen Rechte und Möglichkeiten wahrzunehmen.

Burger geht davon aus, daß in einem kooperativen Gespräch jedem Teilnehmer ein Spielraum konversationeller Möglichkeiten eröffnet ist, der von den anderen Gesprächsteilnehmern gewährt wird. Verbale Gewalt liegt dann vor, wenn dieser konversationelle Spielraum eingeengt wird.

Um verbale Gewalt analytisch konstatieren zu können, muß zuerst dieser konversationelle Spielraum festgelegt werden. Da Gewalt kulturspezifisch ist und sie sich im institutionellen Bereich - um einen solchen geht es ja hier - auf brisante Phänomene bezieht, erscheint es mir sinnvoll, diesen konversationellen Spielraum verhältnismäßig eng anzusetzen. In jedem Fall muß er explizit gemacht und unter Berücksichtigung der Textsorte bestimmt werden. Ansonsten läuft die analysierende Person Gefahr, unter Gewalt jeweils einfach das zu verstehen, was ihr nicht gefällt.

Ein kurzes Beispiel zur Illustration: Ich gehe davon aus, daß es ein Recht des Gastes einer politischen Fernsehdiskussion ist, also zum konversationellen Spielraum des Gastes gehört, daß er einen Redebeitrag ungestört zu Ende führen darf, sofern dieser thematisch relevant ist und nicht übermäßig viel Zeit in Anspruch nimmt. Wird dem Gast nun nach wenigen Worten vom Moderator das Rederecht entzogen, so liegt ein Akt verbaler Gewalt vor.

Man kann in diesem Zusammenhang eine Unterscheidung von Johan Galtung auf die Gesprächsanalyse anwenden (vgl. Burger 1995:103): Galtung unterscheidet PERSONALE Gewalt, bei der es ein handelndes Subjekt gibt, und STRUKTURELLE Gewalt, bei der Gewalt nicht auf ein handelndes Subjekt zurückgeführt werden kann, sondern die Gewalt in ein System eingebaut ist und sich in ungleichen Machtverhältnissen äußert (Galtung 1975:12ff.). Im Bereich der gesprochenen Sprache nun würde der entscheidende Unterschied anderswo liegen, da sprachliche Äußerungen im Normalfall immer auf ein handelndes Subjekt zurückgeführt werden können. Man kann verbale Gewalt dahingehend unterscheiden, ob sie auf individuelle Intentionen oder auf repressive Strukturen zurückzuführen ist. Repressive Strukturen könnte man in strukturellen Vorrechten sehen, die gewisse Teilnehmer eines Fernsehgesprächs - etwa Moderatoren - innehaben. Infolgedessen kann dann in gewissen Fällen die Ausübung solcher institutioneller Rechte als strukturelle Gewalt bezeichnet werden.

Um auf das Beispiel zurückzukommen: Unterbricht der Moderator seinen Gast, weil die Sendezeit abläuft, übt er also sein Vorrecht als Moderator aus, dann liegt ein Akt struktureller Gewalt vor. Unterbricht der Moderator, weil er mit der geäußerten Meinung nicht einverstanden ist - dann liegt ein Akt personaler Gewalt vor, da ein so motivierter Eingriff die Rechte eines Moderators überschreitet.

Galtungs Gewaltdefinition definiert Gewalt vom Objekt der Gewalt her. Galtung fragt nicht - wie das in sonstigen Gewaltdefinitionen oft der Fall ist (vgl. Galtung 1975:13ff.) - "Wer hat angefangen?" oder "Wollte der Täter die Destruktion?", sondern er fragt "Wird jemand in seinen Verwirklichungsmöglichkeiten negativ beeinflußt?".

Es ist in diesem Zusammenhang zu diskutieren, ob eine Gewaltdefinition die Intention eines Täters vernachlässigen darf, so wie Galtungs Definition in ihrer allgemeinen Form dies tut - zumal das alltägliche Verständnis von Gewalt eine schädigende Intention als notwendiges Merkmal zu beinhalten scheint. Ich werde im Folgenden von einer Definition von verbaler Gewalt ausgehen, die auf den Faktor der Intentionalität als notwendiges Merkmal verzichtet. Dies deshalb, weil sonst Akte, die nicht böse gemeint waren, aber dennoch schädigende Effekte haben, von vornherein aus der Optik der Untersuchung herausfallen. Zudem ist - etwa in einer Gesprächsanalyse - eine aktuelle Intention eines Sprechers kaum zu bestimmen. Wird als Lösung dieses methodischen Problems das Vorliegen eines Aktes verbaler Gewalt davon abhängig gemacht, daß die negative Intention des Täters in der Interaktion verdeutlicht wird,[3] so bleiben wiederum gewisse Akte verbaler Gewalt unberücksichtigt, etwa wenn ein Opfer einen Akt verbaler Gewalt bewußt übergeht oder - gerade im Fall struktureller Gewalt - vielleicht gar nicht wahrnimmt.

Ich definiere verbale Gewalt in Mediengesprächen nun folgendermaßen:

> Ein Akt verbaler Gewalt liegt dann vor, wenn eine Person eine Sprechhandlung vollzieht, die, sei es intentional und feindlich oder nicht, eine am Gespräch teilnehmende Person in deren durch die Textsorte gewährtem konversationellem Spielraum in einer dramatischen Weise einschränkt und so diese Person in ihrer Integrität, ihren Einflußmöglichkeiten und ihrer sprachlichen Funktionsfähigkeit schädigt, einschränkt oder gefährdet.

> Sind Sprechhandlungen mit derartigen Folgen durch konversationelle Rechte und Möglichkeiten einer Rolle begründet oder - wenigstens vordergründig - legitimiert, so liegt strukturelle verbale Gewalt vor. Personale Gewalt liegt dann vor, wenn eine am Gespräch teilnehmende Person derartige Sprechhandlungen vollzieht, dabei aber die Rechte und Pflichten ihrer Rolle klar überschreitet.

2. *Sagen Sie, was Sie denken!* - Analyse

Ich möchte nun dieses Konzept von verbaler Gewalt für die Analyse einer politischen Fernsehdiskussion verwenden. Solche Gespräche sind immer auch Ereignisse, in denen konversationelle Politik gemacht wird und sich die Frage nach Machtdemonstration verschärft stellt. Indem Politiker für sich werben, versuchen sie, ihre Macht zu festigen oder zu verstärken, Macht und Unterordnung werden produziert. Während Politiker primär versuchen, sich in ein günstiges Licht zu stellen, versucht der Moderator - auf für die Zuschauer möglichst attraktive Weise - zu bewirken, daß sich seine Gäste zu bestimmten Positionen bekennen, die dann kritisch hinterfragt werden können.

In der Sendung "Arena" werden aktuelle politische und gesellschaftliche Probleme von Politikern und anderen Leuten, etwa Experten oder sog. BETROFFENEN, diskutiert. Von entscheidender Wichtigkeit in der "Arena" ist, daß die diskutierten Themen immer in einer Frage auf eine Ja/Nein- bzw. eine Gut/Schlecht-Entscheidung zugespitzt werden. Dabei stehen sich zwei Kontrahenten an zwei in der Mitte einer runden Zuschauertribüne positionierten Stehpulten direkt gegenüber. Hinter diesen Personen am Stehpult stehen ungefähr zwölf andere geladene Gäste, meist auch Politiker, die dieselbe Position vertreten wie die Person am Stehpult vor ihnen.

In der letzten Redaktionssitzung vor einer Sendung wird vom ganzen Redaktionsteam die Platzzuweisung der geladenen Gäste auf den Tribünen vorgenommen. Schon bei diesen Gesprächen wird klar, daß nicht eine ruhige, emotionslose Diskussion gefragt ist, sondern ein unterhaltsamer Schlagabtausch, in dem die Kontrahenten nach Möglichkeit ANEINANDERGERATEN sollen. Gefragt sind keine ausholenden Voten - Gäste, die zu solchen neigen, werden gerne ganz am Rand der Tribüne plaziert -, sondern Voten, die "kurz, schnell und saftig"[4] sind.

Es geht mir nun nicht darum, diese Diskussionsanordnung a priori moralisch zu verurteilen. Vielmehr möchte ich untersuchen, ob die offiziellen Ziele der Sendung mit den Konsequenzen der Diskussionsanordnung und im speziellen mit dem Verhalten des Moderators kompatibel sind.

Aus den Zielen der Sendung, die die Redaktion angibt, greife ich für mein Beispiel vier heraus:

- Die Sendung will die persönliche gesellschaftlich-ethische Position der Politiker aufzeigen.
- Die Glaubwürdigkeit der einzelnen Anliegen soll gezeigt werden.
- Eine Diskussion ist dann gut, "wenn sie sachlich ist" (Zitat Moderator).
- Bei den Zuschauern soll Interesse für politische Vorgänge geweckt werden.

Es soll im Folgenden ein Ausschnitt aus einer "Arena"-Sendung vom Februar 1995 analysiert werden. Das Thema der Sendung war "Neat: Neuer Volksentscheid?" Ein Bericht der Firma Coopers und Lybrand vertrat die These, daß die Neat, die neue Alpentransversale für die Eisenbahn, in ihrer ursprünglichen Version mit zwei gleichzeitig gebauten Tunnels am Gotthard und am Lötschberg nicht kostendeckend sein werde. Diskutiert in der Sendung wurde nun die Frage, ob für die Finanzierung, z.B. über den Benzinzoll, eine neue Volksabstimmung nötig werde oder nicht, ob beide Tunnels gebaut werden sollten oder vorerst nur einer, und wenn nur einer, welcher der beiden dann zuerst.

Der folgende Ausschnitt, den ich für ein gewisses Phämomen der Gesprächsführung des Moderators für repräsentativ halte, zeigt nun sehr schön, wie der Moderator auf die Beantwortung einer Ja- oder Nein-Frage fixiert ist. Will der Gast die zur Debatte stehende Frage etwas anders angehen, so wird er vom Moderator systematisch unterbrochen und zur Beantwortung dieser Frage gedrängt. Der Gast kann so seine eigenen Vorstellungen nicht ungehindert darlegen; thematische Steuerung durch den Moderator kann so zu einem Akt verbaler Gewalt werden.

Ausschnitt aus der "Arena"-Sendung vom 10. Februar 1995, Thema: "Neat: Neuer Volksentscheid?" (0:59:45 - 1:01:55; M. = Moderator, G. = Gast; Simultanpassagen sind durch einen Strich am linkem Rand gekennzeichnet, interlineare Übersetzung aus dem Schweizerdeutschen in normaler Schrift darunter):

M.: *Herr Pulver - vo dä gruänä Partai, si hend jo au - immer klar gsait, - au scho*
Herr Pulver - von der grünen Partei, sie haben ja auch - immer klar gesagt - auch schon

vor dä Abschtimmig sind si jo dägegä gsi, gegä d'Neat, jetz sägäd si, - zwai
vor der Abstimmung sind sie ja dagegen gewesen, gegen die Neat jetzt sagen sie - zwei

Liniä sind nid finanzürbar, sind au nid nöötig.
Linien sind nicht finanzierbar, sind auch nicht nötig

G.: *Im Gegäsatz zum Herr Blocher hemmir das scho vor dä Abschtimmig [...]*
Im Gegensatz zu Herrn Blocher haben wir das schon vor der Abstimmung [...]

Hemmir drufhiigwisä, das das Projäkt - überdimensioniert isch. - und ich find
Haben wir darauf hingewiesen, daß das Projekt - überdimensioniert ist und ich finde

etz aigentlich, diä/ - dä regionalpolitisch Hickhack isch etz nid seer passend,
jetzt eigentlich diese/ - diesen regionalpolitischen Hickhack ist jetzt nicht sehr passend,

um waas geit's nemmlich Elgentlich? [...] dä Bricht vo Coopers und
um was geht's nämlich eigentlich? [...] dieser Bericht von Coopers und

Lybrand zaigt seer tüütlich, äs git nummä El einzigi Variante under villnä,
Lybrand zeigt sehr deutlich, es gibt nur eine einzige Variante unter vielen,

wo diä NEAT chönnti ainigermassä choschtädekänd si. Und das isch diä,
wie diese Neat könnte einigermaßen kostendeckend sein. Und das ist diese,

wenn mer ä ganz ä anderi Vercheerspolitik machä. <u>Mir bruuchä ä</u>
wenn wir eine ganz eine andere Verkehrspolitik machen. Wir brauchen eine

| <u>*grundsätzlich anderi Vercheerspolitik!*</u>
| grundsätzlich andere Verkehrspolitik!

M.: <u>*Guät, aber wenns diä nöd git, Herr Pulver*</u> [...]
Gut, aber wenn's diese nicht gibt, Herr Pulver [...]

M.: <u>*was mömmer denn bauä? Mir chönd jo nid über ä Europa und*</u>
was müssen wir dann bauen? Wir können ja nicht über ein Europa und

	Vercheerspolitik diskutiirä, wiä diä mösstäd si! Waas isch etz konkreet
	Verkehrspolitik diskutieren, wie diese müßte sein! Was ist jetzt konkret

G.: *Ich glaubä aber, da wärs*
Ich glaube aber, das wäre das

M.: *z'machä.* *Jo, aber mir chönd jo*
zu machen. Ja, aber wir können ja

G.: *Thema, wo mer aigentlich etz müäst drüber diskutiirä,*
Thema, wo wir eigentlich jetzt müßten darüber diskutieren,

M.: *döt nid vill änderä, aifach so als Schwiizer*
dort nicht viel ändern, einfach so als Schweizer

G.: *Au mir i dä Schwiiz chönd ainigäs machä, aso*
Auch wir in der Schweiz können einiges machen, also

M.: *Waas isch Konsequenz etz us dem?*
Was ist Konsequenz jetzt aus dem?

G.: *Also, i denkä s'wäär sinnvoll, z'etapiirä, - mä cha o - ä neui Voorlag machä,*
Also, ich denke es wäre sinnvoll, zu etapieren, man kann auch eine neue Vorlage machen,

wo än neuä regionalä Uusgliich wider bringt, wo under Umschtändä für
die einen neuen regionalen Ausgleich wieder bringt, der unter Umständen für

M.: *Denn*
Dann

G.: *d'Region* *Das isch ou möglich jo. - Aber*
die Region Das ist auch möglich ja. - Aber

M.: *bruuchts aber än neuä Volksentschaid!*
braucht's aber einen neuen Volksentscheid!

G.: *etapiirä wär ä sinnvolli Löösig aber i denkä d'HAUPTdiskussion möösti*
etapieren wäre eine sinnvolle Lösung aber ich denke die Hauptdiskussion müßte

M.: *Was möst*
Was müßte

G.: *zersch si vercheerspolitisch,*
zuerst sein verkehrspolitisch,

M.: *zersch baut werdä* *- Was möst vo inä zersch baut werdä?*
zuerst gebaut werden - Was müßte von ihnen zuerst gebaut werden?

G.: *- Ich denkä, das isch ä irrelevanti Froog im Momänt,* *'s entschaidändi*
Ich denke, das ist eine irrelevante Frage im Moment, das entscheidende

M.: *Aber si hend sich doch*
Aber sie haben sich doch

G.: *Mir hei* *Mir sägäd ganz aidüütig, mir hei*
Wir haben Wir sagen ganz eindeutig, wir haben

M.: *entschidä!* *I dä Partai.* *Wennd si's etz*
entschieden! In der Partei. Wollen si's jetzt

G.:	_Neinei, Mir hei gar nid s'problem, das mit hiä irgänd ä lokali_ Neinnein. Wir haben gar nicht das Problem, daß wir hier irgend eine lokale
M.:	_nümmä sägä? Hä hä_ [LÄCHELT] nicht mehr sagen? Ha ha
G.:	_Bauinduschtrii müäsä verträttä!_ _Mir sägä, äs_ _isch_ _äs_ _europäischäs/_ Bauindustrie müssen vertreten! Wir sagen, es ist ein europäisches/
M.:	_Nai, das w/ do_ _denn sägäd si, was si denkäd!_ Nein, das da dann sagen sie, was sie denken!
G.:	_das isch äs europäischäs Projekt und das chöi mer mit äm Usland diskustiirä,_ das ist ein europäisches Projekt und das können wir mit dem Ausland diskutieren,
G.:	_weli Liniä - s'Usland/ für s'Usland richtig isch._ welche Linie das Ausland/ fürs Ausland richtig ist
M.:	_Aber d'Frau/ d'Frau Diener, iri Präsidentin hät mir vor öppä ämä_ Aber die Frau/ die Frau Diener, ihre Präsidentin hat mir vor etwa einem
M.:	_Monät do gsait, si seg ganz klar für dä Gotthard. Sind si do nid gliicher_ Monat hier gesagt, sie sei ganz klar für den Gotthard. Sind sie hier nicht gleicher
	Mainig als Sektretäär? Meinung als Sekretär?
G.:	_Mir sind parteiintern ganz aidüütig dä Mainig, das DAAS ä_ Wir sind parteiintern ganz eindeutig der Meinung, daß das eine
G.:	_sekundäri Froog isch, das d'Froog diä isch, das mer jetzä müäsä Vercheers_ sekundäre Frage ist, daß die Frage diese ist, daß wir jetzt müssen Verkehrs-
M.:	_Aber etz wichäds_ Aber jetzt weichen sie
G.:	_politik machä,_ _NEI! Aber mir müä doch etz/_ politik machen Nein! Aber wir müssen doch jetzt
M.:	_mer wider ä chli uus!_ _Guät,_ _- okay. - Ich akzeptiirs. Ich_ mir wieder ein wenig aus! Gut - okay. - Ich akzeptier's. Ich
	ha etz par mol probiirt äs/ w/ Ich akzeptiir natürli iri Antwort. [...] habe jetzt ein paar Mal probiert es/ Ich akzeptiere natürlich ihre Antwort. [...]

Der Moderator versucht mit folgenden Mitteln, das Gespräch thematisch zu steuern: Anfangs versucht er DURCH EINWÄNDE die Vorschläge seines Gastes als unrealistisch darzustellen, um so ein weiteres Eingehen darauf ABZUBLOCKEN. Wie ihm das nicht gelingt, stellt er direkt seine ENTSCHEIDUNGSFRAGE (_Wa möst zersch baut werdä?_ 'Was müßte zuerst gebaut werden? Lötschberg- oder Gotthardtunnel'). Da auch dies nicht die gewünschte Wirkung hat, WIRFT er dem Gast INDIREKT UNEHRLICHKEIT VOR, BEFIEHLT ihm dann, seine Gedanken zu äußern, WIRFT ihm dann VOR, daß er AUSWEICHE. Der Gast möchte sich zwar noch verteidigen, der Moderator aber UNTERBRICHT erneut, BEWERTET sein EIGENES VERHALTEN und STILISIERT SICH ZUM HARTNÄCKIGEN, ABER DOCH TOLERANTEN INTERVIEWER und gibt das Wort weiter.

Die Unterbrechungen, Einwände und Vorwürfe des Moderators können in diesem Ausschnitt deshalb als Mittel verbaler Gewalt betrachtet werden, weil der Gast in seinem Recht eingeschränkt wird, seinen Redebeitrag ungestört zu Ende zu führen, obwohl er einen thematisch relevanten Beitrag abgeben will.

Der Gast versucht geradezu verzweifelt zu rechtfertigen, wieso er eine andere Frage als Hauptfrage betrachtet, während der Moderator v.a. wissen will, ob zuerst die Lötschberg- oder die Gotthardlinie ausgebaut werden soll. Das Verhalten des Gastes wird vom Moderator beanstandet, und zwar in einer Art und Weise, die dem FACE des Politikers schadet (beruhend auf dem Stereotyp, daß unehrliche Politiker bei einer Befragung ausweichen und die von ihnen vertretenen Ansichten nicht öffentlich kundgeben). Es liegt klar verbale Gewalt vor - und zwar personale, da der Moderator hier seine Rechte überschreitet. Es gehört m.E. zum Recht eines Gastes, die Antwort einer Frage zu verweigern, wenn er dies begründet.

Vergleichen wir diese mit verbaler Gewalt verfolgte Strategie mit den offiziellen Zielen der Sendung. Die persönliche gesellschaftlich-ethische Position des Politikers wird sicherlich nur rudimentär aufgezeigt, sie wird nämlich auf die Frage *Gotthard oder Lötschberg zuerst?* reduziert. Die Beschränkung des Moderators auf einige wenige Entscheidungsfragen ist sehr häufig zu beobachten, v.a. gegen Ende der Sendung, aus der der gezeigte Ausschnitt stammt. Das zweite Ziel, die Glaubwürdigkeit der einzelnen Anliegen zu zeigen, wird so m.E. auch nicht erreicht, da bei einer solchen Befragungstaktik nur noch mitgeteilt werden kann, ob man für oder gegen etwas ist. Eine differenzierte Argumentation wird abgeblockt. Daß die Diskussion nicht sachlich verläuft, ist im gezeigten Beispiel primär auf das Verhalten des Moderators selbst zurückzuführen: Indem er seinem Gast Unaufrichtigkeit unterstellt, verläßt er die Ebene der sachlichen Diskussion.

Die Auswirkungen der Befragungstaktik des Moderators konfligieren also klar mit den offiziellen Zielen der Sendung. Wieso verfolgt er dennoch diese Taktik? Einerseits geschieht dies wahrscheinlich im Interesse der Zuschauer, denen unterstellt wird, daß sie an solchen Stellungnahmen interessiert sind. Allerdings leisten Stellungnahmen ohne (oder nur mit verkürzten) Begründungen einer Meinungsbildung nach persönlicher Sympathie Vorschub. Andererseits aber dient dieses Drängen auf Stellungnahmen sicherlich auch der Abwechslung, da auf diese Weise lange Begründungen und Bewertungen abgeblockt werden können und die einzelnen Redebeiträge kürzer werden. Und je kürzer die Gäste sprechen, desto mehr Sprecherwechsel sind möglich, was als spannungserhöhend betrachtet wird. Und kurze Redebeiträge sparen Zeit, was v.a. gegen Ende der Sendung auch wichtig sein kann. Da dieser Aspekt vom Medium Fernsehen abhängt, könnte man Kürzungen von Voten, die etwa im Interesse des Sendungsablaufs stehen, als medienspezifische Akte verbaler Gewalt betrachten.

Dadurch, daß die Gäste durch Fragen mit engem Antwortbereich zum Äußern ihrer Einstellung gedrängt werden, wird auch die Kontroverse verstärkt, weil eine konfrontative Gesprächsführung dazu führt, daß die vorgefestigten Meinungen zusätzlich verhärtet werden (vgl. Holly & Schwitalla 1995:68). Die Politiker verteidigen deshalb ihre Ansichten um so hartnäckiger, was zu einem mediengeeigneten Schlagabtausch und so zu hohen Einschaltquoten führen kann.

Die analysierte Befragungsstrategie steht also weniger im Interesse einer Diskussion, die möglichst viele Aspekte eines Großthemas argumentativ beleuchtet und den Gästen ihr Recht zugesteht, Pro- und Kontra-Argumente differenziert darzustellen, ihre Meinung zu begründen etc., diese Befragungsstrategie verfolgt primär mediale Interessen wie Abwechslung, Zeitmanagement und (unterstellte) Interessen der Zuschauer. Die vom Moderator ausgeübten Akte verbaler Gewalt sind im Hinblick auf die Interessen des Mediums funktionalisiert.

Es bleibt die Frage, ob mit einem solchen Vorgehen beim Publikum das Interesse für politische Vorgänge geweckt werden kann. Ich kann diese Frage so natürlich nicht beantworten. Beantwortet werden aber kann die Frage, für welche Art von politischen Vorgängen die "Arena" beim Publikum zu Hause Interesse wecken kann: Im Vordergrund steht nicht eine sachliche, faire Diskussion, sondern ein Kampfgespräch zwischen zwei Lagern, hochgradig personalisiert sowie polarisiert und nur solange fair, wie die Interessen des Mediums gewahrt werden. Das Beharren des Moderators auf die Beantwortung einer Ja/Nein-Frage schreibt die im Sendekonzept verankerte Zuspitzung auf Pro und Kontra mit ihrer ganzen Problematik fort. Die Zuspitzung des Live-Konfliktes wird zu einem unerläßlichen Bestandteil der Sendung, weil bei einem so polarisierenden Sendungskonzept die Positionen der einzelnen Teilnehmer allein meist überraschungsfrei und berechenbar sind.

Zusammenfassend läßt sich sagen, daß die Gäste in der "Arena" nur so lange das sagen können, was sie wollen, wie ihre Äußerungen dem Sendekonzept, den den Zuschauern unterstellten Interessen, dem Zeitplan, den spezifischen Interessen des Moderators etc. entsprechen. Ist dies nicht mehr der Fall, so werden sie vom Moderator durch Akte verbaler Gewalt gedrängt, das zu sagen, was er hören will.

Ausführliche Argumentationen, Hinweise auf größere Zusammenhänge oder Gemeinsamkeiten der beiden Lager etc. - alles wichtige Faktoren einer kooperativen, demokratischen Diskussion - können in der "Arena" nicht oder nur bedingt angebracht werden. Die konfrontative Gesprächsstrategie des Moderators dient medialen Interessen und gleichzeitig der Selbstinszenierung des Moderators. Allerdings kann sie auch im Interesse der Politiker stehen, denn sie ermöglicht es diesen, sich als schlagfertige und standfeste Persönlichkeiten zu präsentieren. Insofern könnte man die analysierten Akte verbaler Gewalt auch als inszenierte verstehen, wobei die Grenze zu authentischen Akten verbaler Gewalt sicherlich nur schwierig zu ziehen sein dürfte.

Literatur

Burger, Harald (1995): Konversationelle Gewalt in Fernsehgesprächen. In: *Gewalt. Kulturelle Formen in Geschichte und Gegenwart.* Hgg. von Hugger, Paul & Stadler, Ulrich. Zürich, 100-125

Frank, Karsta (1992): *Sprachgewalt: Die sprachliche Reproduktion der Geschlechterhierarchie. Elemente einer feministischen Linguistik im Kontext sozialwissenschaftlicher Frauenforschung.* Tübingen. (= Reihe germanistische Linguistik 130)

Galtung, Johan (1975): Der besondere Beitrag der Friedensforschung zum Studium der Gewalt: Typologien. In: *Gewalt. Grundprobleme in der Diskussion der Gewaltphänomene.* Hgg. von Röttgers, Kurt & Saner, Hans. Basel. (= Philosophie aktuell 7), 9-32

Holly, Werner & Schwitalla, Johannes (1995): Explosiv - Der heisse Stuhl - Streitkultur im kommerziellen Fernsehen. In: *Kulturinszenierungen.* Hgg. von Müller-Doohm, Stefan & Neumann-Braun, Klaus. Frankfurt a.M., 59-88

Luginbühl, Martin (1999): *Gewalt im Gespräch. Verbale Gewalt in politischen Fernsehdiskussionen am Beispiel der "Arena".* (= Zürcher germanistische Studien 54). Bern u.a.

Meier, Peter & Merki, Kurt-Emil (1995): Die Arena ist ein Ideenwettbewerb. In: *Tages-Anzeiger* vom 13. 9. 1995. Zürich, 11

Sager, Sven Fredrik (1988): *Reflexionen zu einer linguistischen Ethologie.* Hamburg

Anmerkungen

1) Ausführlich wird das Thema in Luginbühl (1999) behandelt.
2) Peter Studer, TV-Chefredakteur, zitiert in Meier & Merki (1995:11).
3) Vgl. die Definition verbaler Aggression von Sager (1988:143).
4) Zitat eines Redaktionsmitglieds.

Wortbildungskonstruktionen als kohäsive Mittel im Text

Stojan Bračič, Ljubljana

1. Einleitung

Einen richtigen Einblick in die kommunikativen Leistungen von Wortbildungskonstruktionen gegenüber den Simplizia bekommt man erst bei der Betrachtung ihrer Rolle im Text. Die Frage, die sich in diesem Zusammenhang immer wieder stellt, ist, ob und wie Wortbildungskonstruktionen als kohäsive Mittel im Text fungieren. Unter KOHÄSIV wird hier in Anlehnung an de Beaugrande / Dressler (1981:50ff.) verstanden, daß gewisse sprachliche Ausdrucksmittel an der Textoberfläche, aber auch tiefenstrukturell durch verschiedenartige Verflechtung dazu beitragen, daß der Text als Ganzes aufzufassen und zu perzipieren ist. Eigentlich handelt es sich dabei darum, daß Wortbildungskonstruktionen Mittel der Rekurrenz im Text sind, d.h. einzelne Formulierungen werden an verschiedenen Textstellen mit verschiedenen Wortbildungskonstruktionen (wörtlich oder variiert) wiederaufgenommen, so daß Kontinuität gewahrt ist, auf der jedoch weitergebaut wird. Wortbildungskonstruktionen sind im Grunde genommen Elemente von Isotopieketten im Text, wegen ihrer besonderen Charakteristika verdienen sie allerdings, gesondert untersucht zu werden, und zwar v.a. unter dem Gesichtspunkt der Wortbildungsparadigmen. Unter Wortbildungsparadigmen werden hier mit Fleischer / Barz (1992:69) jene Mengen von Wortbildungskonstruktionen verstanden, die auf einem gemeinsamen Merkmal (Invariante) beruhen. Die Wortbildungsparadigmen, die in diesem Beitrag in Betracht kommen, sind: Wortbildungsreihe, Wortbildungsnest, Wortbildungsgruppe und Wortbildungsfeld. Diese Paradigmen werden hier in Abhängigkeit von der thematischen Gliederung im Text untersucht. Außerdem wird auch einigen stilistischen Aspekten wie Paraphrasierung und Metaphorisierung Aufmerksamkeit geschenkt.

2. Der Mustertext

Wortbildungskonstruktionen, insbesondere deren Paradigmen, werden an einem Text aus der Zeitschrift DIE ZEIT untersucht. Dieser im folgenden angeführte Text ist eine Glosse, in der dargestellt wird, wie Hamburg mit einem vor acht Jahren gegründeten sog. "Vollmondorchester" die "gefährliche" Mondsucht bekämpft wird.

Der Text:

MOONLIGHT SERENADE

Mondsüchtig? Chaotische Musik hilft bei der Heilung

HAMBURG. - Die Kriminalstatistik läßt keinen Zweifel: Die Vollmondnacht ist extrem gefährlich. Wenn der Erdtrabant in voller Pracht am Firmament leuchtet, verliert so mancher den Verstand, schlafwandelt, fängt wolfsgleich an zu heulen oder legt gar Hand an seinen Nächsten. Lunatismus, wie es die Mediziner nennen, gilt nach wie vor als unheilbar, in manchen Fällen sogar als ansteckend. Trotzdem verweigern Krankenkassen und Politiker hartnäckig jede Hilfe. In Hamburg unterziehen sich an jedem Mondtag betroffene Lunatiker seit einiger Zeit einer Therapie der außergewöhnlichen Art - mit Erfolg.
Der Mond ist aufgegangen - während einst der Wandsbeker Bote Matthias Claudius seine Mondsucht mit Verseschmieden bekämpfte, wird heute im weit weniger prosaischen Schanzenviertel die Lage am Himmel über Hamburg ganz anders besungen: Gut zwei Dutzend Musikanten treffen sich jeden Monat in der roten Flora und musizieren als Hamburger Vollmondorchester zu Ehren des stellaren Machtwechsels. Seit dem 20. April 1988 oder, besser gesagt, seit 96 Monden bittet Wolfgang Schubert zur "Full Moon Session". Schubert ist selbst "leidender Vollmondneurotiker", außerdem studierter Holzbläser und im richtigen Leben ein ganz normaler Profistudiomusiker. Nur bei ungünstigen Mondbewegungen mutiert er zum *mastermind* des Vollmondorchesters. "Als ich 1988 von Köln nach Hamburg kam, wollte ich unbedingt schnell Kontakt hier zur Szene bekommen und dachte: Gründe nicht die x-te weitere Band, sondern mach' was Besonderes." Was in kleinen Clubs wie dem Westwerk und mit einer Handvoll unentwegter Mitspieler begann, ist heute ein Fixstern am Hamburger Musikhimmel. "Das Vollmondorchester ist eine Gelegenheit, ein Forum, kein Muß. Wer kann, kommt, oder kommt beim nächsten Mond. Und die Auftrittstermine kann man ja nicht so leicht vergessen."
Ob Gesangsstudent, Symphoniker oder genialer Dilettant - bei den Jam Sessions ist nicht nur jeder willkommen, die Mitglieder des Orchesters kommen tatsächlich von überall. Unübertroffen, so heißt es, sei die "lunare Dynamik" der Vollmondnächte. Hagen Kuhr, Cellist beim Jazzstreichquartett String Thing, ist seit zwei Jahren dabei. Beim Vollmondorchester kann er andere Saiten aufziehen als im Studio oder bei Auftritten. "Vom Hippie bis zum NDR-Jazz-Redakteur, alle sind hier. Keine Zwänge, keine Konventionen - für mich ist das hier der Inbegriff von lebendiger Subkultur." Auch den "Oldies" und Free Jazzern wie Posaunist Klaus Erler fährt beim Vollmond der groove in die Glieder. "Ich bin im Hauptberuf Maler und Graphiker. Hier mitzuspielen ist für mich Entspannung und Inspiration." *It's a family affair* - genauso wichtig wie die Sets sind die Pausen. Da werden Akkorde demonstriert, Noten und Instrumente getauscht - oder beim "Vollmond Blues" das Musikerherz ausgeschüttet.
Ohne Partitur und (scheinbar) ohne jegliches Konzept tobt Maestro Schubert im schwarzen Anzug in dieser Mitternacht wie ein Irrwisch über die Bühne, fuchtelt wild mit den Armen, markiert ein "forte" und kniet, Hand am Ohr, vor seinem Ensemble, wenn er ein "pianissimo" hören will. Doch kontemplativ-besinnlich wird es nie, wer auf poppige Moonwalker-Musik hofft, wird enttäuscht. Kakophonien ohrenbetäubender Eindringlichkeit, hypnotische Riffs und Rhythmen, abenteuerliche Improvisationen und "Melodien, so schön wie von Alban Berg" - heraus kommt bei Schuberts ekstatischen Dirigaten ein Sound, der irgendwo zwischen einstürzenden Neubauten und Glenn Miller *on acid* liegt. Manchmal, sagt Schu-

bert, kämen auch die Orchestermitglieder nicht mehr mit, die über Zwölfton und Avantgarde promoviert hätten. "Egal, Hauptsache die *vibrations* stimmen." Dem Publikum jedenfalls gefällt die Mischung aus schrägem Chaos und akustischem Terror. Rund 300 *lunatics* strömen allmondlich in die akut einsturzgefährdete Rote Flora ("Das beste Ambiente fürs Vollmondorchester", sagen die Musiker), wiegen sich zu den intergalaktischen Klängen und therapieren mit Alkohol und "Selbstgebrautem" ihre Sucht - "Full Moon Fever" eben. (Christoph Hamann) *Am 3. Mai scheint der Mond wieder in voller Rundung.*

(Aus DIE ZEIT, Nr. 16, 12. 4. 96, Sparte Länderspiegel, Seite 14)

3. Wortbildungskonstruktionen und ihre textkohäsiven Leistungen

Bevor in den einzelnen Absätzen die Wortbildungsparadigmen unter die Lupe genommen werden, sollen der Textgegenstand, das Textthema und das Textrhema voneinander abgegrenzt werden (Vgl. Bracic 1994:17). Der kommunikative Gegenstand des obigen Textes (das konkret behandelte Referenzobjekt als propositionales Substrat des Textes) ist der Lunatismus (Mondsucht). Das Textthema, also das Problem, das im Text aufgeworfen wird, bzw. der Blickwinkel, unter dem der Textgegenstand betrachtet wird, ist, ob man die Mondsucht mit (chaotischer) Musik behandeln bzw. bekämpfen kann. Das Textrhema, die Lösung des Textthemas, ist im Text nicht explizit genannt, ungeachtet dessen, daß im Untertitel die Formulierung *Chaotische Musik hilft bei der Heilung* vorkommt. Diese kataphorische Ankündigung einer eventuellen Problemlösung ist hier nämlich nicht allzu wörtlich zu verstehen, denn die Tatsache selbst, daß der Autor auf das zu besprechende komplexe Denotat absichtlich vermittels der Textsorte Glosse Bezug nimmt, die ja für ihre ironisierend-kritische Note bekannt ist, ist - metakommunikativ-pragmatisch gesehen - schon ein Indiz dafür, daß er das Ganze nicht ernst nehmen mag, ja sich darüber sogar wohlwollend mokiert.

Der 1. Absatz informiert über Auswirkungen der Mondsucht unter zwei Aspekten, dem kriminalistischen (*laut Kriminalstatistik extrem gefährlich, ... legt Hand an ...*) und dem medizinischen (*der unheilbare und ansteckende Lunatismus: verliert den Verstand, schlafwandelt, heult wolfsgleich*). Krankenkassen und Politikern wird hartnäckiges Verweigern jeder Hilfe vorgeworfen, und es wird angedeutet, daß betroffene Lunatiker quasi gezwungen waren, sich einer anderen Therapie zu unterziehen.

Wortbildungsmäßig ist das Wortbildungsnest (Paradigma mit gleichem Basislexem als gemeinsamem invariantem Merkmal) mit dem invarianten Grundmorphem *(Voll)mond-* (*Vollmondnacht* und *Mondtag* als Einmalbildung) interessant. Dieses Paradigma zieht sich mit mehr oder weniger gleichmäßiger Dichte (vgl. jedoch den 4. Absatz) durch den ganzen Text hindurch. Außerdem sind erwähnenswert: das Wortbildungsnest um das Grundmorphem *lunat-* (*Lunatismus - Lunatiker*), die Wortbildungsreihe (dasselbe Wortbildungsmodell und zugleich dieselbe Wortbildungsbedeutung) *Mediziner - Politiker* (Ableitung auf

-er; Berufsbezeichnung) und das Wortfeld *unheilbar - ansteckend* aus dem kollokationellen Umfeld des implizit subsumierten Lexems *Krankheit*.

Der 2. Absatz bringt subthematisch die Information über die Tätigkeit des Vollmondorchesters in Hamburg, nämlich das, was als eine Art Erlösung von den negativen Auswirkungen der Mondsucht angesehen werden kann. Entsprechend ist auf der einen Seite wieder das Wortbildungsnest mit *(Voll)mond-* als Invariante anzutreffen (*Mond - Mondsucht - Vollmond - Vollmondorchester*), außerdem die englische Variante *Full Moon Session* (zu deren Schreibweise vgl. Naumann 1986:50), auf der anderen Seite begegnen dagegen zwei Wortbildungsnester aus dem Isotopiestrang über Musik, und zwar das eine mit *(Voll)mond* als Basislexem (*Vollmondorchester* dreimal) und das andere mit *-musik-* als Basismorphem (*Musikant, musizieren, Profistudiomusiker, Musikhimmel*). Die Wortbildungskonstruktion *(Voll)mondorchester* ist eine Zusammensetzung aus je einem Grundmorphem aus der Isotopiekette zum Mond und der Isotopiekette zur Musik und steht fast symbolisch als Kennzeichen einer erfolgreichen Bekämpfung der Mondsucht durch Musik. (Hierbei könnte u.U. auch das Kompositum *Musikhimmel* aus der Metapher *Fixstern am Hamburger Musikhimmel* erwähnt werden.)

Die Wortbildungsreihe *bekämpfen - besiegen* und die Wortbildungsgruppe (Invariante bei diesem Typ des Wortbildungsparadigmas ist die semantische Isofunktion bei verschiedenen Wortbildungsmustern) *Musikant* (N.B. die abwertende Konnotation!) *- Holzbläser - Profistudiomusiker* sind - textgrammatisch gesehen - hier weniger relevant. (Wir haben es in diesem konkreten Fall zugleich mit einer partonymischen Relation zu tun.)

Der medizinische Aspekt der Mondsucht verliert in diesem 2. Absatz offenbar an Bedeutung, er wird nur mehr mit zwei Lexemen eines Wortbildungsnestes berührt (*Mondsucht - Vollmondneurotiker*). Im 3. und 4. Absatz wird gar nicht auf die medizinische Dimension der Mondsucht eingegangen, der kriminalistische Aspekt schwindet nach dem 1. Absatz sogar völlig aus dem Texthorizont.

Ins Auge fallen in diesem 2. Absatz die drei Periphrasen für den Vollmond: *die Lage am Himmel (über Hamburg), stellarer Machtwechsel* und *ungünstige Mondbewegungen*. Warum sie alle drei gerade hier im 2. Absatz konzentriert vorkommen und an keiner weiteren Stelle im Text wieder, sei dahingestellt - darüber sind nur Vermutungen möglich.

Im 3. Absatz stehen sich wie im 2. Absatz die beiden isotopischen Stränge gegenüber, zum Vollmond und zur Musik. Subthematisch steht in diesem 3. Absatz jedoch die Vielfalt derjenigen im Vordergrund, die am Musizieren des Vollmondorchesters aktiv teilnehmen, denn *bei den Jam Sessions ist nicht nur jeder willkommen, die Mitglieder des Orchesters kommen tatsächlich von überall*. Sprachlich schlägt sich dies in zwei sehr ausgeprägten Wortbildungsgruppen nieder. Die erste Wortbildungsgruppe nennt Vertreter verschiedener Berufsgruppen wie *Symphoniker - Cellist - Jazz-Redakteur - Posaunist - Maler - Graphiker,* wozu u.U. auch der *Gesangsstudent* gerechnet werden kann. Die zweite Wortbildungsgruppe steht für soziale Gruppierungen, und zu diesen können gezählt werden: *Dilettant - Hippie - Oldie - Free Jazzer.* (Wo gleiche Wortbildungsmuster vorhanden sind, bilden diese Wortbildungskonstruktionen auch Wortbildungsreihen, wie z. B. *Oldie - Hippie* oder *Cellist - Posaunist*).

Der 4. Absatz konzentriert sich auf die Schilderung der Extravaganz, mit der das Vollmondorchester unter Leitung von Maestro Schubert seiner musikalischen Tätigkeit nachgeht. Die isotopische Kette um den Vollmond ist nur einmal mit der englischen Variante *moon* vertreten (*Moonwalker-Musik*), alles andere sind Topiks aus der Musikwelt, darunter sehr viele Fachtermini und Fremdwörter: *Partitur, Maestro, forte, Ensemble, pianissimo, Kakophonien, Rhythmen, Improvisation, Dirigat, ekstatisch, Sound, vibrations.* Es ist hier - abgesehen von *Moonwalker-Musik*, von *Orchestermitglied* und von *Ensemble* - kein textgrammatisch signifikantes Wortbildungsparadigma vorhanden.

Der letzte Absatz, in dem subthematisch zum Ausdruck kommt, daß nicht nur die Musiker, sondern auch das Publikum am beschriebenen Getue Gefallen finden, ist erwartungsgemäß anders strukturiert. Fast der gesamte Text spiegelt sich in ihm wider. Das signalisieren Wortbildungsparadigmen zu subthematischen Größen wie Vollmondnacht, medizinische Aspekte der Mondsüchtigkeit sowie des Gesichtspunkt einer Therapie durch Musik. Lediglich das Subthema über kriminalistische Relevanz der Mondsüchtigkeit wird, wie oben bereits ausgeführt, nicht wiederaufgenommen. *Allmondlich* (zugleich ein Textwort - vgl. Fleischer / Barz 1992:78) - als Ad-hoc-Bildung mit expressivem Charakter (vgl. auch Matussek 1994), *Vollmondorchester* und *Full Moon Fever* sind Konstituenten eines Wortbildungsnestes. Das *Vollmondorchester* ist eine Schnittstelle, ein "Knotenpunkt" (Fleischer / Barz 1992:76) zwischen der Isotopiekette zum Vollmond einerseits und der Isotopiekette zur musikalischen Dimension des Problems andererseits. (Vgl. oben.) *Chaos* ist das Kernwort im Adjektiv *chaotisch* aus dem Untertitel und schlägt so eine Brücke zum Textbeginn. Eine geradezu symmetrische Abstufung im Vergleich zum Textbeginn - Titel und Untertitel eingeschlossen - weisen jedoch folgende Lexeme aus dem Isotopiestrang zur medizinischen Dimension der Mondsucht auf: *lunatics* bildet ein Wortbildungsnest zum *Lunatismus* und zum *Lunatiker* im 1. Absatz, *therapieren* ein Wortbildungsnest zu *Therapie* im 1. Absatz, *Sucht* ein Wortbildungsnest zu *mondsüchtig* im Untertitel und *Full Moon Fever* ist ein Schlußakkord zum Titel *Moonlight Serenade.*

4. Schlußbemerkungen

Es bestehen offenbar gewisse Korrelationen zwischen der Verteilung der Wortbildungsparadigmen im Text einerseits und der subthematischen Gliederung des Textes andererseits. Von den Wortbildungsparadigmen Wortbildungsnest, Wortbildungsgruppe, Wortbildungsreihe und Wortbildungsfeld scheinen aufgrund der obigen Analyse v.a. die beiden erstgenannten eine textgrammatische Relevanz zu besitzen. Wortbildungsnester, die auf ein gemeinsames Grundmorphem als Invariante zurückzuführen sind, signalisieren zum einen durch die Benennungsfunktion der Grundmorpheme (vgl. Fleischer / Barz 1992:78) eine isotopische Relation im Text; die Kombinationspotenz verschiedener Grundmorpheme weist auf die subthematische Distribution in einzelnen Textsegmenten hin. Wortbildungsgruppen besitzen zum anderen im Vergleich zu Wortbildungsnestern eine geringere innertextuelle Reichweite, können aber im Spezialfall (wie im obigen Text, Absatz III) stark thematisch gebunden sein.

Wortbildungsfelder (im obigen Text repräsentiert z.B. durch Lexeme wie *Orchester - Ensemble - Band - Quartett*), Wortbildungssynonymie, Wortbildungsantonymie u.d.m. müßten in der obigen Analyse unter dem textgrammatischen Aspekt noch genau untersucht werden. Die vielen Anglizismen (auch im Bereich der Wortbildung) sind ebenfalls symptomatisch. In einer Glosse dürften sie u.a. für Distanz sorgen und mit einem Hauch von Unbestimmtheit, Unbekümmertheit, Nonchalance, ja Boheme, verbunden sein.

Sicherlich sind aber die Wortbildungsparadigmen nur eines der Mittel aus dem gesamten Register des der Herstellung der Kohäsion im Text dienenden Instrumentariums, und sie sind auch nicht in jedem Text vorhanden.

Literatur

Beaugrande, Robert-Alain de / Dressler, Wolfgang Ulrich (1981): *Einführung in die Textlinguistik*. Tübingen

Bračič, Stojan (1994): Statische und dynamische Komponenten der Textkonstitution. In: *Sprache - Sprechen - Handeln. Akten des 28. Linguistischen Kolloquiums, Graz 1993*. Hg. von Halwachs, Dieter W. & Irmgard Stütz. Tübingen, 15-20

Fleischer, Wolfgang / Barz, Irmhild (1992): *Wortbildung der deutschen Gegenwartssprache*. Tübingen

Matussek, Magdalena (1994): *Wortneubildung im Text*. Hamburg

Naumann, Bernd (1986): *Einführung in die Wortbildungslehre des Deutschen*. Tübingen

Zu Ethnostereotypen in deutschen Wendungen

Katrin Löffler / Jochen Sternkopf, Leipzig

0. Vorbemerkungen

Die Vorurteilsforschung ist eine Domäne der Sozialpsychologie, aber auch in der Sprachwissenschaft hat man sich in den letzten zwei Jahrzehnten verstärkt dem linguistischen Aspekt von Vorurteilen zugewandt. Trotzdem, so urteilte noch vor kurzem Josef Klein, hat die Linguistik - nicht nur die deutsche - "nur mit relativ wenigen Untersuchungen zur Vorurteilsforschung beigetragen", und dabei überwiegen Arbeiten in kommunikations- und gesellschaftskritischer Absicht.[1] Sichtet man die Forschungsentwicklung in der deutschen Phraseologie, so zeigt sich, daß sich das Spektrum der thematisierten Fragen nach und nach erweitert und daß v.a. Aspekte der Verwendung[2] phraseologischer Einheiten eine Rolle spielen.

Wenn hier von Phraseologismen mit Ethnostereotypen die Rede ist, so geht es vorwiegend um Aspekte des Gebrauchs und der Verwendung derartiger Einheiten. Im folgenden sollen nun Ethnostereotype an einem besonderen lexikalischen Teilbereich, den phraseologischen Einheiten, untersucht werden. Folgende lexikographische Werke wurden dabei herangezogen:

- Lutz Röhrich: *Das große Lexikon der sprichwörtlichen Redensarten*. 3 Bde., Freiburg 1991
- *Redewendungen und sprichwörtliche Redensarten. Wörterbuch der deutschen Idiomatik*. Duden Bd. 11, Mannheim 1992
- Hans Schemann: *Synonymwörterbuch der deutschen Redensarten*. Stuttgart 1991
- Hans Schemann: *Deutsche Idiomatik. Die deutschen Redewendungen im Kontext*. Stuttgart 1993
- Gerda Grober-Glück: *Motive und Motivationen in Redensarten und Meinungen*. Marburg 1974

Einige thematische Annahmen sollen an den Anfang gestellt werden:

1. Phraseologismen und Stereotype eint das Kriterium der Stabilität; beide sind verfestigte Entitäten. Sie sind nicht zuletzt unter dem Aspekt der Aufbewahrung kultureller Erfahrungen, Wertungen und Normen von großem Interesse.
2. Ethnostereotype werden als Komponenten dem Phraseologismus untergeordnet. Wendung und Stereotyp sind in dieser Hinsicht uneins; jedoch gibt es gemeinsame Modellierungen[3] und damit gemeinsame Möglichkeiten der verbalen Explikation.

3. Als verbale Ausdrucksform von Stereotypen sind die Phraseologismen mit Ethnostereotypen quantitativ von untergeordneter Bedeutung. Sie nehmen jedoch eine Sonderstellung ein, da sie als komplexe Lexeme erlernt und reproduziert werden.

4. Ein Kennzeichen für feste Wendungen ist u.a. ihre (Teil-)Idiomatizität. Infolge dieses Wesenskriteriums stellt sich die Frage nach der etymologischen Motiviertheit[4] und bewußten Gründen der Nomination. Zu bedenken ist gleichzeitig, daß auch bei Unmotiviertheit des Komplexes die Suche nach der wörtlichen Lesart latent bleibt.

2. Begriffsbestimmung

2.1. Phraseologismen

Auf diesen Terminus soll hier nur soweit eingegangen werden, als es relevant für die folgenden Überlegungen ist. Terminologisch herrscht ausgesprochene Vielfalt. Als Konsens in begrifflich-definitorischer Hinsicht kann wohl gelten, daß feste Wendungen aus zumindest zwei Wörtern bestehen, ein Mindestmaß an Metaphorisierung transportieren, daß Substitutions- und Transformationsgrenzen offenbar werden und daß sie im Lexikon verankert sind, um erneut als Unität reproduziert werden zu können.

2.2. Stereotyp

Beim Stereotyp handelt es sich in erster Linie um ein sozialpsychologisches Phänomen. Es gibt eine Reihe von Termini, die inhaltlich mit dem Stereotyp verwandt sind und zum Teil synonym gebraucht werden: Klischee, Image, soziale Topik, soziales Vorurteil. Das Klischee ist im Unterschied zum Stereotyp nicht in erster Linie durch seinen Inhalt gekennzeichnet, sondern durch die Häufigkeit des Gebrauchs. Es bezeichnet vorgeprägte Wendungen und Denkschemata oder verschlissene Bilder unabhängig von ihrem Inhalt.

Stereotyp und Vorurteil werden häufig synonym gebraucht. In sozialpsychologischen Analysen bevorzugt man eher den Begriff Vorurteil und versucht mitunter zu differenzieren, indem kognitiver und affektiver Gehalt getrennt werden:

> Im Begriff des Stereotyps wird überwiegend auf kognitive Prozesse der Unterscheidung und Verallgemeinerung, im Begriff des Vorurteils wird überwiegend auf affektive Prozesse der Abwertung Bezug genommen.[5]

Eine andere Unterscheidung schlägt Josef Klein vor. Er versteht unter einem sozialen Vorurteil ein grob verallgemeinerndes Urteil über Gruppen, das ohne ausreichende Prüfung gefällt wird, Bewertungen impliziert und weitgehend resistent gegen Korrekturen ist. Als soziales Stereotyp bezeichnet er eine Menge sozialer

Vorurteile, die sich syndromartig zum Bild einer bestimmten Gruppe verfestigt haben.[6]

Da diese Unterscheidungen für unser Vorgehen sekundär sind, sollen im folgenden die Termini Vorurteil und Stereotyp synonym gebraucht werden. Wir folgen der Definition von Bernd Schlöder:

> Vorurteile sind stabile allgemeine Überzeugungen über das Verhalten und die Eigenschaften von Mitgliedern anderer Gruppen im Rahmen des für die eigene Gruppe verbindlichen kulturellen Bezugsrahmens, die
> - einen kognitiven und einen - meist negativen - evaluativen Gehalt haben,
> - die mit der Selbstdeutung der betroffenen Gruppe nicht übereinstimmen und
> - einen Deutungsrahmen für die Interaktionen mit dieser Gruppe bilden.[7]

Im Unterschied zu Uta Quasthoff und Angelika Wenzel, die das Stereotyp sprachwissenschaftlich untersucht haben, gehen wir davon aus, daß verbalisierte Stereotype auch unterhalb der Satzebene auffindbar sind.[8]

3. Phraseologismen und Ethnostereotype

In den linguistischen Untersuchungen von Stereotypen wurden bislang phraseologische Einheiten kaum beachtet. Schon beim ersten Blick auf das gewonnene Material zeigt sich, daß es sich überwiegend um negativ konnotierte Phraseologismen handelt. Das läßt sich v.a. mit der Funktion von Stereotypen und Phraseologismen erklären. So spricht Irina Černyševa vom "eindeutigen Übergewicht der negativ konnotierten Phraseologismen".[9] Wolfgang Fleischer stellt in diesem Zusammenhang fest:

> Die Phraseologismen benennen [...] vor allem menschliche Verhaltensweisen und bewerten dabei auch. Besonders reiche synonymische Entfaltung zeigen dabei solche begrifflichen Bereiche, in denen eine pejorative Einschätzung eines Fehlverhaltens gegeben wird ...[10]

Auch in dieser Hinsicht zeigen Stereotype und Phraseologismen deutlich funktionale Gemeinsamkeiten. Damit sind Tangenten zur ethnolinguistischen Phraseologieforschung aufgezeigt. Die hier interessierenden phraseologischen Einheiten sind aufschlußreich,

> erstens weil diese überhaupt vornehmlich zwischenmenschliche Beziehungen thematisieren, zweitens weil sie deutlicher als Einzelwörter die Attitüden und Wertungen der Sprachgemeinschaft spiegeln und sie auch lenken.[11]

3.1. Abgrenzung von Phraseologismen ohne Ethnostereotyp

Bevor wir zur Illustration am Sprachmaterial kommen, sollen Phraseologismen ohne Ethnostereotyp abgegrenzt werden, denn nicht jede Wendung mit einem

Ethnonymikon übermittelt ein ethnisches Stereotyp. Die Phraseologismen *böhmische Dörfer, Parteichinesisch sprechen* und *etwas kommt einem spanisch vor* stehen für den gleichen Sachverhalt: 'irgend etwas ist unverständlich'. Die ersten beiden Wendungen haben ihren Ursprung im fremden Klang der Sprache, und daß jemandem eine Angelegenheit *spanisch* vorkommt, soll auf die Regierungszeit Karls V. im 16. Jahrhundert zurückgehen, als unbekannte spanische Sitten und Moden in Deutschland Einzug hielten (vgl. Röhrich). Auch ethnonymische Nominationen wie *eine spanische Wand* oder *schwedische Gardinen* transportieren kein Stereotyp. Die Gefängnisgitter verdanken ihre Bezeichnung mit großer Wahrscheinlichkeit dem Umstand, daß dafür schwedischer Stahl verwendet wurde, der als gut und haltbar galt.

3.2. Phraseologismen mit Ethnostereotypen

Doch nunmehr zum Kern unserer Überlegungen. Unter Phraseologismen mit ethnostereotypischen Bestandteilen fallen demnach solche, die echte Stereotype enthalten und tradieren, d.h. in ungerechtfertigt verallgemeinernder Weise einem Volk oder einer Volksgruppe bestimmte Eigenschaften zuschreiben oder absprechen. Sie strukturieren Erfahrungen und Entscheidungen und haben integrative und identitätsstiftende Funktion. Wenn beispielsweise von einer *polnischen Wirtschaft* die Rede ist, werden den Polen kollektiv Eigenschaften wie Liederlichkeit und Nachlässigkeit zugeschrieben. Damit verbunden ist sowohl die Abgrenzung des Sprechers von den Polen als auch die Identifikation mit dem eigenen Volk, das demzufolge nicht liederlich ist.

3.2.1. Allgemeine Tendenzen

Betrachtet man die Wendungen, die Ethnostereotype enthalten, so zeigen sich - mit aller Vorsicht formuliert - folgende Tendenzen:

1. Ihre Anzahl in der Gegenwartssprache ist relativ gering.

2. Ihr Gebrauch ist abhängig von Situation und Sprecher. So spielt zum Beispiel eine Rolle, ob der Sprecher über Sprache reflektiert, ob ihm das MIT-Gesagte bewußt wird, sozusagen als Literalisierung auffällt, und ob der Sprecher im Moment des Kommunikationsaktes einem Angehörigen der entsprechenden Ethnie gegenübersteht. A. Wenzel war in ihrer Untersuchung der Stereotype in gesprochener Sprache zum Schluß gekommen, daß mit höherem Bildungsgrad die Formelhaftigkeit der verbalen Äußerung von Vorurteilen abnimmt. Das müßte demzufolge auch und gerade für den Gebrauch entsprechender Wendungen gelten.

3. Ihr Gebrauch ist eher rückläufig, weil sich der soziokulturelle Hintergrund gewandelt hat oder weil man sie aufgrund einer gesteigerten Sensibilität nicht mehr verwendet. So verzichtet beispielsweise das "Lexikon sprichwörtlicher Redensarten" gänzlich auf das Stichwort *Jude, jüdisch*, um "eine Perpetuierung dieses Wortschatzes nicht zu fördern".[12]

4. Die Nachschlagewerke lassen nur begrenzt Aussagen über die tatsächliche Verwendung von Phraseologismen mit Ethnostereotypen zu. Zum einen werden Regionalismen mitunter nicht erfaßt (vgl. Schemann, Idiomatik), obwohl sie gerade in unserem Fall sehr aussagekräftig sein können, zum anderen werden sie nicht unbedingt als solche gekennzeichnet. Unter den analysierten Wörterbüchern macht nur Schemann Angaben dazu, ob eine Wendung veraltet oder selten geworden ist.

3.2.2. Klassifikation

Betrachtet man die Phraseologismen mit Ethnostereotypen hinsichtlich der Klassifikation, fällt auf, daß sie zwei Gruppen bilden. Hier kommt uns die struktursemantische Mischklassifikation von Burger / Buhofer / Sialm[13] entgegen, die morphosyntaktische und semantische Kriterien verwendet und der die folgenden Klassifikationsbegriffe entnommen sind.

Phraseologische Ganzheiten
Ein Teil der Phraseologismen mit Ethnostereotypen läßt sich demnach zu den phraseologischen Ganzheiten zählen. Darunter werden Phraseologismen verstanden, deren Gesamtbedeutung "nicht aus der Amalgamierung der (freien oder phraseologischen) Bedeutungen der einzelnen Komponenten resultiert"[14] und - das muß beim Bezug auf diese Klassifikation, die auch Sprichwörter und Gemeinplätze einbezieht, hinzugefügt werden - die nicht satzwertig sind. Folgende Wendungen zur Illustration:

typisch deutsch
nicht die feine englische Art
ein ewiger Jude sein
sich polnisch verheiraten ['unehelich zusammenleben']
preußischer als die Preußen sein
einen Schwabenverstand haben
ins Schwabenalter kommen / das Schwabenalter noch nicht haben
englisch einkaufen ['stehlen']
die Schweizerkrankheit haben ['Heimweh haben']
ein Zigeunerleben führen

In diesen Phraseologismen läßt sich die Bedeutung aus dem Wortsinn der Komponenten nicht erschließen, denn auf der Grundlage des Ethnostereotyps hat ein

Metaphorisierungsprozeß stattgefunden. Gebrauch und Verstehen einer Wendung wie *preußischer als die Preußen sein* setzen voraus, daß den Preußen bestimmte Eigenschaften zugeschrieben werden: Exaktheit, militärischer Drill, Disziplin etc. Mit dem Spracherwerb muß diese übertragene Bedeutung ebenso erlernt werden wie bei anderen metaphorischen Wendungen.

Wie interessant gerade Regionalismen im Hinblick auf Stereotype sind, zeigen folgende analog gebildete Wendungen:

sich französisch verabschieden
sich polnisch verabschieden (im Nordosten Deutschlands)
holländisch abfahren (im Nordwesten Deutschlands).

Alle stehen für einen heimlichen, unbemerkten Abschied, und natürlich wird jeweils den Nachbarn Unhöflichkeit nachgesagt. Röhrich bringt dazu aufschlußreiche Parallelen aus anderen Sprachen. Die Franzosen nennen kurioserweise einen unhöflichen Abschied *sich englisch verdrücken*, während die Engländer für Zechprellerei sagen: *to take a French leave*.

Phraseologische Vergleiche
Der zweite große Teil der Phraseologismen mit ethnostereotypischen Bestandteilen zählt zu den phraseologischen Vergleichen, z.B.

leben wie Gott in Frankreich
laufen wie die Hessen [luxemburg. für 'Feigheit']
Lärm wie in einer / der Judenschule
falsch / schlau / frech / schwarz wie ein Jude
grob wie ein Pommer
gesund wie ein Russe
stolz wie ein Spanier
eifersüchtig / frech / stark wie ein Türke
frech / schwarz / blond wie ein Zigeuner

Es ließe sich darüber diskutieren, ob *schwarz wie ein Jude / Zigeuner*, das sich zunächst auf das Aussehen bezieht, ein echtes Stereotyp ist. Entscheidend ist jedoch, daß äußere Merkmale nicht nur selbst zu Stereotypen werden, sondern sich mit Stereotypen über den Charakter verbinden können, wie sich in der Untersuchung von Grober-Glück am Beispiel von Rot- und Schwarzhaarigkeit zeigt. Gerade Belege mit der Komponente *Jude* demonstrieren, daß stereotype Vorstellungen über Äußeres (schwarzes Haar, krumme Nase etc.) und Charakter untrennbar miteinander verbunden waren (und sind). Besonders Juden und Zigeuner zählten zu den "klassischen Randgruppen", "Minderheiten, die in ihren Gesellschaften als klar konturierte Gruppen in Erscheinung" traten und ausgegrenzt blieben.[15] Wenn also jemand *schwarz wie ein Jude / Zigeuner* ist, schwingen mehr oder weniger bewußt die Stereotype über angebliche Eigenschaften mit. Auch auf die ironische Umkehrung *blond wie ein Zigeuner* trifft das zu.[16]

Die Eigenschaften, die hier als tertium comparationis dienen, sind meist negativ: eifersüchtig, grob, falsch, frech; auch schlau ist eher im Sinn von Gerissenheit als von Klugheit zu verstehen.

Nur wenige der phraseologischen Vergleiche scheinen positiv konnotiert zu sein, aber bei genauerem Hinsehen wird das fraglich. Nehmen wir den Vergleich *gesund wie ein Russe*. Er mag bestimmt worden sein durch die "ungekränkte Urwüchsigkeit und Kraft",[17] die man den Russen nachgesagt hat. Daß diese Vorstellung durchaus noch aktuell ist, belegen die Namen mancher Produkte. So heißen Knoblauchperlen, die Gesundheit im Alter versprechen, nicht zufällig *Ilja Rogoff* oder ein Kefir *Kalinka*. Fragt man sich, welches Bild durch den phraseologischen Vergleich aktiviert wird, so dürfte es wohl ein rüstiger bärtiger Alter vor einer Holzhütte sein und nicht ein Großstädter aus Moskau oder St. Petersburg. Damit verbinden sich Vorstellungen von Einfachheit, Rückständigkeit, Urwüchsigkeit. Insofern scheint der phraseologische Vergleich *gesund wie ein Russe* zumindest ambivalent zu sein.

Ähnliches gilt für den Vergleich *leben wie Gott in Frankreich*. Die Entstehung dieser Wendung verweist in die Zeit der Französischen Revolution, als Gott ABGESETZT wurde und nichts mehr ZU TUN hatte. Wenn die Wendung heute gebraucht wird im Sinn von: 'ein genußvolles, sorgenfreies Leben führen', so ist das mit positiver und negativer Konnotation versehbar. Eine negative Konnotation rückt den Vergleich in die Nähe von Vorurteilen über die Bewohner Südeuropas, die sich auch in Entlehnungen ausdrücken: Begriffe wie *dolce far niente, dolce vita, Laissez faire* sind in den deutschen Wortschatz eingegangen.

Für fast alle phraseologischen Vergleiche gilt: Die ethnische Bezeichnung konserviert ihre Bedeutung. So ist der Spanier wörtlich als Spanier zu verstehen. Der Vergleich beruht auf dem Stereotyp - alle Spanier sind stolz -, und gleichzeitig reproduziert und tradiert er dieses Vorurteil.

3.2.3. Motiviertheit

Wie bei anderen Phraseologismen stellt sich auch beim hier untersuchten Korpus die Frage nach der Motiviertheit. Dabei ist zwischen Primärmotivation und aktueller Motivierbarkeit zu unterscheiden.[18] Wie und wann eine Wendung entstanden ist, dürfte oft nur schwer nachvollziehbar sein. Natürlich ist v.a. der historische und kulturgeschichtliche Hintergrund zu untersuchen. Josef Klein ist zuzustimmen, wenn er mit Blick auf den historischen Kontext sagt: "Nationale Stereotype können stärker oder geringer sein. Je enger und belasteter die historischen Beziehungen sind, desto stärker die Ausprägung."[19] Das zeigt sich am deutlichsten wohl in Sprichwörtern, die hier nicht berücksichtigt worden sind. Die Sammlung von Karl Friedrich Wilhelm Wander, erschienen Leipzig 1870, belegt in einer Vielzahl von Sprichwörtern und Wendungen die Auseinandersetzung mit den Nachbarn, v.a. den Franzosen, und den Minderheiten, v.a. Juden und Zigeunern. Besonders bei Phraseologismen mit der Komponente *Jude* läßt sich der Zusammenhang von sozialen und religiösen historischen Gegebenheiten und der Herausbildung von Stereotypen erkennen; aber das wäre einen eigenen Beitrag wert.

Man darf annehmen, daß die aktuelle Motivierbarkeit von Phraseologismen mit Ethnostereotypen von der Präsenz des Vorurteils abhängt. Eine Wendung wie *hausen wie die Schweden* dürfte heute wohl kaum noch die Vorstellung transportieren, daß die Schweden besonders zerstörerisch sind. Hier hilft nur die historische Erklärung: Diese und andere Phraseologismen (*einem den Schweden wünschen, einen Schwedentrunk erhalten*) erinnern an schwedische Grausamkeiten im Dreißigjährigen Krieg. In ähnlicher Weise läßt sich eine ganze Anzahl der hier angeführten Belege v.a. als historisches Korpus interpretieren. Aber zu bedenken ist, daß auch bei Phraseologismen, die nicht aktuell motivierbar sind, die Suche nach der wörtlichen Lesart latent bleibt.

4. Resümee

Die vorliegenden Phraseologismen sind differenziert zu betrachten. In den meisten Fällen schreiben sie, am deutlichsten in den phraseologischen Vergleichen, eine bestimmte Eigenschaft (oder mehrere Eigenschaften) dem Angehörigen eines bestimmten Volkes explizit zu. Das Stereotyp in den phraseologischen Ganzheiten hingegen wurde zur Grundlage der Metaphorisierung. Gebrauch und Verstehen der Wendungen setzen die Kenntnis des Stereotyps voraus und tradieren es zugleich. Bei einigen Belegen ließe sich diskutieren, ob der Phraseologismus tatsächlich ein ethnisches Stereotyp enthält oder NUR negativ konnotiert ist.

Noch etwas sollte mit unseren Ausführungen belegt werden: "Auch die Ethnographie der Kommunikation muß gelernt werden."[20] Dazu zwei Beispiele, das erste konzipiert für den Nichtmuttersprachler, das zweite für den Muttersprachler.

Das Großwörterbuch "Deutsch als Fremdsprache" kodifiziert unter dem Lemma *Jude*:

> der zu der Religion gehört, die das Alte Testament der Bibel als wichtigste Grundlage hat: Viele Juden leben heute in Israel.[21]

Die Ausrichtung auf die neutrale Norm entspricht dem Bedürfnis der Lernenden; das ist gewiß auch in pragmatischer Hinsicht eine gute Entscheidung.

Das große Wörterbuch der deutschen Sprache der Duden-Reihe kodifiziert unter gleichem Lemma folgende Kontexte:

> aber die verlangen Wucherpreise wie die Juden
> die deutschen Bauern - das sind alles Juden
> Alles weiße Juden = geldgierige Nichtjuden[22]

Für Muttersprachler wird somit potentiell das Stereotyp für die Nachwelt konserviert. Dies überrascht, da beispielsweise in politischen Texten - so das Ergebnis einer Studie - keine Nationalitäten- und Rassenstereotype auftraten.[23] Sowohl die öffentliche Meinung als auch Erfahrung können als regulierende Größen bei der Verwendung vorliegender Phraseologismen wirken.

Sprache gehört in bezug auf Vorurteile, um noch einmal Josef Klein zu zitieren, "nicht zu den kausalen Faktoren, doch zu den phänomenologischen Konstitutionsbedingungen; denn Vorurteile und Stereotypen konstituieren sich vornehmlich als sprachlich-diskursive Phänomene".[24] Ziel dieses Beitrags war es auch, ein Bewußtsein für ihren Gebrauch bzw. ihre Vermeidung zu schaffen.

Anmerkungen

1) Klein, Josef (1995): Sprache und soziales Vorurteil. In: *Mitteilungen des deutschen Germanistenverbandes* 1, 3-11, hier 3.
2) Barz, Irmhild (1986): Probleme der phraseologischen Modifikation. In: *Deutsch als Fremdsprache* 23, 321-326.
3) Vgl. Sternkopf, Jochen (1987): Ein Ansatz zur Modellierung phraseologischer Einheiten. In: *Deutsch als Fremdsprache* 24, 207-213.
4) Vgl. Munske, Horst-Haider (1993): Wie entstehen Phraseologismen? In: *Vielfalt des Deutschen. Festschrift für Werner Besch*. Frankfurt a.M., 481-516.
5) Schäfer, Bernd (1988): Entwicklungslinien der Stereotypen- und Vorurteilsforschung. In: Schäfer, Bernd / Petermann, Franz: *Vorurteile und Einstellungen. Sozialpsychologische Beiträge zum Problem sozialer Orientierung*. Köln, 11-65, hier 51.
6) Klein, Josef (Anm. 1), 4.
7) Bernd Schlöder: Soziale Vorstellungen als Bezugspunkte von Vorurteilen. In: Schäfer / Petermann (Anm. 5), 73.
8) Quasthoff, Uta (1973): *Soziales Vorurteil und Kommunikation. Eine sprachwissenschaftliche Analyse des Stereotyps*. Frankfurt.
   Wenzel, Angelika (1978): *Stereotype in gesprochener Sprache. Form, Vorkommen und Funktion in Dialogen*. München.
9) Černyševa, Irina (1984): Aktuelle Probleme der deutschen Phraseologie. In: *Deutsch als Fremdsprache* 1, 18.
10) Fleischer, Wolfgang (1982): *Phraseologie der deutschen Gegenwartssprache*. Leipzig, 183.

11) Stedje, Astrid (1987): Aspekte einer ethnolinguistischen Phraseologieforschung. In: *Germanistische Tischgespräche. Birgit Stolt zum 60. Geburtstag.* Stockholm, 150-167, hier 154.
12) Röhrich, 21.
13) Burger, Harald / Buhofer, Annelies / Sialm, Ambros (1982): *Handbuch der Phraseologie.* Berlin.
14) Ebd., 31.
15) Roeck, Bernd (1993): *Außenseiter, Randgruppen, Minderheiten. Fremde im Deutschland der frühen Neuzeit.* Göttingen, 8.
16) Auch Röhrich weist darauf hin, daß *schwarz wie ein Zigeuner* eine negative Wertung enthält, also keineswegs nur wertungsfrei auf schwarze Haare zu beziehen ist.
17) Grober-Glück, 161.
18) Begriffe nach Munske (Anm. 4).
19) Klein, Josef (1994): Sprachliche Mechanismen bei der Bildung nationaler Vorurteile. In: *Vorurteile zwischen Deutschen und Polen.* Hgg. von F. Gruczka. Warschau, 130.
20) Stedje, Astrid (1983): "Brechen Sie das rätselhafte Schweigen" - über kulturbedingtes, kommunikatives und strategisches Schweigen. In: *Sprache und Pragmatik.* Hgg. von Inger Rosengren, Lund, 8.
21) *Langenscheidts Großwörterbuch Deutsch als Fremdsprache. Das neue einsprachige Wörterbuch für Deutschlernende.* (1993), Berlin, 520.
22) *Duden. Das große Wörterbuch der deutschen Sprache* (1994), Mannheim. Bd. 4, 1764.
23) Wenzel, Angelika (Anm. 8), 46.
24) Klein, Josef: Sprache und soziales Vorurteil (Anm. 1), 3.

Zur Spezifik von Textbeispielen in phraseologischen Sammlungen

Jochen Sternkopf, Leipzig

0. Vorbemerkung

Es steht wohl außer Zweifel: "Das Gespräch ist eine Grundeinheit menschlicher Rede" (Henne / Rehbock 1982:12). Die nahezu allgegenwärtige Rolle in unterschiedlichen Bereichen menschlicher Existenz kann in diesem Sinne nicht überraschen; ebensowenig das Vorhandensein verschiedener Gesprächsgattungen. Eine davon wird als fiktives bzw. fiktionales Gespräch näher bestimmt. "Fiktive Gespräche sind solche, die zu bestimmten Zwecken, z.b. denen des Unterrichts, e n t w o r f e n werden..." (Henne / Rehbock 1982:33f.). Diese Intention fügt sich in unser Vorhaben ein. Wenn von der Spezifik von Textbeispielen in phraseologischen Sammlungen, von phraseologischen Kontexten, die Rede ist, dann meinen wir damit solche Illustrationen, die für den richtigen Gebrauch phraseologischer Einheiten entworfen wurden.

> Diese Beispiele sind größtenteils etwas weiter gefaßt, um die Redesituation deutlich werden zu lassen. Gelegentlich sind auch zwei Texte angegeben, wenn dies für die Veranschaulichung der Verwendungsweise der betreffenden Redensart angebracht schien. (Görner 1980:11)

In vielen Fällen benennen Phraseologismen als sekundäre Nominationseinheiten expressiver Art menschliche Verhaltensweisen, häufig mit bestimmten Wertungen (Fleischer 1982:183) verbunden. Die damit einhergehende stilistische Markierung besagt, daß - nicht zuletzt in Abhängigkeit von bestimmten Kommunikationsbereichen und von Spezifiken einer Textsortengebundenheit - eine Auswahl nach Maßgabe des Gebrauchs (Fleischer 1982:225) erfolgt.

Konsequenzen für den Alltagsverkehr mit seinen relevanten Bezügen auf konkrete Personen in konkreten Situationen liegen auf der Hand. Ist Alltagsverkehr stärker emotional markiert, so ist ein vorzügliches Feld für phraseologische Ausdrucksmittel bereitet. Und damit schließt sich auch der Kreis für vorliegende Einleitung, indem nochmals auf spezifische Gesprächsformen Bezug genommen werden soll.

> Der wechselseitige Replikenaustausch ist obligatorisch für den Dialog, während die monologische Rede den Hörer nicht zur unmittelbaren sprachlichen Reaktion verpflichtet. (Mackeldey 1987:36)

Phraseologische Kontexte im hier anvisierten Bereich sind stets Modellierungen und damit merkmalsärmer als das Original (Brinker 1989:33). In Abhängigkeit vom Erklärungshintergrund kann der Kontext der phraseologischen Einheit zur Illustration des richtigen Gebrauchs monologisch oder dialogisch konstruiert sein. Dies ist sekundär; der Zielsetzung dieser Überlegung folgend ist jedoch der Adressatenkreis primär.

> Jeder Ausländer, der die deutsche Sprache lernt, sollte bestrebt sein, sich diese Redensarten anzueignen, und sie zu einem festen Bestandteil seines aktiven Wortschatzes machen. (Schulz / Griesbach 1969:Vorwort)

Zu diesem Zweck wurden mehrere phraseologische Sammlungen (Schulz / Griesbach 1969, Herzog / Michel / Riedel 1972, Köhler / Herzog / Kursitza 1974, Görner 1980, Wotjak / Richter 1988, Duden 1992) analysiert, die sich entweder dem Bereich DEUTSCH ALS FREMDSPRACHE explizit verpflichtet fühlen oder die als dafür geeignet betrachtet werden können.

Wohlbemerkt: Bei der folgenden Analyse kann es nicht um Vollständigkeit gehen; vielmehr geht es uns um ausgewählte Aspekte, die einer fremdsprachlichen Ausbildung in dem ohnehin schwierigen Terrain PHRASEOLOGIE DES DEUTSCHEN nützlich sein könnten. Es geht auch nicht um Besserwisserei und Nörgelei, es geht ganz einfach um die Sache, es geht um praktische Lexikologie (Wiegand 1981:193).

1. Historisch-politische Gegebenheiten

Hier ist gewiß nicht der Ort, über das Deutsche in Ost und West zu diskutieren. Historisch-politische Gegebenheiten stellen ein Etikett dar, das wohl an alle Texte geheftet werden kann.

> "Intertextualität" meint, daß es keinen "originären" Text gibt, sondern sich jeder Text erst durch andere Texte konstituiert, auf die er - implizit oder explizit - verweist, die er absorbiert, transformiert, weiterführt oder auf die er antwortet. In jedem Text finden sich daher Spuren anderer Texte und ihrer Tradition. (Förster 1994:216)

Daß das Tradierte in unserem Kontetxt v.a. politisch determiniert ist, wird als gegeben hingenommen. Intertextuelle Bezüge (Franzke 1994:204ff.) werden u.a. folgendermaßen gewichtet:

a. Die Geschichte der Texte wird eingeholt.
b. Es geht um Momente der Beschreibung von Textsorten.
c. Ein Zugang zur Analyse sozialer Beziehungen ist gegeben.

Diese Akzentuierung intertextueller Relationen wird sich in ausgewählten Betrachtungsaspekten der folgenden Untersuchung zeigen. Vornehmlich aber soll dem Leser des Gebietes DEUTSCH ALS FREMDSPRACHE bewußt gemacht werden, daß Textillustrationen zeitlichen Aspekten unterlagen bzw. unterliegen, daß dies etwas mit Realien, mit Landeskunde zu tun hat, und daß manche Texte historisch überlebt sind und damit lediglich (quasi-)variable Gebrauchsaspekte darstellen.

Historische Tradiertheit schließt im vorliegenden Fall freilich "Anmerkungen zur Kommunikationskultur in der DDR vor und nach der Wende" (Lercher 1992) ein. Der Lerner lernt damit schlicht doppelt, was wohl nie zum Nachteil gereichte.

Wenn nun unter diesem Punkt phraseologische Kontexte zur Illustration herangezogen werden, so sollte sowohl die reduzierte Interpretationskraft von Einzelbefunden (von Polenz 1993) als auch der Grad der Öffentlichkeit (Schlosser 1989) bedacht werden.

Altes und Neues - die Problematik sozusagen auf einen einfachen lernerfreundlichen Nenner gebracht - wird in phraseologischen Kontexten gleichsam konserviert. Vgl.:

(1) *Einige Kollegen erhielten den Auftrag, ein Programm für die Betriebsfeier zum 1. Mai aufzustellen.*
(2) *In der Plandiskussion sagte der Direktor des Betriebes: "Der springende Punkt ist die Orientierung auf das Weltniveau."*

Die Opposition "alt vs. neu" (Große 1977:51ff.) ist relativierbar je nach Herkunft, Erfahrung, Ansicht u.a. Phraseologische Kontexte dokumentieren, da ja ihre eigentliche Domäne die des Alltagsverkehrs ist, Wirklichkeit im weitesten Sinne. Beispielsweise illustrieren die Fragen *Haben Sie Gurken?* oder *Wann gibt es neue Ware?* (Porsch 1992:190) die spezifische soziale Welt der DDR. "Solche Äußerungen haben neben einer wörtlichen eine soziale Bedeutung. Wir nahmen Bezug auf unsere soziale Welt" (Porsch 1992:192). Daß es verschiedenen Bezüge auf verschiedene Welten gibt, zeigen auch folgende Beispiele aus den Korpora:

(3) *Wer heute eine Steuererklärung abgeben muß, der steht fast immer mit einem Bein im Zuchthaus.*
(4) *Vor einem Jahr hat man die Aktien dieses Betriebes wie saures Bier angeboten, und heute kann man keine einzige mehr bekommen.*

Dem Nicht-Muttersprachler, und nicht nur ihm, zeigt sich, daß die politisch-historische Gegebenheit generell ein determinierendes Prinzip der Textgestaltung verkörpert.

Das wirkt sich aus auf die Inhalte der Texte, führt zur Umgestaltung von Kommunikationsstrukturen und Textsorten und beeinflußt die Gestaltung wesentlicher Faktoren der Kommunikation. (Fleischer 1987:38)

Solche Gegebenheiten muß der Lerner wissen, die Realien verstehen, die Variabilität der Texte und die Dimensionen begreifen. Die überwiegende Anzahl der phraseologischen Kontexte unseres Korpus erweist sich als historisch-politisch unmarkiert.

2. Spezifische textliche Gegebenheiten

Hier sind gewiß Einschränkungen unumgänglich. Wiederum mit Blick auf den Bereich DEUTSCH ALS FREMDSPRACHE konzentrieren wir uns auf ausgewählte Muster der Textbildung. So begegnen im Korpus beispielsweise:

2.1. Abkürzungen

Aufgrund der überraschend hohen Präsenz sei diese Gegebenheit erörtert und bewertet. Vgl.:

(5) *X. ist sehr ehrgeizig; er kümmert sich nicht nur um sein Referat, überall will er seine Finger drin haben.*
(6) *Ich habe mich gewundert, wie gut X. über das neue Fabrikationsverfahren der Firma P. Bescheid wußte. Sollte er auch da seine Hand im Spiel haben?*

Die Kürze der phraseologischen Kontexte und die Frequenz der Abbreviaturen bestimmen die Zuordnung zum Komplex der textlichen Spezifiken. "Die Bildung der Abkürzung ist ein Ergebnis der Sprachverwendung" (Barz 1984:520). Diese Feststellung will sich nicht recht in unsere Argumentation einfügen. Die ABKÜRZUNG, oder besser die INITIALISIERUNG, dient in diesen Texten u.a. folgenden Absichten:

a. Abkürzungen sind Ausdruck der Sprachökonomie. Hier wird der praktischen Lexikographie Rechnung getragen.
b. Die Abkürzung von fiktiven Personen, Firmen, Verbänden dient dem Zweck, Festlegungen unterschiedlicher Art zu vermeiden.
c. Der angestrebte hohe Anonymitätsgrad erweitert den Verwendungsradius der Textbelege.

Dies alles ist einsichtig. Deshalb wollen wir hier lediglich aus vorliegender Blickrichtung einige Thesen formulieren, die im Arbeitsbereich der praktischen Lexikologie / Lexikographie zukünftig Berücksichtigung finden könnten:

a. Vorliegende INITIALISIERUNG entspricht nicht der Sprachwirklichkeit, und gerade diese sollte doch durch phraseologische Kontexte nachvollziehbar gemacht werden.
b. Nicht nur für den Nicht-Muttersprachler können sich hinter den extremen Verkürzungen Mehrdeutigkeiten verbergen, die u.U. zu kommunikativer Unangemessenheit führen könnten. Es existiert weder eine Firma namens *P.* noch eine Person namens *X.* Kurzum: der Gebrauch vorliegender Abbreviaturen entspricht kaum der angestrebten alltagssprachlichen Kommunikation.

c. Weiterhin folgt daraus, daß mit dem Auftreten der Abkürzung vom Lerner, vom Nicht-Muttersprachler, ein doppelter - und noch dazu ein fiktiver - Dekodierungsprozeß verlangt wird. Da viele Wendungen ohnehin über zwei Lesarten verfügen und die phraseologische zudem einer nicht-wörtlichen entspricht, sollte diese zusätzliche Hürde künftig doch beseitigt werden.

d. Bemerkenswert und diskussionswürdig erscheint generell folgende Tatsache: "Das Bestreben, mit Hilfe von Abkürzungen Zeit und Raum zu sparen, war schon im Mittelalter weit verbreitet, doch hat diese Tendenz heute besonders große Dimensionen angenommen" (Koblischke 1978:5).

2.2. Ellipsen

Auch hier handelt es sich aus unserer Sicht um ein textkonstituierendes Element phraseologischer Kontexte. Abkürzungen und Ellipsen u.a. gelten nach vorliegender Analyse als textsortenspezifisch.

Die analysierten phraseologischen Kontexte sind in vielen Fällen kommunikativ-funktional determinierte Gebrauchssequenzen (Brinker / Sager 1989). Die Ellipse als Kurzform (Rath 1979:134) gehört zur GRAMMATIK (Henne / Rehbock 1982:296) der dialogischen Sprache. Der Bezug zu sprachökonomischen Aspekten wird wiederum offensichtlich. "Kriterien für Ellipsen in gesprochener Sprache können entsprechend der Bestimmung von Äußerungseinheiten nur im kommunikativen Bereich liegen" (Rath 1979:140). Als signifikante Sphären konnten dabei folgende abstrahiert werden:

a. dialogischer Rahmen

   (7) *Vater zum Sohn: ...*
   (8) *Ein Arbeiter zu seinem Brigadier: ..*

Allen ist gemein, daß sie einmal den dialogischen Rahmen, die Sprecher-Empfänger-Konstellation, anzeigen und daß sie dialogeröffnende Textsequenzen sind, also demnach eine besondere Textfunktion erfüllen.

b. situativer Rahmen

Die Argumentation ist vergleichbar. Siehe dazu folgende Einleitungspassagen:

   (9) *Aus einem Sportbericht:*
   (10) *Auf einem Gartenfest: ...*

Die Ellipsenbildung zählt zu den "Verfahren ökonomischer Textbildung (Rath 1979:17). Damit ist sie zum einen ein rationelles Angebot für die phraseologische Praxis, zum anderen liefert sie unverzüglich wesentliche Parameter der kommunikativen Handlung; sie ist so als relevantes Element der Verstehenssicherung interpretierbar. Logische Konsequenzen für den Bereich DEUTSCH ALS FREMD-SPRACHE sind auch damit angezeigt.

Was die Häufigkeit anlangt, so dominiert freilich die dialogische vor der monologischen Textstruktur. Durch Rede und Gegenrede bzw. Rollenwechsel sind die Rahmenbedingungen im vorliegenden Verständnis ohnehin vorgegeben.

(11) *Auf eurer Party muß es ja recht lebhaft zugegangen sein. Ich habe gehört, Sabine ist so furchtbar aus der Rolle gefallen! - Das kann man wohl sagen! Die hatte sich so betrunken, daß sie nicht mehr wußte, was sie tat.*

Phraseologische Kontexte dieser Art sind in der Regel umfangreicher.

3. Soziolinguistische Gegebenheiten

Soziolinguistische Aspekte werden bei vorliegender Untersuchung in weitestem Sinne interpretiert und gelten als ein Bereich, "der sich die Beschreibung und Erklärung der gesellschaftlichen Bedingtheit der Sprache, insbesondere der Rolle sozialer Einflüsse, soziologischer Faktoren u.a. beim Sprachgebrauch ... zum Ziel setzt" (Conrad 1988:215f.).

3.1. Geschlechtsspezifische Auffälligkeiten

Der Untersuchungsgegenstand PHRASEOLOGISCHE KONTEXTE demonstriert auch dem Nicht-Muttersprachler in soziolinguistischer Hinsicht folgende Tatsachen (um eine Auswahl zu treffen, analysierten wir 480 Textbeispiele zu den Wendungen A bis K bei Görener 1980):

Schon auf den ersten Blick scheint sich ein Großteil heutiger Kommunikation unter Männern abzuspielen. Untermauert werden kann dies durch:

a. Männliche Vornamen haben in phraseologischen Kontexten ein eindeutiges Übergewicht.
b. Männliche Nominationen aus dem Wortfeld der deutschen Verwandtschaftsbezeichnungen dominieren in den Textbelegen gegenüber weiblichen in einem Verhältnis von 39 zu 17.
c. In dem speziell analysierten Korpus stehen 9 männlichen Berufsbezeichnungen 2 weibliche gegenüber. Analogien zu weiteren phraseologischen Sammlungen sind leicht festzustellen.

Phraseologische Kontexte, also illustrierte Textbelege, werden vom männlichen Part bestimmt (vgl. Sternkopf 1995a). **Aber:**

Phraseologismen als sekundäre Nominationseinheiten sind zumeist expressiv. V.a. verbale Phraseologismen werden durch eine personenbezogene Verwendung charakterisiert. Die Semantik fester Wendungen ist meistens negativ konnotiert. Wenn nun Redesituationen konstruiert werden, in denen männliche Kommunikationsteilnehmer stark überwiegen, so wird sich die Phraseologismen immanente Kritik und pejorative Einschätzung auch an eine männliche Adresse richten. Vgl.:

(12) *Wolfgang hat seit gestern ein Auto, ich bin sogar ein Stück mitgefahren. - Da hat er dir aber einen schönen Bären aufgebunden! Der Wagen gehört seinem Onkel.*

(13) *Habt ihr schon gehört, daß Dieter bei der Hochgebirgstour mitmachen will? - Der hat ja einen Dachschaden! Dem wird schon übel, wenn er aus dem Fenster guckt.*

Der Gebrauch der festen Wendung, obgleich männlich mehr geprägt als weiblich, wird damit zur Retourkutsche für die Männlichkeit. Für den angesprochenen Adressatenkreis erweist sich als relevant:

Deutsche Phraseologismen an sich sind nicht geschlechtsspezifisch markiert (und damit schuldenfrei), sie werden nur - wie andere Spracheinheiten auch - zu diesem Zweck verwendet. Dabei bleibt hier das umfangreiche Spektrum geschlechtsspezifischen Kommunikationsverhaltens ausgespart. Unabhängig davon, wie sich dieser spezielle Bereich weiterentwickelt, und auch mit Blick auf unsere Schlußfolgerungen sollte schon davor gewarnt werden, geschlechtsspezifische Besonderheiten einer Sprache als Aufhänger für die Formulierung extremer Positionen (z.B. zu finden bei Pusch 1984) und Standpunkte (vgl. Beck 1991) auszunutzen.

3.2. Kommunikative Lücken

Diese Thematik sei der Vollständigkeit wegen angetippt. Ausgehend von dem oft dargelegten Zusammenhang von gesellschaftlicher Entwicklung einerseits und sprachlicher Fixierung andererseits mag wohl in einem weiten soziolinguistischen Sinne kaum überraschen, daß solche Kommunikationssphären wie

a. Ökologie bzw. Umweltproblematik,
b. Religion bzw. Gleichberechtigung in weitestem Sinne und - allenfalls tangierend -
c. Kriminalität

kaum zum Gegenstand des Kommunikationsaktes gemacht werden. Diese Aussage bezieht sich auf explizierte Lexikoneinheiten und nicht auf interpretatorische Ansichten. Praktische Alltagserfahrung und tradierte Kommunikationsinhalte harren eben noch ihrer Annäherung. Auch davon sollte der Nicht-Muttersprachler Kenntnis haben, um die eingangs erwähnte INTERTEXTUALITÄT in vollem Umfange zu verstehen. Auch soziolinguistische Mit-Informationen aus phraseologischen Kontexten sind Determinanten des Spracherwerbs.

4. Grammatische Gegebenheiten

Wir nähern uns dem Ende der Betrachtung. Nichtsdestoweniger erweist sich gerade dieser Gesichtspunkt als eine wichtige Wertungsgröße phraseologischer Kontexte. Mithin wird dieser Abschnitt verstanden als ein Vorsichtszeichen für die Verwendung phraseologischer Einheiten. Dabei geht es wohlbemerkt nicht um das Illustrieren phraseologischer Schwächen, sondern die vorliegenden Gegebenheiten sind vorrangig gegenstandsbedingt. Zu bedenken ist schließlich, daß mit dem Erscheinen neuer Sammlungen manche Gefahr erheblich abgeschwächt wird; dies allerdings wird - nicht nur auf den Bereich DEUTSCH ALS FREMDSPRACHE bezogen - den Rückgriff auf ältere "Papierwörterbücher" (Dobrovol'skij 1993:58) wenig unterbinden.

4.1. Nennform der Wendung

Obgleich schon mehrfach diskutiert (Sternkopf 1992), hat diese Form den Vorteil, daß sich der Lexikograph weniger festlegen muß und damit einen mehr universellen Zugriff lemmatisiert; ein Nachteil besteht in folgender Tatsache: "Selbst in den modernsten Wörterbüchern des Deutschen kann eine obligatorische Ergänzung in der Nennform eines Idioms fehlen" (Korhonen 1988:204).

Nun ist aber in verschiedenen Sammlungen Nennform nicht gleich Nennform. Während in dem Korpus von Schulz / Griesbach Beispiel (14) begegnet, lemmatisieren Wotjak / Richter in der unter (15) gezeigten Weise. Auch stammt Beleg (16) von Wotjak / Richter, während Görner in vorliegendem Fall das Lemma wie unter (17) aufgeführt verzeichnet.

(14) *Dir / Dich juckt wohl das Fell?*
(15) *jmdm. / jmdn. juckt das Fell*
(16) *Bei dir piept's wohl?*
(17) *bei jmdm. piept's*

An dieser Stelle wird m.E. die Erkenntnis von Barz bestätigt: "Auch die Anordnung formähnlicher Phraseolexeme im Wörterbuch hängt vom zugrunde gelegten

Variantenbegriff ab" (Barz 1992:26). Die Spezifik der aufgelisteten Belege führt uns zu folgender Problematisierung:

4.2. Fragen im phraseologischen Kontext

Mit Nachdruck davon abzuheben wären phraseologisierte Fragen als Strukturbesonderheiten in diesem lexikalischen Bereich. Vgl.:

(18) *Wie stehen die Aktien?*
(19) *Was ist denn in dich gefahren?*

Hier handelt es sich um Einheiten des Sprachsystems. Unsere Intention geht in eine andere Richtung. Vgl.:

(20) Lemma: *das kann ich mir leisten*
Wollen wir uns am Wochenende ein Flasche Wein leisten?
(21) Lemma: *jmdm. auf den Schlips treten*
Warum ist sie denn so mürrisch? Habe ich ihr etwa auf den Schlips getreten?

Hiermit ist mehrfach belegt, daß sich auch das Umfunktionieren von Redewendungen in den Status einer Frage bei der Gestaltung der Textbeispiele - nicht zuletzt auch aus Gründen der Abwechslung - großer Beliebtheit erfreut. Auf das relevante Verhältnis von Idiom-Nennform und Idiom-Aussageform werden wir bei den Schlußbemerkungen noch eingehen.

Die Fragesatzkonstruktion fester Wendungen im Textbeleg - ein prononcierter Aspekt der Verwendung - ist gewiß in vielen Fällen gegeben, sofern keine transformationelle Defektivität vorliegt (vgl. Sternkopf 1994).

4.3. Aufforderungen im phraseologischen Kontext

Die Analogie liegt auf der Hand. Ebenfalls unberücksichtigt bleiben die systemhaften Wendungen der Art:

(22) *Halt die Luft an!*
(23) *Scher dich zum Teufel!*

Dialog bzw. Gespräch als Grundform der menschlichen Kommunikation bleibt dadurch evident, daß auch bei diesen Belegen implizit bzw. explizit auf einen Handelnden referiert wird und daß ihm eine Handlungsweise vorgeschrieben (Heidolph / Flämig / Motsch 1981:94) wird. In den Korpora hingegen finden sich folgende Passagen:

(24) Lemma: *ein Bild für Götter*
Du mußt einmal Herrn M. sehen, wenn er, seinen Jüngsten auf dem Rücken, durchs Zimmer krabbelt; das ist ein Bild für Götter!
(25) Lemma: *jmdm. ins Handwerk pfuschen*
Laß mich das machen und pfusch mir nicht ins Handwerk!

Bekräftigt wird vorliegende Argumentation durch solche Erscheinungen wie:

(26) Lemma: *der Bart ist ab*
Ich habe dich lange genug unterstützt. Jetzt ist der Bart ab, mein Lieber. Ich helfe dir nicht mehr, wenn du dein Geld weiter in die Kneipe trägst.
(27) Lemma: *hab dich nur nicht so*
Peter schrie aus Leibeskräften, weil er soeben hingefallen war. "Hab dich nur nicht so, das kann ja gar nicht so weh tun", sagte die Mutter und hob ihn wieder auf.
(28) Lemma: *altes Haus*
Na, altes Haus, gehen wir noch ein Glas Bier trinken?

5. Schlußbemerkungen

Die angedeuteten historisch-politischen Gegebenheiten relativieren sich durch ein gewandeltes Geschichtsbewußtsein sowie durch Veränderungen auf der Welt generell; kritische Anmerkungen zur Abkürzung können u.U. bei Neuauflagen ausgeräumt werden und Geschlechtsspezifik sowie kommunikative Lücken dürften wohl - wenn nötig, d.h. sofern überhaupt ein Alltagsbewußtsein dafür entwickelt wäre - eine Neukonzeption kaum in Frage stellen.

Was nun weitere Aspekte der Verwendung (vgl. Sternkopf 1995b) betrifft, so zeichnet sich m.E. wenigstens eine Lösung ab. So plädiert Dobrovol'skij (Dobrovol'skij 1993:51), was sog. PAPIERWÖRTERBÜCHER betrifft, mit Recht für eine sog. Lemma-Verdoppelung. Die Idiom-Nennform verzeichnet - und dies ist auch als phraseographische Zielsetzung mehr als verständlich - eine weitgehend neutrale Notation. Da allerdings nur selten "die lexikographische Universalität der Nennform" (Dobrovol'skij 1993:59) begegnet, sollte gesondert die bevorzugte, die prototypische Idiom-Aussageform (Dobrovol'skij 1993:54) bedacht werden, denn die "ermöglicht, sowohl mit dem assertativen Teil der Idiombedeutung als auch mit der entsprechenden Illokution assoziative Beziehungen herzustellen" (Dobrovol'skij 1993:59). Nur muß die allgemeine und prototypische Verwendungsweise eines Idioms dem Lerner - im Vergleich zur Nennform - lexikographisch deutlich und damit bewußt gemacht werden; zahlreiche Fehlinterpretationen könnten dadurch vermieden werden. Auch hier ist der eingangs erwähnten Einschätzung Wiegands (Wiegand 1981:193) hinsichtlich der praktischen Lexikologie zuzustimmen. Vorangig geht es eben darum, solche Vorschläge zu unterbreiten, die theoretische Anforderung und mögliche Anwendung in lexikographischer Hinsicht gleichsam vereinen.

Das Bewußtmachen der Sphäre zwischen Lemmatisierung der Idiom-Nennform und Lemmatisierung der favorisierten Idiom-Aussageform als lexikographisches / phraseographisches Prinzip wird sich - sofern entsprechende Verwendungsweisen hoch frequentiert und einsichtig sind - gewiß als ein Stimulus im Bereich DEUTSCH ALS FREMDSPRACHE, speziell in der fremdsprachenmethodischen Umsetzung der deutschen Phraseologie, erweisen.

Diese abschließenden Bemerkungen könnten u.U. entweder bei Neuauflagen oder bei neuen Wörterbuchkonzeptionen im diskutierten Bereich Anwendung finden.

Literatur

Barz, I. (1984): Wortgruppen als Benennungen. In: *Wissenschaftliche Zeitschrift der Karl-Marx-Universität Leipzig. Gesellschaftswissenschaftliche Reihe* 5

Barz, I. (1992): Phraseologische Varianten: Begriff und Probleme. In: Földes, C. (Hg.): *Deutsche Phraseologie in Sprachsystem und Sprachverwendung.* Wien, 25-47

Beck, G. (1991): Laßt doch die Kirche im Dorfe! oder: Wie einige denken, daß Männer und Frauen in der Sprache vorkommen (sollten). Einige Bemerkungen zur sog. feministischen Linguistik. In: *Diskussion Deutsch* 117, 94-107

Brinker, K. / Sager, S.F. (1989): *Linguistische Gesprächsanalyse. Eine Einführung.* Berlin

Conrad, R. (Hg.) (1988): *Lexikon sprachwissenschaftlicher Termini.* Leipzig

Dobrovol'skij, D. (1993): Datenbank deutscher Idiome. Aufbauprinzipien und Einsatzmöglichkeiten. In: Földes, C. (Hg.): *Germanistik und Deutschlehrerausbildung.* Wien, 51-67

DUDEN (1992): *Redewendungen und sprichwörtliche Redensarten. Wörterbuch der deutschen Idiomatik.* von Drosdowski, G. / Scholze-Stubenrecht, W. Mannheim, Leipzig, Wien, Zürich

Fleischer, W. (1982): *Phraseologie der deutschen Gegenwartssprache.* Leipzig

Fleischer, W. (Hg.) (1987): *Wortschatz der deutschen Sprache in der DDR. Fragen seines Aufbaus und seiner Verwendungsweise.* Leipzig

Förster, J. (1994): Rezension zu: Bremerich-Vos, A. (Hg.) (1993): "Handlungsfeld Deutschunterricht im Kontext. Festschrift für H. Ivo. Frankfurt." In: *Diskussion Deutsch* 137

Franzke, M. (1994): Intertextualität im politischen Diskurs. In: Luutz, W. (Hg.): *"Das soziale Band ist zerrissen." Sprachpraktiken sozialer Desintegration.* Leipzig

Görner, H. (1980). *Kleine Idiomatik der deutschen Sprache.* Leipzig

Große, R. (1977): Sprachsoziologische Schichtung im Wortschatz. In: *Germanistische Studientexte. Wort - Satz - Text.* Leipzig, 51ff.
Heidolph, K.E. / Flämig, W. / Motsch, W. et. al. (1981): *Grundzüge einer deutschen Grammatik.* Berlin
Henne, H. / Rehbock, H. (1982): *Einführung in die Gesprächsanalyse.* Berlin, New York
Herzog, A. / Michel, A. / Riedel, H. (1972): *Deutsche idiomatische Wendungen für Ausländer. Eine Auswahl mit Beispielen.* Leipzig
Koblischke, H. (1978): *Großes Abkürzungswörterbuch.* Leipzig
Köhler, C. / Herzog, A. / Kursitza, W. (1974): *Deutsche verbale Wendungen für Ausländer. Eine Auswahl mit Beispielen und Übungen.* Leipzig
Korhonen, J. (1988): Valenz und kontrastive Phraseologie. Am Beispiel deutscher und finnischer Verbidiome. In: *Valenzen im Kontrast. Ulrich Engel zum 60. Geburtstag.* Heidelberg
Lerchner, G. (Hg.) (1992): *Sprachgebrauch im Wandel. Anmerkungen zur Kommunikationskultur in der DDR vor und nach der Wende.* Frankfurt a.M.
Mackeldey, R. (1987): *Alltagssprachliche Dialoge. Kommunikative Funktionen und syntaktische Strukturen.* Leipzig
Polenz, P.v. (1993): Die Sprachrevolte in der DDR im Herbst 1989. Ein Forschungsbericht nach drei Jahren vereinter germanistischer Linguistik. In: *Zeitschrift für Germanistische Linguistik* 3, 127-149
Porsch, P. (1992): Alltag - Alltagsbewußtsein - Sprache. In: Lerchner, G. (Hg.): *Sprachgebrauch im Wandel.* Frankfurt a.M.
Pusch, L.F. (1984): "Sie sah zu ihm auf wie zu einem Gott." Das DUDEN-Bedeutungswörterbuch als Trivialroman. In: Opitz, C. (Hg.): *Weiblichkeit oder Feminismus?* Weingarten, 57-66
Rath, R. (1979): *Kommunikationspraxis. Analysen zur Textbildung und Textgliederung im gesprochenen Deutsch.* Göttingen
Schlosser, H.D. (1989): Die Sprachentwicklung in der DDR im Vergleich zur Bundesrepublik Deutschland. In: Hättich, M. / Pfitzner, P.D. (Hg.): *Nationalsprachen und europäische Gemeinschaft. Probleme am Beispiel der deutschen, französischen und englischen Sprache.* München, 36-52
Schulz, D. / Griesbach, H. (1969): *1000 idiomatische Redensarten Deutsch. Mit Erklärungen und Beispielen.* Berlin, München, Zürich
Sternkopf, J. (1992): Valenz in der Phraseologie? Ein Diskussionsbeitrag. In: *Deutsch als Fremdsprache* 4, 221-224
Sternkopf, J. (1994): Syntaktische Parallelität zwischen Phraseologismus und Bedeutungserklärung. In: *Deutsch als Fremdsprache* 4, 243-248
Sternkopf, J. (1995a): Gibt es geschlechtsspezifische Phraseologismen in der deutschen Sprache der Gegenwart? In: Lercher, G. / Schröder, M. / Fix, U. (Hg.): *Chronologische, areale und situative Varietäten des Deutschen in der Sprachhistoriographie. Festschrift für R. Große (= Leipziger Arbeiten zur Sprach- und Kommunikationsgeschichte Bd. 2).* Frankfurt a.M., Berlin, Bern, New York, Paris, Wien, 413-419

Sternkopf, J. (1995b): Einige Bemerkungen zu Fragen in der deutschen Phraseologie. In: Pohl, I. / Ehrhardt, H. (Hg.): *Wort und Wortschatz. Beiträge zur Lexikologie.* Tübingen, 221-228

Wiegand, H.E. (1981): Pragmatische Informationen in neuhochdeutschen Wörterbüchern. Ein Beitrag zur praktischen Lexikologie. In: *Germanistische Linguistik* 3-4/1979. (Studien zur neuhochdeutschen Lexikographie I). Hildesheim, New York, 139-271

Wotjak, B. / Richter, M. (1988): *Deutsche Phraseologismen. Ein Übungsbuch für Ausländer.* Leipzig

Zum lateinischen Entenwort

Jens Pühn, Göttingen

0. Vorbemerkung

In diesem Beitrag soll *ANAS*, das lateinische Entenwort, besprochen werden. Neben der philologischen Präsentation der Belege (1.) sollen Bemerkungen zur Stammbildung (2.1.), zur innerlateinischen Lautentwicklung, der Vokalschwächung (2.2.) und zu Entsprechungen in anderen indogermanischen Sprachen und der grundsprachlichen Interpretation (3.) gemacht werden. Die inhaltliche Seite des sprachlichen Zeichens *ANAS* soll in diesem Zusammenhang keine explizite Rolle spielen.

1. Belegsituation

Das lateinische Wort *anas*, das die Ente bezeichnet, ist relativ spärlich bezeugt. Der Thesaurus Latinae Linguae bucht insgesamt über 50 Belege, dabei sind spätantike Texte mit eingeschlossen.[1]

Lat. *anas* ist bereits vorklassisch belegt:

Plautus Capt. 1003:
*...aut **anites** aut coturnices dantur, quicum lusitent.*

Die Rede ist von adligen Jungen, *pueri patricii*, denen '... oder Enten oder Wachteln gegeben werden, damit sie mit ihnen spielen.'

Danach ist das Wort durchgängig, wenn auch nicht übermäßig häufig, belegt:

Varro r. r. 3, 5, 14: ***anatium** stabula*
r. r. 3, 11, 1: *greges **anatium*** u.ö.

Cicero nat. d. 2, 135:
*...quin etiam **anitum** (v. l. anetum) ova gallinis saepe supponimus:*
'...da wir ja sogar die Eier von Enten den Hennen oft unterschieben.'

Plinius nat. hist. (u. a.) 30, 61:

*sistit et **anatum** mascularum sanguis.*
'Den Durchfall stillt auch das Blut männlicher Enten.'

Ovid. met. 11, 773f.:
> *Visa fugit Nymphe, veluti perterrita fulvum*
> *Cerva lupum longeque lacu deprensa relicto*
> 773 *Accipitrem fluvialis anas; quam Troius heros*
> *insequitur...*
> 'Gleich wie die Hindin entsetzt vor dem bräunlichen Wolfe sich flüchtet und vor dem Habicht die Ente - er hat sie entfernt vom gewohnten Teiche erspäht -, so die Nymphe, erblickt von dem Troer.'

Suet. fr. 161: ***anatum*** *(vox est) tetrissitare;*
Mart. 3, 93, 12f.: *(cum) anatis habeas orthopygium / macrae* u.a.

Es liegen also Belege aus vorklassischer (altlat.), klassischer und nachklassischer Zeit vor, die sich bis ins Mittelalter fortsetzen.

2.1. Stammbildung

Zur Stammbildung ist zu sagen, daß sie zwischen konsonantischer Deklination und *i*-stämmiger Deklination schwankt:

Der konsonantischen Endung im Gen. pl. *anatum* (Plinius s.o.), *anitum* (Cic. s.o.) steht *anatium* (Varro s.o.) gegenüber. In der lateinischen 3. Deklination sind *i*-Stämme mit Konsonant-Stämmen zusammengefaßt, und es gibt einige Übergänge in die *i*-stämmige Flexion (z.B. *dens, dentis*, urspr. -*nt*-Stamm).[2] Daher ist es naheliegend, von einer dem lateinischen Wort zugrundeliegenden konsonantischen Bildung auszugehen und die varronischen Belege als isolierte analogische Bildungen anzusehen.

2.2. Vokalschwächung

Was den Vokal der zweiten Silbe betrifft, schwanken die Belege erheblich: Neben den Formen ***anites*** (Plautus), ***anitum*** (Cicero) stehen ***anatium*** (Varro 2x), ***anatum*** (Plinius u. Sueton).

Innerlateinisch mußte *anat*- zu *anit*- werden (Vokalschwächung). Bei einer Silbenfolge mit gleichartigen Vokalen tritt jedoch progressive Assimilation auf (*a - i --> a - a*), vgl. *alapa, alacer, farfarus*.[3]

Der Prozeß der Vokalschwächung erweist die Form ***anites*** als prinzipiell sekundär. Zunächst muß es eine Form ***anatis*** gegeben haben, dann konnte sie (zu *anitis*) geschwächt werden. Wenn also die zuerst belegte Form bereits Vokalschwächung aufweist, ist dies erklärungsbedürftig. Man könnte annehmen, daß bei Plautus die progressive Assimilation entweder unterdrückt oder rückgängig gemacht worden sei. Viel einfacher und plausibler ist die Annahme, daß mit der Plautus-Form *anites* das Ergebnis der Vokalschwächung bereits vorliegt. *Anites* und *anitum* sind also als regelgerechte Formen anzusehen, und die Formen mit gleichem Vokal der zweiten Silbe durch progressive Assimilation bzw. innerparadigmatischen Ausgleich zu erklären. Bei der relativen Seltenheit des Wortes ist es nicht verwunderlich, daß sich letztlich keine der konkurrierenden Formen in der Normsprache durchgesetzt hat.

Abschließend bleibt festzuhalten, daß es sich bei *anas, anatis / anitis* um einen zweisilbigen Stamm handelt, also keine Synkope eingetreten ist (wie z.B. bei *$^{*}m\mathring{r}tis > mort(i)s > mors$*).[4]

2.3. Verwandtes

Das idg. Entenwort ist auch vertreten im Germanischen (ahd. *anut*), Baltischen (lit. *ántis*), Slawischen (aksl. *ǫty*); Griechischen (att. νῆττα; ion. νῆσσα; dor. νᾶσσα), Iranischen (*ace*) und Altindischen (*ātíh*) (Beispiele in den einzelnen indogermanischen Sprachzweigen nur in Auswahl).

Problematisch ist besonders die Anlautdifferenz Ø-: *a*-: Griech. νῆττα, ai. *atíh*: lat. *anas, -tis*, lit. *ántis*. Dabei geht ai. *ā*- nach der älteren Interpretation (Leumann u.a.) auf langes sonantisches /n/ zurück, laryngalistisch wird es als /nh/ notiert.

3.1. Grundsprachliche Interpretation

Zugrundegelegt werden könnte eine amphidynamische[5] Bildung mit *t*-Suffix

$^{*}h_2\acute{e}nh_2$-t-s, Gen. $^{*}h_2\underset{\circ}{n}h_2$-t-és.[6]

(bzw. $^{*}h_2\acute{e}nh_2$-ti-s, Gen. $h_2\underset{\wedge}{n}h_2$-téis)[7]

Lat. *anas* wäre demnach aus der vollstufigen Form des Typs CeRC-C (h_2enh_2-t) hervorgegangen, grch. νῆττα aus der schwundstufigen. Ai. *ātíh* wäre ebenfalls auf $^{*}h_2nh_2$-t zurückzuführen.

Was auch immer sich aus der ungewöhnlichen Phonemkombination $^{*}h_2$ n h_2- in der schwundstufigen Form im Lateinischen ergeben hat, es wird dann unter dem Systemdruck zu *anatis* geworden sein.

3.2. Anderer Erklärungsversuch von Leumann[8]

Er sieht *anas, -tis* als zweisilbige Vertretung eines anlautenden LANGEN SONAN-TEN (RH-): *anas* (aRa) = grch. νῆττα, ai. *ātíh* (RH-). Hierbei handelt es sich um die Gleichsetzung der indischen und griechischen Formen mit der lateinischen. Die entsprechenden Ablautstufen langer Sonant und zweisilbiger Sonant passen sich aber nur mühevoll in das Ablautschema ein, außerdem ist die Lautstruktur der von Leumann angeführten Beispiele *palma* und *ianitrices* zu verschieden von *anas*.

3.3. Zusammenfassung

Der hier eingeschlagene sprachhistorische Interpretationsweg ($^*h_2$énh$_2$-t-s > $^*h_2$anh$_2$-t-s > lat. *anat-* / *anit-*, d.h. Ausgangspunkt ist die vollstufige Form des Paradigmas) vermeidet eine nur schwer beweisbare Entwicklung h$_2$nh$_2$- > *ana-*; allerdings bleibt die Singularität eines *a*-vokalischen zweisilbigen Konsonantstamms *anas* bestehen, während die von H. Rix vorgeschlagene Einwirkung der Wurzel **sna-* 'baden / schwimmen' zum Verständnis der Anlautdifferenz zwischen der lateinischen und der griechischen bzw. altindischen Vertretung des indogermanischen Entenwortes beiträgt.

Literatur

Leumann, Manu (1977): *Lateinische Laut- und Formenlehre.* München
Mayrhofer, Manfred (1986): *Lautlehre* (Bd. I/2 der Indogermanischen Grammatik. Hgg. von J. Kurylowicz). Heidelberg
Mayrhofer, Manfred (1988): *Etymologisches Wörterbuch des Altindoarischen.* Bd. 1. Heidelberg. [EWAia]
Rix, Helmut (1976): *Historische Grammatik des Griechischen.* Darmstadt.
Rix, Helmut (1991), Nochmals grch. νῆττα / νῆσσα / νᾶσσα. In: *Historische Sprachwissenschaft* 104, 186-198
Sommer, Ferdinand / Pfister, Raimund (1977): *Handbuch der Lateinischen Laut- und Formenlehre.* Bd. I (Einleitung und Lautlehre). Heidelberg

Anmerkungen

1) Bd. II, Sp. 18f.; hinzuweisen ist auf Avien., Arat. 2, 1684, vgl. Rix (1991: 186).
2) s. Leumann (1977:343).
3) Leumann (1977:100); Sommer-Pfister (1977:89).
4) s. Leumann (1977:345).
5) zum Begriff vgl. Rix (1976:123).

6) Rix (1991:190f).
7) s. EWAia, I 163; das Altindische weist auf einen idg. *i*-Stamm.
8) Leumann (1977:36), vgl. Sommer-Pfister (1977:51ff.).

Anglizismen im wirtschaftsbezogenen Sprachgebrauch

Oksana Kovtun, Hamburg

In der europäischen Geschichte hat es immer Epochen gegeben, in denen bestimmte Sprachen eine dominante Rolle gespielt haben. Im Mittelalter war es das Lateinische, im 18. Jh. das Französische, in unserem Zeitalter ist es ohne Zweifel das Englische. Die Entwicklung jeder dieser Sprachen zur Weltsprache läßt sich auf die sozial-historischen und sprachlichen Faktoren zurückführen. Für die Verbreitung des Englischen haben die politische Großmacht Englands im 19. Jh. und das politische, wirtschaftliche und wissenschaftliche Übergewicht der USA im 20. Jh. eine entscheidende Rolle gespielt. Als sprachliche Ursachen könnte man v.a. den fast flexionslosen Bau des Englischen und einen großen Bestand an Wörtern lateinischen Ursprungs nennen.[1] Über diese Eigenart des Englischen schreibt Wandruszka folgendes:

> Der größte Vorzug des Englischen ist sein Wortschatz, diese erstaunliche germanisch-griechisch-lateinisch-französische Mischung, eine europäische Synthese, die den Sprachen des Nordens wie denen des Südens entgegenkommt...[2]

Es ist daher nicht erstaunlich, daß sich heute fast in jeder europäischen Sprache der Einfluß des Englischen bemerkbar macht. Er findet auf verschiedenen Sprachebenen statt: phonologisch, graphematisch, morphologisch, lexikalisch und sogar auf der Ebene der Syntax. Am stärksten ist jedoch die lexikalische Ebene betroffen. Wir wollen hier diese fremden Elemente auf der lexikalischen Ebene mit dem Terminus ANGLIZISMEN bezeichnen. Wir verstehen unter den Anglizismen sowohl die Übernahmen aus dem britischen Englisch (Anglizismen im engeren Sinne) als auch aus dem amerikanischen Englisch (Amerikanismen). Die genaue Abgrenzung der beiden ist nicht immer möglich, unbestritten ist aber, daß es sich in der Zeit nach dem zweiten Weltkrieg v.a. um die Übernahmen aus dem amerikanischen Englisch handelt.

1968 schrieb Carstensen in seiner Arbeit "Amerikanische Einflüsse auf die deutsche Sprache", daß sich einige klar erkennbare Gebiete ergeben, in denen der sprachliche Kontakt zwischen Nordamerika und Westdeutschland am intensivsten ist. "Wirtschafts- und Geschäftsleben, Technik und Politik nahmen schon sehr früh englische Bezeichnungen auf."[3]

In der Tat sind es die Gebiete, die am ehesten mit jeder Art Innovation zu tun haben und diese lexikalisch bewältigen müssen. Der einfachste Weg dabei ist, mit der Übernahme eines fremden Sachverhaltes seine fremdsprachige Bezeichnung mitzuübernehmen. Ein Beispiel aus dem untersuchten Bereich ist CONTROLLING. Der Begriff ist im deutschen Sprachraum Ende der 60er Jahre aufgetaucht. Um diese Zeit wurden zuerst in den Tochtergesellschaften der großen amerikanischen

Unternehmen und später auch in deutschen Betrieben die ersten Controllerstellen eingerichtet. Als Konzept zur Unterstützung der Unternehmenssteuerung durch Koordination von Planung, Kontrolle und Informationsversorgung wurde Controlling in den 30er Jahren in den USA entwickelt. In Deutschland folgte in den 70er Jahren die Gründung des "Controller-Instituts zur Ausbildung in Unternehmensplanung und Rechnungswesen GmbH, Gauting" und des "Controller-Vereins e.V." Die Hochschulen reagierten mit der Einrichtung von Instituten bzw. Lehrstühlen für Controlling.[4] Der neue Begriff hat einen festen Platz im Sprachgebrauch der Wirtschaftspraxis und der Wirtschaftswissenschaften gefunden.

Auf ähnliche Weise könnte man die Übernahme der Anglizismen *Leasing, Merchandising, Franchising* u.a. verfolgen. Ihr Erscheinen im wirtschaftsbezogenen Sprachgebrauch des Deutschen ist mit der Orientierung an der amerikanischen Wirtschaftsforschung verbunden. Die wachsende internationale Wirtschaftskommunikation, bei der das Englische die Rolle einer lingua franca übernommen hat, führt zum Eindringen vieler englischen Bezeichnungen in die fremden Wortschätze.

Fachsprachlich gesehen stellen diese Anglizismen eine Bereicherung des Fachvokabulars dar. Sie sind vergleichsweise eindeutig und entsprechen der Forderung nach Präzision. Ihre Wiedergabe mit den einheimischen Mitteln ist nicht unbedingt sinnvoll. So würde zum Beispiel bei *Controlling* die Übersetzung ins Deutsche zu Mißverständnissen und Unklarheiten führen. Das engl. Verb *to control*, von dem sich *Controlling* ableitet, enthält die Bedeutungskomponenten 'prüfen', 'steuern', 'leiten', 'überwachen'. Eine Übersetzung durch *Kontrolle* oder *Steuerung* würde demnach nur einen Aspekt des Controlling hervorheben.

Die Notwendigkeit, in der wirtschaftswissenschaftlichen Fachsprache komplexe Begriffe zu benennen, führt zur Übernahme ganzer Wortgruppen aus dem Englischen. Dies sind z.B. die Bezeichnungen *built-in-flexibility, Follow-the-Leader, Go-native, not-invented-here, country-of-origin* u.a. Da diese Wortgruppen eine nominative Funktion ausüben, stehen sie dem einfachen Wort nahe. Auch ihre Schreibung im Deutschen, bei der die einzelnen Wörter durch Bindestrich miteinander verbunden werden, verweist auf eine komplexe lexikalische Einheit.

> Die Anpassung an verschiedene Anforderungen wird auch durch eine *built-in-flexibility* (z.B. Druckformate und Schriftsätze bei Computern und Schwankungstoleranzen bei Autokraftstoffen) erreicht. (Manfred Perlitz, *Internationales Management*; Stuttgart 1995, S. 328)

> Die Markenpolitik hat großen Einfluß auf das Produktimage, das im Ausland auch oft von dem Image des Landes abhängt, aus dem das Erzeugnis stammt (z.B. "made in Germany" als *country-of-origin-Effekt*). (Manfred Perlitz, *Internationales Management*; Stuttgart 1995, S. 329)

Eine häufige Erscheinung im fachsprachlichen Gebrauch sind die Abkürzungen. Ihre Verwendung entspricht der Forderung nach sprachlicher Ökonomie. Die

Untersuchung der Anglizismen dieser Art hat ergeben, daß es sich hier in erster Linie um Akronyme handelt, also Wörter, die aus zusammengerückten Anfangsbuchstaben bestehen. So heißt das bekannteste Modell zur Beschreibung einer Werbewirkung *AIDA*. Die Abkürzung leitet sich von den Wörtern *Attention, Interest, Desire* und *Action*, die als Reaktionen bei dem Werbesubjekt festgestellt werden. Aus den Anfangsbuchstaben der sieben wichtigsten Management-Funktionen *Planning, Organizing, Staffing, Directing, Coordinating, Reporting* und *Budgeting* wird die Bezeichnung *POSDCORB* gebildet. Im Bereich der Netzplantechniken werden häufig die Akronyme *CPM* (von *Critical Path Method*), *PERPT* (von *Program Evaluation and Review Technique*), *MPM* (von *Metra Potential Method*) verwendet. Weitere Beispiele sind *CAD* (von *Computer Aided Design*), *CAE* (von *Computer Aided Engineering*), *CAM* (von *Computer Aided Manufacturing*).

Aus puristischen Gründen oder aus dem Wunsch, dem Leser undurchsichtige englische Wörter zu verdeutlichen, übersetzen viele Autoren das fremde Sprachmaterial. Es entstehen dann häufig synonyme Bezeichnungen, die eine gewisse Zeit nebeneinander existieren. So wurden z.B. für den englischen Terminus *Public Relations* folgende deutsche Entsprechungen geschaffen: *öffentliche Beziehungen, Beziehungen zur Öffentlichkeit, Öffentlichkeitsbeziehungen, Öffentlichkeitsarbeit, Meinungspflege, Vertrauenswerbung, öffentliches Vertrauen, Kontaktpflege, Pflege der öffentlichen Beziehungen*. Aus dieser Fülle der deutschen Bezeichnungen hat sich letzlich nur die *Öffentlichkeitsarbeit* durchgesetzt. Sie wird parallel zum englischen *Public Relations* verwendet.[5] In den Zusammensetzungen wird fast immer die englische Abkürzung *PR* gebraucht (*PR-Leute, PR-Abteilung, PR-Leiterin* u.s.w.)

> Auf der Internationalen Automobilaustellung im September in Frankfurt stellte der Konzernboß nicht nur die neuesten Modelle aus seinem Hause vor, sondern auch eine junge Dame - Leiterin des Bereichs *Öffentlichkeitsarbeit*. ... Im Januar 1995 bot der Mercedes-Chef ihr die Vertrauensposition als *PR-Chefin* an seiner Seite an. (WirtschaftsWoche 40/1995, S. 124)

Der parallele Gebrauch einer deutschen und einer englischen Bezeichnung, die sich auf dasselbe Denotat beziehen, führt in den Fachtexten zur Entstehung von terminologischen Dubletten. Thurmair nennt diese Erscheinung auch DOPPEL-TERMINOLOGIE und unterscheidet dabei zwei Arten. Zum einen sind es die Dubletten, die den unterschiedlichen fachsprachlichen Registern angehören, zum anderen die bedeutungsgleichen Termini, die zwar dem gleichen fachsprachlichen Register angehören, aber in ihren Kollokationsbedingungen unterschiedlich sind.[6] Für die meisten Anglizismen, die in Wirtschaftsfachtexten gebraucht werden, gilt die Feststellung, daß sie im Vergleich zu den deutschen Bezeichnungen eine höhere Position auf der Fachlichkeitsskala einnehemen. Das läßt sich daran erkennen, daß nach der Einführung des Paares Anglizismus - deutsche Bezeichnung im weiteren Text fast immer der Anglizismus als eine stärker fachsprachliche Bezeichnung verwendet wird. So heißt es in einem Fachbuch:

Entscheidungen über *Eigenherstellung* (*Make*) oder *Fremdbezug* (*Buy*) von Produkten oder Dienstleistungen treten in fast allen Betriebsbereichen auf. (Manfred Perlitz, Internationales Management; Stuttgart 1995, S.523)

Nachdem die Bezeichnungen *Eigenherstellung - Make* und *Fremdbezug - Buy* eingeführt worden sind, heißt es im weiteren Text ausschließlich *Make oder Buy, Make-or-Buy, Buy-Strategie, Make-Strategie.*

Die Verwendung von Anglizismen in den Fachsprachen der Wirtschaftswissenschaften und der Wirtschaftspraxis dient v.a. der begrifflichen Bestimmung spezifischer Gegenstände.[7] Da immer mehr Fachwörter aus den Fachsprachen in die Allgemeinsprache gelangen, finden auch Wirtschaftsanglizismen Eingang in den allgemeinen Sprachgebrauch. Als Hauptvermittler spielt die Presse eine wichtige Rolle. Diese "massenmediale Kommunikation über fachliche Gegenstände und Sachverhalte" nennen Möhn und Pelka "fachexterne Kommunikation."[8] Sie erfolgt einerseits durch die Wirtschaftsfachpresse, andererseits durch die Allgemeinpresse. Zum einen ist der Gebrauch von Anglizismen hier mit dem Streben der Wirtschaftsjournalisten verbunden, wirtschaftliche Vorgänge fachkundig zu übermitteln, zum anderen haben diese fremdsprachigen Bezeichnungen wichtige stilistische Funktionen. Pfitzner unterscheidet zwischen den Anglizismen funktionaler und semantisch-expressiver Stilfärbung. Er schreibt:

Wenn man den informatorischen Wert einer Zeitung berücksichtigt, wird man zugeben müssen, daß solche Anglizismen für eine adäquate Beschreibung des jeweiligen Objektes unbedingt erforderlich sind [...] und daß sie außerdem noch stimmungstragenden Charakter besitzen.[9]

Die funktionalstilistische Leistung der Anglizismen ist nach Pfitzner die Schaffung eines Fach-, Sozial- oder Lokalkolorits, sprachliche Ausdruckskraft, die sich durch Bildhaftigkeit, Wortspiele, Verstärkung des Ausdrucks und Ausdrucksvariationen realisieren läßt, sowie sprachliche Ökonomie. Semantisch-expressiv gefärbt sind Anglizismen, die einen bestimmten Ton hervorrufen, wie Humor, Parodie, Ironie oder einen einen sprachlichen Affekt zum Ausdruck bringen, wie Abwertung, Verhüllung. Zwei Beispiele dazu:

In einem Spiegel-Bericht über die neuen Videospiele heißt es:

Fast zwei Dutzend Jumbos sind unterwegs, um die *High-Tech-Fracht* pünktlich zum Verkaufsstart von Japan nach Europa zu bringen. (Der Spiegel 36/1995, S.110)

Der Anglizismus *High-Tech* in der Zusammensetzung *High-Tech-Fracht* versieht triviale Handelsware mit dem Flair eines Spitzenprodukts der Ingenieurkunst und wirkt hier ausdrucksverstärkend.

Laut Wall Street Journal sah es vorige Woche für den *Wundermanager*, der VW sanieren sollte, "jeden Tag schlechter aus". Armer Lopez? Arme VW-Aktionäre!" (Der Spiegel 30/1993, S. 3)

Das Kompositum *Wundermanager* schafft ironische Distanzierung und suggeriert das bevorstehende Ende einer Karriere, indem es religiöses Sektierertum assoziieren läßt.

Einige Wirtschaftsanglizismen haben sich im Sprachgebrauch des Deutschen als besonders produktiv erwiesen. Sie treten in Zusammensetzungen auf und lassen neue, von ihnen abgeleitete Wörter entstehen. Zur Gruppe dieser produktiven Anglizismen gehören *Boom, Busineß, Design, High-Tech, Holding, Investment, Konzern, Leasing, Management, Manager, Marketing, Recycling, Sponsoring* u.a. Zusammensetzungen können mit den deutschen Wörtern gebildet werden, Carstensen spricht hier von "Mischkomposita":[10] *Bauboom, Designerpreise, High-Tech-Unternehmen, Leasing-Nehmer, Werbemanager, Rohstoffrecycling*. Alle Teile des Kompositums können englischer Herkunft sein: *Marketingholding, Full-Service-Leasing, Cash-Management, Investmentmanager*. Unter den Ableitungen sind v.a. movierte Formen zu nennen: *Broker - Brokerin; Discounter - Discounterin; Jobhopper - Jobhopperin; Manager - Managerin; Sponsor - Sponsorin*. *Verleasen* und *Mißmanagement* sind Präfixderivate.

Zusammenfassend läßt sich feststellen, daß der wirtschaftsbezogene Sprachgebrauch des Deutschen durch den Einfluß des Englischen geprägt ist. Dies läßt sich einerseits durch die wachsende internationale Wirtschaftskommunikation und andererseits durch die Entwicklung des Englischen zur Weltsprache erklären. Die Bildung von Zusammensetzungen und Ableitungen ist ein Produktivitätsmerkmal der Anglizismen im Deutschen. Für den fachsprachlichen Gebrauch von Anglizismen ist charakteristisch, daß sie als Fachwörter gegenüber den einheimischen Wörtern eine höhere Position auf der Fachlichkeitsskala einnehmen. In der Presse suggerieren sie Kompetenz, Weltläufigkeit und Partizipation, um die Rezipienten an das Produkt zu binden. Allerdings ist hier ihre PRÄZISION oft nur eine scheinbare. Der Gebrauch von Anglizismen in der Presse ist v.a. mit ihrer Ausdruckskraft und Expressivität verbunden.

Anmerkungen

1) Vgl. Lehnert, Martin (1990): *Anglo-Amerikanisches im Sprachgebrauch der DDR*. Berlin, 14.
2) Wandruszka, Mario (1990): *Die europäische Sprachgemeinschaft. Deutsch - Französisch - Englisch - Italienisch - Spanisch im Vergleich*. Tübingen, 104.
3) Carstensen, Broder (1968): Amerikanische Einflüsse auf die deutsche Sprache. In: *Amerikanismen der deutschen Gegenwartssprache. Entlehnungsvorgänge und ihre stilistischen Aspekte*. Hg. von Carstensen, B / Galinsky, H. Heidelberg, 12.
4) Vgl. Bramsemann, Rainer (1987): *Handbuch Controlling. Methoden und Techniken*. München.

5) Vgl. Duckworth, David (1979): Der Einfluß des Englischen auf den deutschen Wortschatz seit 1945. In: *Fremdwort-Diskussion.* Hgg. von Braun, Peter. München.
6) Thurmair, Maria (1994): Doppelterminologie im Text, oder: hydrophob ist wasserscheu. In: *Linguistik der Wissenschaftssprache.* Hgg. von Kretzenbacher, H. L. / Weinrich, H. Berlin, 247-280.
7) Vgl. Möhn, Dieter / Pelka, Roland (1984): *Fachsprachen. Eine Einführung.* Tübingen.
8) Siehe Anm. 8.
9) Pfitzner, Jürgen (1978): *Der Anglizismus im Deutschen: ein Beitrag zur Bestimmung seiner stilistischen Funktion in der heutigen Presse.* Stuttgart.
10) Siehe Anm. 3.

Deutsch - eine sterbende Sprache?[1]

Karin Pittner, Bochum

0. Einleitung

Daß das Deutsche eine sterbende Sprache sein könnte, scheint auf den ersten Blick eine sehr gewagte These, da die meisten von uns diese Sprache täglich benutzen und auch nicht vorhaben, dies in nächster Zeit zu ändern. Hier soll der Frage nachgegangen werden, ob die massive Fremdwortübernahme, v.a. aus dem Englischen, dahingehend gedeutet werden kann, daß das Deutsch eine sterbende Sprache ist. Dieter E. Zimmer hat diese These in einem Artikel in der ZEIT vom 23. Juni 1995 aufgestellt, wobei er Sätze wie die folgenden anführt:

(1a) *"Miles & More führt ein flexibleres Upgrade-Verfahren ein: mit dem neuen Standby oneway Upgrade-Voucher kann direkt beim Check-in das Ticket aufgewertet werden."* (Lufthansa)

(1b) *"In der Pipeline ist das Upgrade eines Kalibrationskits für Proofscreenmonitore und als Highlight ein Digitizer für CAD-Applikationen."* (ein Computermagazin)

Zimmer meint dazu: "Also werden die *Kids*, die heute ihre *Trial-und-Error-Odyssen* beim *Zappen* von *Quiz-Show* zu *Actionfilm* zu *Talk-Show* erleben, eines nicht fernen Tags genau diese Trümmersprache für die einzige gute und richtige halten", die dann nur noch "ein besseres Pidgin" ist. Und weiter: "Dann werden die Klügsten ihre Kinder von Anfang an Englisch lernen lassen, damit diese später wenigstens eine Sprache richtig beherrschen." Als Grund für seine (düsteren?) Zukunftsvisionen gibt Zimmer v.a. an, daß sich Sprecherinnen und Sprecher des Deutschen nicht die Mühe machen, englische Wörter durch dem eigenen Sprachsystem angepaßte zu ersetzen. Insbesondere bemängelt er die mangelnde phonologische und morphosyntaktische Anpassung der entlehnten Wörter. Dabei stützt er sich auf eine Auszählung, wie häufig bestimmte Sprachen Wörter aus dem Computerjargon durch "ein ihrem eigenen Code angepaßtes" ersetzt haben, wo dies in Französisch zu 82%, in Schwedisch und Spanisch zu 80%, Niederländisch zu 64%, Dänisch zu 59%, Italienisch zu 58%, Deutsch zu 50% stattfand, woraus er schließt, daß Deutsch und Italienisch die kaputtesten Sprachen sind. Durch die mangelnde Integration der neuen Wörter ist häufig (manchmal sogar mehrfaches) Code-Switching innerhalb eines Satzes nötig, z.B. ein Wechsel von deutschen zu englischen Aussprachregeln. Die Schwierigkeiten sind jedem vertraut, der einmal innerhalb eines deutschen Satzes ein Wort wie *thriller* verwendet hat. Teilweise können sogar innerhalb eines Wortes Unklarheiten auftreten, inwieweit englische und deutsche Aussprache gilt, wie in Zimmers Beispiel *Hardlinerinnen*.

Ich möchte zunächst auf das Phänomen des SPRACHTODS näher eingehen, um dann zu der Frage zurückzukommen, inwieweit die englischen Fremdwörter in das deutsche Sprachsystem noch eingepaßt werden oder dessen Regeln außer Kraft setzen.

1. Einige Merkmale des Sprachtods

In der folgenden kurzen Charakterisierung des Sprachtods folge ich der Darstellung in Dressler (1988). Zunächst einmal kann Entlehnung ja auch eine Bereicherung einer Sprache bedeuten. Allerdings wird eine massive Enlehnung in nur einer Richtung als ein Zeichen der Morbidität einer Sprache gesehen, wenn Entlehnungen in der anderen Richtung nur sporadisch vorkommen (und dies ist ja im Verhältnis zwischen dem Englischen und dem Deutschen durchaus der Fall). Bei einem beginnenden Sprachtod liegt eine Asymmetrie der Interferenz vor, so daß man von einer dominanten und einer rezessiven Sprache sprechen kann, wobei eine generelle soziale, ökonomische und politische Unterordnung der rezessiven Sprachgemeinschaft unter die dominante vorliegt. Als eines der letzten Stadien in diesem Prozeß gilt, daß die entlehnten Wörter noch als Zitatwörter verwendet werden, wobei sie phonologisch und morphologisch wenig integriert werden. Bei diesem Prozeß ersetzen die Lehnwörter meist einheimische Wörter, was als RELEXIFIZIERUNG bezeichnet wird. Zu den soziolinguistischen Aspekten des Sprachtods gehört, daß in den letzten Stadien ein Fehlen von puristischen Reaktionen gegen die massive Interferenz von der dominierenden Sprache vorliegt, wobei die eigene Sprache zunehmend als wertlos gesehen wird. Konkret zeigt sich dies darin, daß diejenigen, die diese Sprache nur noch wenig beherrschen (SEMI-SPEAKERS), den Verfall nicht mehr bemerken und daß die älteren Sprecher, die die Sprache noch vollständig beherrschen, sie auch nicht mehr korrigieren.

2. Die Integration von Fremdwörtern

Damit komme ich zur Frage nach der Integration der entlehnten Wörter in das deutsche Sprachsystem zurück. Die Integration eines Fremdwortes findet auf verschiedenen Ebenen statt:

- phonologisch / graphematisch: lautliche Anpassung / Anpassung der Schreibung
- morphosyntaktisch:
    - bei Substantiven: Genus und Pluralform
    - bei Adjektiven: Flexionsformen (bei attributiver Verwendung)
    - bei Verben: Flexionsformen (Partizip II!)

2.1. Substantive

2.1.1. Plural

Wie schon erwähnt, müssen Substantive, die aus dem Englischen entlehnt werden, ein Genus und eine Pluralform erhalten. Zunächst zur Pluralbildung. Weitaus die meisten aus dem Englischen entlehnten Substantive erhalten einen *s*-Plural, der quasi gleich mitimportiert wird (wie ja auch das Vordringen des *s*-Plurals im Deutschen durch den englischen *s*-Plural begünstigt wird). Bei Wörtern, die aufgrund ihrer Form einer bestimmten Flexionsklasse im Deutschen zugeordnet werden können, treten dagegen die deutschen Pluralregeln in Kraft: Ich denke hier v.a. an Bildungen mit dem Suffix *-er*, die im Gegensatz zum Englischen, aber in Übereinstimmung mit der deutschen Flexion gerade keinen *s*-Plural erhalten: *die Computer, die User* etc. Auch bei *Modul* haben sich vom Englischen abweichende deutsche Pluralformen durchgesetzt, *Module* oder auch *Modul(e)n*. Teilweise besteht die Flexionsunsicherheit schon im Englischen, ist also kein Problem, das erst durch die Entlehnung auftritt: Bei *Walkman* handelt es sich um ein von der Firma Sony kreiertes Wort, das im Deutschen den Plural mit Nullmorphem, *s*-Plural oder Plural auf *-men* bildet.[2]

2.1.2. Genus

Ein weiteres Problem bei Substantiven liegt in der Zuordnung eines Genus: Hierzu gibt es eine Untersuchung von Bernd Gregor, in der die folgenden Prinzipien formuliert werden:

(1) Handelt es sich bei dem englischen Lehnwort um ein morphologisches Simplex, so erhält es das Genus des naheliegendsten deutschen Äquivalents. (z.B. *Band - Kapelle, Busineß - Geschäft*)

(2) Handelt es sich bei dem englischen Lehnwort um eine durchsichtige Morphemkonstruktion, so erhält es das Genus des in einer entsprechenden deutschen Morphemkonstruktion genusdeterminierenden Morphems. (*Fitness* - Bildungen mit *-heit/keit*)

(3) Handelt es sich bei dem englischen Lehnwort um einen Artbegriff, so erhält es das Genus des entsprechenden deutschen Gattungsbegriffs. (*Charleston - Tanz, Crimson Rambler - Rose*)

(nach Gregor 1983:59f.)

Es bleiben aber doch eine Reihe von Fällen, bei denen Genusschwankung auftritt, v.a. zwischen Maskulin und Neutrum (bei *check-in, check-out, black-out, Hot Dog, showdown, badge* u.v.a).[3] Allerdings entstehen auch bei Verwendung mit schwankendem Genus kaum jemals wirkliche Kommunikationsprobleme, und v.a., was hier wichtig erscheint, wird dadurch das Prinzip, daß alle Substantive im Deutschen ein Genus aufweisen, nicht ins Wanken gebracht.

2.2. Adjektive

Zu den Adjektiven soll hier nur angemerkt werden, daß entlehnte Adjektive zunächst meist nur prädikativ verwendet werden. Es wäre zwar durchaus möglich, sie jeweils mit deutschen Flexionsendungen zu versehen, aber man hat doch gewisse Hemmungen, z.B. von einem *overdressten* Mann zu reden. Einige Adjektive erhalten jedoch nach längerer Zeit deutsche Flexionsformen, wie das Adjektiv *fit*, dessen Komparativ *fitter* durchaus gebräuchlich ist und wo man häufig so etwas wie *der fitte Sportler* hören kann. Einen anderen Weg hat man bei dem weitverbreiteten Adjektiv *light* gewählt, das zwar attributiv, doch nachgestellt verwendet wird (wohl in Anlehnung an Formen wie *Whisky pur, Forelle blau*), so daß es unflektiert bleiben kann.

2.3. Verben

Interessanter sind in diesem Zusammenhang die Verben. Hier stellt sich die Frage, ob es bei der Flexion entlehnter Verben tatsächlich so viele Zweifelsfälle und Ungereimtheiten gibt, wie Zimmer vermutet. Seine Beispiele dazu sind:

(2a) *handicapped* oder *gehandicapt*?
(2b) *layoutet* oder *gelayoutet* oder *laygeoutet*?
(2c) *backgeupt, backupt (backupped)* oder *upgebacked*?
(2d) *recycelt* oder *gerecycelt*?

Bevor ich zu diesen etwas komplizierteren Fällen komme, möchte ich kurz feststellen, daß das Deutsche in der Regel gar keine Probleme hat, einsilbige Fremdverbstämme wie einheimische schwache Veben zu flektieren (*ich surfe, du surfst, wir surften, haben gesurft* etc.) oder sie mit einheimischen Verbpartikeln zu versehen (*einchecken, auschecken, antörnen* etc.). Ist es nun Zufall, daß sich bei den gerade genannten Alternativen *gehandicapt, layoutet* und *recycelt* durchgesetzt haben? Die Antwort lautet nein, da hier die Regularitäten des Deutschen für die Bildung des Partizip II angewendet werden: Ein Verb mit dem Akzent auf der ersten Silbe bildet das Partizip mit *ge-* (daher *gehandicapped*, das im übrigen auch schon als Adjektiv verwendet wird, wie in der *gehandicappte Sportler*), während Verben, die den Wortakzent nicht auf der ersten Silbe tragen, das Partizip II ohne *ge-* bilden (daher *layoutet* und *recycelt*). Was ist mit *backupen / upbacken*,[4] wenn man es nun schon mal unbedingt verwenden will? Wenn man es auf das englische Partikelverb *to back up* zurückführt, dann müßte es wohl wie *antörnen* zu *turn on upbacken* heißen und das Partizip II *upgebackt* (wie *angetörnt*). Allerdings könnte man es auch auf das englische Substantiv *back up* zurückführen und dann müßte das Verb dazu (wie *layouten* zu *Layout*) *backupen* heißen.[5] Ich würde es aber in jedem Fall vorziehen, eine *Sicherungskopie* anzulegen oder allenfalls ein *Backup* zu machen.

An dieser Stelle soll noch darauf hingewiesen werden, daß es auch im Deutschen Probleme mit der Flexion gibt, wenn Verben von komplexen Nomina abgeleitet werden:

(3a) *Das Stück wurde hier zum ersten Mal uraufgeführt.*
(3b) **Sie führten hier das Stück zum ersten Mal urauf.*
(3c) **Sie aufführten hier das Stück zum ersten Mal ur.*
(3d) **Sie uraufführten hier das Stück zum ersten Mal.*

Es gibt also in der Tat Probleme mit der deutschen Verbalflexion, aber sie entstehen nicht durch die Einführung englischer Verben! Sie rühren in diesem Fall daher, daß von einem morphologisch komplexen Substantiv, das ein trennbares Verb enthält, wiederum ein Verb abgeleitet wird. Bei Verbendstellung bereitet das keine Schwierigkeiten, doch bei Voranstellung des Verbs wird eine Entscheidung notwendig, ob es sich hier um ein trennbares oder ein untrennbares Verb handelt, und was gegebenenfalls der trennbare Teil ist.

2.4. Phonologische bzw. graphematische Integration

Wie sieht es nun mit der phonologischen Anpassung aus? Werden englische Lehnwörter in ihrem Lautbestand nicht mehr angepaßt? Beispiele wie *Multimedia*, das zur Zeit ständig auftaucht, legen eher nahe, daß durchaus eine deutsche Aussprache bevorzugt wird. Ebenso z.B. *Mikrochip*. Allgemein wäre zu erwarten, daß nach längerer Zeit sich eher eine deutsche Aussprache durchsetzt. Allerdings gibt es auch den umgekehrten Vorgang, daß ein phonologisch angepaßtes Wort (z.B. *Curry, Jazz*) wieder verstärkt in der Originalaussprache verwendet wird. (Ähnlich auch bei der Verwendung vieler Städtenamen, die lange in einer eingedeutschten Form verwendet wurden, nun aber häufig in der Originalaussprache zu hören sind). Darin zeigt sich m.E. das Bestreben, zu zeigen, daß man sich der Herkunft dieser Begriffe bewußt ist (und vielleicht auch, zu zeigen, daß man diese Sprache beherrscht). Man muß nicht gleich so weit gehen wie Zimmer, der von der deutschen "Oberlehrerhaftigkeit" spricht, da niemand den Eindruck erwecken will, keine Fremdsprachenkenntnisse zu haben.

Während in Fällen wie *Multimedia* und Bildungen mit *Mikro-* die Aussprache sich der Schreibung angleicht, ist auch der umgekehrte Vorgang zu beobachten, daß die entlehnten Wörter (allerdings meist behutsam) an die deutsche Orthographie angepaßt werden. Während eine vollständige Anpassung von Wörtern wie *Kammbäck* und *Hitschhaik* als zu drastisch erscheint, finden sich kleinere Anpassungsvorgänge wie z.B. bei *antörnen* oder auch bei *recyceln*, wo sich die Abfolge *recyclen* an das Deutsche *-eln* angeglichen hat.

3. Beurteilung der Ergebnisse

Wenn ich die Ergebnisse noch einmal zusammenfasse, dann schneidet das Deutsche bezüglich der Integration von Fremdwörtern m.E. deutlich besser ab, als das von Zimmer behauptet wird. Wichtig ist in diesem Zusammenhang auch, daß das Deutsche (natürlich die Sprecherinnen und Sprecher) Fremdwortstämme bei produktiven einheimischen Wortbildungsprozessen verwendet, wie bei der Bildung neuer Verben (z.B. *computern, auspowern*), Ableitung von Substantiven (z.B. *Newcomerin*) und natürlich in allen Arten von Mischkomposita. Die Fähigkeit, Wörter aus anderen Sprachen zu integrieren, kann als Zeichen der Überlebensfähigkeit einer Sprache angesehen werden, solange die Wörter nicht einheimische Wörter und Wortbildungsprozesse zurückdrängen, sondern tatsächlich eine Erweiterung darstellen. Es wäre interessant zu untersuchen, inwieweit Anglizismen neue Konzepte mit sich bringen (wie es z.B. für einen Großteil des computer- und technikbezogenen Wortschatzes der Fall ist) und in welchen Gebieten sie eher aus Prestigegründen gewählt werden, obwohl einheimische Pendants existieren (z.B. *City-Shirt* für *Oberhemd*).

Damit komme ich zu der Frage zurück, ob das Deutsche auf dem Rückzug ist. Dabei spielt, wie bei der kurzen Charakterisierung des Sprachtods deutlich geworden ist, die Einstellung der Sprecher und Sprecherinnen zu ihrer eigenen Sprache eine wichtige Rolle. Dazu ist bemerkt worden (z.B. von Domaschew 1994:34), daß die Deutschen ihre eigene Sprache kaum als Verkehrssprache akzeptieren oder gar propagieren, vielmehr verzeichnet er den "merkwürdigen Eindruck, daß viele Deutsche selbst im Begriff sind, ihre eigene Sprache im Umgang mit den Ausland zugunsten des Englischen aufzugeben".[6] Er kann sich "des Eindrucks nicht erwehren, daß es heute bei vielen Deutschen zum guten Stil gehört, sich auch im nicht englischsprachigen Ausland durch die englische Sprache, zumeist in Form des Amerikanischen auszuweisen." Insgesamt ist also eine resignative Haltung der Deutschen gegenüber der Bedeutung ihrer eigenen Sprache zu verzeichnen, die durchaus im Gegensatz zu einigen gegenläufigen Entwicklungen steht, wie die immer noch starke Stellung und teilweise wachsende Bedeutung von Deutsch als Fremdsprache in Osteuropa.[7] Man kann darüber spekulieren, inwieweit die Haltung der Deutschen gegenüber ihrer eigenen Sprache auf ein durch die Vergangenheit bedingtes gebrochenes Nationalbewußtsein zurückzuführen ist. Wenn man Deutschland mit Frankreich vergleicht, wo wesentlich vehementer für die Erhaltung der eigenen Sprache eingetreten wird, dann drängt sich dieser Verdacht auf.

Ein anderer Punkt ist die Bedeutung von Deutsch als Wissenschaftssprache. Hier gibt es einen Unterschied zwischen Naturwissenschaften und Geisteswissenschaften. In den Naturwissenschaften spielt Englisch als Publikationssprache eine noch größere Rolle als in den Geisteswissenschaften, in denen den einzelnen Nationalsprachen (bes. Deutsch und Französisch) vergleichsweise noch größere Bedeutung zukommt (s. Ammon 1991:226ff.). Das kann verschiedene Gründe haben: zum einen, daß man sich in den Geisteswissenschaften oft nuancierter ausdrücken muß, als dies zum Beispiel in den Naturwissenschaften nötig ist und dies kann man eben am besten in seiner Muttersprache. Zum anderen sind die Inhalte der Geisteswissenschaften, z.b. der Germanistik, oft v.a. für einen bestimmten Sprachraum, in diesem Fall den deutschsprachigen Raum, interessant. Oft herrscht jedoch auch hier die Angst vor, nicht genügend beachtet zu werden, wenn man nicht auf Englisch publiziert und insgesamt ist auch hier der Anteil nicht-englischsprachiger Veröffentlichungen rückläufig. Ammon (1991:280) diagnostiziert in diesem Zusammenhang einen "Ausbaurückstand" der deutschen und anderer Sprachen. Ein weiterer Korpusausbau unterbleibt, was den wissenschaftlichen Wortschatz betrifft, wodurch einerseits zwar diese Sprachen weiter an Attraktivität für anderssprachige Wissenschaftler verlieren, andererseits jedoch die internationale Kommunikation für Wissenschaftler mit diesen Muttersprachen erleichtert wird, weil sie von Anfang an englischen Fachwortschatz erlernen.

Eine weitere Frage ist, welche Rolle dem Deutschen in internationalen Beziehungen, z.B. in der Europäischen Union zukommt. Während Deutsch neben einigen anderen Sprachen als Amtssprache festgelegt ist, steht es im tatsächlichen Gebrauch deutlich hinter Englisch und Französisch zurück.[8] Da Englisch eine überragende Position als LINGUA FRANCA erlangt hat, ist sogar der Vorschlag gemacht worden (z.B. von Ickler 1991), Englisch zur alleinigen Verkehrssprache in Europa zu machen. Mit dieser Frage beschäftigt sich das Jahrbuch für Europäische Soziolinguistik (1994), wo dieser Vorschlag jedoch einhellig abgelehnt wird, mit verschiedenen, sehr gut nachvollziehbaren Begründungen. Man kann sich unschwer vorstellen, daß die Akzeptanz einer ohnehin als weit entfernt gesehenen und wenig greifbaren Organisation in Brüssel kaum dadurch wachsen würde, wenn offiziell Englisch als einzige Verkehrssprache festgelegt würde (und die Widerstände gegen eine solche Entscheidung dürften wesentlich größer sein als die gegen die Währungsunion!). Zudem kann europäische Einigung kaum heißen, daß "cisatlantische 'United States of Europa'" (Born 1990:2) entstehen, in denen Englisch eine ähnlich dominante Rolle spielt wie in Nordamerika. Vielmehr sollte die Einigung ein auch sprachliches Miteinander und Aufeinandereingehen bedeuten, wobei die Europäer allmählich ein umfassendes Code-Switching-Können entwickeln müssen, wie es in einigen Ländern wie der Schweiz oder Luxemburg schon länger üblich ist. Daß dabei auch eine Angleichung der Sprachen in ihrem Wortschatz stattfindet, ist unvermeidlich (und auch durchaus nützlich, da man andere Sprachen dann leichter erlernen kann). Am wahrscheinlichsten ist es, daß sich Englisch als die am meisten verwendete, doch nicht als die einzige Verkehrssprache in Europa durchsetzen wird.[9] Und dies ist auch jetzt schon fast der Fall, da Englisch in beinahe allen Ländern als Fremdsprache gelernt wird und in vielen Fällen die einzige erlernte Fremdsprache ist. Welche Rolle dann die anderen Sprachen spielen, wird v.a. auch durch die Einstellung der Sprecherinnen und Sprecher zu ihrer Muttersprache bestimmt.

Literatur

Ammon, Ulrich (1991): *Die internationale Stellung der deutschen Sprache.* Berlin / New York

Ammon, Ulrich (1994): The present dominance of English in Europe. In: U. Ammon / K.J. Mattheier / P.H. Nelde (Hg.), 1-14.

Ammon, Ulrich / Mattheier, Klaus J. / Nelde, Peter H. (Hg.) (1994): *English only? in Europa / in Europe / en Europe. Sociolinguistica 8. Internationales Jahrbuch für europäische Soziolinguistik.* Tübingen

Born, Joachim (1990): Deutsch in der Europäischen Gemeinschaft - zweitrangig? In: *Sprachreport 3*, 1-3

Carstensen, Broder / Busse, Ulrich (1993/96): *Anglizismen-Wörterbuch. Der Einfluß des Englischen auf den deutschen Wortschatz nach 1945.* 3 Bände

Domaschew, Anatoli (1994): Englisch als die einzige Verkehrssprache des zukünftigen Europa? Eine Stellungnahme aus osteuropäischer Sicht. In: U. Ammon / K.J. Mattheier / P.H. Nelde (Hg.), 26-43

Dressler, Wolfgang (1988): Language death. In: Frederick J. Newmeyer (Hg.): *Linguistics: The Cambridge Survey. Volume IV: Language: The Socio-Cultural Context.* Cambridge 184-192

Földes, Csaba (1993): Deutsch als Verkehrssprache in Ostmitteleuropa - am Beispiel Ungarns. In: J. Born / G. Stickel (Hg.), *Deutsch als Verkehrssprache in Europa.* Berlin / New York 217-235. (Jahrbuch des Instituts für Deutsche Sprache 1992)

Földes, Csaba (1994): Deutsch als Fremdsprache in Mittel-, Ost- und Südosteuropa. Überlegungen zu Bestand und Bedarf. In: *Deutsch als Fremdsprache* 31/1, 3-12

Földes, Csaba (1995): Deutsch in Europa: Überlegungen zu Standort, Image und Perspektiven. In: *Wirkendes Wort* 45/2, 305-317

Gregor, Bernd (1983): *Genuszuordnung. Das Genus englischer Lehnwörter im Deutschen.* Tübingen

Grucza, Franciszek (1995): Zur Geschichte und Bedeutung der deutschen Sprache in Mitteleuropa. In: H. Popp (Hg.), *Deutsch als Fremdsprache. An den Quellen eines Faches.* München, 717-727

Ickler, Theodor (1991): Zur Sprachenpolitik der E.G. In: *Sprachreport*, 17-18

Schroeder, Christoph (1990): Pidgin- und Kreolsprachen: Eine Forschungsübersicht. In: *Papiere zur Linguistik* 43 (2/90), 127-157

Stark, Franz (1993): *Faszination Deutsch. Die Wiederentdeckung einer Sprache für Europa.* München

Zimmer, Dieter E. (1995): Sonst stirbt die deutsche Sprache. In: *DIE ZEIT* Nr. 26 vom 23. Juni 1995, S.42

Anmerkungen

1) Für ihre Diskussionsbeiträge möchte ich den Teilnehmerinnen und Teilnehmern der Münchner Linguistik-Tage und insbesondere Herrn Prof. Csaba Földes danken.
2) Alle Angaben zur Flexion nach Carstensen / Busse (1993/96).
3) Angaben nach Carstensen / Busse (1993/96).
4) Leider ist *backup* bei Carstensen / Busse nicht aufgeführt, wohl weil es eher als fachsprachliches Wort betrachtet wird.
5) Daß sich bei dem Verb *layouten* nur die Form *layoutet* findet, also das Verb ganz klar auf das Substantiv, und nicht auf das englische Verb *to lay out* zurückgeführt wird, liegt sicher daran, daß sich das Substantiv *Layout* schon vor dem Verb im Deutschen etabliert hatte und damit das Verb als deutsche Konversionsbildung dazu betrachtet werden kann. Die Unklarheit der Flexion von *back up* kann also als Unklarheit seiner Ableitung (vom Verb oder vom Substantiv) gesehen werden, zeigt aber keinen Defizit des deutschen Flexionssystems auf.
6) Eine ähnliche Einschätzung findet sich auch bei Stark (1993:297).
7) S. dazu z.B. Grucza (1995:724), wo für das Deutsche die Rolle einer "euroregionalen Verkehrssprache", einer "regional begrenzten internationalen Sprache" avisiert wird. S. Földes (1994) zur wachsenden Bedeutung von Deutsch als Fremdsprache und der Germanistik im Ausland, insbesondere in Osteuropa.
8) S. dazu auch Földes (1995), wo auch auf die Diskrepanz zwischen der Rolle der deutschen Sprache in der EU und dem finanziellen Beitrag Deutschlands dazu hingewiesen wird.
9) S. die Einschätzung bei Ammon (1994).

Hausa and its nearest relatives? Some lexical correspondences and an unexpected form-meaning correspondence[1]

Andrew Haruna, Bayreuth

1.1. Introduction and Aim of the Paper

That the languages of the Southern Bauchi Area show a close relationship to Hausa has just recently been suggested, especially Guruntùm, Bu-gàlàmbu and Bubburè which have been reported (cf. Haruna 1993a, and 1994 and Jaggar 1988 and 1991) to show lexical resemblance. It is therefore in order to re-examine the situation and in doing so to present additional evidence to support the claim that a genetic relationship exists between Hausa (Hs) and some Southern Bauchi Area Languages (SBAL) namely, Guruntùm (Gr), Bu-gàlàmbu (Bg), Bubburè (Bb) and Zaar (Zr) - a claim I have made (cf. Haruna op.cit.) with up to now very little evidence. I therefore find it important to present some further factual evidence in support of my earlier claims. My ultimate objective is to come up with a better understanding of the SBA linguistic situation by documenting the present-day material. In general the paper is intended to serve as a contribution to Chadic studies, in particular, to an improved understanding of the linguistic situation of SBALs by presenting new materials. Our general starting point is therefore the following question: To what extent are these languages related? To answer this fully, one would certainly need to go far beyond the scope of this paper. We shall therefore limit ourselves to the following points:

1. A comparison of some present-day lexical items (on the basis of more or less strong surface resemblances) which suggest sound correspondences (naturally the most obvious ones) that exist between Hausa and SBALs.

2. A comparison of some morphological formations which until recently were thought to be exclusive to Hausa.[2]

1.2. Chadic Classification

Greenberg (1950) was the first scholar to propose the term Chadic Language Family (at first Chado-Hamitic) as we understand it today. He classified the languages into nine groups with some unclassified groups as against Lukas' (1936) two-group classification Chado-Hamitic and Chadic. The next step was taken by Newman and Ma (1966) (henceforth N/M 1966) who aimed to "demonstrate conclusively that the Chadic family as postulated by Greenberg does indeed constitute a valid linguistic unit" (cf. N/M 1966:219). The evidence consists of the establishment of regular phonological correspondences between the two major divisions within Chadic, Plateau-Sahel and Biu-Mandara (= Lukas's Chado-Hamitic and Chadic) and the subsequent reconstruction of 144 proto-Chadic lexical items. Newman (henceforth NM 1977) revised their (N/M 1966) and the revised version consists of four branches namely, West, Central (Biu-Mandara), East and Masa. Our concern here is with West Chadic branch, see Figure 1 below.

Chadic

West Chadic		Central Chadic (Biu-Mandara)		East Chadic		Masa
A	B	A	B	A	B	
Hausa	Bade					
Bolanci	Ngizim					
Karekare	Warji					
Kanakuru	Miya					
Kirfi	(Zaar) Sayanci					
Angas	*Bubburè					
Ron	Guruntùm					
Sura	*Bu-gàlàmbu					

*Figure 1: Newman's (1977) classification of Chadic family (simplified, with some adaptations and with only few representative languages listed). *Provisional language addition by this author.*

1.3. Linguistic Situation of the SBL: Previous and Present Linguistic Studies

The area under study is made up of 5 districts of Dùgùrì, Kirfì and Pàali from Ílkàalèeri Local Government Area (LGA); Gàlàmbi in Bauchi LGA and the district of Tafaawà Baaleewàa in Tafaawà Baaleewàa LGA, all in the south-eastern and south-western part of Bauchi State, Northern Nigeria. The many languages of the Chadic group of the Southern Bauchi Area are linguistically classified by NM (1977) as belonging to West Chadic A and West Chadic B (henceforth WCA and WCB) languages, by Shimizu (1978) as "Southern Bauchi Group of Chadic" languages and by Schuh (1978) (who considered Bu-gàlàmbu and Kirfì within this linguistic group) as "Bole-Tangale Languages of the Bauchi Area Northern Nigeria". What for the purposes of this paper has been termed Southern Bauchi Area Languages consists of the following: Kirfì (Kf) (WCA); Bu-gàlàmbu (Bg), Bubburè[3] (Bb), Guruntùm (Gr) and Zaar (Zr) (WCB). Unlike Hausa, most of the SBALs have very few speakers.[4] Shimizu (1978:8) predicts that "in a generation or two, more or less sixty distinct speech communities will be merged together and ... their original speech forms will be extinct". Jaggar (1988:170) in support of Shimizu included Guruntùm (and now I add Bu-gàlàmbu, Bubburè, Kirfi and Zaar); hence the urgency in collecting data on these languages. Apart from WCA languages (e.g. Tangale, Jungraithmayr 1971, 1991 and Kidda 1993; Ngizim, Schuh 1972, 1977, 1978 and 1981; Pero and Mupun, Frajzyngier 1980, 1985 and 1989; Zaar, Schneeberg 1971 & 1974 and Shimizu 1975). To the best of my knowledge there is no detailed linguistic research published on SBALs except very few comparative studies Kraft (1981) and Schuh (1978); published linguistic notes with some grammatical remarks and some unpublished field notes, for example on Guruntùm, Gowers (1907), Schuh (1978), Haruna (1981, 1993a, 1993b and 1994) and Jaggar (1988 & 1991); on Bu-gàlàmbu, Gowers (1907), Meek (1921), Schuh (op.cit), Haruna (1995) and K. Alio (1992); on Bubburè, Haruna (op.cit) and Yarima (1993); on Kirfi, Schuh (op.cit) and on Zaar,[5] Schneeberg (1971 & 1974), Shimizu (1975), Haruna (op.cit) and Caron (1994). Guruntùm, Bubburè and Bu-gàlàmbu oral literature apart from my own collections which are yet to be transcribed and published are still unrecorded. There is also an unpublished collection of oral literature on Zaar by Jungraithmayr.

1.4. Data collection and methodology

Data for this paper was collected during a research period 1992-93 on the basis of a wordlist of basic vocabulary drawn up in Hausa, Guruntùm, Bu-gàlàmbu, Bubburè, and Zaar. This was followed by an interview and recording of some grammatical categories (constructions) and some free narrative and conversations on a wide range of topics. The data was collected from what seemed to have been the most fluent speakers whose ages ranged from 60 to 82 years. The data comparison is approached through the comparative method on the following basis:

a. comparisons of some basic lexical items and morphological forms.
b. comparisons are not necessarily always made with words of identical meaning, but also with words which are semantically related,
c. dash (-) in the comparative table shows that the available material does not allow to fill up the table with correspondences from the languages,
d. data which correspond to earlier works are provided with sources,
e. long vowel is indicated by /aa/. Low, falling and rising tones are marked with `, " and ..., respectively. High tone is left unmarked.
f. Each present-day form in SBAL and Hausa (or Hausa's WCA nearest relatives) is illustrated with selected samples of proposed PC reconstructions given by NM (1977), J & S (1981) and Jungraithmayr and Ibriszimow (hereafter J & I 1994). In this way, the similarities and differences between the three sets of the hypothetical forms are also made clear.

2.1. I now turn to the evidence for the claimed relationship of these languages. In support of this claim, highly probable cognate forms are presented which give some credence to what has been done so far. The point of this list was to get as many cognate items as possible in order to work out correspondences which would help in future work of reconstruction and linguistic classification.

2.2. Hausa ⇔ SBAL Lexicon

Table I see next pages

Sound correspondences can be accounted for in three ways:

1. borrowing: Hausa ⇒ SBAL borrowing
2. accidental similarity and
3. cognation.

The given social, geographical and cultural situation presupposes a certain amount of Hausa ⇔ SBAL borrowing (cf. Haruna 1995); however, basic vocabulary such as that presented is unlikely to be the result of borrowing. As for accidental similarity, they are too numerous to be true and there is no evidence from any of the SBALs which indicate such a possibility. And since all the vocabulary items included in this comparative list are items which are considered to belong to the Chadic basic vocabulary (i.e. items for comparative purposes), I believe that the formal resemblances are too striking to be the outcome of accidental similarity or borrowing. One is therefore left with the third possibility: **cognation**. I therefore believe that the remarkable phonetic resemblance that these words in SBALs show with regard to their semantic counterparts or near counterparts in Hausa leaves one in no doubt that these languages were once closely related - before the split into WCA and WCB sub-branches.

3.1 Quality Nouns: Hausa ⇔ SBAL Form-Meaning Correspondences

Hausa has a class of ABSTRACT NOUNS which are termed **abstract nouns of sensory quality (ANSQ)** by Parsons (1955). Parsons defined these nouns as nouns signifying quality or attributes of people, animals or things that are perceptible by one or more of the senses (cf. Parsons 1955:376). That is to say, all the words in the class signify ... at least in their basic meaning - purely sensory qualities; he went on to say that "In general ANSQs in Hausa, unless they are derivative - are completely heterogeneous as to their form and tone pattern" (p. 374). To show the state of affairs in Hausa we present the following examples.

Table I: Hausa ⇔ SBL Lexicon

Hausa (WCA), Guruntúm, Bu-gàlàmbu, Bubburè and Zaar Vocabulary

	PC NM (1977)	PC J & S (1981)	J & I (1994) Hausa	Guruntúm	Bu-gàl.	Bubburè	Zaar	GLOSS
1.	*pə	*tk(r)	-	zubàa	zìbi	+shiba	-	-	throw / pour-out-water
2.	*p- ()	*pʸd(m-,-k,-w,-t)	pr	farii	ɓiisi/pyàalii	peemà	fewa	fyaalii	white
3.	*bətu	*bt (u)	bt-	buci(Gd)	buushi	bòo/baza	butò	ɓaɓar	ashes
4.	*ba (S. 84, 82:13)	*-b-(a-;-a)	-	bàaba	bàa	bàana	baabaa	bàgwa	father
5.	*bəna	*bn (i,a)	*bn	buni (kk)	vùn	bìin	binsi	vuun	grinding-stone
6.	*bən	*b-n(k-,m)	*b-n	bono(Bl) bukkàa(Hs)	bini/biiŋ	paadà "ruin of a building"	bandɛ	-	house/hut
7.	*ba	*b- (k-, m-)	*bk	bàakii	byàu	bu	buyɛ	vii	mouth
8.	*bədi	*bd (i)(-i, m,-k)	*bd-	birii	bèerèn	bíirìyà	bidò	bàarii	monkey
9.	*ban	*bn (a) (*b>v̰,fʷ)	-	fwan (Sr)	vòn/vwàn	-	fito	vòn	rain
10.	*biɗa (S. 84, 217)	*gʷn	wn	buuɗèe	ɓudi	ɓílga	ɓokko	-	open
11.	*fati	*pt	*p-t	poti(Bl)	fudi	piizi	fislamo	-	sun/day
12.	*fi	*pt	plt	fiuràa	fali	mbàl	feldò	vut	blow
13.	*m-ɗ- (S. 82:18)	-	-	maaɗii	mwadami	mòora(honey)-	-	mwaa	sweetness/drink

#									gloss
14. *mat- (S. 84:15)	*mks₂/mgs₂	mkd	mátʃe/máataa	maazi	màndi	-	manó	woman
15. *mətu	*m-	mtm	mútûm	mar	mii	-	midʒɛ	mur	man/person
16. *ma (S. 84:13)	*m-	-	máama	náa	néena	nana	nákta/nágwa	mother
17. *məz (S. 84:15)	*m-	mtm	mijii	mándau	mùshi	no-bandɛ	mundə	munda	husband
18. *m-n (t)-	-	-	mántaa	myaumi	mùnda	munko	már-(xən)	forget
19. *mətə⁴	*mwt	*mwt	mutù	məsi	məz	mùto	məs-(xən)	to die
20. *ti	*twy	*twy	tʃi	shii	+tsinga/cinga tii(dóo)	tʃi-xən	eat
21. *tərə	*tr(a)(k-;-n)	*t-r	tere (Tg)	taran	ciira	tere	ləm	month
22. *diwa	*ƙdb	ƙdb	ƙudaa	didau	dày	diidɛɛ	dərəm	fly (N)
23. *nə	*ny(a; i) (-k)	*nwk	núuna	nyii-ni	nyáala	nineekò	nyàŋ	ripen
24. *sha	*s₂wʔ/h	*s₂w-	shaa	sai	sha	see(doo)	ɬyà	drink
25. *shiŋ	*s₃m	*s₃m	suunaa	sin	shəm	sime	səm/sùm	name
26. *shuk-	*sk or syk- (?)	-	suk (Kk)	suurii	-	sáasáa	səbər	knife
27. *shar	*ɬ₂rw(a)(-m,-k)	*ɬ₂rw	sáiwaa	soori	shiira	suriɲɛ	ɬətiri	root
28. *ɬaSu	*ƙs₃ (-n,-k)	*ƙs₃	ƙashii	yiŋshi	wùshin	ʔòssiɲɛ	-	bone
29. *ka	*k-	kdn	kái	gàa	kàa	kaaʔàa	gáam	head
30. *ka/*ga	-	-	go (Bl)	gaŋ	ʔanà	-	-	with
31. *kəbən	*kbn	*kbn	ɓaunaa	kəɓəŋ	kàana	mbàna	bàŋ	buffalo
32. *kədəm	*kdm(m-)	*kdm	kadàa	kudi	kara	kaduma	gəbdə	crocodile
33 *kumo (S 84:171)	*s₃m-	*km	kúnnee	kwaŋsi	kuma	kumòo	kəm	ear
34. *kusəm	*ksm	ksm	kuusùu	kwasan	kàsi	kusumo	-	rat

35. *gasi	*ⁿgz	yàcʼ/*g₂z-	gaashii	kyasar	gilgi	-	-	hair
36. *gas	*gʷdm(N-)	-	ŋgas (Ng)	gòoso	gàsi	gɛssiɲɛ	gwar	spear
37. *-gar- (S. 82:19)	-	-	kadangarèe	kankàr	+ ŋganŋgaati	-	kàrtsan	lizard
38. *g-n- (S. 84:15)	-	-	gidaa	gidi	gàabu	-	-	room
39. *gyəwan (S. 82:19)	*gʸwn (-k)	gʸwn	giiwaa	yiwun	yiyun	ʔiwiɲɛ	yən-ndəŋ	elephant
40. *əɬa	*wɬk(-p,-ɗ)	*wɬk/*sr-	taashi	tari/tabi	zaalà	laaɗoo	ɓiirni/ɓiir	stand up
41. *wəɗi	*wɗ	*wɗ	wudi (Kr)	wùru	wuri	ʔudɛ	-	breast(milk)
42. *wəra	*gʷr(u)	gdʕr	wuyàa	yar	ŋgiriyà	ʔòrgo	yar	neck
43. *y/w-s- (S. 84:14)	*gʷsk(-N)	gʷsk	yàashii	nyaatsa /yĩl	yĩl	nyàatsa	yàat	sand
44. *zaban	*zbl (-k)	*zbl	zàaboo	zum	dàama	diimɛɛ	ɓɛmdin	guinea-fowl
45. *zəm	*zm (k-)	*zm/*zk	dʒɪkii	zu	+shim	dʒɪyɛ	ɓɪi	skin of man

Table II ANSQs in Hausa

Gloss	Hausa	Gloss	Hausa	Gloss	Hausa
1 cold	ɗaarii/sanyii,	2 bitter:	ɗaacii,	3 bad smell:	waarii,
4 heavy	nauyii,	5 sour:	tsaamii,	6 sharp:	ƙaifii,
7 thick fluid	kaurii/gwii ɓii,	8 small:	ƙar(a)mii,	9 slow:	sai ɓii,
10 roughness	kaushii,	11 slippery:	sul ɓii/tsantsii,	12 hot:	zaafii,
13 strength	karfii,	14 wide:	faaɗii.		

This class of nouns in Hausa (see Table II above) are characterised as having the following morphological features and semantic qualities:

1. Morphology: Form and Tone Pattern: (a) they are all disyllabic; (b) have heavy initial syllable, either CVV e.g. **daacii** = 'bitter' or CVC e.g. **sanyii** = 'cold'; (c) they end in long vowel /ii/ and (d) have high tones.
2. Semantics: They "signify qualities or attributes ... perceptible by one or more of the senses" (p.376).

The morphological and semantic regularity of this class of words in Hausa led NM (1986:253f.) to suggest that ANSQs should be analysed as derivative nominals - despite the fact that the presumed source words are hard to trace since most of them "have no independently occurring stems" (cf. Jaggar 1991:47) and notwithstanding Parsons' earlier unsuccessful attempt.

From my part, I think that the question of their derived status should await further research despite the morphosemantic parallels between ANSQs in SBALs and Hausa.

Apart from Parsons' (1955) study on ANSQs in Hausa and more recently Jaggar (1991) for Guruntùm (supposedly distantly related WCB language) in Southern Bauchi Area; the Hausa ANSQs have not yet (as far as I know) been considered in the light of data from any of the other SBAL(s) which are geographically and possibly genetically closer to Guruntùm. Up-to-date, grammatical features such as the "morphological formation" of ANSQs for these related languages have not been taken into account. The situation, however, has changed recently. There is for instance the new SBAL material I collected between 1992-1993 which must be taken into consideration if a meaningful comparative analysis - with Hausa - is to be made. After all, Hausa is only one of more than one hundred Chadic languages which form a single genetic family and its status differs from that of the other members of this family only in so far as it surpasses them numerically. This, however, is not a relevant linguistic criterion. The SBAL data I collected shows that some of these languages exhibit this class of nouns and bear a remarkably close form-meaning resemblance to Hausa and Guruntùm formations, (even though they are lexically more restricted than their Hausa counterparts). Parsons cited 65 examples with 4 borderline cases for Hausa; Jaggar cited 13 examples for Guruntùm. However, it is worth noting that there are many more common nouns in the SBALs with the same general phonological shape as ANSQs but without the semantics of ANSQs (cf. Haruna 1993b).

3.2. Comparative Remarks

As in Hausa, in SBALs, ANSQ class of nouns is characterised by the following morphological and semantic qualities:

1. Morphology / Phonology: (a) basically are disyllabic; (b) heavy initial syllable; (c) have high tones and (d) have final front high vowels /ii/ or /εε/.[6]
2. Semantics: signify qualities / attributes.

To illustrate the state of affairs in the SBALs we give the following examples:

Table III ANSQs in SBALs

ANSQs	Guruntùm	Bu-gàlàmbu	Bubbure	Zaar
1 cold	saanii	ciizii	ndεεjεε	ndʒiirii
2 bitter	ngyooŋi	taamiï	ɗagŋεε	baŋŋii
3 bad smell	ɗuɲɗii/wapnii	ɗaabii/waabii	ɗooɸii	raasii/kuuʃii
4 heavy	giisii	ndeerii	seŋŋεε	laapii
5 sour	ʔaasii	monnii	sakkεε	ndʒaŋŋii
6 sharp	ʃiisii/goobii	taasii	fεεlεε/taatεε	jiirii
7 thick fluid	ɸuulii/huulii	-	mbɔŋlεε	ɗuubii
8 small	gabii	mirrii	nsiimεε	miirii
9 slow	-	-	-	njiirii
10 roughness	-	raarii	-	wokshii
11 slippery	-	ʔalgii	silyεε	-
12 hot	ʔaanii	wuushii	laamεε	-
13 strength	kwaamii	kaamii	doʔʔii	baŋŋii
14 wide	wulŋii	jargii	-	wuŋŋii

Inspection of Table III shows that there are interesting similarities between these languages, despite the minor divergency in the vowel endings. The ANSQs reveal sizeable formal resemblance producing near-identical morphosemantic results. The form-meaning correspondence between ANSQs in Hausa and SBAL could be explained in three possible ways (see section 2.2. above).

As we saw above, the third possibility, **genetic cognation**, i.e. these are retentions of some old features pre-dating the split between Hausa and SBALs, seems to offer the best explanation for the ANSQs equivalents.

3.3. Independent (Personal, Absolute) Pronouns (IP)

To account for another type of systematic correspondence for a common parent language for Hausa and SBALs, we present another piece of evidence, the Independent pronoun (**IP**) system (see Table IV).

Table IV   Independent Pronouns.

Pronoun	Gloss	Hausa	Guruntùm	Bù-gàlàmbu	Bubburè	Zaar	Kirfi
1st p. sg.	I	nii	yim	naa	naaʔà	myan	naa
2nd p.sg. m.	you	kai	kau	kaa	kaaʔà	kyan	kaa
2nd p sg. f	you	kee	kau	cii	seeʔè	yààʃii	cii
3rd p sg m	he	shii	kadii	shiikà	siiʔè	yan	shii
3rd p sg f	she	ita	kadii	ciikà	taaʔà	yan	taa
1st p pl.	we	muu	kaŋ	mùndi	mùndo	myaaɲi	mùnnu
2nd p pl.	you	kuu	kau	kùndi	kùndo	yaaʃii	kùnnu
3rd p pl.	they	suu	kàshi	sèndi	kùndo	yaaʃii	sùnnu

If we attempt to compare the forms of these languages then we must consider the following: (a) phonology: tone pattern; (b) morphology: shape of the pronoun, and (c) semantic: gender.

3.3.1 Comparative Remarks

An inspection of table IV shows the following considerable similarities in the morphological and semantic make-up of the IPs:

1. Monosyllabic forms in the singular and plural are all high.
2. All languages show opposition in 1st; 2nd and 3rd p. sg. and pl. forms.
3. All languages exhibit gender distinction in 2nd, 3rd p. sg. (grammatical gender

is part of Chadic Afroasiatic inheritance) though Guruntùm, and Zaar could be said to have collapsed these forms; Guruntùm in the set of 2nd and 3rd p. sg, and Zaar in the 3rd p. sg. In the plural set, Bubburè and Zaar have also collapsed number distinction between 2nd and 3rd p. pl[7]. The neutralisation of gender in these languages is not surprising as historical evidence points to the loss of gender contrast in almost half of the present-day Chadic languages (cf. NM 1983 & Jungraithmayr & Ibriszimow in press).

Besides these plain correspondences and resemblances there are also some minor divergencies mainly in the morphology. Various morphological patterns are apparent from the paradigm which are best analysed at present as consisting of an **IP** morpheme + **affixes** (whose origin and semantic functions remain to be determined). Forms showing **ka-** + **IP** and **IP** + **-ka** are tentatively regarded as **ka-** prefix plus pronominal element and **IP** + **-ka** suffix on the assumption that further investigation will reveal parallels to justify these assumptions. For example: Guruntùm. 3rd p. sg, 1st and 3rd p. pl are almost certainly analysable as a **ka-** prefix plus pronominal element i.e. **ka-** + **IP**, whereas the **ka-** prefix probably coalesced with the **k-** morpheme of 2nd p. sg. and pl. while in Bugàlàmbu, the 3rd p. sg and Bubburè singular forms, could be said to consist of the **IP** morpheme + **-ka/?a/** suffix (with /?/ as phonetic variant of /k/). The plural forms of Bu-gàlàmbu, Bubburè and Kirfi consist of the **IP** morpheme + **-(n)di** suffix (with probably **-(n)do/-(n)nu/ɲi** as allomorphs).[8]

The behaviour of the singular forms in some of the languages and in Hausa also the plural forms is particularly interesting, in so far as they have not preserved these affixes. From a comparative point of view, affixation to pronouns cannot be seen as an infrequent feature as it is widespread in Chadic speaking area, it must therefore be presumed to be ancient as it is subject to considerable phonetic variance in the individual languages (cf. Kraft 1972, NM 1977, Schuh 1978, Burquest (1986), Alio (1986), and J & I in press). As regards /y/ in Zaar, a /y/ pronoun morpheme occurs in many WCA languages, e.g. Tangale a member of the Bole-Tangale group and Fyer and Bokkos of Ron group. Tangale has /yi/ 3rd p. sg msc to which also the plural form /yin/ = 'they' corresponds. Fyer and Bokkos have /yis/ and Kulere has /yish/ for the 3rd p. sg. msc. as does /shi/ 3rd p. sg. msc. in Hausa (cf. Mukarovsky 1983:54). Mukarovsky suggested (based on data from Jungraithmayr 1970) that such varying forms in WC allow us to infer that Tg. yi/yin ← *shi/sìn. And if such is the case, he continued "such earlier forms could also account for the dichotomy of the use of "shi" and "ya" in Hausa ... Moreover, NM (1977:15) points to "an alternation of sibilants within the Bole Group" of Chadic by which in Tg *s may change into y" (op.cit.:54). This is also to be seen clearly in the sound correspondence table of Volume I page (XXVI) of J & I (1994) where *S1- and *S2- go regularly in Tangale to y/w or y/ø respectively. If such a change is the case, then this explains the /s/:/y/ forms in my data.

4. Summary and Conclusion

What we have tried to do here is to present some interesting and significant material which is of importance for comparative Chadic.

1. Perhaps more importantly, lexical and etymological possibilities are opened up which could not have been developed on the basis of Hausa alone which suggests that some of the common Hausa ⇔ SBAL lexical affinities could be extended not only to Hausa, but to the Chadic family as a whole.
2. Our findings (as regards ANSQs) may be said to corroborate - at least to some extent - the result of Jaggar's analysis according to which "all things considered, the available evidence tends towards the conclusion that the ANSQ - formation ... should be considered an archaic operation shared by these languages". And what we have also said here about ANSQs in Hausa and SBALs being of the same stock, could and will be said one day about grammatical features such as "affected-subject verbs", "plural" and "verbal grade system" in other SBALs as well as Chadic in general.
3. We have also demonstrated how the study of languages believed to be distantly related to Hausa such as Guruntùm, Bubburè, Bu-gàlàmbu and Zaar can lead to a further understanding of the languages of SBA and the unity of Chadic family.
4. Knowing something about at least some of these languages is a first step in knowing about the languages of the SBA area as a whole. As the study of SBALs makes further progress, what may appear to be insignificant at present may well turn out to be of greater importance in comparative work in the future, and the increasing amount of documentation on other West Chadic languages (especially SBALs) will therefore ultimately enable us to balance the undue advantage that Hausa has had since the beginning of Chadic linguistic investigation. In conclusion, a more accurate historical picture than is at present possible will hopefully emerge when fuller descriptive data become available on individual languages closely related to Guruntùm, Bu-gàlàmbu, Bubburè, Kirfì and Zaar. It is my hope to deal with that material in a sequel to this article.

References

Alio, K. (1986): *Essai de description de la langue bidiya du Guéra (Tchad)*, Berlin
Alio, K. (1992): Bu-gàlàmbu basic and cultural vocabulary (Ms)
Alkaleri, LGA. (1992): Focus on Alkaleri, LGA. Information Department
Burquest, D. A. (1986): The pronoun systems of some Chadic languages. In: U. Wiesemann (ed.) *Pronominal Systems*
Caron, B. (1994): Zaar-English Lexicon. (Ms)

Frajzyngier, Z. (1980).The vowel system of Pero. *Studies in African Linguistics.* vol. 11:39-74
Frajzyngier, Z.(1985): *A Pero-English and English-Pero vocabulary.* (Marburger Studien zur Afrika und Asienkunde. Band 13), Berlin
Frajzyngier, Z. (1989): *A Grammar of Pero* (Sprache und Oralität in Afrika, 4), Berlin
Gowers, W.F. (1907): Fourty-two vocabularies of languages spoken in Bauchi province, northern Nigeria. (Ms)
Greenberg, J.H. (1950): Studies in African linguistic classification: IV Hamito-Semitic. *Southern Western Journal of Anthropology,* vol. 6:7-63
Haruna, A. (1981): Some aspects of Guruntun phonology. Unpublished Ms. University of Maiduguri: Department of Languages and Linguistics
Haruna, A. (1993a): Hausa and other Chadic languages: A lexical comparison between Hausa, Guruntun (Gùrnùŋ), Zaar & Bubbure, *Frankfurter Afrikanistische Blätter,* No.5:75-81
Haruna, A. (1993b): Vocabulary and field notes. Unpublished ms
Haruna, A. (in press): A lexical comparison between some west Chadic languages: Hausa - (West Chadic-A), Guruntun (gùrnùŋ) & Galambu (West Chadic-B). *AAP*
Haruna, A. (1995): Neighbours and lexical borrowing. *Sprachkulturelle und Historische Forschungen in Afrika,* 177-196
Jaggar, P.J. (1988): Guruntum (gùrnùŋ) (West Chadic - B): linguistic notes and wordlist. *African Languages and Cultures,* vol.1 no.2. 169-189
Jaggar, P.J. (1991): Some unexpected form-meaning correspondences between Hausa (West Chadic-A) and Guruntun (gùrdùŋ) (West Chadic-B) - How do we explain them? *Unwritten Testimonies of the African Past.* (eds.) Stanislaw, P.& Eugeniusz R. Orientalia Varsoviensia 2. Warsaw, 45-59
Jungraithmayr, H.(1991): *A Dictionary of the Tangale Language.* Berlin
Jungraithmayr, H. & Shimizu, K. (1981): *Chadic Lexical Roots (A first evaluation of the Marburg Chadic word catalogue): Tentative Reconstruction, Grading and Distribution.* Berlin
Jungraithmayr, H. & Ibriszimow, D. (1994): *Chadic Lexical Roots. Tentative Reconstruction, Grading, Distribution and Comments.* 2 ols. Berlin
Jungraithmayr, H. & Ibriszimow, D. (in press): On eastern Chadic pronominal systems
Kidda, M. (1993): *Tangale Phonology.* Berlin
Kraft, C.H. (1972): *Reconstructions of Chadic Pronouns I: Possessive, Object, and Independent Sets- An Interim Report.* Third Annual Conference of African Linguistics; 7-8 April, (1972): Indiana University
Kraft, C.H. (1981): *Chadic wordlist. Marburger Studien zur Afrika- und Asienkunde.* Serie A vol. 25. Berlin
Lukas, J. (1936): The linguistic situation in the Lake Chad area. *Africa,* vol. 9:332-349
Meek, C.K. (1921): Galambe Vocabulary. (Ms)

Mukarovsky, G.H. (1983): Pronouns and prefix conjugation in Chadic and Hamito-Semitic. In (ed.) E. Wolff and H. Meyer-Bahlburg: *Studies in Chadic and Afroasiatic Linguistics*. Hamburg, 52-63

Newman, P. & R.M. Newman. (1966): Comparative Chadic phonology and lexicon. *Journal of African Languages*, vol.5, 218-51

Newman, P.(1977): Chadic classification and reconstructions. *Afroasiatic Linguistics*, vol.5, no.1, 1-42

Parsons, F. W. (1955): Abstract nouns of sensory quality and their derivatives in Hausa. (ed.) J. Lukas: *Afrikanistische Studien* (Festschrift Westermann). Berlin, 373-404

Schneeberg, N. (1971): Sayanci verb tonology. *Journal of African Languages*, vol. 10(1), 87-100

Schneeberg, N. (1974): *Sayanci Phonology*. Ph.D. dissertation. Indiana University

Schuh, R.G. (1978): *Bole-Tangale Languages of the Bauchi Area (N. Nigeria)*. Greschat, H. J. Jungraithmayr, H. and Rau, W. (eds.) Marburger Studien zur Afrika und Asienkunde. Serie A: Afrika Band 13, Berlin

Schuh, R.G. (1982): The Hausa language and its nearest relatives. *Harsunan Nijeriya* vol.7, 1-24

Shimizu, K (1975): Boghom and Zaar: Vocabulary and notes.Unpublished ms. Centre for the Study of Nigerian Languages, Bayero University Kano

Shimizu, K (1978). The southern Bauchi group of Chadic languages - a survey report. *Africana Marburgensia (Special Issue 2)*

Skinner, A. N. (1977). North Bauchi Chadic languages: Common roots. *Afroasiatic Linguistics*, vol. 4(1), 1-49

Temple, O. & Temple, C.L (1922) (2nd ed.): *Notes on the Tribes, Provinces, Emirates and States of the N. Provinces of Nigeria*. Capetown

Yarima, G. (1993). Some aspects of Bubbure phonology. Unpublished ms. University of Maiduguri: Department of Languages and Linguistics

Notes

1) I am thankful to Prof. Dr. H. Jungraithmayr and Drs . P. Jaggar and G.L. Furniss - SOAS - London for their encouragement and sustaining my interest in working on the languages of SBA. An earlier version of the paper was read at the Colloquium Linguisticum Africanum at the Johann Wolfgang Goethe Universität Frankfurt am Main on the 16th December, 1994. Research in SBAL is being supported by the German Research Foundation (Project SFB 268 - African Languages and Linguistics) and by Dino Leventis Research Co-operation Programme. I would like to thank the two Research Foundations for their financial assistance. I would also like to thank Prof. Dr. H. Jungraitmayr, and Drs. D. Ibriszimow and P. J. Jaggar for critical and valuable comments on an earlier draft and also J.A.

McIntyre for correcting my English. Place and language names are entered as rendered by my informants.

2) The analysis on the Pronominal system touches only a small part (Independent Pronoun) of each language. However, I felt that even such material like this is worth making available until it is superseded by a more complete study.

3) Dr. R. Leger is the first scholar to report on this language.

4) Statistics dealing with the number of speakers are lacking. The Nigeria National Population Commission (NNPC) gives the location of the people without regard to the actual languages spoken by these communities. Guruntùm and Bu-gàlàmbu are spoken by approximately 10,000 and 6,000 people respectively (cf. Haruna 1993b), Bubburè by approximately 50 people (cf. Haruna 1993b); Kirfi by 3620 people (cf. Temple 1922) and Zaar by 50,000 speakers (cf. Schneeberg (1971).

5) I should emphasise that, only in the case of Zaar has the phonemic analysis of the language reached a somewhat advanced stage, although even here it is not complete.

6) In Hausa, nouns are reconstructable with a short final vowel and the vowels /ee/. (cf. NM 1979 and Schuh 1984). Final short vowel is not an infrequent feature as it is widespread in Chadic speaking areas, it is subject to considerable phonetic variance in the individual languages.

7) This variety of patterns calls for more work within the sets of the individual languages as well as the five languages.

8) In Bidiya (an Eastern Chadic language), the set of Independent pronouns show a suffix (ed) **-(n)da** (cf. Alio 1986 and Jungraithmayr and Ibriszimow in press) and in Biu-Mandara (cf. Kraft 1972).

X-Bar Behandlung der initialen Konsonantenanhäufungen

Ioanna Kappa, Kreta

0. Einleitung

Die vorliegende Studie über die initialen Konsonantenanhäufungen (Cluster) im Deutschen operiert im Rahmen eines X-Bar Silbenmodells (vgl. die Arbeiten von Levin 1985, Michaels 1988 und Drachman 1990). Für die Zwecke dieser Studie wollen wir eine Skala der konsonantischen Stärke im Deutschen (1) und Prinzipien (2.2) festlegen, die die inneren Beziehungen der Cluster-Glieder bestimmen. Es soll auch der Silbifizierungsalgorithmus (SSA) fürs Deutsche determiniert werden, wie auch die Prinzipien (2.3), die diesen SSA vorschreiben.

1. Konsonantische Stärke

Die Prinzipien, die die innere Struktur und die Beziehungen innerhalb der konsonantischen Anlautcluster determinieren, beziehen sich zur Gänze auf eine partielle Relationierung der Sprachlaute, genannt KONSONANTISCHE STÄRKE. Eine STÄRKESKALA stellt eine graduell abgestufte Hierarchie der Sprachlaute einer Sprache dar, wobei diese Sprachlaute nach bestimmten Kriterien (wie z.B. nach der Artikulationsart, Artikulationsstelle usw.) in Gruppen organisiert sind.

1.1. Jede Gruppe von Segmenten zeigt den phonologischen Prozessen gegenüber ein bestimmtes Verhalten (vgl. Drachman 1976, Lass 1984:177). Dies kann auf eine Skala projiziert werden, worauf die BEWEGUNG eines Segments von links nach rechts als LENISIERUNG und von rechts nach links als FORTISIERUNG definiert wird. Die folgende Stärkeskala (1) gilt als universal, wobei die Stärke von den Plosiven zu den Vokalen graduell abnimmt. Diese Hierarchisierung entspricht aber nicht völlig jeder einzelsprachlichen relevanten Relationierung (s. Vennemann 1986:35).

(1) Veschlußlaut > Frikativ > Nasal > Liquid > Gleitlaut > Vokal
     Stimmlose Segmente > Stimmhafte Segmente

Foley (1977) nimmt an, daß die phonologische konsonantische Stärke der Segmente ein Parameter des phonologischen Systems sei und dieser Parameter sich auf die physikalische Stärke der Segmente beziehe.

1.2. Die konsonantische Stärkehierarchie beruht nicht nur auf phonologischen Prozessen, sondern auch auf den Beobachtungen zur Phonotaktik innerhalb der Silbe. Nach dieser abgestuften Hierarchie wird bestimmt, wie die Segmente in einer Silbe, sowie die möglichen kombinatorischen Beschränkungen zwischen ihnen, angeordnet sein dürfen.

Für die Zwecke dieser Studie nehmen wir eine konsonantische Stärkeskala statt einer Sonoritätsskala an, um die Beziehungen (REKTIONSBEZIEHUNGEN) zwischen den konsonantischen Segmenten zu bestimmen (s. Kappa 1995). Eine Stärkehierarchisierung fürs Deutsche wurde auch von Vennemann (1982:284) festgelegt. Die hier vorgeschlagene Stärkeskala (2) ist eine leicht modifizierte Version der von Vennemann festgelegten Skala, damit wir die REKTIONSBEZIEHUNGEN in den Clustern [ʃv], [sf] rechtfertigen. Diese Skala ist auch gegen die Auffassung von Hall (1992) und Yu (1992), die alle Obstruenten als eine Klasse einordnen. Die hier angenommene Skala ist sprachspezifisch und ist von der Phonotaktik der deutschen Sprache vorgeschrieben, damit die möglichen Konsonantenanhäufungen determiniert werden.

(2) Vokale < hohe Vokale < Liquid < Nasal < Frikat. <
/ a, e, o   < i, u   < r, l   < n, m < f,v,x <
sthf. Plosiv./Spirant. < stml. Plos.
b, g, d/z, s   < p, k, t /

⎯⎯⎯⎯⎯⎯⎯⎯⎯⎯⎯⎯⎯⎯⎯⎯⎯⎯⎯⎯⎯⎯▶

zunehmende konsonantische Stärke

2. X-Bar-Silbenmodell

2.1. Theoretischer Rahmen

In diesem Teil wird ein spezifisches Silbenmodell eingeführt, wie auch die Prinzipien zur Silbenstrukturzuweisung in einer Segmentkette. Für die Analyse der deutschen Silbenstruktur nehmen wir ein hierarchisches Modell an, das dem X-Bar syntaktischen Schema entspricht. Dieses Silbenmodell operiert im theoretischen Rahmen einer primitiven Version der X-Bar-Theorie innerhalb der phonologischen Komponente. Dies entspricht der neuesten Tendenz in der generativen Grammatik, wobei die universalen Prinzipien in allen Bereichen der Grammatik vereinigt und angewandt werden. Im Bezug darauf wird das universale X-Bar-Schema (3) adoptiert:

(3) $X^n \rightarrow ...X^{n-1}$

Wenn X=N (Nukleus, das silbische Segment, HAUPT der Silbe), dann (4):

(4) $N^n \rightarrow ...N^{n-1}$

Dieses Schema determiniert folgende Projektions-Regeln (5):

(5) N" → Spez(ifikator) + N'
    N' → N⁰ + Kompl(ement)

Anhand dieses X-Bar-Schemas kann eine silbische Grundstruktur generiert werden (6), wo Silben Projektionen von Vokalen sind und konsonantische Positionen nach links und optional nach rechts lizensieren. (vgl. Levin 1985 und Michaels 1988, 1989).

(6) X-Bar-Silbenstruktur

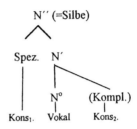

Die Kategorien N⁰ und N" sind universal erforderlich. Die Spez.-Position ist auch eine obligatorische konsonantische Position, die von N" lizensiert wird (das entspricht der sogenannten CV-RULE oder ONSET-FORMATION). Das konsonantische Kompl(ement) von N⁰ ist optional. Seine Lizensierung ist je nach Sprache parametrisiert.

Eine Erweiterung dieses Modells (6) wurde von Drachman (1990) vorgeschlagen. Drachman erweiterte die X-Bar Silbenstruktur (am Beispiel des Neugriechischen), indem er die konsonantische pränukleare SPEZ-Position als eine konsonantische maximale Projektion annahm. Diese maximale Projektion hat auch eine hierarchische Struktur nach dem X-Bar Schema (7a), (7b):

(7a) KONS" → SPEZ-S" + KONS'
     KONS' → KONS⁰ + (Komplem.)

(7b)

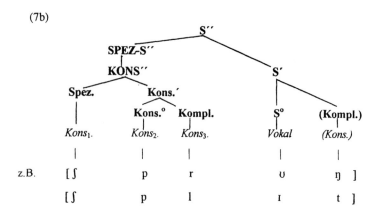

Nach diesem Schema sind bis zu drei tautosilbische Konsonanten in pränuklearer Position zulässig. Die Positionen SPEZ-Kons." und KOMPL. von KONS.^{0} sind optional. In den mangelhaften Projektionen ist nur das HAUPT (KONS.^{0}) der konsonantischen maximalen Projektion (KONS.") obligatorisch. Die Lizensierung eines SPEZ-S" (=Onset-Position) wird universal als eine strukturbildende Regel angewandt. Das Auftreten eines postnuklearen Segments ist eine sprachspezifische Eigenschaft. Dieser Parameter wird als Existenz (oder nicht Existenz) einer S'-Projektion (der sog. REIM), die ein konsonantisches Komplement lizensiert (die sog. KODA). Wieviele und welche Konsonanten in KOMPL.-Position auftreten, ist auch sprachspezifisch.

Jede Kategorie in der silbischen Struktur muß phonetisch interpretiert werden d.h. jede dominierende Kategorie interpretiert die Eigenschaften der von ihr dominierten Segmente einer lexikalischen Repräsentation (vgl. Michaels 1988) z.B. der SPEZ-S" wird an der Position S" zusammen mit den dort perkolierenden vokalischen Eigenschaften von S" interpretiert. Diese Interpretation folgt ohne die Hilfe von KONTEXT-SENSITIVEN Regeln. Solche Regeln, wie auch der Begriff der Sonorität, sind aus diesem Silbenmodell eliminiert. Die KONTEXT-SENSITIVEN Regeln sind durch die strukturelle Interpretation von (+) oder (-) / bzw. von markierten oder unmarkierten Merkmalwerten ersetzt.

2.2. Projektionsprinzipien

Die Verteilung der Konsonanten innerhalb der konsonantischen maximalen Projektion KONS." (7b) ist nicht zufällig. Bestimmte Prinzipien (8a-e) determinieren und sagen voraus: a) die Lizensierung jedes Konsonanten am geeigneten Endknoten und b) die inneren Beziehungen zwischen den Segmenten, die alle drei Endknoten einer maximalen konsonantischen Projektion belegen.

(8a) **Lizensierungsprinzip:** Nur ein Segment pro Endknoten ist zulässig.
(8b) **Konsonantische Stärke:** Der Stärkegrad determiniert die zulässige bzw. unzulässige Adjazenz zweier Konsonanten unter dem gleichen dominierenden Knoten.
(8c) **Phonologische Rektion:** Das HAUPT der konsonantischen maximalen Projektion muß stärker als sein Komplement sein.
(8d) **Phonologisches Agreement:** (Vereinbarung): Das HAUPT der konsonantischen maximalen Projektion muß stärker als der SPEZ. dieser Projektion sein.
(8e) **Rektionsrichtung:** Das HAUPT regiert sein Komplement nach rechts und den SPEZ.-S" nach links. (Diese Richtung gilt nur bei den Anlautclustern).

Aus diesen Prinzipien ergibt sich die intrakonstituente Rektion zwischen dem HAUPT der konsonatischen maximalen Projektion und seinem KOMPL. oder SPEZ. Anhand dieser Prinzipien und durch die Phonotaktik der deutschen Sprache wird auch die SPEZ.-Bedingung (9) bestimmt.

(9) **SPEZ.-Bedingung:** Eine SPEZ.-Position innerhalb einer konsonantischen maximalen Projektion darf nur von einem [+kontinuant, +koronal] Segment lizensiert werden, d.h. vom Segment /s/.

Anhand dieses X-Bar-Silbenmodells können auch zwei- oder dreigliedrige Cluster, die wortinitial auftreten und eine ANTISONORITÄT vorweisen, behandelt werden, z.B. die Cluster /sp, sk, str, spr/ usw. Der Status von /s/ ist nicht mehr EXTRASILBISCH und es gibt eine adäquate Behandlung, die völlig zur Klärung der Problematik solcher Cluster in der phonologischen Theorie dient. (Wiese (1986) betrachtet /s/ in den dreigliedrigen Clustern als APPENDIX, Hall (1992), Yu (1992) hängen /s/ durch spätere Adjunktionsregeln an die Silbe an).

2.3. Silbenstrukturalgorithmus

Für die Silbifizierung einer Segmentenkette im Anlaut der deutschen Wörter nehmen wir den folgenden Silbenstrukturalgorithmus (SSA) an:

SSA fürs Deutsche:
(10a) NUKLEUS-ZUWEISUNG (obligatorisch): Jedes [-konsonantisch] Segment muß mit S^0 assoziiert werden. Die Assoziierung beginnt vom letzten rechten [-konsonantisch] Segment nach links.
(10b) S^0 projiziert S" (obligatorisch).
(10c) S" lizensiert nach links eine SPEZ-S" Position (obligatorisch).

(10d) KONSONANTEN-PROJEKTION in SPEZ-S": Alle Segmente rechts vom Nukleus werden projiziert, vorausgesetzt, daß sie die Projektionsprinzipien nicht verletzen.

Diese Silbifizierungsregeln lassen sich automatisch nach jeder morphologischen oder phonologischen Operation anwenden und sie sind strukturaufbauend. Die obligatorischen Kategorien S^0 und S" werden zuerst lizensiert. Die Prinzipien der konsonantischen Stärke, der phonologischen Rektion und des phonologischen Agreements (8) schreiben die zulässigen Projektionen der Segmente bis zu ihrer dominierenden Kategorie vor.

3. Anlautscluster im Deutschen

Alle einzelnen Konsonanten des deutschen Sprachsystems tauchen oberflächlich wort- oder silbeninitial auf.

Bei den ZWEIGLIEDRIGEN ANLAUTCLUSTERN gibt es eine asymmetrische Distribution. Eine Menge von Clustern, die wort-initial ausgeschlossen sind (z.B. *[tl]), dürfen silbeninitial (wortmedial) vorkommen.

Silbeninitiale Cluster
[pl, bl, kl, gl, tl, dl, pr, br, tr, dr, kr, gr, pn, bn, kn, gn, gm, tm, dm, kv, zl, zn, sl, sr]

Wortinitiale Cluster
[pl, bl, kl, gl, *, *, pr, br, tr, dr, kr, gr, *, *, kn, gn, gm, *, *, kv, *, *, *, *]

Die zweigliedrigen Sequenzen aus: [Plosiv + Nasal], [Plosiv+ Liquid], [Frikativ + Nasal], [Frikativ + Liquid] sind tautosilbisch. Das läßt sich unter dem hier angenommenen X-Bar-Modell leicht erklären: Die Obstruenten lizensieren sich als stärkere Segmente an einer HAUPT-Position und dann lizensieren sie nach rechts die Nasale oder die Liquida als ihre Komplemente (7b). Bei den wortinitialen Anlautclustern unterscheiden sich beide Glieder nach der ARTIKULATIONSSTELLE z.B. labiale Plosive tauchen als HAUPT mit einem dentalen Komplement auf: [pn, pl, br, bl]. Wortinitial sind Cluster unter der gleichen Artikulationsstelle ausgeschlossen, z.B. *[tl, dl, sn, sl, zn, zl, zr] usw. Wortmedial dürfen aber diese ausgeschlossenen Cluster vorkommen, z.B. [han . dlʊŋ]. Diese Asymmetrie zwischen den wortinitialen und wortmedialen Clustern läßt sich wie folgt erklären:

Es ist zu bemerken, daß die phonologischen Systeme dazu neigen, nur ein distinktives Merkmal pro Domäne zu erlauben (Goldsmith 1990), d.h. jedes distinktive Merkmal darf maximal nur einmal innerhalb seiner Projektionsdomäne spezifiziert auftreten. Im Falle der Cluster darf jeder Knoten der Artikulationsstelle (z.B. koronaler, labialer, dorsaler Knoten u.s.w.) nur einmal lizensiert werden. Daraus ergibt sich die folgende Anlauts-Beschränkung (11).

(11) ONSET-LIZENSIERUNGSBESCHRÄNKUNG (Bedingung: nur wortinitial).
Ein distinktives Merkmal der Artikulationsstelle darf nur einmal in einer maximalen Anlautprojektion lizensiert werden.

Z.B.: Beide Segmente [d] und [l] sind als [+koronal] markiert. Wenn [d] als HAUPT lizensiert würde, dann dürfte kein anderes Segment mit der Spezifikation [+koronal] unter der gleichen dominierenden Kategorie KONS." lizensiert werden d.h. *[dl]. Darum sind Cluster, bei denen beide Glieder den Artikulationsknoten [koronal] oder [labial] lizensieren, wortinitial ausgeschlossen z.B. *[sl, sr, zl, sr, tl, usw.] oder *[pm, bm, fm,vm].

Im Deutschen tritt auch eine Reihe von marginalen Clustern in adoptierten Fremdwörtern auf, z.B.: a) [ps]: (*Psyche*), [sf]: (*sphärisch*), [ks]: (*Xenophobie*). Diese Cluster folgen dem Prinzip von einem stärkeren HAUPT und sind akzeptabel. b) Die Cluster [pt, kt] verletzen das Prinzip von einem stärkeren HAUPT und sind als markierte Fälle im Lexikon der Sprache integriert beispielsweise *Ptolemäus, Ktenoid*.

Am Wortanfang tauchen auch DREIGLIEDRIGE CLUSTER auf: z.B. [ʃpr, ʃpl, ʃtr, skr, skl]. Wie es schon erwähnt wurde, darf /s/, wenn es einem Plosiv vorangeht, nur an der SPEZ.-Position lizensiert werden (8d), (9). Die Positionen HAUPT und Komplement sind von Segmenten lizensiert, die nach dem Prinzip der phonologischen Rektion (8c) zulässig sind. Hier ist aber festzustellen, daß eine Reihe von dreigliedrigen Clustern nicht vorkommt, obwohl sie prinzipiell zulässig sein könnten z.B. *[sbr, sbl, sdr, sgl, sgr]. Diese Segmentsequenzen sind aus folgenden Gründen unzulässig:

1. Die ersten zwei Segmente unterscheiden sich nach dem Merkmal [Stimme]. Tautosilbische Sequenzen sollen zugrundeliegend die gleiche Spezifizierung nach dem Merkmal [Stimme] haben, sonst werden sie als heterosilbisch behandelt.
2. Diese Sequenzen verletzen das Prinzip des phonologischen Agreements (8d), wenn man die Stärkeskala (2) annimmt, worauf /s/ und die stimmhaften Plosive über die gleiche konsonantische Stärke verfügen.

Daraus läßt sich die folgende SPEZ.-HAUPT-BEDINGUNG postulieren:

(12) [SPEZ. $_{[\alpha \text{ Stimme}]}$ HAUPT $_{[\alpha \text{ Stimme}]}$] KONS."

Zugegeben, daß die SPEZ-$_{\text{KONS.''}}$ Position im Deutschen nur von einem stimmlosen [+koronal] Frikativ lizensiert werden darf, ist doch in diesem Fall die

HAUPT-Position voraussagbar, d.h. nur die stimmlosen Plosive /p, t, k/ dürfen als HAUPT vorkommen.

4. Schlußbemerkungen

In dieser Studie wurden die wort- bzw. silbeninitialen Konsonantensequenzen (Cluster) im Deutschen anhand eines X-Bar-Modells festgelegt und prinzipiell untersucht. Die inneren Beziehungen zwischen den Cluster-Gliedern und ihre Struktur wurden nach dem Prinzip der konsonantischen Stärke und den Projektionsprinzipien determiniert. Der Status des sog. EXTRASILBISCHEN initialen /s/ bei den Clusters /sp, sk, st, str, spr, usw./, die eine Antisonorität vorweisen, wurde neu behandelt und die Problematik solcher Cluster wurde geklärt. Für die Silbifizierung einer Segmentenkette wurde auch ein Silbenstrukturalgorithmus vorgeschlagen.

Literatur

Drachman, G. (1976): On the Notion phonological Hierarchy. In: Dressler W. & Pfeifer O. (Hg.) (1977): *Phonologica*. Innsbruck, 85-102
Drachman, G. (1990): A remark on Greek Clusters. In: Mascaro J. & Nespor M. (Hg.): *Glow Essays for Henk v. Riemsdijk.*
Foley, J. (1977): *Foundations of theoretical Phonology.* Cambridge
Goldsmith, J. (1990): *Autosegmental and Metrical Phonology.* Oxford
Hall, T.A. (1992): *Syllable structure and syllable-related processes in German.* Tübingen
Kappa, I. (1995): *Silbenphonologie im Deutschen und Neugriechischen.* Dissertation, Univ. Salzburg
Lass, R. (1984): *Phonology: an introduction to basic concepts.* Cambridge
Levin, J. (1985): *A metrical theory of syllabicity.* Dissertation, MIT
Michaels, D. (1992): Natural and unnatural Phonology. In: Dressler, W.U. / Luschützky, H.C. / Pfeifer, O.E. / Rennison, I Hg.): *Phonologica 1988*, Cambridge, 207-214
Vennemann, Th. (1982): Zur Silbenstruktur der deutschen Standardsprache. In: Th. Vennemann (Hrsg.): *Silben, Segmente, Akzente.* Tübingen, 261-305
Vennemann, Th. (1986): *Neuere Entwicklungen in der Phonologie.* Berlin
Wiese, R. (1986): *Silbische und lexikalische Phonologie. Studien zum Chinesischen und Deutschen.* Habilschrift, Univ. Düsseldorf (publiz. 1988. Tübingen)
Yu, S.T (1992): *Unterspezifikation in der Phonologie des Deutschen.* Tübingen

Spezifische Konstruktionen mit pronominalen Klitika im Balkanslavischen[0]

Ivanka P. Schick, Leipzig

1. In neueren bulgaristisch und balkanologisch orientierten Publikationen wird vielfach darauf verwiesen, daß topikale, spezifisch referierende Argumente in Sätzen und satzartigen Modifikatoren (CPs) durch akkusativische sowie dativische klitische Formen der Personalpronomina vertreten bzw. dupliziert werden.[1] Ein Vergleich der Ausdrücke in (1) mit (2) - (4) zeigt, daß diese Funktionen in Substantivgruppen (DPs) dem dativischen Klitikum vorbehalten sind (s. Schick 1994, 1996, 1997; Schick & Zimmermann 1995, 1997):

(1a) [[[*kola*] [*ta*] [*mu*]]]   (*na Ivo*)
     Auto die kl-dat-3sg-m/n Präp Ivo
     'das Auto von Ivo'
(1b) [[[*nova*] [*ta*]] [*mu*]]   *kola*   (*na Ivo*)
     neu   die   kl-dat-3sg-m/n   Auto Präp Ivo
     'das neue Auto von Ivo'
(1c) [[*onazi*] [*mu*]   [*kola*]] (*na Ivo*)
     jene   kl-dat-3sg-m/n   Auto   Präp Ivo
     'jenes Auto von Ivo'
(2a) *RADA* *(*mu*   *ja*)   dade   kolata   na   nego.
     Rada kl-dat-3sg-m/n kl-akk-3sg-f gab kola-die Präp ihn
     'RADA gab ihm das Auto.'
(2b) *Na Ivo* *(*mu*   *go*)   *DADOH* *pismoto*.
     Präp Ivo kl-dat-3sg-m/n kl-akk-3sg-f gab-ich Brief-das
     'Ich GAB Ivo den Brief.'
(3a) *Na Ivo / nego* *(*mu*)   e   studeno. / *Studeno* *(*mu*) *e* (*na Ivo*)
     Präp Ivo / ihn kl-dat-3sg-m/n ist kalt
     '(Dem) Ivo / Ihm ist kalt.'
(3b) *Njama*   *(*go*)   *mosta*.   / *Mosta* *(*go*) *njama*.
     Es gibt nicht kl-akk-3sg-m/n Brücke-der
     'Die Brücke gibt es nicht (mehr).'
 (4) *Ivo* *(*go*)   *ceni   Rada*. (≠ *Ivo ceni Rada*.)
     Ivo   kl-akk-3sg-m/n schätzt Rada
     'Rada schätzt Ivo. (≠ Ivo schätzt Rada.)'

Ich gehe der Frage nach, durch WELCHE Eigenschaften der klitischen Pronomina die Strukturierung der oben angeführten Konstruktionen des modernen Bulgarischen determiniert wird. Besonders aufschlußreich hierfür erweisen sich die Fälle mit obligatorischem Gebrauch der prononominalen Klitika in (2) - (4), die im Mittelpunkt dieser Ausführungen stehen. In die nachfolgenden Überlegungen zur Duplizierung als Phänomen der systematischen Interaktion klitischer Pronomina mit der Informationsstrukturierung bulgarischer Ausdrücke wird ferner die überwiegend umgangssprachlich anzutreffende Auslaßbarkeit der desemantisierten Präposition *na* in CPs einbezogen, die weitere Argumente für die Annahmen in bezug auf die Charakteristika dieser lexikalischen Einheiten liefert - vgl. (5a-b) mit (5c):

(5a) (*Na*) *Ivo / nego* *(*mu*)   *e*   *toplo*. / *Toplo* *(*mu*) *e* (*na*)
Präp Ivo / ihn   kl-dat-3sg-m/n ist   warm
Ivo / nego.
'(Dem) Ivo / Ihm ist warm.'
(5b) (*Na*) *vas*   *RODITELITE* *(*vi*)   *pomagat.*
Präp euch   Eltern-die   kl-dat-2pl helfen-sie
'Die ELTERN helfen euch.

Die Analyse der Konstruktionen mit duplizierenden Klitika erfolgt gegebenenfalls kontrastiv zum Mazedonischen, das als eng verwandter Vertreter der Slavia im Balkan-Sprachareal interessante typologische Aspekte zutage treten läßt.

2. Die Untersuchung des Vorkommens pronominaler Klitika und somit des Phänomens der Duplizierung wird hier im Rahmen der Grammatiktheorie Chomskyscher Prägung (Chomsky 1995) aus der Sicht minimalistischer Vorstellungen zur Rolle der Syntax und des Lexikons (Bierwisch 1996) vorgenommen und in Verbindung mit den prosodischen, morphosyntaktischen, semantischen und informationsstrukturellen Charakteristika dieser lexikalischen Einheiten erörtert. Entsprechend dem im Schema 1 skizzierten Modell der Laut-Bedeutungs-Zuordnung nimmt das Lexikon in der Korrelierung zwischen der Phonetischen Form (**PF**) und der Semantischen Form (**SF**) eine Schlüsselstellung ein, da es relevante Informationen bereitstellt. Die Operationen MOVE and MERGE dienen der morphosyntaktischen Strukturierung und kommen daher in beiden Richtungen - zur PF hin und zur SF hin - zur Geltung. Während die Oberflächenstrukturgestaltung beim Übergang der morphosyntaktischen Strukturierung zur PF erfolgt, repräsentiert die SF die GRAMMATISCH determinierte Bedeutung sprachlicher Ausdrücke (Bierwisch 1982, 1986, 1988, 1989, 1996):

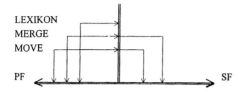

Schema 1:

Zur Regelung von Kongruenzverhältnissen wird der Unifizierungsmechanismus morphosyntaktischer Charakterisierungen betreffender Struktureinheiten vorausgesetzt (Wunderlich 1992; Wunderlich & Fabri 1995).

3. Gemäß dem Minimalistischen Konzept über die lexikalischen Informationen enthält das Lexikon alle idiosynkratischen Eigenschaften der gegebenen lexikalischen Einheiten in Form komplexer und nach den Prinzipien der Universalgrammatik organisierter Datenstrukturen. Da lexikalische Einträge sowohl den spezifischen Beitrag der konkreten lexikalischen Einheit zur PF und SF als auch ihre grammatisch determinierte Fähigkeit zur Komplexbildung fixieren, sind sie grundsätzlich auf die gleiche Art wie komplexe Ausdrücke strukturiert. Sie lassen sich als Programme auffassen, welche die lokalen Bedingungen der kombinatorischen Prozesse determinieren (Bierwisch 1996).

Der Gebrauch klitischer Pronomina unterliegt generellen Prinzipien der Sättigung von Argumentstellen lexikalischer Köpfe, der Bindung referentieller Argumente, der Verknüpfung zwischen Modifikand und Modifikandum sowie der Informationsstrukturierung sprachlicher Ausdrücke. Unter Beachtung der weitestgehend parallelen Strukturierung von DPs und CPs werden in (6) am Beispiel des dativischen Klitikums *mu* (3. Person Singular (sg), m(askulinum) / n(eutrum)) die Annahmen zur Repräsentation der duplizierenden klitischen Pronomina aufgezeichnet (Schick & Zimmermann 1995; Schick 1996):

(6) /*mu*/, [[ ]$_p$ _]$_p$ v [_ [ ]$_p$]$_p$
  +D -V+N +MAX +definit +spezifisch +topik +regiert +oblique γn
  x ε ||O||

Nach der auf der ersten Zeile in (6) angedeuteten Phonetischen Form und der prosodischen Anlehnungsbedürftigkeit (Inkelas 1990) von *mu* folgen auf der zweiten Zeile die kategorielle Chrakterisierung des Klitikums als D-Kopf einer DP sowie syntaktische und morphologische Angaben, die es als eine syntaktisch nicht projektionsfähige [+MAX], morphologisch nicht analysierbare [+max] (Muysken 1982) sowie definite und spezifisch referierende Einheit zur TOPIK-

Kennzeichnung ausweisen. Auf diese Eigenschaften und auf die kasusspezifizierenden Merkmale [αregiert] und [βoblique] komme ich in 5.3. zurück. Die Bedeutungscharakterisierung in der dritten Zeile ordnet die anaphorischen pronominalen Klitika als referentielle Einheiten den Individuenvariablen zu.

4. Klitische Pronomina treten im Bulgarischen als selbständig referierende Ausdrücke für die erste und zweite Person und anstelle von Eigennamen und DPs mit deskriptivem Gehalt auf. Ihre Bevorzugung gegenüber den Vollformen der Pronomina wird in der Bulgaristik in Verbindung mit dem Ökonomieprinzip diskutiert, das Cardinaletti & Starke (1995) treffend als **Vermeide Struktur!** (minimize structure!) ausformulieren. Pronominale Klitika stellen tatsächlich defiziente Struktureinheiten mit stark eingeschränkten Konstruktionseigenschaften dar, worauf ihre prosodische Unselbständigkeit und v.a. ihr syntaktisches Verhalten zurückzuführen sind (Zwicky 1977).

4.1. Besonderheiten des Vorkommens klitischer Pronomina heben sich zunächst deutlich anhand ihrer komplementären Distribution zu den entsprechenden pronominalen Vollformen ab: Derartige Klitika gehen weder untereinander noch zusammen mit den Vollformen oder Substantiven koordinative Verknüpfungen ein:

(7a) *Vjarvate* **mi** *i* **im* / **na tjah* / **na Ivanovi.*
glaubt-ihr kl-dat-1sg und kl-dat-3pl/ Präp ihnen /Präp Ivanovi
'Ihr glaubt mir und ihnen / Ivanovi.'

(7b) *knigite* **mu** *i* **im* / **tehnite* / **na Ivanovi*
Bücher-die kl-dat-3sg-m/n und kl-dat-3pl / ihre / Präp Ivanovi
'seine und ihre / Ivanovis Bücher'

Die für koordinative Verbindungen zu wahrende Gleichartigkeitsbedingung legt auch in Beispielen wie (7) - (9) nahe, daß klitische Pronomina und die mit ihnen korrespondierenden Vollformen unterschiedlichen Status aufweisen (vgl. 4.3., 5.1, 6.). Für pronominale Klitika gilt, daß sie als nicht fokussierbare Einheiten keine kontrastive Verwendung haben. Der Begriff FOKUS wird hier nicht als NEUE INFORMATION, sondern als Instantiierung einer Alternative aus der Menge anderer pragmatisch determinierter potentieller Möglichkeiten verstanden (Krifka 1991/92). Dabei wirkt der KONTRASTIVE FOKUS als ein FOCUS-AS-EXHAUSTIVENESS-Operator, der eine Konstituente hervorhebt. Nach ihrer Kontrastierung mit anderen Alternativen werden die letzteren eliminiert. In solchen Fällen können klitische Pronomina im Gegensatz zu den pronominalen Vollformen durch die als ne_2 bezeichnete partielle Negation nicht erfaßt werden, während die Satznegation ne_1 den Gebrauch der Klitika nicht beeinträchtigt:

(8a) *Ne₁ vi prečat.*   vgl. *Ne₂ na VAS prečat,*
     nicht kl-dat-2pl stören-sie nicht Präp euch stören-sie
     a(mi) ....
     sondern ...
     'Sie stören euch nicht.' vgl. 'Nicht EUCH stören sie, (sondern ...)'
(8b) **ne₂ KNIGATA MI,   a(mi)   TI /   *TVOJATA* vgl.
     nicht Buch-die kl-dat-1sg sondern kl-dat-2sg deine-die
     ne MOJATA kniga, ami   TVOJATA
     nicht meine-die Buch sondern deine-die
     'nicht MEIN Buch, sondern DEINS'
(9a) **Pomaga VI,   a ne Ì /   *na NEJA* vgl.
     hilft-er kl-dat-2pl und nicht kl-dat-3sg-f Präp ihr
     Pomaga na VAS, a ne na NEJA.
     hilft-er Präp euch und nicht Präp ihr
     'Er hilft EUCH und nicht IHR.'
(9b) **knigata MU,   a ne TI /   *TVOJATA*
     Buch-die kl-dat-3sg-m/n und nicht kl-dat-2sg sein-die
     'SEIN Buch, nicht DEINS'

Der an den Daten zum KONTRASTIVEN FOKUS demonstrierte grammatisch manifeste Charakter der Interaktion zwischen den referentiellen Eigenschaften einer Nominalphrase und den als Operatoren figurierenden Modifikatoren trifft auch auf Partikeln wie *samo* 'nur' oder auf die als Standardkennzeichen für Fokus anzusehene Fragepartikel (Q-Part) *li* zu, die auf klitische Pronomina ebenso nicht beziehbar ist - s. (10) und (11). In dem Ausdruck mit *li* kommt zusätzlich die rigide und durch grundlegende Regularitäten der Strukturierung bulgarischer Ausdrücke determinierte Einordnung verschiedenartiger Klitika innerhalb von Klitika-Ketten zum Vorschein:

(10) **Ivo ti   li   kaza ...?* vgl. *IVO li   ti*
     Ivo kl-dat-2sg Q-part sagte-er Ivo Q-part kl-dat-2sg
     kaza ...? ≠
     sagte-er
     Ivo na TEBE li   kaza ...?
     Ivo Präp dich Q-Part sagte-er
     'Hat IVO dir gesagt ...?' ≠ 'Hat DIR Ivo gesagt ...?'
(11) *[Kăštata im] li   gori? ≠ TJAHNATA li*
     Haus-die kl-dat-3pl Q-Part brennt   ihr   Q-part
     kăšta   gori?
     Haus   brennt
     'Brennt ihr Haus?' ≠ 'Brennt IHR Haus?'

Die Unfähigkeit pronominaler Klitika, den Informationsschwerpunkt zu tragen, hat auch zur Folge, daß ihr Vorkommen in isolierter Stellung nicht akzeptabel ist:

(12) *Na   KOGO pomagaš? - *MU.*   vgl. *- Na*
    Präp wen   hilfst-Du? - kl-dat-3sg-m/n   Präp
    NEGO. / Na   IVO.
    ihn /   Präp Ivo
    'WEM hilfst du? - IHM. / IVO.'

Der nachfolgende Test weist ferner die Abhängigkeit der Distribution klitischer Pronomina vom Zusammenspiel ihrer referentiellen Charakteristika mit den vorausgesetzten Informationen der sie enthaltenden Ausdrücke nach: Der Auflistung der Fragen, die mit Bezug auf Satz (13) zulässig erscheinen, ist zu entnehmen, daß die erforderliche Korrelation zwischen der fokussierten Einheit und den dazu gehörigen Voraussetzungen gewahrt bleiben muß. Der FOKUS der Antwort darf nicht am HINTERGRUND der Frage partizipieren, um Fragen, die mit (13) keine Frage-Antwort-Kongruenz aufweisen, wie diese in (13'b), auszuschließen - vgl. (13) mit (13'a) und (13'b):

(13) *Ivo go   napisa   pismoto.*
    Ivo kl-akk-3sg-m/n hat geschrieben Brief-das
    'Ivo hat den Brief geschrieben.'
(13'a) Was passierte mit dem Brief? / Was hat Ivo mit dem Brief gemacht? / Wer hat den Brief geschrieben?
(13'b) # Was gibt es Neues? / # Was geschah? / # Was hat Ivo geschrieben?

Die Tatsache, daß alle in (13') angeführten Fragen im Mazedonischen jedoch erlaubt sind, macht einen wichtigen Unterschied gegenüber der Verwendung pronominaler Klitika im Bulgarischen aus, der in Verbindung mit ihrer in duplizierten Konstruktionen gut sichtbaren referentiell-semantischen Diskurs gebundenen Funktion zur Geltung kommt (s. 4.3.).

Weitere Differenzen zeichnen sich hinsichtlich der Linksversetzung klitischer Pronomina ab. Während diese Bewegung die Wohlgeformtheit des bulgarischen Satzes verletzt, kann das pronominale Klitikum im Mazedonischen auch in satzinitialer Position erscheinen - vgl. (14) mit (21c):

(14) **Mi   pomaga Rada.*
    kl-dat-1sg hilft-sie Rada
    'Rada hilft mir.'

Hervorhebenswert ist nicht zuletzt die Tatsache, daß klitische Pronomina im Balkanslavischen i.d.R. nicht als Komplemente von Präpositionen figurieren können:

(15) *Rabotja   s   *go.*   vgl. *Rabotja   s   nego.*
    arbeite-ich mit kl-akk-3sg-m/n   arbeite-ich mit ihn
    'Ich arbeite mit ihm.'

4.2. Als eine Grundbedingung für den Gebrauch pronominaler Klitika wird in der Bulgaristik das Vorhandensein SPEZIFISCHER Referenten im Sinne von "hinreichend individualisierten" und "durch den Sprecher zu identifizierenden Objekten" erachtet (Ivancev 1957/1978; Nicolova 1986; Pencev 1993; Angelova 1994; Schick 1994). Die Formen für die erste und zweite Person entsprechen stets dieser Bedingung. Sie muß aber auch dann erfüllt werden, wenn pronominale Klitika der dritten Person eine DP vertreten oder duplizieren. Ich teile die Ansicht, daß der Begriff SPEZIFIZITÄT referentielle Eigenschaften des internen Aufbaus von Nominalphrasen und Sätzen betrifft. Er setzt eine kontextgebundene Auswahl bei der Identifizierung eines bestimmten Referenten in der Weise voraus, daß NICHTSPEZIFISCHE DPs nicht dupliziert werden können.

Definite DPs gelten i.d.R. als spezifisch (Donnellan 1966).

Im Bulgarischen werden außerdem SPEZIFISCHE und NICHTSPEZIFISCHE indefinite DPs differenziert. Als diagnostisch für SPEZIFIZITÄT betrachte ich den unbestimmten Artikel *edin* 'ein', der eine vorausgesetzte (engl. *presuppositional*) und eine nicht vorausgesetzte Lesart hat, s. (16) - (18),[2] während phonologische Leere in der D-Position - abgesehen von beispielsweise generisch referierenden oder z.B. Numerale enthaltenden DPs wie (25) bzw. (29) - NICHTSPEZIFISCHE Referenz signalisiert (Longobardi 1994; Pencev 1993). Bei fehlender Übereinstimmung mit der duplizierten DP, zu der auch das zu D gehörende Merkmal für SPEZIFIZITÄT zählt, entstehen unkorrekte Ausdrücke:

(16) *Rada (go)*   *tărsi pismoto / edno pismo / *pismo.*
Rada kl-akk-3sg-m/n sucht Brief-das ein Brief Brief
'Rada sucht den Brief / einen Brief / *Brief.'
(17) *Rada (mu)*   *pomaga na deteto / edno dete / *dete.*
Rada kl-dat-3sg-m/n hilft Präp Kind-das ein Kind Kind
'Rada hilft dem Kind / einem (gewissen) Kind / *Kind.'
(18) *Nova*(ta) (mu)*   *kola na săseda / edin*
Neu-die kl-dat-3sg-m/n Auto Präp Nachbar-der ein
săsed / *săsed
Nachbar / Nachbar
'Das neue Auto des Nachbarn / eines Nachbarn / *Nachbar'

In (18) kommt für die das klitische Pronomen enthaltende DP der sog. DEFINITHEITSEFFEKT als eine weitere Strukturbedingung für pronominale Klitika zur Geltung, wonach indefinite Ausdrücke auszuschließen sind. Gleichzeitig wird deutlich, daß das dativische Klitikum in der Nominalphrase der balkanslavischen Sprachen regulär die zweite, die sog. Wackernagel-Position einnimmt.

Analog zu den duplizierten Ausdrücken mit einem indefiniten Artikel erhalten auch die durch ein klitisches Pronomen ergänzten Interrogativ-, Indefinit-, Negativpronomina und quantifizierten DPs die SPEZIFISCHE Lesart - s. (19), (20) und (29):

(19) *Malkite*   (*i*)   na   koja /   njakoja /   nikoja   kotka
    Kleine-die   kl-dat-3sg-f Präp welche   irgendeine   keine   Katze
    'die Kleinen welcher / irgendeiner / keiner Katze'
(20a) *Kogo*   (*go*)   *očakva*   *Rada*?[3]
    wen   kl-akk-3Sg-m/n erwartet-3sg Rada
    'Wen erwartet Rada?'
(20b) *Na   kogo*   (*mu*)   *pomaga Rada?*
    Präp wen   kl-dat-3Sg-m/n hift-3sg Rada
    'Wem hilft Rada?'

Die oben angeführten Beispiele stellen deutlich den Zusammenhang der duplizierenden Klitika mit der Spezifizität und dem Argumentstatus ihrer Referenten heraus (vgl. Anm. 3). Die nähere Analyse weist jedoch eine wesentliche Eigenschaft dieser lexikalischen Einheiten im modernen Bulgarischen aus: Ihr Einsatz signalisiert konsistent die Eröffnung einer neuen Interpretationsperspektive, wonach die SPEZIFISCH referierende Nominalphrase diskursgebunden als GEGEBEN vorausgesetzt und als [+topik] interpretiert wird (Krifka 1991/92; Jäger 1995). Anhand des Vergleichs mit den mazedonischen Daten zum duplizierenden Klitikum gehe ich im nächsten Abschnitt auf diese Annahme näher ein.

4.3. Bei der Markierung referentieller Charakteristika von Nominalphrasen differieren die balkanslavischen Sprachen hinsichtlich der Duplizierung primär darin, daß dieses Phänomen in der mazedonischen Schriftsprache alle semantisch definiten Objektphrasen abdeckt, ungeachtet dessen, ob diese topikal sind. Daher ist das duplizierende Klitikum in Sätzen wie in (21) nicht wegläßbar:

(21a) *Rada* *(go)*   *bara* ***Ivo***.   Maz.
    Rada kl-akk-3sg-m/n sucht Ivo
    'Rada sucht Ivo.'
(21b) *Rada* *(mu)*   *pomaga na   deteto*.   Maz.
    Rada kl-dat-3sg-m/n hilft   Präp Kind-das
    'Rada hilft dem Kind.'
(21c) *(Mu   go)*   *dadov pismoto* ***nemu***.   Maz.
    kl-dat-3sg-m/n kl-akk-3sg-m/n gab-ich Brief-das ihm
    'Ich gab ihm den Brief.'

Dagegen steht das duplizierende anaphorische Klitikum im Bulgarischen in systematischer Interaktion mit der Informationsstrukturierung des Ausdrucks: In der unmarkierten Wortstellung (SVO) repräsentiert die Objektphrase in (22a) und (23a) beim fehlenden klitischen Pronomen den FOKUS. Dies gilt ebenso für die Fälle mit inverser (OSV- oder OVS-)Wortfolge, in denen die fokussierte Objektphrase prosodisch signalisiert wird. In diesem Sinne demonstrieren auch die

Sätze in (22b) und (23b), daß Objektphrasen, welche durch die unmittelbar postponierte und als FOKUSlizensierender Operator figurierende Fragepartikel *li* der FOKUS-Domäne zugeordnet werden, mit dem klitischen Pronomen unverträglich sind. Entsprechend diesem FOKUS-Effekt kann die klitische Duplizierung der Objektphrase immer dann als obligatorisch betrachtet werden, wenn die Subjektphrase, das Verb oder gegebenenfalls eine Adverbialbestimmung fokal sind - s. (22c), (23c) sowie (2) und (5c):

(22a) *Ivo *go   napisa PISMOTO. / PISMOTO *go napisa*
Ivo kl-akk-3sg-m/n schrieb Brief-das
Ivo.
'Ivo schrieb den BRIEF.'
(22b) *PISMOTO li   *go   napisa Ivo?*
Brief-das Q-Part kl-akk-3sg-m/n schrieb Ivo
'Schrieb Ivo den BRIEF?'
(22c) *IVO go napisa pismoto. / Pismoto IVO go napisa;*
Ivo go NAPISA pismoto.
'IVO schrieb den Brief. / Ivo SCHRIEB den Brief.'
(23a) *Rada *mu   pomaga na   IVO. / Pomaga *mu Rada na*
Rada kl-dat-3sg-m/n hilft   Präp Ivo
IVO.
'Rada hilft IVO.'
(23b) *Na   IVO li   ??mu   pomaga Rada?*
Präp Ivo Q-Part kl-dat-3sg-m/n hilft   Rada
'Hilft Rada IVO?'
(23c) *RADA mu pomaga na Ivo. / Pomaga mu RADA na Ivo. / Na Ivo*
mu pomaga RADA;
Rada mu POMAGA na Ivo. / POMAGA mu Rada na Ivo.
'RADA hilft / Rada HILFT Ivo.'

Die mazedonischen Ausdrücke in (21), (22') und (23') bestätigen, daß klitische Pronomina bei der obligatorischen Duplizierung definiter Objektphrasen nicht als TOPIK-Marker figurieren können, sondern ähnlich wie die Wiederholung des definiten Artikels in der internen DP-Struktur im Griechischen konsequent als eine Art grammatikalisierte tautologische Unterstreichung der referentiellen Definitheit von Objektphrasen gebraucht werden (vgl. auch Koneski 1966; Anderson 1993; Dimitrova-Vulchanova 1995b):

(22a') *Ivo go napisa PISMOTO. / PISMOTO Ivo go napisa.*   Maz.
(22b') *PISMOTO li go napisa Ivo?*   Maz.
(22c') *IVO go napisa pismoto. / Pismoto IVO go napisa;*   Maz.
Ivo go NAPISA pismoto. / NAPISA go Ivo pismoto.
(23a') *Rada mu pomaga na IVO. / Na IVO Rada mu pomaga.*   Maz.
(23b') *Na IVO li mu pomaga Rada?*   Maz.

(23c') *RADA mu pomaga na Ivo. / Na Ivo mu pomaga RADA. /*
Pomaga mu RADA na Ivo;
Rada mu POMAGA na Ivo. / POMAGA mu Rada na Ivo. Maz.

Da das klitische Pronomen im Bulgarischen ungleich dem Mazedonischen nicht alle definiten Objektphrasen, sondern i.d.R. nur jene von ihnen, die topikal sind, dupliziert, weist dieses GEGEBENES bezeichnende Klitikum das Merkmal [+topik] zurecht auf und repräsentiert ein Mittel, dessen Gebrauch nur im Bulgarischen konsequent mit der Anzeige der informationsstrukturellen Gliederung verbunden ist.

Was die Duplizierung innerhalb der DP-Strukturen angeht, so hat diese im Bulgarischen einen durch die allgemeine nicht homogene PERTINENZRELATION sehr breit abgesteckten Rahmen, s. (44), der im Mazedonischen durch die Einschränkungen auf Personen- und Verwandtschaftsbezeichnungen deutlich eingeengter ist.

Im Balkanslavischen sind neben Differenzen auch weitreichende Gemeinsamkeiten in Komplement-Konstruktionen mit Interrogativpronomina wie in (20) oder mit indefinitem Artikel wie in (16) und (17) festzustellen, in denen die Duplizierung optional ist. Diese Fälle wiederum lassen sich als determiniert durch die Interaktion der Duplizierung und der informationsstrukturellen Satzgestaltung betrachten, an der aspektuelle Eigenschaften der VP und der in der direkten Objektphrase ausgewiesenen Determinatoren beteiligt sind. Festzuhalten ist, daß die Duplizierung als Instrumentarium zur Markierung der Informationsstruktur jedoch nur im Bulgarischen neben der tiefer eingebetteten direkten Objektphrase gleichermaßen (und systematisch) auch die ranghöhere indirekte Komplementphrase erfaßt. Diesbezüglich zeigt sich die tiefer liegende direkte Komplementphrase SENSITIVER, da sie einen diskursgebundenen SPEZIFISCHEN oder einen NICHTSPEZIFISCHEN Referenten haben kann, während das indirekte Komplement durch die Vorgaben der regierenden Prädikate der SPEZIFIZITÄTSFORDERUNG stets entspricht - vgl. die Daten in (17) mit denen in Anm. 2.

5.1. Weitere balkanslavische Übereinstimmungen sind den CP-Ausdrücken mit nicht auslaßbarem pronominalen Klitikum wie (3) oder (24) und (25) zu entnehmen:

(24) *(Na) kogo / njakogo / nikogo   ne   *(mu)*
     Präp wen   jemanden niemanden nicht kl-dat-3sg-m/n
     se   spi.
     kl-akk-refl schlafen-er
     'Wer / Jemand möchte nicht schlafen. / Niemand möchte schlafen.'

(25) *(Na) čovek(a)*   **(mu)*   *stiga   edna dobra duma.*
    Präp Mensch-(der)   kl-dat-3sg-m/neu genügt eine gute Wort
    'Dem Menschen genügt ein gutes Wort.'

In derartigen CPs tritt das klitische Pronomen in Konstellationen mit Prädikaten des physischen und psychischen Zustandes auf, welche in ihrer Subjektposition ein semantisch leeres Argument haben. Für den Zustandsträger weisen diese Klitika eine echte akkusativische oder dativische Objektposition auf, welche einer unechten Subjektposition untergeordnet ist. In diesen Fällen stellt das duplizierende Klitikum - im Gegensatz zur duplizierten DP - eine obligatorische Komponente dar. Die Nichtweglaßbarkeit des klitischen Pronomens in derartigen unpersönlichen Sätzen ist durch Besonderheiten ihrer internen Struktur konfigurationell bedingt (Pittner 1994), da nur dieses Klitikum folgende grundlegende Informationen der betrachteten Ausdrücke kodieren kann: Als inhärenter Träger des STRUKTURELLEN und des MORPHOLOGISCHEN KASUS sättigt das klitische Pronomen die Argumentstruktur des Satzes. Es zeigt das strukturell tiefste als das eigentliche und einzige echte Argument der defizienten Konstruktion mit einer semantisch leeren, aber ranghöheren Subjektposition an. Als primär stellt sich ferner das Faktum dar, daß der EXPERIENCER stets als GEGEBEN vorausgesetzt wird. Das ist der Grund, warum nicht die gegebenenfalls kasusmarkierte Vollform des Pronomens, sondern nur die zugleich als topikal chrakterisierte anaphorische klitische [+D]-Einheit, da sie den Referenten als GEGEBEN signalisiert, präsent sein muß (Schick 1994, 1996).

5.2. Angesichts der nicht gänzlich konfigurationalisierten Wortfolge im Balkanslavischen skizziere ich kurz eine weitere Gruppe sprachlicher Ausdrücke, in denen die Obligatheit pronominaler Klitika ebenfalls durch ihre die Theta-Rolle kennzeichnende Funktion als inhärenter KASUS-Träger und zugleich als TOPIK-Marker determiniert ist. Bei einer Linksversetzung der duplizierenden (*na*)-Phrase in Objektposition läßt die Konstituentenabfolge in (26) und (27) allein keine korrekte Identifizierung des internen Arguments zu. Aus diesem Grund ist es notwendig, die DP in der Position des internen Arguments durch das anaphorische kasushaltige klitische Pronomen zu duplizieren:

(26) *Ivo *(go)*   *očakva   Rada.* (≠ *Ivo očakva Rada.*)
    Ivo kl-akk-3sg-m/n erwartet Rada
    'Rada erwartet Ivo. (≠ Ivo erwartet Rada.)'
(27) *Edna žena *(ja)*   *risuva   edin hudožnik.*
    eine Frau kl-akk-3sg-f zeichnet ein Künstler
    'Ein Künstler zeichnet eine Frau. (≠ Eine Frau zeichnet einen Künstler.)'

(28) *Edna kruša / Krušata *(ja)* risuva edno dete /*
eine Birne / Birne-die kl-akk-3sg-f zeichnet ein Kind /
deteto.
Kind-das
'Ein Kind zeichnet eine Birne.'

(29) *Dve(te) knigi ??(gi) četes cjal mesec.*
Zwei(-die) Bücher kl-akk-3pl liest-du ganzer Monat
'(Die) Zwei Bücher liest du einen ganzen Monat.'

Bei der Analyse von Ausdrücken mit pronominalen Klitika kommt deutlich das von Bierwisch (1996a) formulierte Konzept über die Vorgaben der Universalgrammatik zum Aufbau und Inhalt der Informationen lexikalischer Einheiten zur Geltung. In Form von Grundeinheiten enthält das Lexikon die idiosynkratischen Informationen, welche die kontingenten Eigenschaften der gegebenen Sprache redundanzfrei darstellen. Das betrifft die Auswahl und die Rangfolge der Argumentstellen ebenso wie die mit ihnen verknüpften morphologischen und syntaktischen Bedingungen. Durch die im Lexikoneintrag verankerten und mit den Argumentstellen der Prädikate assoziierten morphologischen Kasusspezifizierungen sowie durch die semantisch und diskurspragmatisch bedingten referentiellen und informationsstrukturellen Charakteristika findet die erforderliche Vervollständigung der Informationen der Argumentstruktur der Prädikate statt.

5.3. Schema 2 gibt Auskunft über die Werteverteilung der kasusspezifizierenden Merkmale [αregiert] und [βoblique], die zur Kasusunterscheidung der DPs im Balkanslavischen geeignet erscheinen (Bierwisch 1967, 1996 für das Deutsche):

	regiert	oblique
Nominativ	-	-
Akkusativ	+	-
Dativ	+	+

Schema 2:

Im Zuge des Abbaus der MORPHOLOGISCHEN KASUS wird der Dativ durch die analytische Umschreibung mit der Präposition *na* ersetzt, wonach die Wiedergabe von *nemu* 'ihm' z.B. durch *na + nego* erfolgt. Da alle Präpositionen den Akkusativ regieren, ist die Form *na nego* als [+regiert+oblique] anzusehen. Diese Charakterisierung wird durch das Formativ *na* in die als [-oblique] gekennzeichnete DP wie in (30) eingebracht:

(30a) [$_{DP}$ *na* [$_{DP}$ *nego*]]
      +regiert +regiert
      +oblique -oblique
(30b) [$_{DP}$ *na* [$_{DP}$ *Ivo*]]
      +regiert -oblique
      +oblique

5.4.1. Zur Sicherung der erforderlichen Kongruenz zwischen der *na*-Phrase und dem sie duplizierenden dativischen Klitikum ist eine Unterscheidung zwischen der bedeutungstragenden lokalen Präposition *na* und dem grammatikalisierten phrasalen Affix *na* als Marker für Kasusdifferenzierungen unbedingt erforderlich. Diese wird im Lexikoneintrag (31) verdeutlicht (s. Bierwisch 1988, 1996):

(31) /na/, [_ [ ]$_p$]$_p$
     (-V-N+MIN)$_\alpha$ (+regiert +oblique)$_{-\alpha}$
     (λy λx [x LOC [AUF y]])$_\alpha$

5.4.2. Die Auslaßbarkeit des phrasalen Affixes *na* in CPs mit duplizierter Objektphrase wie in (5b), (5c), (24) und (25) stellt die Eliminierung redundanter idiosynkratisch festgelegter Kasusinformationen dar. Vom Standpunkt der Informationsstrukturierung des Satzes aus ist wesentlich, daß der Wegfall des phrasalen Affixes *na* grundsätzlich auf topikale *na*-Phrasen beschränkt ist.

6. Aus der in (1) - (5) sowie in 4.1. illustrierten Distribution pronominaler Klitika des Balkanslavischen in CPs und DPs sowie aus der Unkorrektheit der Ausdrücke wie (32) geht hervor, daß klitische Pronomina regulär in den erweiterten Substantiv- und Verbprojektionen relativ weiter links im Verhältnis zu den übrigen Konstituenten der gegebenen Konstruktionen figurieren (Pašov 1978, Rivero 1994, Dimitrova-Vulchanova 1995, Rudin 1996). Als charakteristisch dafür sind außerdem Fälle wie (33) zu betrachten, in denen zwischen die klitischen Pronomina und die Basisposition des Verbs weitere Phrasen (darunter auch einige FOKUSsensitive Skopus-Partikeln) treten können:

(32) **Roditelite pomagat **vi**   na   vas.*
     Eltern-die helfen-sie kl-dat-2pl Präp euch
     'Die Eltern helfen euch.'
(33) *Edna **mu**   s   bilki   ranata   vărže.*
     Eine kl-dat-3sg-m/neu mit Kräuter Wunde-die verbindet-3sg
     'Eine (Fee) verbindet ihm die Wunde mit Kräutern.'

6.1. An dieser Stelle ist auf die zwischensprachlichen Unterschiede hinsichtlich der Basisposition der klitischen Pronomina hinzuweisen. Hellan & Platzack (1995) zeigen am Material der skandinavischen Sprachen, daß klitische Pronomina durchaus in kanonischen Basispositionen von DPs vorkommen können. In diesem Zusammenhang ist eine Eigenart der Distribution des balkanslavischen dativischen Klitikums hervorhebenswert, da es als Komplement einiger weniger Präpositionen wie bg. *vărhu*, mazed. *vrz* 'über', erscheint und dabei mit den regulären und trivialerweise fokussierbaren akkusativischen pronominalen Vollformen alterniert. Die lokale Auswirkung dieser Strukturbesonderheit wird im Lexikoneintrag solcher Präpositionen wie folgt aufgezeichnet:

(34) /*vărhu*/ , [_ [ ]$_p$]$_p$ v [[_]$_p$ [ ]]$_p$
-V-N+MIN
λy   λx [x LOC [ÜBER y]]
αoblique
-αbetont

6.2. In Anbetracht dessen, daß CPs und DPs erweiterte Projektionen (FP) von lexikalischen Projektionen (LP) mit einem Verb bzw. Substantiv als lexikalischem Kopf darstellen, können die Analyseergebnisse im allgemeinen Strukturschema (35) in der Weise festgehalten werden, daß die Charakterisierung der Position des pronominalen Klitikums in verschiedenen Syntagmentypen EINHEITLICH und entsprechend ihrem spezifischen semantischen und informationsstrukturellen Beitrag erfolgt. Sie steht im Einklang mit der tradierten Betrachtung bulgarischer pronominaler Klitika als TOPIKALE Einheiten steht:

(35) [... [$_{FP}$ (XP) [$_{F'}$ [$_F$ kl F] ... [$_{LP}$ ... L ...] ...]] ...]

In (35) wird angenommen, daß das klitische Pronomen als Adjunkt einer funktionalen Kategorie F basisgeneriert ist, dort seinen festen Platz hat und somit jenseits der lexikalischen Projektionen LP liegt. Die verschiedenen Konstellationen des Vorkommens pronominaler Klitika resultieren aus Bewegungen der übrigen Konstituenten. Die in der SpecF-Position angezeigte XP stellt eine durch das Klitikum duplizierte topikale und gegebenenfalls eine overt bewegte DP dar. Die explizite Diskursbindung durch das Klitikum und der TOPIK-Status der Argumentphrase sind für das Entstehen von duplizierenden Konstruktionen maßgeblich. Dabei wird das Klitikum durch die duplizierte Phrase expliziert. Die der SF zugrundeliegende Konfiguration (35) entsteht spätestens in LF.

6.2.1. Bei der Plazierung des dativischen Klitikums in DPs wird Adjazenz zu einem definiten Determinierer verlangt - vgl. (1) mit komplexeren Ausdrücken wie (36), in denen auch bei koordinativ verknüpften gleichrangigen Adjektivphrasen das Prinzip der Klitisierung mit Hilfe einer in (40a) skizzierten Operation zur Anwendung kommt:

(36a) *mnogo gordijat* **mu** *ot uspeha prijatel*
sehr stolzer-der kl-dat-3sg-m/n auf Erfolg-der Freund
na Ivo
Präp Ivo
'der auf den Erfolg sehr stolze Freund von Ivo'
(36b) *sitno napisanoto i sgănato(to)* **mu**
klein geschriebenes und zusammengefaltetes kl-dat-3sg-m/n
pismo / sitno napisanoto **mu** *i sgănato pismo*
Brief-der
'sein klein geschriebener und zusammengefalteter Brief'

In Übereinstimmung mit (35) wird in der DP-Basisstruktur (37) angenommen, daß das Klitikum als linkes Adjunkt von F oberhalb von NP in direkter Nachbarschaft zu D als dem funktionalen Kopf der DP plaziert ist. Die duplizierte *na*-Phrase figuriert als Tochterkonstituente von NP:[4]

(37) $[_{DP}$ D $([_{FP} [_F$ kl F $])$ $[_{NP} [_{N'} ... N ...$ $]$ $([_{DP}$ *na* DP $])$ ... $]]]$

Im Bulgarischen erfolgt im Unterschied zu den anderen Balkansprachen die Definitheitsmarkierung nicht tautologisch. Sie wird i.d.R. am lexikalischen Kopf der DP oder an der hierarchisch höchsten Phrase mit einem adjektivisch flektierenden Kopf durch das enklitische balkanslavische Formativ -t angezeigt, wobei D phonologisch leer bleibt - s. (1a) bzw. (1b). Das Merkmals [+definit] wird durch Adjunktion von N an D (Longobardi 1994) bzw. durch Anhebung der Adjektivphrase in die SpezD-Position (Gallmann 1996) lizensiert. In (38a) bzw. (39a) wird gezeigt, wie bei den aus der Bewegung der definit markierten Konstituenten entstandenen Konstellationen die für die Enklise des klitischen Pronomens erforderliche Adjazenz zu dem definiten Determinierer der betreffenden Phrase erlangt wird. In (38b) und (39b) liegt die Aufzeichnung der LF vor:

(38a) $[_{DP} [_D N_i [_D \emptyset]] [_{FP} [_F$ kl F $][_{NP} ... t_i ...]]]$
$[_{DP} [_D$ *kolata*$]_i [_D \emptyset] [_{FP} [_F [_D$ *mu*$] [_F \emptyset]] [_{NP} t_i [_{DP}$ *na Ivo*$]]]]$
(38b) $[_{DP} [_D \emptyset][_{FP} [_{DP}$ *na Ivo*$]_i [_{F'} [_F$ *mu*$] [_F \emptyset]] [_{NP}$ *kolata* $t_i]]]]$
(39a) $[_{DP}$ AP$_i [_{D'} [_D \emptyset] [_{FP} [_F$ kl F$][_{NP} t_i ... N ...]]]]$
$[_{DP} [_{AP}$ *novata*$]_i [_{D'} [_D \emptyset] [_{FP} [_F [_D$ *mu*$] [_F \emptyset]] [_{NP} t_i$ *kola* $[_{DP}$ *na Ivo*$]]]]]$
(39b) $[_{DP} [_D \emptyset][_{FP} [_{DP}$ *na Ivo*$]_i [_{F'} [_F$ *mu*$] [_F \emptyset]] [_{NP}$ *novata kola* $t_i]]]]$

Bei komplexeren Adjektiv- oder Partizipialphrasen wie (36) wird auf die nach SpecD angehobene Phrase und ihre Spur die PF-Operation (40a) angewandt (vgl. Wilder 1994), die durch eine komplementäre Elidierung von Formativketten das geforderte Adjazenzverhältnis in (40c) ermöglicht:

(40a) $[_{XP}$ Y X Z̵ $]_{i'}$ $[_{XP}$ Y̵ X Z $]_i$
(40b) [*grižlivo napisanoto na ruski*]$_{i'}$ [*grižlivo napisanoto na ruski*]$_i$

(40c) *grižlivo napisanoto **mu** na ruski pismo (na Ivo)*

Die Definitheit kommt semantisch bei der Bindung des referentiellen Arguments von N durch D-Einheiten erst in dem funktionalen Kopf D zum Tragen. Der definite Charakter eines Nomens, das in seiner morphologischen Struktur den in Form eines enklitischen Annexes -*t* auftretenden Definitheitsmarker von [+N]-Einheiten enthält, wird in den Konstellationen (38a) bzw. (39a) mit dem phonologisch leeren D lizensiert. Dabei weist -*t* keine eigene Bedeutung auf. Der Lexikoneintrag des definiten Artikels in (41) basiert darauf, daß das phonologisch leere D strukturelle Informationen zur Form, Bedeutung und Bestimmung des informationsstrukturellen Status der DP enthält (vgl. Grimshaw 1991, Schick & Zimmermann 1995,1997, Schick 1996,1997):

(41) Ø
+D -V+N +definit +spez αtopik -oblique +MIN
λP [ιx [Px]]

6.2.2. Während in DPs gemäß der Strukturschema in (37) von einer eingliedrigen Klitika-Kette mit prosodischer Anlehnung des dativischen Klitikums an einen definiten Wirt ausgegangen wird, s. (42), können CPs im Bulgarischen regionalspezifisch die Bildung einer dreigliedrigen Klitika-Kette mit der Abfolge in (43a) aufweisen. Dabei wird die Position der Possessor-*na*-Phrase durch ihren Bezug auf das direkte Objekt bestimmt:

(42a) +definit > DAT
(42b) *bednijat **mu** duhoven horizont (na Ivo)* /
arm-der kl-dat-3sg-m/n geistig Horizont Präp Ivo
duhovnijat **mu beden horizont (na Ivo)*
'der dürftige geistige Horizont (von Ivo) / *der geistige dürftige Horizont' (s. Bosque & Picallo 1996).
(43a) Neg ... > DAT_{io} > DAT_{poss} > AKK_{do} > ...
(43b) *Ana ne ti mu go e*
Ana nicht kl-dat-2sg kl-dat-3sg-m/n kl-dat-3sg-m/n aux-3sg
*dala (pismoto (**mu**) na Ivo).*
gegeben-sie Brief-das kl-dat-3sg-m/n Präp Ivo
'Anna hat ihn dir nicht gegeben (den Brief von Ivo).'

Die Ausdrücke (42b) und (43b) zeigen, daß die Konstituentenabfolge in DPs und CPs durch die Hierarchie der Argumente und die Einbettungstiefe der betreffenden Modifikatoren determiniert ist, wobei die semantische Struktur des lexikalischen Kopfes diese Hierarchie festlegt (vgl. Stiebels 1996).

6.2.3. Das vorliegende kompositionale Konzept der Laut-Bedeutungs-Zuordnung schließt bei der semantischen Interpretation auch die Anwendung von Templates ein. Damit ein nichtrelationales Nomen wie *Auto* in DPs mit einem dativischen

Klitikum analog zu den relationalen Nomina oder Adjektive (Grimshaw 1991) wie *Nachbar* bzw. *treu* handhabbar sein kann, erhält es neben seiner referentiellen Stelle eine weitere hinzu (Ortmann 1994). In (45b) wird die Anwendung der Operation zur Anreicherung der Argumentstruktur (44a) auf *kola* 'Auto' gezeigt (Schick & Zimmermann 1995, 1997):

(44a) $\lambda Q \quad \lambda x \; \lambda r \, [Q \, r] \, \& \, [x \, R \, r]$
 -V+N
 mit R PERTINENZRELATION
(44b) $\lambda x \; \lambda r \, [kola \, r] \, \& \, [x \, R \, r]$

7. Die Plazierung des klitischen Pronomens oberhalb der jeweiligen LP in einem speziellen funktionalen Strukturbereich F hat semantische Effekte, die auf dem informationsstrukturellen Status dieses Klitikums und der dasselbe explizierenden DP als Topik beruhen. Wie bereits erwähnt, sind unter TOPIKS die im jeweiligen Diskurs GEGEBENEN, als EXISTENT VORAUSGESETZTEN Entitäten zu verstehen. Im Sinne der Analyse von Jäger (1995) über den Zusammenhang von Scrambling, Topikalität und Präsupponiertheit definiter und bestimmter indefiniter DPs wird mit dem Lexikoneintrag der funktionalen Kategorie F in (45) die Charakterisierung pronominaler Klitika als [+topik] ergänzt. Da dieses Merkmal ähnlich wie die Merkmale [+w] oder [+fokus] fungiert und solche informationsstrukturelle Strategien aktiviert, bei denen das Vorkommen des bulgarischen duplizierenden Klitikums durch diskursgebundene Argumente determiniert ist, steht die Semantik der funktionalen Kategorie F im Vordergrund. Bei der Einnahme der SpecF-Position durch die duplizierte Phrase kommt die operationelle Bedeutung von F als TOPIKALISATOR, d.h. als Vermittler zwischen der lexikalischen Projektion der duplizierten DP und dem klitischen Pronomen, zum Tragen. Dabei soll das anaphorische pronominale Klitikum und gegebenenfalls die dasselbe explizierenden DP, die durch die zwei Argumentstellen von F - λx und λy - repräsentiert sind und in der Rolle eines TOPIKS gegenüber der übrigen semantischen Struktur der Konstruktion GEGEBENES gestellt werden, als semantisch miteinander identifizierte Entitäten gelten:

(45) Ø
 +topik
 $\lambda y \; \lambda P \; (\lambda x)_\alpha \; \lambda r \quad ([y = x] :) \, [P \, y \, r]$
 k k +definit
 k = +topikal +regiert ±oblique ±feminin ±neutrum ±pl ±1ps ±2ps

λP ist in DPs durch die NP-Bedeutung bzw. in CPs durch die VP-Bedeutung zu spezifizieren. Neben dem referentiellen Argument wird mit einem weiteren unspezifizierten Argument von N bzw. V gerechnet, das in der FP zur Geltung kommt. Das an der referentiellen Argumentstelle λr anknüpfende Definitheitsmerkmal schreibt fest, daß sie durch eine als [+definit] interpretierte Einheit zu besetzen ist. In der Argumentadresse k werden die erforderlichen Kongruenzmerkmale der koadressierten Argumentstellen λx und λy aufgelistet. Die Tatsache, daß die duplizierte *na*-Phrase in SpecF auch ohne eine overte Realisierung des Klitikums das TOPIK repräsentiert, wird durch die Wertefestlegung von 'α' ausgedrückt. Bei der Aktivierung der entsprechenden Strategie der Informationsstrukturierung muß das klitische Pronomen - bis auf einige Fälle - nicht notwendigerweise overt figurieren. In diesem Sinne wird hier die herkömmliche Auffassung über den nichtobligatorischen Charakter der Objektduplizierung im Bulgarischen modifiziert (s. auch Rudin 1997).

8. Durch die Analyse wesentlicher Eigenschaften der klitischen Pronomina im Balkanslavischen wurde dargelegt, daß die Markierung bestimmter Besonderheiten bei der Bildung komplexer Strukturen (DPs und CPs) mit solchen lexikalischen Einheiten in Positionen wie DETERMINIERER und TOPIK erfolgt und somit durch funktionale Köpfe bestimmt wird.

Die pronominalen Klitika wurden dabei entgegen den Vorstellungen anderer Autoren, die sie als Köpfe in den erweiterten lexikalischen Projektionen von Verben oder Substantiven betrachten, als Adjunkte einer funktionalen Kategorie ausgewiesen, welche über die erweiterten Projektionen lexikalischer Kategorien operiert. Die funktionale Kategorie F hebt im Bulgarischen TOPIKS aus der lexikalischen Projektion NP bzw. VP heraus und veranlaßt ihre Interpretation informationsstrukturell als INDIVIDUIERTE DISKURSGEGEBENE ENTITÄTEN.

Das anaphorische pronominale Klitikum wird in FP basisgeneriert als direkte Konsequenz seines Status als nichtprojizierendes Adjunkt. Diese Annahme und die Verankerung von Verträglichkeiten und Kombinationsvorschriften in den Argumentadressen gestatten einen ökonomischen Umgang mit den funktionalen Strukturdomänen in erweiterten Projektionen, da dabei im Konzept der Minimalistischen Morphologie keine Agr-Phrasen beansprucht werden (Wunderlich 1992; Wunderlich & Fabri 1995).

Anaphorische klitische Pronomina, welche die Form, die Bedeutung sowie den informationsstrukturellen Status der DP bestimmen und semantisch die Bindung des referentiellen Arguments von N beinhalten, erweisen sich im Bulgarischen im Unterschied zum Mazedonischen systematisch nicht nur als STRUKTURELLER und MORPHOLOGISCHER Kasus, sondern auch als ein TOPIKindizierendes Instrumentarium, das zur informationsstrukturellen Interpretation des Satzes beiträgt.

Literatur

Anderson, St. (1993): Wackernagels Revenge: Clitics, Morphology and the Syntax of Second Position. In: *Language* 69, 68-99

Angelova, I. (1994): *Sintaksis na bǎlgarskata razgovorna reč.* Universitetsko izdatelstvo "Sv. Kliment Ohridski", Sofia

Bierwisch, M. (1967): Syntactic Features in Morphology: General Problems of so-called Pronominal Inflection in German. In: *To Honor Roman Jakobson*, Vol. 1, The Hague, Paris, 239-270

Bierwisch, M. (1982): Formal and Lexical Semantics. In: *Linguistische Berichte* 80, 3-17

Bierwisch, M. (1986): On the Nature of Semantic Form in Natural Language. In: *Human Memory and Cognitive Capabilities - Mechanism and Performances* hg. von Klix, F. & Hagendorf, H., Amsterdam, New York, 765-784

Bierwisch, M. (1988): On the Grammar of Local Prepositions. In: *Syntax, Semantik und Lexikon* hg. von Bierwisch, M. et al., 1-65. Berlin (= *Studia grammatica* 29)

Bierwisch, M. (1989): Event Nominalization: Proposals and Problems. In: *Linguistische Studien des Zentralinstituts für Sprachwissenschaft der DDR*, Reihe A, 194, 1-73. Berlin (= *Acta Linguistica Hungarica* 40, 19-84)

Bierwisch, M. (1990): Verb Cluster Formation as a Morphological Process. In: *Yearbook of Morphology* 3 hg. von Booij, G. & J. van Marle, Dordrecht, 173-199

Bierwisch, M. (1996a): Lexikon und Universalgrammatik. In: *Semantik, Lexikographie und Computeranwendungen* hg. von Weber, N., Tübingen (= *Sprache und Information* Nr. 33), 129-164

Bierwisch, M. (1996b): Lexical Information from a Minimalist Point of View. In: Wilder, C. et al (Hg.): *The Role of Economy Principles in Linguistic Theory.* (= *Studia grammatica* 40), 227-265

Bosque, I. & Picallo, C. (1996): Pronominal adjectives in Spanish DPs. In: *Journal of Linguistics* 32.2, 349-385

Cardinaletti, A. & Starke, M. (1995): The typology of structural deficiency: On three grammatical classes. In: *FAS Papers in Linguistics* 1, 1-55

Chomsky, N. (1995) *The Minimalist Program.* Cambridge, Mass., London (= Current Studies in Linguistics Series, 28)

Dimitrova-Vulchanova, M. (1995): Clitics in Slavic. In: *Studia Linguistica* 49. 1, 54-92

Donnellan, K. S. (1966): Reference and Definite Descriptions. In: *The Philosophical Review* 75, 281-304

Gallmann, Peter (1996): Die Steuerung der Flexion in der DP. In: *Linguistische Berichte* 164, 283-314

Grimshaw, J. (1991): *Extended Projections.* Ms. Brandeis University, Waltham, Mass.

Guentchéva, Z. (1994): *Thématisation de l'objet en bulgare.* Bern, Berlin, Frankfurt a.M., New York, Paris, Wien

GSBKE (1983): *Gramatika na săvremennija bălgarski knižoven ezik*, T. II , T. III. Insitut za bălgarski ezik. BAN, Sofia

Hellan, L. & Platzack, Chr. (1995): Pronomen in Scandinavian Languages: An Overview. In: *Working Papers in Scandinavian Syntax* 56, 47-69

Inkelas, S. (1990): *Prosodic constituency in the lexicon*. New York, London

Ivančev, Sv. (1957/78): Nabljudenija vărhu upotrebata na člena v bălgarskija ezik. In: *Bălgarski ezik* 7.6, 500-524 (= *Prinosi v bălgarskoto i slavjanskoto ezikoznanie*. Sofia, 128-152)

Jäger, G. (1995): *Topics in Dynamic Semantics*. Diss. Humboldt Universität Berlin

Kallulli, D. (1995): *Clitics in Albanian*. Hovedoppgave, University of Trondheim, Norway (= *Working Papers in Linguistics* 24)

Koneski, Bl. (1966): *Gramatika na makedonskiot literaturen jazik*. Skopje

Krifka, M. (1991/92): A Compositional Semantics for Multiple Focus Constructions. In: *Informationsstruktur und Grammatik*. hg. von Jacobs, J. (= *Linguistische Berichte* Sonderheft 4), 17-53

Longobardi, G. (1994): Reference and Proper Names: A Theory of N-Movement in Syntax and Logical Form. In: *Linguistic Inquiry* 25.4, 609-665

Muysken, P. (1982): Parametrizing the Notion "Head". In: *Journal of Linguistic Research* 2.3, 57-75

Nicolova, R. (1986): *Bălgarskite mestoimenija*. Sofia

Ortmann, A. (1994): *Possessorkongruenz. Eine Fallstudie zum Verhältnis von Semantik, Morphologie und Syntax*. Magisterarbeit, Philosophische Fakultät der Heinrich-Heine-Universität Düsseldorf

Pašov, P. (1978): Za "padežite" na mestoimenijata v săvremennija bălgarski ezik. In: Pašov, P (Hg.): *Pomagalo po bălgarska morfologija. Imena*. Sofia, 340-355

Penčev, J. (1993): *Bălgarski sintaksis. Upravlenie i svărzvane*. Plovdivsko universitetsko izdatelstvo, Plovdiv

Penčev, J. (1994): Probleme der Wortfolge der klitischen und nicht klitischen Argumente im bulgarischen Satz. In: *Die Welt der Slaven* 34.2, 356-358

Pittner, K. (1994): Psychologische Verben und ihre Argumentstrukturen - drei Erklärungsansätze zur syntaktischen Variabilität der Experiencer-Rolle. In: *Sprache & Sprachen* 14/15, 96-101

Rivero, M.-L. (1994a): The Structure of the Clause and V-Movement in the Languages of the Balkans. In: *Naturale Languages and Linguistic Theory* 12.1, 63-120

Rivero, M.-L. (1994b): *On two locations for complement clitic pronouns: Serbo-Croatian, Bulgarian and Old Spanish*. Vortrag, gehalten auf der Third Diachronic Generative Syntax Conference. Amsterdam, Holland, März 1994

Rudin, C. (1990/91): Topic and Focus in Bulgarian. In: *Acta Linguistica Hungarica* 40.3-4, 429-447

Rudin, C. (1996): On pronominal Clitics. In: *Papers from First Conference on Formal Approaches to South Slavic Languages, Plovdiv, October 1995.* hg. von Dimitrova-Vulchanova M. & Hellan, L., 229- 246. University of Trondheim (= *Working Papers in Linguistics* 28)

Rudin, C. (1997): AgrO and Bulgarian Pronominal Clitics. In: Lindseth, M & Franks, S. (Hg.): *Annual Workshop on Formal Approaches to Slavic Linguistics. The Indiana Meeting 1996.* Ann Arbor, 224-252

Schick, I. P. (1994): *Besonderheiten der bulgarischen Sprache aus der Sicht der Balkanologie und der Slavistik in Konfrontation mit dem Deutschen.* Lehrmaterial, Sommersemester 1994. Institut für Slavistik, Universität Leipzig

Schick, I. P. (1996a): Datelnite klitiki v săvremennija bălgarski ezik. In: *Linguistics and Poetics, International Symposium in Honor to Roman Jakobson, May 24-26. 1996.* Sofia (im Druck)

Schick, I. P. (1996b): Besonderheiten der Objekt-Duplizierung im Bulgarischen. In: *Balkansko ezikoznanie.* Sofia (im Druck)

Schick, I. P. (1997) Bălgarskite mestoimenni klitiki. In: *Contrastive Linguistics* 22.1, 50-65

Schick, I. P. & Zimmermann, I. (1995): *Flexive und klitische Annexe in der Definitheitskennzeichnung des Bulgarischen.* Handout zum Vortrag im Forschungszentrum Allgemeine Sprachwissenschaft, Berlin, 20. 12. 1995

Schick, I. P. & Zimmermann, I. (1997): Das dativische pronominale Klitikum in der Substantivgruppe des Bulgarischen. In: Junghanns, U., Zybatow, G. & Fehrmann, D. (hg.): *Formale Slavistik.* Frankfurt a.M., 49-61

Schmitt, C. J. (1996): *Aspect and the Syntax of Noun Phrases.* Doctoral Dissertation, University of Maryland at College Park

Stiebels, B. (1996): *Lexikalische Argumente und Adjunkte. Zum semantischen Beitrag von verbalen Präfixen und Partikeln.* Berlin (= *Studia grammatica* 39)

Szabolcsi, A. (1987): Functional Categories in the Noun Phrase. In: *Approaches to Hungarian, vol. 2: Theories and Analyses.* hg. von Kenesei, I., Szeged, 167-189

Wilder, Chr. (1994): Coordination, ATB and Ellipsis. In: Zwart, C.J.-W. (Hg.): *Minimalism and Kayne's Symmetry Hypothesis.* (= *Groninger Arbeiten zur Germanistischen Linguistik* 37), 231-329

Wunderlich, D. (1992): *Towards a Lexicon-based Theory of Agreement.* (= Theorie des Lexikons 20. Arbeiten des Sonderforschungsbereichs 282. Nr. 36) Düsseldorf: Heinrich-Heine-Universität. Überarbeitete Version in: *Theoretical Linguistics* 20.1 (1994), 1-35

Wunderlich, D. & Fabry, R. (1995): Minimalist Morphology: An Approach to Inflection. In: *Zeitschrift für Sprachwissenschaft* 14.2, 236-294

Zwicky, A. (1977). *On Clitics.* Indiana University Linguistics Club, Bloomington, Indiana

Anmerkungen

0) Für die anregenden Kommentare zu einer Vortragsfassung des vorliegenden Beitrags danke ich den Teilnehmern der 6. Münchener Linguistik-Tage (25 - 27.03.1996, München) und des Internationalen Symposiums "Linguistics and Poetics" (in Honor of Roman Jakobson, 24. - 26.05.1996, Sofia). Die ungekürzte Version erscheint in "Sprache und Sprachen".

1) Vgl. Rudin (1990/91, 1996); Penčev (1993); Guentchéva (1994); Rivero (1994); Angelova (1994); Dimitrova-Vulchanova (1995); Kallulli (1995).

2) Während die SPEZIFIZITÄT einer indefiniten DP eine diskursdeterminierte (vorausgesetzte) Verankerung bei der Auswahl eines bestimmten Referenten beinhaltet, wird bei der NICHTSPEZIFISCHEN Lesart von indefiniten Phrasen ein beliebiges und weiter nicht zu identifizierendes Objekt denotiert:

   (i) *Tǎrsja   (go)   edin lekar.* ≠
      Suche-ich kl-akk-3sg m/neu ein   Arzt
      Tǎrsja   (edin) lekar.
      Suche-ich ein   Arzt
      'Ich suche einen **bestimmten** Arzt.' ≠ 'Ich suche einen **beliebigen** Arzt.'

   (ii) *Na   *(edni) hora Ivo im   pomaga.* /
      Präp ein-pl   Leute Ivo kl-dat-3pl hilft-er
      *Na hora Ivo im pomaga.
      'Ivo hilft gewissen / bestimmten / eingen Leuten.'

Festzuhalten ist, daß das indirekte Objekt und die Possessor-*na*-Phrase die SPEZIFIZITÄTSANFORDERUNG stets erfüllen. Die indefinite direkte Objektphrase dagegen ist ambig, da sie einen SPEZIFISCHEN oder einen NICHTSPEZIFISCHEN Referenten haben kann. In diesem Fall wirkt sich der Gebrauch des pronominalen Klitikums disambiguierend aus.

3) Bei der Verdrängung der kasushaltigen Formen im pronominalen System ist der Gebrauch nominativischer Pronomina im Balkanslavischen weit verbreitet, so daß der Einsatz der kasushaltigen Klitikaformen zur Identifizierung des Argumentstatus der duplizierten Phrase beiträgt.

4) Bei einer Positionierung der *na*-Phrase in SpecN müßten Transformationen für ihre Postponierung in Kauf genommen werden (vgl. Bosque and Picallo 1996). Eine ähnliche DP-Analyse schlägt auch Szabolcsi (1987) vor.

Ikonismus und Kontraikonismus
in den aspektuellen Paradigmen des russischen Verbs

Wladimir D. Klimonow, Berlin

1. Markiertheitsrelationen in den Aspekt-Paradigmen

1.1. Drei Ebenen der Analyse der Markiertheit

Die Markiertheitsrelationen zwischen dem perfektiven und dem imperfektiven Aspekt als Gegenglieder der Aspekt-Paradigmen werden auf drei Ebenen betrachtet: auf der morphosemantischen Ebene nach dem Grad der semantischen (oder konzeptuellen) Komplexität, auf der phonomorphologischen Ebene nach dem Grad der formalen Komplexität und auf der Ebene der Abbildung der semantischen Charakteristika der Markiertheit auf die entsprechenden formalen Charakteristika der Markiertheit nach dem Grad der semiotischen Komplexität. Auf dieser letzteren Ebene werden die Ikonizitätsgrade ermittelt und die resultierenden Markiertheitsverhältnisse festgelegt.

1.2. Die Ebene der grammatischen Semantik

Aspekte bezeichnen den Blickwinkel, unter dem die Distribution des Verbalprozesses in der Zeit, d.h. die innere temporale Organisation des Verbalprozesses betrachtet wird. Die typologisch relevanten inneren temporalen Dimensionen des Verbalgeschehens sind im Schema (1) angegeben.

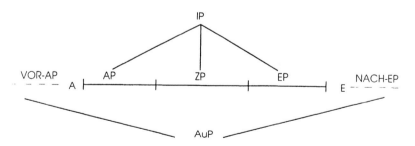

Schema (1): Innere temporale Struktur von Prozessen

Ein beliebiger Prozeß (die durchgehende Linie) kann einen Anfang (A) oder ein Ende (E) haben, aber auch innere Phasen (IP), nämlich eine Anfangsphase (AP), eine Zwischenphase (ZP) und eine Endphase (EP) sowie Außenphasen (AuP) (gestrichelte Linien), nämlich eine präinitiale Phase, die diesem Prozeß vorangeht (VOR-AP), oder eine postterminale Phase, die diesem Prozeß folgt (NACH-EP). In diesem Schema sind die Dimensionen für die innere temporale Struktur von Prozessen komplett dargestellt. Jede Dimension bezeichnet einen möglichen Parameter, d.h. den Variationsbereich: Beispielsweise gibt es unterschiedliche Typen der Endgrenze (die natürliche und die arbiträre), die Prozesse können momentan, d.h. ohne innere Phasen sein. Diese Variationen bestimmen die Zone der möglichen inneren temporalen, d.h. aspektuellen Bedeutungen.

Die Perfektiva (Pf.) vom Typ *postroit'* 'bauen' bezeichnen Handlungen, die als ganzheitlich aufgefaßtes und in sich geschlossenes Ereignis in der Gesamtheit aller Phasen (AP, ZP und EP) betrachtet werden:

(2a) *Rabočie postroili dom za period s 1993 po 1995 gody.*
'Die Arbeiter haben das Haus von 1993 bis 1995 gebaut.'

Ihnen wird als explizite semantische Information die positive Bewertung des Merkmals [TOTALITÄT] ([+TOT]) der Handlung zugeschrieben. Die temporalen Konturen des Bauens im Beispiel (2a) lassen die Segmentierung in einzelne Phasen im Beispiel (2b) zu:

(2b) *Rabočie načali stroit' dom v 1993 godu, prodolžali ego stroit' v 1994 godu i zakončili stroitel'stvo v 1995 godu.*
'Die Arbeiter begannen das Haus 1993 zu bauen, setzten den Bau 1994 fort und beendeten ihn 1995.'

Die Ganzheitlichkeit der Handlung setzt das Erreichen der Endgrenze der Handlung, d.h. den Abschluß der Handlung, voraus:

(3) **Rabočie postroili dom i budut stroit' ego dal'se.*
*'Die Arbeiter haben das Haus (fertig)gebaut und werden es weiter bauen.'

Letzteres impliziert seinerseits den Übergang der Handlung vom Ausgangszustand (VOR-AP) (Bsp. (4)) in den Nachzustand (NACH-EP) (Bsp. (5)):

(4) *Dom (ješče) ne stroitsja.*
'Das Haus wird (noch) nicht gebaut.'
(5) *Dom (uže) postroen.*
'Das Haus ist (schon) gebaut.'

Die VOR-AP-Phase wird als Präsupposition, d.h. als die retrospektive implizite semantische Information, und die NACH-EP-Phase als Implikation oder entailment, d.h. als die prospektive implizite semantische Information, betrachtet.

Die Imperfektiva (Ipf.) vom Typ *stroit'* 'bauen' bezeichnen in der Regel nichtganzheitliche Handlungen:

(6) *Rabočie strojat dom.*
'Die Arbeiter bauen das Haus.'

Die Handlung wird im Beispiel (6) im Augenblick ihrer Entwicklung dargestellt, d.h. nachdem sie begonnen hat (Bsp. (7)) und ehe sie weitergeht (Bsp. (8)):

(7) *Rabočie načali stroit' dom.*
'Die Arbeiter fingen an, das Haus zu bauen.'
(8) *Rabočie budut stroit' dom dal'se.*
'Die Arbeiter werden das Haus weiter bauen.'

Die Arbeiter befinden sich gerade im Bauprozeß, sie sind mit dem Bau des Hauses beschäftigt. Die mittlere Phase der Handlung (ZP) wird als explizite semantische Information betrachtet. Die Anfangsphase (AP) und die Endphase (EP) der Handlung gelten als Präsupposition (d.h. als die retrospektive implizite semantische Information) und entsprechend als Implikation (d.h. als die prospektive implizite semantische Information).

Es gibt Kontexte, in denen der imperfektive Aspekt (ipf. A.) die Bedeutung der Ganzheitlichkeit der Handlung ([+TOT]) ausdrücken kann, d.h. anstelle des perfektiven Aspekts (pf. A.).gebraucht wird:

(9) *Rabocie uže stroili podobnye doma.*
'Die Arbeiter haben solche Häuser schon gebaut.'
(10) *Kto stroil ètot dom?*
'Wer baute dieses Haus?'

Es gibt aber keine Kontexte, in denen die pf. A. die Bedeutung des ipf. A. annimmt. Daraus folgt, daß gerade der ipf. A. ein unmarkiertes Glied der aspektuellen Opposition ist. Der ipf. A. kann auch in generischen Kontexten vorkommen, d.h. eine abstrakte, zeitlich nicht lokalisierbare Handlung bezeichnen:

(11) *Rabočie strojat raznye doma.*
'Die Arbeiter bauen unterschiedliche Häuser.'

Das Merkmal [αTOT] wird in diesem Gebrauch nicht spezifiziert: [±TOT]. Die kontextbedingten Bedeutungen [+TOT] und [±TOT] werden als spezielle Bedeutungen des ipf. A. aufgefaßt.

Die Pf. weisen auf die Handlung im ganzen hin, d.h. sie bezeichnen die Totalität der Handlung und schließen die Anfangsgrenze (A) und die Endgrenze (E) der Handlung ein. Die Ipf. greifen nur einen gewissen Teil der Handlung , ihre innere

Phase heraus, d.h. sie beinhalten die Nicht-Totalität der Handlung ([-TOT]), die die A und die E ausschließt (vgl. Tabelle (12))

Aspekte \ Temporale Merkmale	[± ANFANG]	[± ENDE]
Imperfektiver Aspekt	-	-
Perfektiver Aspekt	+	+

(12) Temporale Merkmale des perfektiven und des imperfektiven Aspekts

Die perfektive Aspektform mit Einschluß der Handlungsgrenzen wird als markiertes, d.h. komplexeres Glied der aspektuellen Opposition angesehen, während die imperfektive Aspektform ohne Bezug zu ihren Grenzpunkten als unmarkiertes, d.h. weniger komplexes Glied dieser Opposition betrachtet wird: [+TOT] > [-TOT] oder in der anderen Notation [+TOT] : [-TOT].

1.3. Die Ebene der formalen Manifestation der aspektuellen Oppositionen

Eine und dieselbe grammatische Semantik der beiden Aspekte wird auf der formalen Ebene durch verschiedene morphologische Strukturen repräsentiert. In der russischen Gegenwartssprache werden vier morphologische Typen von Aspekt-Paradigmen unterschieden:

1. Aspekt-Paradigmen, die durch die Imperfektivierung zustandekommen:
   a. Imperfektivierung 1, d.h. die primäre Imperfektivierung vom Typ *rešit'* - *rešat'* 'lösen' und
   b. Imperfektivierung 2, d.h. die sekundäre Imperfektivierung vom Typ *perepisat'* - *perepisyvat'* 'ab-, umschreiben';
2. Aspekt-Paradigmen vom Typ *pisat'* - *napisat'* 'schreiben', die sich im Verlauf der Perfektivierung ergeben;
3. Aspekt-Paradigmen vom Typ *adresovat'* - *adresovat'* 'adressieren', die Synkretismus der Formen des pf. A. und des ipf. A. aufweisen;
4. suppletive Aspektpaare vom Typ *brat'* - *vzjat'* 'nehmen'.

Die Markiertheitsrelationen auf der phonomorphologischen Ebene sehen folgendermaßen aus. Bei der Imperfektivierung 2 vom Typ *perepisat'* - *perepisyvat'* 'ab-, umschreiben' ist das Ipf., das das Imperfektivierungssuffix (*-yva- / -iva- / -va- / -a-*) enthält, unter dem Blickwinkel der morphologischen Struktur komplexer und deshalb markiert im Vergleich zum Pf., das ein solches Suffix nicht hat und darum einfacher, d.h. unmarkiert ist: Pf < Ipf. Die Nicht-Gleichheit des Ipf.

und des Pf. in den Imperfektivierungparadigmen 1 vom Typ *rešit'* - *rešat'* 'lösen' wird qualitativ, d.h. durch den Vokalismuswechsel im Stamm signalisiert: Pf ≠ Ipf. Bei der Perfektivierung vom Typ *pisat'* - *napisat'* 'schreiben' hat das Pf. mehr morphologisches Material (Vorhandensein des Präfixes) als das Ipf. (Nicht-Vorhandensein des Präfixes) und ist deshalb vom formalen Standpunkt komplexer, d.h. markiert im Vergleich zum Ipf., das formal weniger komplex, d.h. unmarkiert bleibt: Pf > Ipf. Die Gegenglieder der synkretischen Aspekt-Paradigmen vom Typ *adresovat'* - *adresovat'* 'adressieren' unterscheiden sich in formaler Hinsicht nicht: Pf = Ipf. Die Markiertheitsrelationen sind hier neutralisiert. Auf die suppletiven Aspekt-Paradigmen vom Typ *brat'* - *vzjat* 'nehmen' ist der Begriff der Markiertheit nicht anwendbar.

1.4. Die Ebene der Abbildung der semantischen Charakteristika der Markiertheit auf die formalen Charakteristika der Markiertheit

Bei der Gegenüberstellung der Markiertheitsverhältnisse auf der morphosemantischen und und der phonomorphologischen Ebene werden verschiedene Ikonizitätsgrade (Mayerthaler 1981:23-27) von Aspekt-Paradigmen bestimmt. Die Perfektivierungsparadigmen vom Typ *pisat'* - *napisat'* 'schreiben' sind maximal ikonisch symbolisiert: Die Asymmetrie der semantischen Charakteristika der Markiertheit (der pf. A. als markiertes Glied des Aspekt-Paradigmas) entspricht direkt der Asymmetrie der formalen Charakteristika der Markiertheit (das Pf. ist um ein Morphem reicher als das Ipf.). Die Imperfektivierungsparadigmen 1 vom Typ *rešit'* -*rešat'* lösen' bringen eine minimal ikonische Symbolisierung mit sich: Der Ungleichheit der Beziehungen nach dem Komplexitätsgrad auf der Ebene der grammatischen Bedeutung entspricht die Nicht-Identität von modifikatorischen (oder modulatorischen) Aspekt-Markern auf der formalen Ebene. Die synkretischen Aspekt-Paradigmen vom Typ *adresovat'* - *adresovat'* 'adressieren' weisen nichtikonische Symbolisierung auf: Die Asymmetrie der semantischen Charakteristika der Markiertheit wird auf die Symmetrie der formalen Charakteristika der Markiertheit projiziert. Die Imperfektivierungsparadigmen 2 vom Typ *perepisat'* - *perepisyvat'* 'ab-, umschreiben' sind kontraikonisch symbolisiert: Die semantischen Charakteristika der Markiertheit (das Ipf. als unmarkiertes Glied der aspektuellen Opposition) stehen in umgekehrtem Verhältnis zu den formalen Charakteristika der Markiertheit (das Ipf. besitzt das Imperfektivierungssuffix und tritt deshalb als markiertes Glied der aspektuellen Korrelation auf).

Die maximal ikonischen und minimal ikonischen Symbolisierungen werden im Endergebnis als unmarkiert bewertet. Den nichtikonischen und den kontraikonischen Symbolisierungen wird die resultierende Markiertheit zugeschrieben.

Die Markiertheitsrelationen in den aspektuellen Paradigmen des russischen Verbs auf allen drei Ebenen werden im Schema (13) dargestellt.

Morphoseman-tische Ebene	Phonomorphologische Ebene		Ebene der Abbildung	
Markiertheits-relationen	Paradigmen-typen	Markiertheits-relationen	Ikonizitätsgrade der Paradigmen	Resul. Mark. der Paradigmen
[+TOT] > [-TOT]	Perf.Par. *pisat' - napisat'*	Pf > Ipf	maximal ikonisch	unmark.
- " -	Imperf.1 Par. *rešit' - rešat'*	Pf ≠ Ipf	minimal ikonisch	- " -
- " -	Synkret. Par. *adresovat' - adresovat'*	Pf = Ipf	nicht-ikonisch	mark.
- " -	Imperf.2 Par. *perepisat' - perepisyvat'*	Pf < Ipf	kontra-ikonisch	- " -

(13) Markiertheitsrelationen in den aspektuellen Paradigmen des russischen Verbs

2. Kontraikonismus in den Imperfektivierungsparadigmen

Der Imperfektivierung als dem Kern des morphologischen Mechanismus der Kategorie des Aspekts wohnt ein Widerspruch zwischen den Markiertheitsverhältnissen auf der semantischen und auf der formalen Ebene inne: Die auf der Ebene der grammatischen Semantik komplexere Form des pf. A., die das Merkmal der Totalität der Handlung ([+TOT]) aufweist, ist einfacher nach der Anzahl der Phoneme, und entsprechend erweist sich die in semantischer Hinsicht weniger komplexe Form des ipf. A., die durch die Bedeutung der Nicht-Totalität der Handlung ([-TOT]) gekennzeichnet ist, in bezug auf die formale Zusammensetzung als die komplexere. Die Kategorie des Aspekts ist in dieser Hinsicht eine gewisse Ausnahme: Das Zentrum der grammatischen Kategorie bilden in der Regel die ikonischen Paradigmen und ihre Peripherie die nichtikonischen und kontraikonischen Paradigmen. Ich möchte das Gesagte am Beispiel der Kategorie des Numerus bei den Substantiven veranschaulichen (Schema 14).

Morphosemantische Ebene	Phonomorphologische Ebene		Ebene der Abbildung	
Markiertheitsrelationen	Paradigmentypen	Markiertheitsrelationen	Ikonizitätsgrade der Paradigmen	Resul. Mark. der Paradigmen
[+EZ] < [-EZ]	Maskulina *stol - stoly*	Sg < Pl	maximal ikonisch	unmark.
- " -	Fem. u. Neutr. *lenta - lenty* *boloto - bolota*	Sg ≠ Pl	minimal ikonisch	- " -
- " -	*pal'to - pal'to*	Sg = Pl	nichtikonisch	mark.
- " -	*bojarin - bojare*	Sg > Pl	kontraikonisch	- " -

(14) Markiertheitsrelationen in den Numerusparadigmen der russischen Substantive (Abkürzung: EZ = Einzahligkeit)

Die überwiegende Mehrzahl der russischen Substantive hat ikonische, d.h. unmarkierte Numerusparadigmen, nämlich maximal ikonische vom Typ *stol* 'Tisch' - *stoly* 'Tische', *step* 'Steppe' - *stepi* 'Steppen', in denen die unter dem konzeptuell-semantischen Blickwinkel komplexere Form des Plurals einen additiven Exponenten in der Art der Nicht-Zero-Flexion auf der Ebene der formalen Manifestierung hat, und minimal ikonische vom Typ *lenta* 'Band' - *lenty* 'Bänder', *boloto*

'Sumpf' - *bolota* 'Sümpfe', wo die konzeptuelle Komplexität der Form des Plurals formal durch die Veränderung des Vokalismus der Flexion, d.h. mittels des modifikatorischen (= modulatorischen) Indikators signalisiert wird. Nichtikonische Paradigmen treten nur in der eng begrenzten Unterklasse der sog. indeklinablen Substantive in Erscheinung, die hauptsächlich aus fremdsprachigen Entlehnungen (vom Typ *buržua* 'der Bourgeois' - *buržua* 'die Bourgeois', *madam* 'Madame' - *madam* 'Mesdames', *pal'to* 'Mantel - *pal'to* 'Mäntel') besteht. Kontraikonische Paradigmen sind einer Gruppe von Substantiven eigen, die Personen nach ihrer sozialen, nationalen und territorialen Zugehörigkeit (vom Typ *bojarin* 'Bojar' - *bojare* 'Bojaren', *tatarin* 'Tatar' - *tatary* 'Tataren', *severjanin* 'der Nordländer' - *severjane* 'die Nordländer') benennen. Sprachhistorisch primär (= unmarkiert) sind die Substantive im Plural mit kollektiver Bedeutung (vom Typ *bojare* 'Bojaren') gewesen. Die Substantive im Singular mit dem Suffix *-in* (vom Typ *bojarin* 'Bojar') waren abgeleitete (= markierte) Bildungen mit der Bedeutung der Singulativität (Bulachovskij 1953:154-156). Der Verlust der Opposition Kollektivität - Singulativität und die notwendig gewordene Reinterpretation der Singulativität als Singularität und der Kollektivität als Pluralität hat eine Konversion in der Derivation (*bojarin* 'Bojar' → *bojare* 'Bojaren') unter Beibehaltung der alten Relationen nach dem Grad der semantischen und formalen Komplexität nach sich gezogen: Synchron gesehen ist der Plural *bojare* 'Bojaren' vom Singular *bojarin* 'Bojar' mit Hilfe der Tilgung des Singulativsuffixes *-in* und der Hinzufügung der Flexion *-e* abgeleitet. In einigen russischen Mundarten (vgl. Avanesov / Orlova 1965:101) ist das Singulativsuffix *-in* im Plural beibehalten worden: *krest'janin* 'Bauer' - *krest'janiny* 'Bauern'. Die Numerusparadigmen dieser Art sind damit maximal ikonisch geworden. Die Kontraikonizität in den Paradigmen der Numeruskategorie bei anderen einzelnen Substantiven (*kurica* 'Huhn' -*kury* 'Hühner', *sudno* 'Schiff' - *suda* 'Schiffe', *cvetok* 'Blume' - *cvety* 'Blumen') hat ihre sprachhistorischen und etymologischen Gründe, die ich hier außer acht lasse. Die Abweichungen von der Ikonizität sind folglich erklärbar.

Das Zentrum der Kategorie des Aspekts bilden dagegen die kontraikonischen Paradigmen der Imperfektivierung 2 vom Typ *perepisat'* - *perepisyvat'* 'ab-, umschreiben' und die maximal ikonischen Paradigmen der Perfektivierung vom Typ *pisat'* - *napisat'* 'schreiben', die Peripherie dagegen die minimal ikonischen Paradigmen der Imperfektivierung 1 vom Typ *rešit'* - *rešat'* 'lösen' und die nichtikonischen synkretischen Paradigmen vom Typ *adresovat'* - *adresovat'* 'adressieren'. Die kontraikonische Symbolisierung des Kerns der Aspektkategorie läßt sich sprachhistorisch erklären. Die Imperfektivierung ist - wie C.G. Regnéll (1944), H. Køllen (1958), Ju.S. Maslov (1984 [1959]) und andere Sprachforscher meinen - auf der Basis der älteren Opposition Determiniertheit ([+DET]) / Indeterminiertheit ([-DET]) entstanden. Die Korrelation [+DET] / [-DET] ist in der russischen Gegenwartssprache in den Verben der Fortbewegung vom Typ *polzti* - *polzat'* 'kriechen', *nesti* - *nosit'* 'tragen' und bei den Verben vom Typ *videt'* - *vidat'* 'sehen', *sidet'* - *siživat'* 'sitzen' erhalten geblieben. Die Paradigmen dieses Typs hatten ikonischen Status. Die indeterminierten Verben waren in formaler Hinsicht komplexer als die determinierten Verben: Sie waren durch ein zusätzliches Stammsuffix -a- (Typ *polzat'*) oder durch einen genetisch sekundären Vokalismus der Wurzel (Typ *nosit'*) gekennzeichnet. Die indeterminierten Verben waren auch in semantischer Hinsicht markiert: Eine abstrakte Handlung ist im perzeptiven und kognitiven Sinne komplexer als eine konkrete, und eine mehrmalige (= iterative) Handlung ist komplexer als eine einmalige (= singulative) Handlung. Es ist plausibel anzunehmen, daß für die Entstehung der neuen slavischen Aspekte nur solche Verben in Betracht gezogen werden können, die in ihrer Bedeutung Affinität zu einer perfektiven und / oder einer imperfektiven Auffassung hatten. Die Verbpaare vom Typ *polzti - polzati* 'kriechen' und *nesti - nositi* 'tragen', die eine Korrelation [+DET] / [-DET] aufweisen, konnten nicht als Muster für die Bildung des perfektiven und des imperfektiven Aspekts dienen, weil die beiden Gegenglieder dieser Opposition durativ und aterminativ waren. Diese Verben sind imperfektiv in allen modernen slavischen Sprachen. Nach Ju.S. Maslov (1984 [1959]:108) bildet die Ausgangsbasis für die Entstehung der Aspekte die Ableitung der präfigierten (d.h. der grenzbezogenen oder der terminativen) Verben vom Typ *sŭbirati'* 'sammeln' von den verba simplicia (d.h. von den nichtgrenzbezogenen oder aterminativen) Verben des Typs *bĭrati* 'nehmen'. Die terminativen und die perfektiven Verben haben ein gemeinsames Merkmal: Sie implizieren das Vorhandensein einer innerer Grenze der Handlung. Die aus Adverbien und Präpositionen entstandenen Verbalpräfixe hatten ursprünglich den Zweck, die Handlung im Raum und später auch in der Zeit zu lokalisieren. Sie waren zuerst aspektindifferent. Die primäre Funktion der Formen vom Typ *sŭberetŭ* war (genauso wie die der Formen vom Typ *beretŭ*) der Ausdruck des aktuellen Präsens (= 'er ist gerade dabei zu sammeln', 'er ist beim Sammeln'). Als sekundäre Funktionen dieser Formen treten die Bedeutungen des nichtaktuellen Präsens, d.h. die unbestimmte, usuelle oder iterative Bedeutung (= 'er sammelt ständig / oft'), oder die Bedeutung des Futurs (= 'er wird sammeln') auf. Aus der konkreten temporalen Semantik des Präfixes entwickelt sich allmählich die abstrakte Bedeutung der Grenzbezogenheit oder der Terminativität, d.h. der temporalen Begrenzung des Prozesses. Die Präfixe treten damit als Marker der Terminativität der Handlung, d.h. des Vorhandenseins einer inneren Grenze der Handlung, auf. Die grenzbezogene (oder terminative) Bedeutung der präfigierten Verben war nicht mit der Bedeutung des aktuellen Präsens kompatibel: Eine in der Gegenwart bereits verlaufende Handlung kann nur in der Zukunft eine Begrenzung erhalten. Die Formen vom Typ *sŭberetŭ* konnten deshalb nur zum Ausdruck futurischer Bedeutung dienen. Um das aktuelle Präsens wiederzugeben, entstanden neue Formen vom Typ *sŭbirajetŭ* 'er sammelt (gerade)' mit ursprünglich indeterminiertem (oder iterativem) Marker -a- als Stammerweiterung. Das thematische Suffix -a- wurde von den indeterminierten Verben vom Typ *lětati* 'hin und her fliegen' übernommen. (Es gab in dieser Periode keine Formen vom Typ **bĭrati* 'mehrmals nehmen'). Dieses Suffix wurde vermutlich zuerst bei den nicht-durativen, d.h. den punktuellen Verben vom Typ *pasti - padati* 'fallen' eingesetzt. Die Präsensformen dieser Verben (vom Typ *padajetŭ*) konnten nur die iterative Funktion haben, vgl. die Beispiele (15) und (16) im modernen Russischen:

(15) *Snežinki padajut*
    'Schneeflocken fallen'
(16) **Snežinka padajet*
    'Die / Eine Schneeflocke fällt'

Später wurde das Suffix -*a*- auf durative Verben übertragen. Es bildete sich in diesem Bereich als erstes das Modell zur Gegenüberstellung von nichtiterativen (= die alten Formen vom Typ *sŭberetŭ* 'er ist beim Sammeln') und iterativen (= die neuen iterativa praesentia vom Typ *sŭbirajetŭ* 'er sammelt oft') Handlungen. Die iterative Funktion der Formen vom Typ *sŭbirajetŭ* wurde um eine prozessuelle Funktion erweitert. Die Bildungen vom Typ *sŭbirajetŭ* 'er ist beim Sammeln' kann man als eigentliche Geburt des neuen slavischen Aspekts betrachten. Die Formen vom Typ *sŭbirajetŭ* mit der Bedeutung des imperfektiven Aspekts standen von da an Formen vom Typ *sŭberetŭ* mit neutraler aspektueller Semantik gegenüber etwa wie Progressiv / Nicht-Progressiv im Englischen. Der neue Gebrauch war am Anfang emphatisch und fakultativ. Die alten Formen vom Typ *sŭberetŭ* konnten noch einige Zeit ihre alten Bedeutungen ausdrücken. Die Formen vom Typ *sŭberetŭ* verengten im Kontrast zu den Formen vom Typ *sŭbirajetŭ* die Sphäre ihrer Bedeutung auf den perfektiven Aspekt. Somit entwickelte sich die Opposition vom Typ *sŭberetŭ* - *sŭbirajetŭ* zum Aspektparadigma. Es hat im Laufe der historischen Entwicklung eine Reinterpretation der Determiniertheit als Totalität ([+TOT]), d.h. Perfektivität und der Indeterminiertheit als Nicht-Totalität ([-TOT], d.h. Imperfektivität stattgefunden. Die Genesis der Kategorie des Aspekts ist folglich mit der Ersetzung der Opposition [+DET] / [-DET] durch die Opposition [+TOT] / [-TOT] verbunden (Schema (15)), was eine Konversion in der Verteilung der Markiertheitswerte (die sog. Markiertheitsumkehrung) auf der morphosemantischen Ebene und letzten Endes die Kontraikonizität der Imperfektivierungsparadigmen hervorgerufen hat.

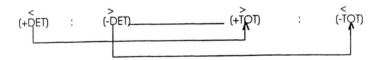

(17) Kontraikonizität der Imperfektivierungsparadigmen als Folge der Markiertheitsumkehrung

3. Ikonismus in den Perfektivierungsparadigmen. Tendenz zur Zunahme der Ikonizität

Auf der Basis der Imperfektivierungsparadigmen vom Typ *napisati* (pf. A.) - *napisati / napisovati / napisyvati* (ipf. A.) 'an,- aufschreiben' entstehen die Perfektivierungsparadigmen vom Typ *pisati* - *napisati* 'schreiben' im Altrussischen. Das Präfix *na-* in *napisati* hatte ursprünglich konkrete räumliche Bedeutung (= 'an-, aufschreiben') und war aspektindifferent. Die aspektuelle Differenzierung fand zuerst im Präsens-Paradigma statt: *napišu* (pf. A.) 'ich werde schreiben' - *napisaju* (ipf. A.) 'ich schreibe'. Das Präfix *na-* wird grammatikalisiert, d.h. es verliert die konkrete räumliche Bedeutung und folglich alle sekundären Imperfektiva, die nur bei den nicht-grammatikalisierten Präfixen (vom Typ *pere-*: *perepisati* - *perepisyvati* 'ab-, umschreiben') möglich sind. Die Beseitigung der markierten Glieder dieser Opposition geschieht entsprechend dem Prinzip des stufenweisen Markiertheitsabbaus (vgl. Vennemann 1988:2f.). Zuerst geht das Ipf. *napisati* (Präsens *napisaju* 'ich schreibe') verloren: Diese Form war im Infinitiv mit der Form des pf. A. *napisati* (Präsens *napišu* 'ich werde schreiben') identisch und deshalb markiert. Das Präfix als Marker der Perfektivität gestaltet sich mit der Bedeutung des ipf. A. unvereinbar. Später werden die Formen vom Typ *napisovati* mit polyfunktionalem, d.h. markiertem Suffix *-ova-* und vom Typ *napisyvati* mit monofunktionalem, d.h. relativ weniger markiertem Suffix *-iva-* in dieser Reihenfolge beseitigt. Alle Ipf. wurden durch das Simplex *pisati* 'schreiben' ersetzt, das bedeutungsgleich mit dem Pf. *napisati* ist. Es entsteht das neue Perfektivierungsparadigma vom Typ *pisati* - *napisati* 'schreiben'. Die Markiertheitswerte werden neu verteilt: Das Ipf. (= Simplex) fungiert als unmarkiertes Glied und das Pf. (= präfigiertes Verb) als markiertes Glied dieser Opposition. Die Paradigmen dieses Typs sind im Unterschied zu den kontraikonischen Imperfektivierungsparadigmen vom Typ *perepisati* - *perepisyvati* 'ab-, umschreiben' ikonisch aufgebaut: Auf diese Weise äußert sich die Tendenz zur Zunahme der Ikonizität im Laufe der Sprachentwicklung.

Die nichtikonischen synkretischen Aspektparadigmen vom Typ *remontirovat'* (ipf. A.) - *remontirovat'* (pf. A.) 'reparieren' werden zunehmend in der russischen Sprache der Gegenwart durch die ikonischen Pefektivierungsparadigmen vom Typ *remontirovat'* (ipf. A.) - *otremontirovat'* (pf. A.) ersetzt. Die synkretischen Aspektparadigmen werden auch gegen die kontraikonischen Imperfektivierungsparadigmen ausgetauscht, vgl. *arestovat'* (pf. A.) - *arestovat'* (ipf. A.) 'verhaften'→ *arestovat'* (pf. A.) - *arestovyvat'* (ipf. A.), *konfiskovat'* (pf. A.) - *konfiskovat'* (ipf. A.) 'beschlagnahmen'→ *konfiskovat'* (pf. A.) - *konfiskovyvat'* (ipf. A.). Die Zahl solcher Paradigmen ist aber sehr begrenzt: Die imperfektiven Ableitungen sind nur bei den Verben mit dem endbetonten Suffix *-ová-* möglich: *atakovát'* (pf. A.) - *atakóvyvat'* (ipf. A.) 'angreifen', *realisovát'* (pf. A.) - *realisóvyvat'* (ipf. A.) 'realisieren'. Diese Imperfektivierungsparadigmen (vom Typ *mobilisovát'* (pf. A.) - *mobilisóvyvat'* (ipf. A.) 'mobilisieren') werden sogar in diesem engen Bereich durch die Perfektivierungsparadigmen (vom Typ *mobilisovat'* (ipf.

A.) - *otmobilisovat')*) verdrängt. Die Tendenz zur Ikonizität setzt sich konsequent durch. W. Mayerthaler (1981b:31) formuliert diese Sachlage folgendermaßen: "Im Falle einer Konkurrenz zwischen mehr und weniger markierten Formen ('m̂ : m̌') gewinnt die weniger Markierte (m̂)." Die natürliche sprachliche Entwicklung verläuft also in Richtung auf die Beseitigung markierter Fragmente des Sprachsystems (Mayerthaler 1981a:63f.).

4. Schlußfolgerungen

Diagrammatischer (oder konstruktioneller) Ikonismus, d.h. der Isomorphismus der Abbildung von Markiertheitsrelationen zwischen den semantischen Einheiten auf die Markiertheitsrelationen zwischen den ihnen entsprechenden formalen Elementen, ist eine konstitutive Charakteristik eines beliebigen grammatischen Systems und eines der fundamentalen semiotischen Prinzipien der Organisation von Sprachsystemen. Dieses Prinzip wurde in den 60er Jahren von R. Jakobson (1971:584-586 [1963], 1971:350-353 [1965]) aufgestellt und hat in den Untersuchungen der Vertreter der Natürlichen Morphologie (vgl. z.B. Dressler et al. 1987:48f.) seine Begründung erfahren. Konstruktioneller Ikonismus wird im Rahmen der Natürlichen Morphologie als eines der morphologischen Markiertheitsprinzipien betrachtet, die in ihrer Wechselwirkung den Aufbau von morphologischen Systemen bestimmen, ihren Wandel erklären und Prognosen über die Richtung morphologisch bedingter Veränderungen ermöglichen. Dieses Prinzip setzt sich in der Sprache mit einem hohen Grad an Wahrscheinlichkeit durch. Die Abweichungen von diesem Prinzip, die stets ihre ganz bestimmten Ursachen haben und deshalb erklärbar sind, heben dieses Prinzip nicht auf, sondern beschränken seinen Wirkungskreis und verleihen ihm einen flexiblen, eigendynamischen, tendenziellen Charakter. In diesem Aufsatz wurde die Wirkung des Prinzips des konstruktionellen Ikonismus am Beispiel der Kategorie des Aspekts demonstriert.

Literatur

Avanesov , R.I. / Orlova, V.G. (Hg.) (1965): *Russkaja dialektologija*. Moskva
Bulachovskij, L.A. (1953): *Kurs russkogo literaturnogo jazyka*. T. II. Kiev
Dressler, W. U. / Mayerthaler, W. / Panagl, O. / Wurzel, W. U. (1987): *Leitmotifs in Natural Morphology*. Amsterdam, Philadelphia
Jakobson, R. (1971): *Selected Writings II: Word and Language*. The Hague, Paris
Jakobson, R. (1971 [1963]): Implications of Language Universals for Linguistics. In: Jakobson (1971), 580-592
Jakobson, R. (1971 [1965]): Quest for the Essence of Language. In: Jakobson (1971), 345-359

Kølln, H. (1958): Die Entstehung des slavischen Verbalaspekts. In: *Scando-Slavica* IV, 308-313

Maslov, Ju.S. (1984 [1959]): Vozniknovenie kategorii soveršennogo / nesoveršennogo vida. In: Maslov, Ju.S. (1984): *Očerki po aspektologii.* Leningrad, 102-110

Mayerthaler, W. (1981a): *Natürliche Morphologie.* Wiesbaden

Mayerthaler, W. (1981b): Warum historische Linguistik? In: *Klagenfurter Beiträge zur Sprachwissenschaft* 7/1, 19-38

Regnéll, C.G. (1944): *Über den Ursprung des slavischen Verbalaspekts.* Lund

Vennemann, Th. (1988): *Preference Laws for Syllable Structure and the Explanation of Sound Change.* Berlin, New York, Amsterdam

Rhythmus und Subjekt bei Henri Meschonnic

Hans Lösener, Freiburg

1. Zum Status der Dichtung in der gegenwärtigen Linguistik

Die Trennung von Linguistik und Literaturwissenschaft, die sich in der Germanistik immer stärker durchsetzt, hat innnerhalb der Linguistik zu einer zunehmenden Ausgrenzung der Dichtung als Forschungsgegenstand geführt, nicht nur in der generativen Grammatik. Die Dichtung erhält meist nur den Status einer Sondersprache und eines etwas absonderlichen Sprachgebrauchs. So hat etwa Manfred Bierwisch die Dichtung als eine "parasitäre Sprachstruktur" bezeichnet (Bierwisch 1965:55). Das war vor dreißig Jahren, auf dem Höhepunkt der strukturalistischen Sprachwissenschaft, aber bis heute hat sich an dieser Ausgrenzung wenig geändert; sie hat sich eher noch verschärft. In dem neuen von Helmut Glück herausgegebenen "Metzler Lexikon Sprache" (1993) mit immerhin 8000 Stichwörtern heißt es im Vorwort über die Zielsetzung des Nachschlagewerkes:

> Es richtet sich nicht nur an die linguistische Fachwelt, sondern an die Philologie im allgemeinen, an ihre Nachbardisziplinen und nicht zuletzt auch an "das gebildete Publikum", indem es neben im engeren Sinne linguistischen Gesichtspunkten konsequent auch anthropologische, kulturelle, soziale, areale, pragmatische, psychologische, textuelle und historische Aspekte der Sprache und ihrer Erforschung in angemessenem Umfang berücksichtigt. (a.a.O., p. V)

"In angemessener Weise" heißt für die Dichtung gar nicht. Es gibt weder die Stichworte *Gedicht, Dichtung, Poesie,* noch *Literatur* oder *Lyrik.* Der einzige Artikel, wo dann doch noch von der Dichtung die Rede zu sein scheint, verweist unter dem Stichwort *poetische Sprache* lediglich auf die Arbeiten der russischen Formalisten aus dem ersten Drittel dieses Jahrhunderts. Die sprachwissenschaftliche Beschäftigung mit der Poesie scheint also mehr und mehr der Vergangenheit anzugehören.

2. Der Neuansatz von Henri Meschonnic

Wenn hier die Auffassung vertreten wird, daß der Dialog zwischen Linguistik und Poetik wieder eröffnet und die Trennung der Disziplinen aufgehoben werden muß, so deshalb, weil der Ausschluß der Poetik aus der Linguistik der Sprachtheorie nur schaden kann. Er schadet der Sprachtheorie als anthropologischer Theorie, indem er zu einem reduzierten Sprachbegriff führt, der der empirischen Vielfalt des Sprachlichen, der Beziehung zwischen Kultur und Sprache, Subjekt und Sprache, Geschichte und Sprache nicht gerecht wird, da er die Sprache auf Lexik und Syntax, Norm und Sprachsystem, Struktur und Zeichen reduziert.

Deswegen ist es nötig, auch innerhalb der Germanistik (d.h. sowohl innerhalb der Sprach- wie der Literaturwissenschaft) mit der Rezeption der Arbeiten des französischen Linguisten Henri Meschonnic zu beginnen. Denn seine Arbeiten stellen in der gegenwärtigen Sprachtheorie den wohl umfassendsten und fruchtbarsten Versuch einer Verbindung von Poetik und Linguistik dar.[1] Theoretische Reflexion und empirische Praxis sind in seinen Arbeiten von Anfang an aufeinander bezogen. Schon in den zwischen 1970 und 1978 erschienenen fünf Bänden der Reihe "Pour la poétique" zeigt sich diese zweifache Ausrichtung, etwa in der kritischen Auseinandersetzung mit der Poetik des Strukturalismus, in den eingehenden Untersuchungen zu verschiedenen Bibelübersetzungen oder in der zweibändigen Analyse des Gesamtwerks Victor Hugos. Zur Theorie und Praxis des Schreibens gehören für Meschonnic seine Übersetzungen aus dem Alten Testament ("Les cinq rouleaux" 1970, "Jona et signifiant errant" 1981) ebenso wie seine Gedichtbände (u.a. "Voyageurs de la voix" 1985), seine sprachtheoretische Auseinandersetzung mit Heidegger ("Le langage Heidegger" 1990) oder seine Reflexionen zur Lexikographie ("Des mots et des mondes, dictionnaires, encyclopédies, grammaires, nomenclatures" 1991). Aber v.a. an zwei seiner Publikationen kann man Meschonnics Beitrag zur modernen Linguistik ermessen: Zum einen an seiner Untersuchung der Zeichentheorie in "Le signe et le poème" (1975), und zum anderen an seinem Entwurf einer HISTORISCHEN ANTHROPOLOGIE DER SPRACHE in "Critique du rythme" (1982).

3. Nicht mehr die Sprache als Zeichensystem

Meschonnic unternimmt eine grundlegende Kritik des Zeichenprinzips im abendländischen Denken. Diese Kritik des Zeichens ist eine Kritik des metaphysischen Dualismus mit seiner Trennung zwischen Zeichen und Bedeutung, Form und Inhalt, Signifikant und Signifikat, Sprache und Welt. Dieser Dualismus impliziert nach Meschonnic auch eine Bewertung der Dichtung: "Der Sprache als Substitution für die Dinge entspricht die Dichtung als Substitution für das Leben" (Meschonnic 1975:21). Diese Wertung oder besser Abwertung wird der Dichtung als sprachlicher Aktivität der Menschen aller Kulturen von der Anekdote zum Epos, vom Abzählvers zur Erzählung, nicht gerecht. Meschonnic ändert daher den Blickwinkel. Er sieht das Gedicht nicht mehr aus der Warte des Zeichens, also als Form (Reim, Metrum etc.) oder als Inhalt (Emotionalität, Naturevokation etc.), als Lebensersatz, parasitären Sprachgebrauch oder Abweichung von der Normalsprache, sondern entdeckt im Gegenteil das Gedicht als Kritik des Zeichens: Denn beim Gedicht versagt die Zweiteilung in Form und Inhalt. Wäre das Gedicht eine Form, so könnten Computer Gedichte schreiben, wäre es ein Inhalt, könnte man ein für alle mal sagen, was das Gedicht sagt, aber: "Die Paraphrase ist der Schwachpunkt des Zeichens" (Meschonnic 1982:63). Man kann weder Inhaltsangabe, noch Nacherzählung, oder Zusammenfassung von einem Gedicht machen, ohne daß das, was das Gedicht zum Gedicht macht, zwangsläufig verlorengeht.

Diese Infragestellung der Logik des Zeichens durch das Gedicht beträfe die Zeichentheorie nur am Rande, wenn dem Gedicht lediglich eine ästhetische Funktion in der Sprache zukäme. Für Meschonnic ist der Status des Gedichtes in der Sprachtheorie aber ein Indikator für den Status des Subjekts in derselben:

> Die Dichtung hat in einer historischen Anthropologie der Sprache keine ästhetische Rolle mehr. Sie ist eine Sprachaktivität ("une activité de langage"), ein Bedeutungsmodus ("un mode de signifier"), in der mehr als in allen anderen zu Tage tritt, daß das, was bei der Sprache, bei der Geschichtlichkeit der Sprache, auf dem Spiel steht, das Subjekt ist, das empirische Subjekt als Funktion aller Individuen, jenseits des griechischen Privilegs des Dichters und des Philosophen. Die Dichtung bewirkt ein Zu-Tage-treten des Subjekts ("Elle fait une exposition du sujet") (Meschonnic 1982:35).

Damit kommt dem Gedicht und der Poetik eine zentrale Rolle in der linguistischen Theoriebildung zu: Die Poetik ist der Prüfstein für den Status des Subjekts in jeder Sprachtheorie. Das, was eine Sprachtheorie mit dem Gedicht macht, macht sie auch mit dem Subjekt. Wo das Gedicht in die Form verlegt wird, wird auch das Subjekt zur Formsache.

Dies geschieht etwa in dem vielgelobten Bestseller von Steven Pinker (Pinker 1994), der im März 1996 in deutscher Übersetzung mit dem Titel "Der Sprachinstinkt" erschien.[2] Pinkers einziger Beitrag zur Poetik ist die wenig differenzierte Feststellung, daß im Gedicht Reim und Metrum eine Rolle spielen (Pinker 1994:174). Das Gedicht hat keinen Platz in Pinkers Sprachtheorie, weil das Subjekt keinen Platz in ihr hat. An der Stelle einer Konzeption des Subjekts findet sich nur eine Erneuerung des darwinistischen Determinismus, in der die Sprache auf einen angeborenen Mechanismus reduziert wird. Die Rückkehr zu darwinistischen Denkmodellen in einem Teil der Linguistik zeigt die weitreichenden Konsequenzen der Ausgrenzung der Poetik aus der Sprachtheorie. Denn der Schritt vom sprachtheoretischen zum anthropologischen Darwinismus ist klein.

4. Sondern die Sprache als Rhythmus

Die Kritik des Zeichens durch die Poetik und die Arbeiten von Emile Benveniste sind die Grundlage für Henri Meschonnics Theorie des Rhythmus. Benveniste hat in zweifacher Weise die Voraussetzung für diese Theorie geschaffen, zum einen durch seine Konzeption der Rede und zum anderen durch seine Untersuchungen zur Etymologie des Wortes *Rhythmus*.

Nach Benveniste (1969) läßt sich die Sprache zunächst als Zeichensystem verstehen und zwar auf der Ebene der SEMIOTISCHEN BEDEUTUNGSWEISE ("signifiance sémiotique") des Einzelsprachsystems. Auf dieser Ebene lassen sich das lexikalische Inventar oder die grammatikalischen Gesetze einer Einzelsprache beschreiben. Aber Lexik und Grammatik allein machen noch nicht die ganze Sprache aus. Aus ihnen allein läßt sich noch nicht die semantische Seite der

Sprache erklären. Diese wird erst durch die Rede als der Ebene der SEMANTI-SCHEN BEDEUTUNGSWEISE ("signifiance sémantique") begründet, die ebensowenig aus der semiotischen abgeleitet werden kann wie die Sätze aus den Wörtern.[3] Erst wenn man von der Rede und nicht vom Zeichen ausgeht, läßt sich etwa die Funktion der deiktischen Partikeln *ich, jetzt, hier* erklären. Denn diese Wörter sind keine Zeichen, sie ändern laufend ihre Bedeutung, verweisen aber jeweils auf die konkrete Rede, in der sie stehen.[4] Erst in der Rede ist die Sprache ein Sinngefüge. Und dieses Sinngefüge ist auch eine Sinntätigkeit, die Tätigkeit eines sprechenden Subjekts, das sich in der Rede, im jeweiligen Sprechen, als Subjekt manifestiert.

Was Benvenistes philologische Kritik des Wortes *Rhythmus* angeht, so hat dieser gezeigt, daß die traditionelle Herleitung des Begriffs *Rhythmus* (wonach das griechische ῥυθμός, da es auf ῥεῖν ('fließen') zurückgehe, seit jeher seine Bedeutung der gleichmäßigen Analogie zur gleichmäßigen Bewegung der Wellen verdanke) nicht haltbar ist (Benveniste 1951). Dagegen hat er nachgewiesen, daß in der ionischen Philosophie, etwa bei Heraklit und Demokrit, ῥυθμός noch im Sinne von 'vorübergehender Anordnung, augenblicklicher Konfiguration ohne Naturnotwendigkeit' und im Gegensatz zu σχῆμα ('Schema'), der festen, unveränderbaren Form gebraucht wird. Erst von Plato an, der vom Rhythmus im Zusammenhang mit dem Tanz spricht, wird der Begriff dann in der Bedeutung einer 'regelmäßigen Bewegung' gebraucht und mit dem zahlenmäßig determinierten Metrum verbunden.

Meschonnic greift Benvenistes Kritik an der platonischen Gleichsetzung des Rhythmus mit dem numerischen Schema und der gleichmäßigen Wiederkehr auf. Er versteht den Rhythmus in der Sprache nicht in Analogie zu außersprachlichen Erscheinungen, wie dem Tanz oder den Wellen, sondern als Manifestation des Geschichtlichen, des Unvorhersehbaren, Einmaligen in der Sprache. Der Rhythmus ist die Organisation des Sinns in der Rede:

> Der Rhythmus als Organisation der Rede, also des Sinns, rückt wieder die empirische Einsicht ins Bewußtsein, daß es Sinn nur durch und für ein Subjekt gibt. Daß sich der Sinn nur in der Rede, nicht in dem Einzelsprachsystem befindet. [...] Wenn der Sinn eine Aktivität des Subjekts, wenn der Rhythmus eine Organisation des Sinns in der Rede ist, so ist der Rhythmus notwendigerweise eine Organisation oder eine Konfiguration des Subjekts in seiner Rede. Eine Theorie des Rhythmus in der Rede ist also eine Theorie des Subjekts in der Sprache (Meschonnic 1982:71).

Beim Übersetzen von Texten aus dem Alten Testament ist Meschonnic die fundamentale Bedeutung des Rhythmus für die Sprache bewußt geworden. Meschonnic entdeckte nämlich, daß bislang niemand versucht hat, den hebräischen Urtext mit allen seinen Trennungs- und Verbindungsakzenten zu übersetzen. So hat Luther beispielsweise den zweiten Vers des Buches "Prediger" treu nach der lateinischen Vulgata übertragen (*Es ist alles ganz eitel, spricht der Prediger, es ist alles ganz eitel*). Bei Meschonnic lautet derselbe Vers dagegen:

Buée de buées   a dit le sage   buée de buées   tout est buée
'Hauch von Hauch hat der Weise gesagt   Hauch von Hauch alles ist Hauch'
(Meschonnic 1970:135)

Die verschieden großen Abstände zwischen den Wortgruppen geben die unterschiedlichen trennenden Akzente des Hebräischen wieder. Luther hat aus dem Vers einen Predigttext gemacht, in dem die Wiederholung der persuasiven Bekräftigung dient. Meschonnics Übertragung dagegen mit ihrer fünffachen Wiederaufnahme des Signifikanten *Hauch* und der Gewichtung der Wörter durch die verschiedenen Pausen läßt die epische Dimension des Textes zutage treten. Der Rhythmus zeigt die Überwältigung des Sprechenden durch das Gesprochene. Sinn und Subjekt sind im Rhythmus nicht zu trennen.

Der Rhythmus ist überall in der Sprache wirksam. Er die Art und Weise, wie ein Ich die Sprache zu SEINER Sprache macht, durch seine Wortwahl, seinen Satzbau (in der gesprochenen Sprache auch durch Mimik, Gestik und Intonation). Er ist überall in der Sprache wirksam, aber läßt sich nur außerhalb des Zeichens denken, weil es innerhalb der Zeichenvorstellung weder Rhythmus noch Subjekt geben kann. Das Subjekt bleibt als Benutzer der Zeichen immer außerhalb des Zeichensystems, so wie der Körper, die Zeit, die Wirklichkeit, außerhalb des Zeichensystems bleiben. Wenn das Zeichen also auf dem Prinzip der dualistischen Trennung beruht, so eröffnet Meschonnics Theorie des Rhythmus die Möglichkeit, Sprache, Subjekt und Geschichte als Kontinuum zu verstehen.

5. Auf dem Weg zu einer geschichtlichen Anthropologie der Sprache

In Meschonnics Theorie des Rhythmus vollzieht sich eine Abkehr von der abstrakten, formalistischen Linguistik der letzten zwanzig Jahre. Meschonnic durchbricht die bislang praktizierte Trennung zwischen NORMALSPRACHE und Dichtung, zwischen Sprachwissenschaft und Literaturwissenschaft und zwischen Synchronie und Diachronie und begründet die linguistische Theoriebildung wieder in der empirischen Auseinandersetzung mit der Dichtung und mit der Übersetzung, also mit der konkreten Rede in ihrer Geschichtlichkeit. Damit geht die Frage nach dem Rhythmus auch über eine rein sprachwissenschaftliche Kontroverse hinaus. Gegen die biologistischen Anthropologien der kognitiven Linguistik mit ihrer Reduzierung der menschlichen Sprache auf einen universellen Mechanismus, auf ein angeborenes Modul oder einen genetisch festgelegten Code setzt Meschonnic eine geschichtliche Anthropologie der Sprache, die die Sprache in ihrer unvorhersehbaren Jedesmaligkeit denkt. Es ist Zeit, auch in der deutschen Sprachwissenschaft mit der Rezeption Meschonnics zu beginnen.

Literatur

Benveniste, Emile (1951): La notion de "rythme" dans son expression linguistique. In: *Problèmes de linguistique générale.* Bd. I. Paris, 327-335
Benveniste, Emile (1958): De la subjectivité dans le langage. In: *Problèmes de linguistique générale.* Bd. I. Paris, 258-266
Benveniste, Emile (1969): Sémiologie de la langue. In: *Problèmes de linguistique générale.* Bd. II. Paris, 43-66
Bierwisch, Manfred (1965): Poetik und Linguistik. In: *Mathematik und Dichtung.* hgg. von Helmut Kreuzer, München
Meschonnic, Henri (1970a): *Pour la poétique.* Paris
Meschonnic, Henri (1970b): *Les cinq rouleaux* (das Hohelied, das Buch Ruth u.a. Übersetzungen aus dem Hebräischen). Paris
Meschonnic, Henri (1973a): *Pour la poétique II, épistémologie de l'écriture, poétique de la traduction.* Paris
Meschonnic, Henri (1973b): *Pour la poétique III, une parole écriture.* Paris
Meschonnic, Henri (1975): *Le signe et le poème.* Paris
Meschonnic, Henri (1977): *Pour la poétique IV, Ecrire Hugo.* 2 Bde. Paris
Meschonnic, Henri (1978): *Pour la poétique V, Poésie sans réponse.* Paris
Meschonnic, Henri (1982): *Critique du rythme.* Paris
Meschonnic, Henri (1985): *Voyageurs de la voix.* Gedichte. Paris
Meschonnic, Henri (1990): *Le langage Heidegger.* Paris
Meschonnic, Henri (1991): *Des mots et des mondes, Dictionnaires, encyclopédies, grammaires, nomenclatures.* Paris
Metzler Lexikon Sprache (1993): hgg. von Helmut Glück, Stuttgart
Pinker, Steven (1994): *The Language Instinct, How the Mind Creates Language.* New York

Anmerkungen

1) Henri Meschonnic (geb. 1932) lehrt an der Sorbonne Linguistik (Paris VIII).

2) Auf dem Buchrücken der deutschen Ausgabe ("Der Sprachinstinkt", 1996 bei Kindler) wird die "Neue Züricher Zeitung" zitiert: "Pinkers Buch ist nicht nur der bedeutendeste linguistische Beitrag zum Jahrzehnt des Gehirns, sondern auch ein Lesevergnügen ohnegleichen." Die ersten fünf Seiten der Originalausgabe füllen ähnlich euphorische Zitate aus der "Time", "Scientific American", "The Times", "Nature", "Mind and Language" und anderen Zeitungen und Zeitschriften.

3) Wenn *discours* hier mit *Rede* übersetzt wird, so soll damit nicht Benvenistes Konzeption der Rede, des DISCOURS, mit derjenigen Saussures, der Rede als PAROLE, gleichgesetzt werden. Bei Saussure ist die PAROLE zwar der individuelle Teil der Sprache (Saussure 1972:37), aber sie begründet keinen eigenständigen, nicht aus der LANGUE ableitbaren Modus des Bedeutens.

4) Benveniste betont, daß sich *ich* nicht wie ein Eigenname auf ein Individuum beziehen kann und fährt dann fort: "Worauf bezieht sich also *ich*? Auf etwas sehr einzigartiges, was ausschließlich sprachlicher Natur ist: *ich* bezieht sich auf den individuellen Redeakt ("acte de discours individuell"), in dem es geäußert wird und deren Sprecher es bezeichnet. Es ist ein Ausdruck, der nur in dem, was wir anderer Stelle die konkrete Rede ("une instance de discours") genannt haben, identifiziert werden kann und der nur eine aktuelle Referenz besitzt. Die Realität, auf die es verweist, ist die Realität der Rede." (Benveniste 1958:261f.). Benvenistes Analyse unterscheidet sich also von der Karl Bühlers, welcher die deiktischen Partikel vom "Zeigefeld" her erklärt hat, ohne allerdings zu beachten, daß das Zeigefeld eine Funktion der Rede ist, also die Deixis bereits voraussetzt (Bühler 1934:90ff.).